偉大的復興

新時代中國特色社會主義總任務

中國社會科學院馬克思主義研究院
中國特色社會主義發展史課題組　編寫

目 錄

中國特色社會主義進入新時代

2017 年 10 月 18 日召開的中國共產黨第十九次全國代表大會，是在全面建成小康社會決勝階段、中國特色社會主義進入新時代的關鍵時期召開的重要大會。大會主題是，不忘初心，牢記使命，高舉中國特色社會主義偉大旗幟，決勝全面建成小康社會，奪取新時代中國特色社會主義偉大勝利，為實現中華民族偉大復興的中國夢不懈奮鬥。習近平總書記指出，中國共產黨人的初心和使命，就是為中國人民謀幸福，為中華民族謀復興。十九大最重要的理論成果就是創立了習近平新時代中國特色社會主義思想，並且特別強調，新時代中國特色社會主義思想的總任務是實現社會主義現代化和中華民族的偉大復興。

習近平總書記在十九大報告中指出，新時代中國共產黨的歷史使命就是實現中國夢。這是近代以來中華民族最偉大的夢想。實現偉大

夢想，必須進行偉大鬥爭；實現偉大夢想，必須建設偉大工程；實現偉大夢想，必須推進偉大事業。偉大鬥爭、偉大工程、偉大事業、偉大夢想，緊密聯繫、相互貫通、相互作用，其中起決定性作用的是黨的建設新的偉大工程。

可以說，中國夢是實現中國特色社會主義現代化和中華民族偉大復興的戰略願景和戰略目標。為了實現這個偉大目標，我們必須堅持與時俱進，全面推進中國特色社會主義偉大事業；必須以建設新的偉大工程為重點，協調推進「四個全面」戰略佈局；必須準備進行具有許多新的歷史特點的偉大鬥爭，統籌推進「五位一體」的總體佈局。「四個偉大」既是中國共產黨的歷史使命，也是偉大復興的核心內涵和基本構架。

一、中國夢是實現偉大復興的戰略願景和戰略目標

戰略目標是一個總戰略的核心。確立科學的戰略目標，既要志存高遠、催人奮進，又要腳踏實地、切實可行。這是一個偉大戰略構想的第一步。這個戰略目標的確立，在十八大剛剛閉幕之時已經完成。2012 年 11 月 29 日，習近平總書記在參觀《復興之路》展覽時對中國夢做了明確系統的論述。他指出，實現中華民族偉大復興，就是中華民族近代以來最偉大的夢想；中國夢是歷史的、現實的，也是未來的；中國夢是國家的、民族的，也是每一個中國人的；中國夢的本質就是國家富強、民族振興、人民幸福；中國夢是和平、發展、合作、共贏的夢，同世界各國人民追求幸福生活的夢想相通，不僅造福中國人民，

而且造福各國人民。

　　中國夢是黨中央治國理政的重大戰略創新，實現以國家富強、民族振興、人民幸福為基本內涵的中華民族偉大復興，第一次被作為明確的戰略目標提了出來，意義非同尋常。在社會主義初級階段實現中華民族偉大復興，在發展中國家基礎上建設富強民主文明和諧美麗的社會主義現代化國家，在 13 億多人口的國度中實現全體人民共同富裕，在以西方為主導的世界格局中實現大國和平發展，所有這些都是過去從來沒有過的全新事情和全新探索，因而也是人類社會發展史上前所未有的一個全新實踐和偉大創新。

二、中國特色社會主義是實現偉大復興
的戰略主題和必由之路

　　中國特色社會主義，是中國共產黨和中國人民團結的旗幟、奮進的旗幟、勝利的旗幟，是當代中國發展進步的根本方向，是中華民族偉大復興的必由之路。習近平總書記指出，只有社會主義才能救中國，只有中國特色社會主義才能發展中國。只有高舉中國特色社會主義偉大旗幟，我們才能團結帶領全黨全國各族人民，在中國共產黨成立 100 年時全面建成小康社會，在新中國成立 100 年時建成富強民主文明和諧的社會主義現代化國家，贏得中國人民和中華民族更加幸福美好的未來。

　　建設中國特色社會主義與實現中華民族偉大復興是一個事物的兩個方面。中國特色社會主義是社會主義初級階段中華民族偉大復興的

必由之路和偉大旗幟，實現中華民族偉大復興是社會主義初級階段建設中國特色社會主義的重要目標和偉大實踐。從這個意義上講，中國特色社會主義與中華民族偉大復興是辯證統一的。歷史和現實都在反復證明，實現中國夢必須走中國特色社會主義道路；建設中國特色社會主義必須落實到國家富強民族振興人民幸福的中國夢上面。中華民族偉大復興充分拓展了中國特色社會主義的主要內容、清晰描繪了中國特色社會主義的偉大目標，讓全體中國人民更加清楚地認識了建設一個什麼樣的社會主義和怎樣建設社會主義的重大問題。

三、「四個全面」是偉大復興現階段
的戰略佈局和戰略方針

戰略佈局和戰略方針是對戰略目標的展開和強化。以習近平同志為核心的黨中央從堅持和發展中國特色社會主義全域出發，立足中國發展實際，堅持問題導向，逐步形成並協調推進全面建成小康社會、全面深化改革、全面依法治國、全面從嚴治黨的戰略佈局。「四個全面」戰略佈局，確立了新的歷史條件下黨和國家各項工作的戰略方針和戰略舉措，是我們黨在新形勢下治國理政總方略的重要體現，是事關黨和國家長遠發展的戰略方針，是為實現「兩個一百年」奮鬥目標和實現中華民族偉大復興中國夢提供的重要保障。「四個全面」戰略佈局把「全面」作為戰略支點，從全面切入與突破，使我們黨的戰略謀劃和戰略構建有的放矢、綱舉目張，彰顯了中華民族的偉大復興是全面復興、全面發展。

四、「五位一體」是實現偉大復興
的戰略部署和戰略任務

　　黨的十八大報告首次明確提出了協調推進中國特色社會主義經濟建設、政治建設、文化建設、社會建設、生態文明建設的「五位一體」戰略部署。習近平總書記在 2016 年「七一」重要講話中強調：「堅持不忘初心、繼續前進，就要統籌推進『五位一體』總體佈局，協調推進『四個全面』戰略佈局，全力推進全面建成小康社會進程，不斷把實現『兩個一百年』奮鬥目標推向前進。」從習近平總書記系列講話中可以看到，「五位一體」是我們黨治國理政第一位的戰略任務，是實現中華民族偉大復興中國夢最重大的戰略部署。

　　「五位一體」的戰略部署雖然涉及不同領域，有各自特殊的內容、特點和規律，但它們又是有機統一、相輔相成的辯證統一體。這一戰略部署充分體現出了我們黨治國理政的戰略總任務，是中國特色社會主義建設規律最重要的體現。「五位一體」有原則要求，有政策安排，有舉措方法，特別是更加清晰地指明了中國綠色發展、綠色跨越的道路，為中國實現又好又快發展，贏得更加美好的未來，提供了重要指導。

　　總之，學習、研究習近平新時代中國特色社會主義思想，最主要的是要學習研究習近平總書記提出的科學理念和理論體系，把握其核心思想、時代背景、精神實質、實踐基礎和基本內涵，運用其科學理念和理論體系中蘊含的馬克思主義立場觀點方法觀察問題、分析問題、解決問題，建設中國特色社會主義、實現中華民族偉大復興的中國夢。

中國夢

——實現偉大復興的戰略願景和戰略目標

　　2012 年 11 月 29 日，黨的十八大剛剛閉幕，習近平總書記在率領中央政治局常委和中央書記處的同志參觀《復興之路》展覽時指出：「實現中華民族偉大復興，就是中華民族近代以來最偉大的夢想。這個夢想，凝聚了幾代中國人的夙願，體現了中華民族和中國人民的整體利益，是每一個中華兒女的共同期盼。」2013 年 5 月 31 日，習近平主席在接受拉美三國媒體聯合採訪時提出：「實現中國夢，必須堅持中國特色社會主義道路。我們已經在這條道路上走了 30 多年，歷史證明，這是一條符合中國國情、富民強國的正確道路，我們將堅定不移地沿著這條道路走下去。」2015 年 9 月 30 日，習近平總書記在會見 22 基層民族團結優秀代表時進一步指出：「中華民族一家親，同心共

築中國夢，這是全體中華兒女的共同心願，也是全國各族人民的共同目標。」習近平總書記在國內外很多重要場合對中國夢進行了深刻闡述。中華民族偉大復興的中國夢一經提出，就產生了強大的號召力和感染力。幹部群眾暢想中國夢，社會輿論聚焦中國夢，港澳臺同胞心繫中國夢，海外華人述說中國夢，國際社會關注中國夢，中國夢成為中國走向未來的鮮明指引，成為激勵中華兒女團結奮進、實現偉大民族復興的精神旗幟。

一、中華民族最偉大的夢想
——實現國家富強、民族振興、人民幸福

習近平總書記指出：「中華民族具有 5000 多年連綿不斷的文明歷史，創造了博大精深的中華文化，為人類文明進步作出了不可磨滅的貢獻。」但是，「近代以後，中華民族遭受的苦難之重、付出的犧牲之大，在世界歷史上都是罕見的」，「實現中華民族偉大復興，就是中華民族近代以來最偉大的夢想」。歷史一再告訴我們，每個人的前途命運都與國家和民族的前途命運緊密相連。國家好，民族好，大家才會好。實現中華民族的偉大復興，是中華民族近代以來最偉大的夢想。這個夢想，凝聚了幾代中國人的夙願，體現了中華民族和中國人民的整體利益，是每一個中華兒女的共同期盼。實現中華民族偉大復興的中國夢，就是要實現國家富強、民族振興、人民幸福。中國夢既深深體現了今天中國人的理想，也深深反映了先人們不懈追求進步的光榮傳統。

（一）中國夢凝聚了幾代中國人的夙願

只有創造過輝煌的民族，才能懂得復興的意義；只有歷經過苦難的民族，才能對復興有深切的渴望。《復興之路》展覽，回顧了中華民族的昨天，展示了中華民族的今天，宣示了中華民族的明天，生動詮釋了近代 100 多年來中國人民尋夢、追夢、圓夢的歷史進程。習近平總書記引用這三句詩，正是從這個意義上對這段歷史進行了生動的敘說。

中華民族的昨天，好似「雄關漫道真如鐵」。近代以後，中華民族遭受的苦難之重、付出的犧牲之大，在世界歷史上都是罕見的。但是，中國人民從不屈服，不斷奮起抗爭。為了民族復興，幾代人魂牽夢縈，億萬人心結難解。歷經上下求索、千辛萬苦，中華民族終於在中國共產黨的正確領導下，掌握了自己的命運，建立了新中國，確立了社會主義制度，開始了建設自己國家的偉大進程。

中華民族的今天，猶如「人間正道是滄桑」。改革開放以來，我們總結歷史經驗，不斷艱辛探索，終於找到了實現中華民族偉大復興的正確道路，取得了舉世矚目的偉大成就。在中國特色社會主義道路上，我國經濟實力、綜合國力大大增強，人民生活顯著改善，實現了從溫飽不足到總體小康再向全面小康邁進的跨越。國際地位和國際影響力空前提升，中國崛起被國際媒體稱為「近年來最重要的全球變革」。

中華民族的明天，必將「長風破浪會有時」。經過鴉片戰爭以來170 多年的持續奮鬥，中華民族偉大復興展現出光明的前景。深藏於中國人民心中的民族復興夢想，就要夢想成真。正如習近平總書記指出的：「現在，我們比歷史上任何時期都更接近中華民族偉大復興的目

標，比歷史上任何時期都更有信心、有能力實現這個目標。」

　　這三句詩將中華民族的昨天、今天和明天，熔鑄進百餘年中國波瀾壯闊、滄桑巨變的歷史圖景，鐫刻於幾代人為民族復興奮鬥的艱辛歷程，發人深省、催人奮進。中國夢，反映了近代以來一代又一代中國人的美好夙願，深刻揭示了中華民族的歷史命運和當代中國的發展走向，指明了全黨全國各族人民共同的奮鬥目標。這一重要戰略思想，是以習近平同志為核心的黨中央對全體人民的莊嚴承諾，是黨和國家面向未來的政治宣言，充分體現了我們黨高度的歷史擔當和使命追求，為堅持和發展中國特色社會主義注入了嶄新內涵。

（二）中國夢是國家富強、民族振興、人民幸福的夢

　　中國夢視野寬廣、意蘊深遠，內涵豐富，思想精深。中國夢的本質是國家富強、民族振興、人民幸福。這個夢想，把國家的追求、民族的嚮往、人民的期盼融為一體，體現了中華民族和中國人民的整體利益，表達了每一個中華兒女的共同願景。正因為如此，中國夢具有廣泛的包容性，成為回蕩在 13 億人心中的高昂旋律，是中華民族團結奮鬥的最大公約數。

1．中國夢是國家富強、民族振興、人民幸福相統一的夢

　　國家富強昌盛、民族獨立振興是人民幸福的條件，而人民幸福是國家富強、民族振興的目的和歸宿。第一，國家富強為實現人民幸福奠定雄厚基石。國泰才能民安，國富才能民強。一般說來，國家富強

既體現在國家的經濟實力、科技實力、國防實力強大上，同時也體現在文化軟實力、文化創新力和民族凝聚力強大上，所有這些「富強」的目的只有一個，那就是實現人民幸福。第二，民族振興為實現人民幸福提供前提條件。民族振興在革命戰爭年代主要體現為通過全民族的不懈抗爭來實現民族獨立和人民解放，在和平建設和改革開放時期主要體現為中華民族在經濟、政治、文化、社會和生態各方面的快速發展與進步過程。我們今天強調實現民族振興，主要是指中華民族儘快實現「兩個一百年」奮鬥目標、實現中華民族偉大復興中國夢的奮鬥歷程。通過不斷增強綜合國力和提高人民物質文化生活水準，為每個中國人實現自己的幸福和美好夢想提供可靠保障。第三，人民幸福是中國夢的最高價值目標。人民幸福是社會主義現代化建設的重要目標，也是當代中國共產黨人的崇高價值追求。我們黨把實現人民幸福作為實現中華民族偉大復興中國夢的重要價值目標，這本身就體現了黨的全心全意為人民服務的根本宗旨，體現了我們黨「立黨為公、執政為民」和「以人民為中心」的核心理念。

中國夢的實現過程本質上就是中國共產黨人帶領億萬群眾實現國家富強、民族振興、人民幸福的美好夢想的過程。這個過程的起點不是為少數人謀利，而是為了國家、民族和最廣大的人民群眾謀利益。正如習近平總書記指出的：「面對浩浩蕩蕩的時代潮流，面對人民群眾過上更好生活的殷切期待，我們不能有絲毫自滿，不能有絲毫懈怠，必須再接再厲、一往無前。」

2. 中國夢是國家情懷、民族情懷、人民情懷相統一的夢

「家是最小國，國是千萬家。」國泰而民安，民富而國強。中國夢的最大特點，就是把國家、民族和個人作為一個命運共同體，把國家利益、民族利益和每個人的具體利益緊緊聯繫在一起，體現了中華民族的「家國天下」情懷。實現中國夢，意味著中國經濟實力和綜合國力、國際地位和國際影響力大大提升，意味著中華民族以更加昂揚向上、文明開放的姿態屹立於世界民族之林，意味著中國人民過上更加幸福安康的生活。

3. 中國夢是國家的夢、民族的夢，也是每一個中國人的夢

歷史告訴我們，每個人的前途命運都與國家和民族的前途命運緊密相連。國家好，民族好，大家才會好。中國這麼大一個國家，就像是在大海中航行的一艘超級巨輪。在這艘巨輪上，我們每個人都是「夢之隊」的一員，都是中國夢的參與者、書寫者，都應當同舟共濟、齊心協力、奮勇前行。當今時代是放飛夢想的時代，每個人都有自己的美好夢想。中國夢的廣闊舞臺，為個人夢想提供了蓬勃生長的空間；每個人向著夢想的不斷努力，又都是實現偉大中國夢的一份力量。只要每個人都把人生理想融入國家和民族的偉大夢想之中，敢於有夢、勇於追夢、勤於圓夢，就會彙聚成實現中國夢的強大力量。

（三）中國夢堅持以人民為中心

習近平總書記在十九大報告中指出：「中國共產黨人的初心和使命，就是為中國人民謀幸福，為中華民族謀復興。」「人民幸福」和「民族復興」承載著中國共產黨的初心和使命，也承載中國人民的美好夢想。二者合起來表達了「中國夢以人民為中心」重要思想。習近平總書記還指出，人民是歷史的創造者，是決定黨和國家前途命運的根本力量。必須堅持人民主體地位，堅持立黨為公、執政為民，踐行全心全意為人民服務的根本宗旨，把黨的群眾路線貫徹到治國理政全部活動之中，把人民對美好生活的嚮往作為奮鬥目標，依靠人民創造歷史偉業。中國共產黨人堅信，實現中國夢，必須緊緊依靠人民來實現，必須不斷為人民造福。實現中國夢的根本力量是人民群眾，中國夢的價值追求是為人民造福，實現中國夢的強大根基是堅持人民的主體地位。

1.實現中國夢的根本力量是人民群眾

「中國夢是國家的、民族的，也是每一個中國人的」，「中國夢歸根到底是人民的夢」。習近平總書記的這些重要論述，既闡明了中國夢的主體力量，也揭示了實現中國夢的力量源泉，即實現中國夢的主體力量是最廣大的人民群眾。

歷史的創造者究竟是少數的英雄，還是最廣大的人民群眾？這是區分唯物史觀和唯心史觀的分水嶺。馬克思主義唯物史觀告訴我們，人民群眾是歷史的創造者。早在160多年前，馬克思、恩格斯在《共

產黨宣言》中就明確指出：「過去的一切運動都是少數人的，或者為少數人謀利益的運動。無產階級的運動是絕大多數人的，為絕大多數人謀利益的獨立的運動。」毛澤東也多次強調，「人民，只有人民，才是創造世界歷史的動力」，「群眾是真正的英雄」。作為歷史創造者的人民群眾，不僅是社會物質財富的創造者，也是社會精神財富的創造者，當然也是實現中國夢的主體力量。

中國夢，絕不是空想者的遐想，也不是人們一般意義上的理想，而是一種在特定歷史條件下形成的具有特定內涵的群體意識和目標指向，是當代中華兒女萬眾一心、共同進取的共同理想。中國夢由一個個鮮活生動的個體夢想彙聚而成。從本質上講，中國夢歸根到底是每一個中國人的夢。十三億中國人的共同夢想，構成了中國夢的本質內涵和發展趨向。中國夢要求實現國家富強、民族振興和人民幸福，而無論是國家的富強、民族的振興還是人民的幸福，都要靠廣大人民群眾通過自己辛勤的勞動創造來實現。中國夢的實現過程就是億萬人民群眾實現自己夢想的過程。國家夢、民族夢和人民夢是有機統一的，「得其大者可以兼其小」，只有國家好，民族好，大家才會好。在實現中華民族偉大復興中國夢的征程上，只有將個人夢有機融入國家夢、民族夢的時代潮流之中，把自己的人生夢想最大限度地融入國家富強、民族復興的偉業之中，把個人的命運前途與國家和民族的命運前途緊密聯繫起來，人民的美好夢想才能變為現實。

2. 中國夢的價值追求是為人民造福

「我們的人民熱愛生活，期盼有更好的教育、更穩定的工作、

更滿意的收入、更可靠的社會保障、更高水準的醫療衛生服務、更舒適的居住條件、更優美的環境，期盼孩子們能成長得更好、工作得更好、生活得更好。人民對美好生活的嚮往，就是我們的奮鬥目標。」

　　為人民造福既是實現中國夢的出發點，也是中國夢的落腳點。中國夢的實現過程本質上就是中國共產黨人帶領億萬群眾實現自己夢想的過程，這個過程的起點不是為少數人謀利，而是為最廣大的人民群眾謀利益、謀幸福。正如習近平總書記指出的那樣：「面對浩浩蕩蕩的時代潮流，面對人民群眾過上更好生活的殷切期待，我們不能有絲毫自滿，不能有絲毫懈怠，必須再接再厲、一往無前。」

3. 實現中國夢的內在要求是人民共創共用

　　實現中國夢的過程也是人民共創共用幸福生活的過程。習近平總書記指出，「生活在我們偉大祖國和偉大時代的中國人民，共同享有人生出彩的機會，共同享有夢想成真的機會，共同享有同祖國和時代一起成長與進步的機會。」這三個「共用」的統一體現了中國夢的內在要求。

　　實現中國夢，要求人民必須共同享有人生出彩的機會。在社會主義條件下，生產資料公有制為主體的基本經濟制度和人民民主專政的國家性質，決定了每個中國人在經濟地位和政治地位上的平等關係。正是這種平等關係，為每個中國人在共同創造財富的基礎上實現共同享有勞動成果和共同享有人生出彩機會提供了制度保證。

　　實現中國夢，要求人民必須共同享有夢想成真的機會。每個人不僅要享有人生出彩機會，而且還要享有把自己的美好願望和崇高理想

變成現實的權利。當然，要完成這種轉變一要靠良好的社會制度作保障，二要靠個人的勤奮努力為前提。只有把個人夢與中國夢緊緊聯繫在一起，靠著誠實勞動和踏實肯幹，才能夠真正實現夢想成真。

實現中國夢，要求人民必須共同享有同祖國和時代一起成長與進步的機會。中國夢是國家的夢、民族的夢，也是每個中國人的夢。作為每一個中國人，要想實現自己的美好夢想和崇高追求，就必須把自己的人生理想融入國家和民族的事業中，自覺做到與祖國同成長，與時代同進步，為實現中華民族偉大復興貢獻智慧和力量。

4. 實現中國夢的強大根基是堅持人民主體地位

習近平總書記指出，「黨的根基在人民、血脈在人民、力量在人民」，「堅持人民主體地位，充分調動人民積極性，始終是我們黨立於不敗之地的強大根基」。堅持人民主體地位是實現中華民族偉大復興中國夢的強大根基和重要保證。要實現中國夢，必須堅持人民主體地位，自覺做到順民心、解民憂、謀民利。

堅持人民主體地位要把人民利益放在首位。堅持人民主體地位是一個以實現維護和發展人民根本利益為具體內容的實踐過程。在實現中華民族偉大復興的中國夢的過程中，只有使人民的根本利益得到實現和維護，人民的主體地位才會有可靠的保障。「黨的一切工作，必須以最廣大人民根本利益為最高標準。檢驗我們一切工作的成效，最終都要看人民是否真正得到了實惠，人民生活是否真正得到了改善，人民權益是否真正得到了保障。」民生連著民心，民心凝聚民力。我們今天強調堅持人民主體地位，關鍵就要始終堅持人民利益至上，實

現好維護好發展好最廣大人民的根本利益。

堅持人民主體地位必須更好地保證人民當家作主。人民是國家的根基，更是國家的主人。人民民主是社會主義的生命，沒有民主就沒有社會主義，更沒有社會主義現代化。人民當家作主是社會主義民主政治的本質和核心，也是社會主義民主與資本主義民主的本質區別。社會主義經濟和政治制度的優越性決定了社會主義民主的真實性和廣泛性。社會主義越發展，民主越發展、越成熟。今天我們走中國特色社會主義政治發展道路，關鍵就是要堅持黨的領導、人民當家作主和依法治國的有機統一。

堅持人民主體地位必須始終堅持以人民為中心的發展思想。相信誰、依靠誰、為了誰，是否堅持以人民為中心、始終站在最廣大人民的立場上，是唯物史觀和唯心史觀的分水嶺，也是判斷馬克思主義政黨的試金石。堅持人民主體地位是實現全面建成小康社會奮鬥目標、推動我國經濟社會持續健康發展必須遵循的基本原則，而確立人民主體地位就必須堅持以人民為中心的發展思想，把增進人民福祉、促進人的全面發展作為發展的出發點和落腳點，深懷愛民之心，善謀富民之策，恪守為民之責，真正做到發展為了人民，發展依靠人民，發展的成果由人民共用。

實現中華民族偉大復興的中國夢體現了中華民族和中國人民的整體利益，是每個中華兒女的共同期盼，也是歷史賦予當代中華兒女的重大歷史使命。要完成這一歷史使命，必須牢固確立人民主體地位，尊重人民首創精神，始終堅持以人民為中心的發展思想，不斷增進人民福祉，促進人的全面發展，不斷滿足人民日益增長的物質文化需要，使全體人民朝著共同目標穩步前進。

二、中國夢的實現路徑

——堅持中國道路、弘揚中國精神、凝聚中國力量

習近平總書記在十二屆全國人大一次會議上的重要講話中深刻指出，實現中國夢必須走中國道路，必須弘揚中國精神，必須凝聚中國力量。這「三個必須」明確闡釋了實現中華民族偉大復興中國夢的三項基本要求，指明了實現中國夢的三個重要路徑。

（一）中國道路是最適合中國國情的發展道路

實現中國夢，必須堅定不移地走中國特色社會主義道路。一個政黨、一個國家選擇什麼樣的發展道路，直接關係著這個國家的前途和命運。中國特色社會主義道路，是我們黨在探索社會主義現代化建設過程中，把馬克思主義基本原理同當代中國國情和時代特徵相結合而形成的一條實現中華民族偉大復興的正確道路。黨的十八大報告明確指出：「中國特色社會主義道路，就是在中國共產黨領導下，立足基本國情，以經濟建設為中心，堅持四項基本原則，堅持改革開放，解放和發展社會生產力，建設社會主義市場經濟、社會主義民主政治、社會主義先進文化、社會主義和諧社會、社會主義生態文明，促進人的全面發展，逐步實現全體人民共同富裕，建設富強民主文明和諧的社會主義現代化國家。」

中國道路，歷盡艱辛，來之不易。習近平總書記指出，中國特色

社會主義道路是在改革開放 30 多年的偉大實踐中走出來的，是在中華人民共和國成立 60 多年的持續探索中走出來的，是在對近代以來 170 多年中華民族發展歷程的深刻總結中走出來的，是在對中華民族 5000 多年悠久文明的傳承中走出來的，具有深厚的歷史淵源和廣泛的現實基礎。實踐充分證明，只有社會主義才能救中國，只有中國特色社會主義才能發展中國、繁榮中國、振興中國。中國特色社會主義道路是指引中國走向富強、民主、文明、和諧、美麗的人民幸福之路。改革開放近 40 年來，中國經濟持續快速發展，遠遠高於同期世界經濟平均增長速度。中國人民靠著這條正確道路，國家 GDP 從 1978 年的 3624.1 億元增加到 2012 年的 51.9 萬億元，總規模居世界第二位。在經濟持續快速發展的同時，我國的民主法制建設取得新進展，科技、教育、文化、衛生、體育等各項社會事業發展迅速，社會生活方式日益豐富多彩，人們的精神面貌發生巨大變化。改革開放以來的實踐證明，中國特色社會主義道路是一條通向中華民族偉大復興的必由之路，是中國夢得以實現的成功之路。

（二）中國精神是興國之魂、強國之魄的內在精神

實現中國夢，離不開弘揚中國精神。習近平總書記指出，以愛國主義為核心的民族精神和以改革創新為核心的時代精神是凝心聚力的興國之魂、強國之魂。中國精神是中華民族共同創造、共同依託、共同傳承的文化精神、價值觀念的總和，是中華民族賴以生存和發展的精神財富，是中華民族生生不息、團結奮進的精神動力。中國精神包括以愛國主義為核心的民族精神和以改革創新為核心的時代精神。這

種民族精神和時代精神的有機結合，構成了凝聚中華民族團結一心、促進中華民族發展壯大的強大精神力量。

中國精神雄渾博大、源遠流長。在幾千年的歷史長河中，中華民族形成了以愛國主義為核心的團結統一、愛好和平、勤勞勇敢、自強不息的偉大民族精神。特別是中國共產黨成立以來，黨在長期領導人民進行革命、建設和改革的歷史進程中，培育形成了井岡山精神、長征精神、延安精神、西柏坡精神和大慶精神、雷鋒精神、「兩彈一星」精神、抗洪精神、奧運精神、航天精神等，使中華民族展現出嶄新的精神風貌。以改革創新為核心的時代精神是中華民族精神的時代性體現，弘揚改革創新的時代精神，有利於我國社會生產力的進一步解放和發展，有利於中華文化的進一步繁榮和昌盛，有利於激發當今社會的創新活力。實現中華民族偉大復興的中國夢，不僅需要在物質上強大起來，而且需要在精神上強大起來。因為，人是要有一點精神的，一個國家、一個民族更是如此。如果沒有精神力量的激勵，沒有全民族精神力量的充分發揮，任何國家和民族都不可能屹立於世界民族之林，尤其是在經濟全球化不斷加速、文化影響力日益增強的今天，大力弘揚中國精神，對推進全面建成小康社會進程、實現中華民族偉大復興，具有更加重要、更加緊迫的意義。

實現中國夢需要大力弘揚以愛國主義為核心的民族精神。實現中華民族偉大復興的中國夢，就是要實現國家富強、民族振興、人民幸福。而要實現這一宏偉目標，就必須通過大力弘揚以愛國主義為核心的民族精神，最大限度地凝聚共識、彙聚力量，使每個中國人的夢想凝聚到一起，彙聚成實現中國夢的巨大精神力量，凝聚成推進全面建成小康社會、實現中華民族偉大復興的巨大能量。

實現中國夢還需要大力弘揚以改革創新為核心的時代精神。改革創新是中華民族永葆生機、興旺發達的源泉和動力。以改革創新為核心的時代精神充分體現和吸納了新時代的要求，為中國社會的發展進步注入了鮮活力量。改革開放政策鑄就了當代中國社會的歷史巨變，改革創新精神激發了當代中國人的巨大精神力量。在新的歷史條件下，我們要完成全面建成小康社會的宏偉目標，實現中華民族的偉大復興，就必須繼續發揚改革創新精神，不斷衝破各種思想羈絆和觀念枷鎖，破解各種改革和發展難題，不斷開闢中國特色社會主義新局面。

（三）中國力量是彙聚實現中國夢的磅礴動力

實現中國夢，必須凝聚中國力量。中國力量就是中國各族人民大團結的力量，是全體中國人彙聚而成的整體力量。中國力量在戰爭年代具體表現為不屈不撓、勇往直前的力量，在和平建設時期表現為勤儉創業、艱苦奮鬥的力量，在改革開放時期表現為奮勇拼搏、開拓創新的力量。習近平總書記指出，中國夢是民族的夢，也是每個中國人的夢。只有萬眾一心、同心協力，才能使中國夢變成現實，使每個中國人夢想成真。中華民族是由56個民族共同組成的大家庭，中華民族偉大復興必須依靠56個民族的共同努力；我國是一個具有13億人口的大國，只有13億中國人同心同德、齊心協力，中國夢才能真正變為現實。

我們常說，團結就是力量。一滴水只有放進大海才能永遠不會乾涸，一個人只有把自己與集體融合在一起才最有力量，因為集體的團結能給個人以鼓舞和信心，使個人的能力得到充分發揮，集體的團結

可以把每個人的長處集中起來，形成一股強大的合力。正因為如此，我們必須萬眾一心、同舟共濟、同心同德、眾志成城。實現中國夢，靠的正是這種集體的力量、團結的力量。我們知道，一花獨放不是春，百花盛開春滿園。只有每個人都夢想成真，才能使中國夢變為現實。習近平總書記指出，生活在我們偉大祖國和偉大時代的中國人民，共同享有人生出彩的機會，共同享有夢想成真的機會，共同享有同祖國和時代一起成長與進步的機會。只有億萬中國人都確立為實現中國夢而不懈奮鬥的信念和信心，心往一處想，勁往一處使，那麼 13 億中國人的智慧和力量就必然會凝聚成一種無堅不摧、戰無不勝的巨大力量。有了這種力量，中華民族偉大復興就一定能儘快變為現實，中國夢就一定能夢想成真。我們相信，中國夢歸根結底是人民的夢，只有相信群眾、依靠群眾，真正代表最廣大人民利益，才能真正實現中國夢。唯物史觀告訴我們，人民群眾是歷史的創造者，是實現中華民族偉大復興的根本力量，實現中國夢必須依靠全體人民來共同擔當、共同努力。

在實現中華民族偉大復興的今天，中國共產黨既是中國工人階級的先鋒隊，也是中國人民和中華民族的先鋒隊，是中國特色社會主義事業的領導核心。我們黨要帶領全體中國人民實現中華民族偉大復興的歷史任務，讓中國夢夢想成真，最根本的一條就是要始終代表最廣大人民的根本利益，始終堅持以人為本、執政為民的根本原則，始終保持同人民群眾的血肉聯繫。為了更好地彙聚起全國人民的無窮力量，全體黨員特別是黨的領導幹部必須始終把實現好、維護好、發展好最廣大人民根本利益作為一切工作的出發點和落腳點，切切實實把人民群眾放在心中最高位置，真誠傾聽群眾呼聲，真實反映群眾願望，真

情關心群眾疾苦，永葆共產黨人政治本色，真正為實現人民利益而不懈奮鬥。

三、同心共築中國夢
——中國夢歸根到底是人民的夢

習近平總書記指出，「中國夢歸根到底是人民的夢」。這就是說，中國夢不僅為了人民而提出而奮鬥，而且是依靠人民來發展來實現。實現中國夢必須團結海內外全體中華兒女同心共圓，必須聯合世界各國人民和平發展、構建人類命運共同體，必須實幹苦幹、擼起袖子加油幹。

（一）同心共圓中國夢

習近平總書記在 2014 年 2 月 18 日會見中國國民黨榮譽主席連戰一行時提出了「兩岸一家親，共圓中國夢」的觀點。於是，「共圓中國夢」就成為海內外中華兒女團結合作，共同為實現中華民族偉大復興的中國夢的行動格言。

首先，中國夢促進了「兩岸一家親」。習近平主席在會見連戰時強調，希望兩岸雙方秉持「兩岸一家親」的理念，順勢而為，齊心協力，推動兩岸關係和平發展取得更多成果，造福兩岸民眾，共圓中華民族偉大復興的中國夢。習近平總書記還指出，實現中華民族偉大復興，實現國家富強、民族振興、人民幸福，是近代以來中國人的夙願。

中國夢與臺灣的前途是息息相關的。中國夢是兩岸同胞共同的夢，需要大家一起來圓夢。兩岸同胞要相互扶持，不分黨派，不分階層，不分宗教，不分地域，都參與到民族復興的進程中來，讓我們共同的中國夢早日成真。習近平總書記提出了兩岸聯手，振興中華重要思想。第一，兩岸同胞一家親，誰也不能割斷我們的血脈。第二，兩岸同胞命運與共，彼此沒有解不開的心結。第三，兩岸同胞要齊心協力，持續推動兩岸關係和平發展。第四，兩岸同胞要攜手同心，共圓中華民族偉大復興的中國夢。

其次，中國夢聯結起海內外中華兒女的共同情懷。習近平主席2013 年 9 月 26 日在致第十二屆世界華商大會的賀信中指出，全面建成小康社會，實現中華民族偉大復興，為廣大華商施展抱負提供了廣闊舞臺。我們將進一步深化改革、完善政策、強化服務，依法保護華商投資興業權益，鼓勵和支持廣大華商為中國發展獻智出力。「長風破浪會有時，直掛雲帆濟滄海。」希望廣大華商把握機遇、發揮優勢，積極關心和參與中國改革開放和現代化建設，在互惠合作中實現自身事業更大發展，為共圓中華民族偉大復興的中國夢，推動中國人民同世界各國人民的交流合作，做出新的更大的貢獻！

第三，中國夢凝聚起了全國各族人民大團結的力量。習近平總書記指出，「實現中國夢，必須凝聚中國力量。空談誤國，實幹興邦。我們要用 13 億中國人的智慧和力量，一代又一代中國人不懈努力，把我們的國家建設好，把我們的民族發展好。」我國 56 個民族都是中華民族大家庭的平等一員，共同構成了你中有我、我中有你、誰也離不開誰的中華民族命運共同體。實現中華民族偉大復興的中國夢是各民族共同的夢，也是各民族自己的夢。中華民族一家親，同心共築中國夢。

各族人民大團結的力量，是克服各種困難、戰勝風險挑戰的決定性因素。只要我們緊密團結，萬眾一心，為實現共同夢想而奮鬥，實現夢想的力量就無比強大，我們每個人為實現自己夢想的努力就擁有廣闊的空間。生活在我們偉大祖國和偉大時代的中國人民，共同享有人生出彩的機會，共同享有夢想成真的機會，共同享有同祖國和時代一起成長與進步的機會。全國各族人民一定要牢記使命，心往一處想，勁往一處使，用 13 億人的智慧和力量彙集起不可戰勝的磅 力量。

（二）中國夢與世界各國人民的美好夢想相通

中國夢一經提出，不僅在國內引發強烈共鳴，而且在國際社會產生強烈反響。「中國夢對世界具有吸引力」「中國的夢想，不僅關乎中國的命運，也關係世界的命運」，成為國際社會對中國夢的主流認識。同時，國際社會也出現一些曲解和誤讀、疑慮和猜忌。面對中國的體量不斷壯大，有些人開始擔心，更有一些人戴上有色眼鏡看中國，認為中國發展起來了必然是一種「威脅」，將中國夢曲解為「擴張夢」「霸權夢」，一定會跌入所謂大國衝突對抗的「修昔底德陷阱」，甚至把中國描繪成歌德的悲劇《浮士德》中可怕的「墨菲斯托」。

怎樣看待中國夢與世界其他國家人民夢想的關係呢？我們認為，中國夢與世界人民的美好夢想是相通的。習近平總書記多次對世界宣示：中國夢是和平、發展、合作、共贏的夢，與世界各國人民的美好夢想息息相通，中國人民願意同各國人民在實現各自夢想的過程中相互支持、相互幫助。中國將始終做全球發展的貢獻者，堅持走共同發展道路，繼續奉行互利共贏的開放戰略，將自身發展經驗和機遇同世

界各國分享，歡迎各國搭乘中國發展的「快車」「便車」「順風車」，實現共同發展，讓大家一起過上好日子。

中國夢是追求和平的夢。中國夢需要和平與穩定，只有世界的和平與穩定，才可能實現各國人民的美好夢想。中華民族歷來就是愛好和平的民族，天下太平、共用大同是中華民族綿延數千年的理想。中國歷史上曾經長期是世界上最強大的國家之一，但沒有因此留下過殖民和侵略他國的記錄。近代以來 100 多年間，中國內部戰亂和外敵入侵頻頻發生，中國人民對戰爭帶來的苦難有著刻骨銘心的記憶，對和平有著孜孜不倦的追求，特別珍惜和平安定的生活。中國人民怕的就是動盪，求的就是穩定，盼的就是天下太平。中國人民將堅定不移地走和平發展道路，既努力爭取和平的國際環境發展自己，又以自身的發展促進世界和平。習近平總書記指出：「中國這頭獅子已經醒了，但這是一隻和平的、可親的、文明的獅子。」作為負責任大國，中國決不會稱霸，決不搞擴張，中國越發展，對世界和平與發展就越有利。

中國夢不僅造福中國人民，而且造福各國人民。中國夢與世界人民的美好夢想是相通的。「窮則獨善其身，達則兼善天下。」這是中華民族始終崇尚的品德和胸懷。作為一個擁有 13 億多人口的發展中大國，中國一心一意辦好自己的事情，實現國家發展和穩定，本身就是對世界的巨大貢獻。同時，中國的發展對世界各國也是重要的機遇。中國正在加快推進新型工業化、信息化、城鎮化、農業現代化，新的經濟增長點將不斷湧現。這將為國際和地區夥伴提供更廣闊的市場、更充足的資本、更豐富的產品、更寶貴的合作機會。這些都是對世界經濟發展的重大利好。中國的發展，是世界和平力量的壯大，是傳遞友誼的正能量。歷史已經證明，實現中國夢給世界帶來的是機遇不是

威脅，是和平不是動盪，是進步不是倒退。隨著我們國力的不斷增強，中國將進一步發揮負責任大國的作用，在力所能及的範圍內承擔更多國際責任和義務，為人類和平與發展的崇高事業做出更大的貢獻。

（三）實幹才能夢想成真

中華民族的偉大復興是一項光榮而艱巨的事業，需要每個中華兒女為此付出艱苦努力，需要用實幹托起中國夢。習近平總書記指出：「面向未來，全面建成小康社會要靠實幹，基本實現現代化要靠實幹，實現中華民族偉大復興要靠實幹。」「千里之行，始於足下。我們國家的發展前景十分光明，但道路不可能一帆風順，藍圖不可能一蹴而就，夢想不可能一夜成真。人間萬事出艱辛。越是美好的未來，越需要我們付出艱辛努力。真抓才能攻堅克難，實幹才能夢想成真。」

「空談誤國，實幹興邦」。實現中國夢，要求每一個人既要是夢想家又要是實幹家，既要胸懷理想又要腳踏實地，把自己的事情做扎實，把我們改革發展穩定的各項工作任務落實好，一步一個腳印地朝著夢想前進。如果只是紙上談兵而不真抓實幹，再宏偉的藍圖都會落空，再美好的夢想也不可能成真。要在全社會大力弘揚真抓實幹、埋頭苦幹的良好風尚，特別是各級領導幹部要帶頭發揚實幹精神，出實策、鼓實勁、辦實事，不圖虛名，不務虛功，以身作則帶領群眾把各項工作落到實處。

我們的國家，我們的民族，從近代積貧積弱一步一步走到今天的發展繁榮，靠的就是一代又一代人的頑強拼搏，靠的就是中華民族自強不息的奮鬥精神。當前，我國仍處於並將長期處於社會主義初級階

段的基本國情沒有變，人民日益增長的美好生活需要和不平衡不充分的發展之間的矛盾仍然是社會主要矛盾，我國是世界最大發展中國家的國際地位沒有變，在前進道路上還會遇到許多難以預料的問題和困難。必須居安思危、艱苦奮鬥，始終保持那麼一股勁，那麼一股革命熱情，那麼一種拼命精神，披荊斬棘、勇往直前。

中國夢最終要靠全體人民的辛勤勞動來實現。勞動是財富的源泉，也是幸福的源泉。人世間的美好夢想，只有通過誠實的勞動才能實現；發展中的各種難題，只有通過誠實的勞動才能破解；生命裡的一切輝煌，只有通過誠實的勞動才能鑄就。勞動創造了中華民族，造就了中華民族的輝煌歷史，也必將創造出中華民族的光明未來。我們必須牢固樹立勞動最光榮、勞動最崇高、勞動最偉大、勞動最美麗的觀念，進一步激發全體人民的勞動熱情和創造潛能，依靠辛勤勞動、誠實勞動、創造性勞動開創更加美好的生活。

中國夢，任重而道遠，尤其需要鍥而不捨、馳而不息的艱苦努力。習近平總書記 2012 年 12 月 7 日在廣東考察工作時指出：「面向未來，全面建成小康社會要靠實幹，基本實現現代化要靠實幹，實現中華民族偉大復興要靠實幹。」實幹是一種精神。精神源於心態，精神決定業績，看一看、等一等、放一放、緩一緩，都是工作沒有精神的表現，都是要不得的懈怠精神狀態。面對新形勢，只有實幹才能把握機遇；面對新挑戰，只有實幹才能破解難題；面對新情況，只有實幹才能開創局面。實幹，是一種科學。實現又好又快發展，幹得快的前提是要幹得好。具備了條件和能力的，完全可以快，慢就是懈怠；而脫離實際、不顧發展的要素和內涵，一味追求速度和規模的「蠻幹」，也一定經不起歷史檢驗。實幹，是一種責任。立足崗位，各盡其責，各顯其

能，就是實幹。生活在偉大時代，是幸運的；為美麗夢想而奮鬥，是光榮的。愛崗敬業，守土有責，要有一種不幹工作心不安、工作沒幹完心不安、工作沒幹好心不安的責任意識和一定幹好工作的責任擔當。

展望未來，重任在肩。未來從來都是因為它的不確定性而讓我們充滿激情，擼起袖子加油幹，始終牢記空談誤國、實幹興邦，堅持腳踏實地、不懈奮鬥，用苦幹、實幹實現偉大的「中國夢」。

第二章

新時代中國特色社會主義

——實現偉大復興的必由之路和戰略主題

　　道路問題是關係我們黨的事業興衰成敗的第一位的問題。我們黨和人民在探索中華民族偉大復興的長期實踐中，堅持獨立自主走自己的路，取得了革命、建設、改革的偉大勝利，開創和發展了中國特色社會主義，從根本上改變了中國人民和中華民族的前途命運。習近平總書記 2012 年 11 月 17 日在中共中央政治局第一次集體學習時指出，中國特色社會主義，是中國共產黨和中國人民團結的旗幟、奮進的旗幟、勝利的旗幟，是當代中國發展進步的根本方向，是中華民族偉大復興的必由之路。

　　建設中國特色社會主義與實現中華民族偉大復興是一個事物的兩

個方面。建設中國特色社會主義是實現中華民族偉大復興的政治版，實現中華民族偉大復興是建設中國特色社會主義的社會版。中國特色社會主義是社會主義初級階段中華民族偉大復興的必由之路和偉大旗幟，實現中華民族偉大復興是社會主義初級階段建設中國特色社會主義的重要目標和偉大實踐。從這個意義上講，中國特色社會主義與中華民族偉大復興是完全統一的。歷史和現實都在反復證明，實現中國夢必須走中國特色社會主義道路；建設中國特色社會主義就必須落實到國家富強民族振興人民幸福的中國夢上面。如果說，二者究竟有什麼不同，那就是，中華民族偉大復興充分拓展了中國特色社會主義的主要內容、清晰描繪了中國特色社會主義的偉大目標，讓全體中國人民更加清楚地認識了建設一個什麼樣的社會主義和怎樣建設社會主義的重大問題。

習近平總書記指出，只有社會主義才能救中國，只有中國特色社會主義才能發展中國。只有高舉中國特色社會主義偉大旗幟，我們才能團結帶領全黨全國各族人民，在中國共產黨成立 100 年時全面建成小康社會，在新中國成立 100 年時建成富強民主文明和諧的社會主義現代化國家，贏得中國人民和中華民族更加幸福美好的未來。

一、中國特色社會主義進入新時代
——中國特色社會主義是歷史的結論、人民的選擇

習近平總書記 2012 年 11 月 17 日在十八屆中共中央政治局第一次集體學習時指出：「中國特色社會主義，承載著幾代中國共產黨人

的理想和探索，寄託著無數仁人志士的夙願和期盼，凝聚著億萬人民的奮鬥和犧牲，是近代以來中國社會發展的必然選擇，是發展中國、穩定中國的必由之路。」習近平總書記 2013 年 1 月 5 日在新進中央委員會的委員、候補委員學習貫徹黨的十八大精神研討班開班式上強調：「歷史和現實都告訴我們，只有社會主義才能救中國，只有中國特色社會主義才能發展中國，這是歷史的結論、人民的選擇」。習近平總書記的講話分六個時間段對社會主義五百年的歷史進行系統的回顧和梳理，展現了中國特色社會主義的歷史淵源和社會進程，為中國特色社會主義理論體系注入了時代精神和新的內涵。

（一）空想社會主義的產生和發展

　　1516 年英國人莫爾發表《烏托邦》，揭露資本主義原始積累過程中的悲慘景象，同時描繪了一個沒有剝削人人平等的理想社會。早期，16、17 世紀的空想社會主義代表人物有莫爾、康帕內拉，康帕內拉的名著《太陽城》描繪了理想社會的理想圖景；中期，17、18 世紀的空想社會主義代表人物摩萊裡、馬布利和巴貝夫；晚期，19 世紀初，英法著名的空想家昂立・聖西門、沙爾・傅立葉和羅伯特・歐文，對未來社會做了大膽猜測，聖西門稱之為實業制度、傅立葉稱之為和諧制度、歐文稱之為共產主義公社。空想社會主義揭露資本主義社會的罪惡，批判資本主義制度的全部基礎，論證未來社會代替資本主義社會的必然性和合理性，並對未來社會提出一些積極的主張和有價值的猜測，但屬於唯心史觀，無法找到實現其社會理想的正確道路和社會力量。

（二）馬克思、恩格斯創立的科學社會主義理論體系

19 世紀中葉，馬克思、恩格斯創立唯物史觀和剩餘價值學說，並把社會主義思想置於這兩大理論基石之上，從而使社會主義實現了從空想到科學的偉大飛躍，社會主義從空想變成科學。馬克思恩格斯的科學社會主義產生的經濟條件主要是當時西歐資本主義制度矛盾的激化；階級基礎使歐洲資本主義國家的無產階級已經作為一支獨立的政治力量，登上歷史舞臺；直接理論來源是以聖西門、傅立葉和歐文為代表的 19 世紀初三大空想家的社會主義學說。1848 年 2 月，《共產黨宣言》的發表標誌著科學社會主義誕生，科學社會主義深刻揭示了資本主義產生、發展、滅亡和共產主義取代資本主義的歷史必然性。對未來社會主義社會的發展過程、發展方向、一般特徵做了科學預測和設想。

（三）列寧領導十月革命勝利並進行科學社會主義實踐

20 世紀初，列寧把馬克思主義基本原理同俄國的具體實際相結合，創造性地提出社會主義可能在一國或數國首先取得勝利的理論，領導十月革命取得成功，建立世界上第一個社會主義國家，社會主義實現了從理論到實踐的飛躍，馬克思主義發展到了列寧主義的階段。列寧在 1915 年寫的《論歐洲聯邦口號》一文中提出一國或數國首先取得勝利論。十月革命勝利後如何搞社會主義，當時沒有先例，列寧進行了深入思考和艱辛的探索，針對 1918 年下半年到 1921 年春實行戰時共產主義政策暴露出的問題，列寧進行深刻反思提出新經濟政策，

對戰時共產主義政策進行深刻調整。

（四）蘇聯模式逐步形成

列寧逝世後，斯大林在領導蘇聯社會主義建設中逐步形成了實行單一生產數據公有制和指令性計劃經濟、權力高度集中地經濟、政治體制，蘇聯模式在特定的歷史條件下促進了蘇聯經濟社會的快速發展。但是由於不尊重經濟規律等，隨著時間推移最終成為蘇聯經濟社會發展的嚴重的體制障礙。20 世紀 80 年代後，面對經濟社會發展的各種困境，蘇聯和東歐各國進行調整，偏離了正確方向，導致 1989 年東歐國家先後發生劇變，1991 年蘇聯解體、蘇共解散，使世界社會主義遭受重大的曲折。

（五）新中國成立後中國共產黨對社會主義的探索和實踐

新中國成立後以毛澤東同志為核心的黨的第一代中央領導集體帶領全黨全國各族人民在迅速醫治戰爭創傷恢復國民經濟的基礎上，創造性地進行社會主義的改造、建立起社會主義基本制度。這個時期我們取得了三個重要的建設成果：一是告別了舊中國留下的一窮二白的基礎；二是建立了社會主義的根本制度，在這個基礎上形成了 1954 年的《中華人民共和國憲法》；三是成功完成了中國共產黨從一個領導革命的黨到執政黨的歷史性轉變。

（六）改革開放以後的中國特色社會主義

　　黨的十一屆三中全會以後，以鄧小平同志為核心的黨的第二代中央領導集體重新確立了解放思想實事求是的思想路線，徹底否定了以階級鬥爭為綱的錯誤理論和實踐，以巨大的政治勇氣和理論勇氣提出進行改革開放，並明確提出必須搞清楚什麼是社會主義、怎樣建設社會主義這個重大的理論和實際問題。經過實踐探索，鄧小平同志第一次比較系統地初步回答了在中國這樣的經濟文化比較落後的國家，如何建設社會主義、如何鞏固和發展社會主義的一系列基本問題，用新的思想觀點繼承和發展了馬克思主義，開拓了馬克思主義新境界，把對社會主義的認識提高到新的科學水準，創立了鄧小平理論，成功開創了中國特色社會主義。黨的十三屆四中全會以後，以江澤民同志為核心的黨的第三代中央領導集體在國內外形勢十分複雜世界社會主義出現嚴重曲折的嚴峻考驗面前捍衛了中國特色社會主義。依據新的實踐，確立了黨的基本綱領、基本經驗、確立了社會主義市場經濟體制的改革目標和基本框架，確立了社會主義初級階段的基本經濟制度和分配制度。推進黨的建設新的偉大工程，創立了「三個代表」重要思想，開創全面改革開放新局面。在新世紀新階段，以胡錦濤同志為總書記的黨中央，強調堅持以人為本全面協調可持續發展，提出構建社會主義和諧社會加快生態文明建設，形成了中國特色社會主義事業的總體佈局，著力保障和改善民生，促進社會公平正義，推動建設和諧社會，推進黨的執政能力建設和先進性建設，形成了科學發展觀。

（七）中國特色社會主義進入新時代

經過黨和人民近 40 年的長期努力，特別是十八大以來，以習近平同志為核心的黨中央的英明領導和偉大奮鬥，中國特色社會主義進入了新時代，這是我國發展新的歷史方位。「這個新時代，是承前啟後、繼往開來、在新的歷史條件下繼續奪取中國特色社會主義偉大勝利的時代，是決勝全面建成小康社會、進而全面建設社會主義現代化強國的時代，是全國各族人民團結奮鬥、不斷創造美好生活、逐步實現全體人民共同富裕的時代，是全體中華兒女勠力同心、奮力實現中華民族偉大復興中國夢的時代，是我國日益走近世界舞臺中央、不斷為人類作出更大貢獻的時代。」

十九大報告指出，中國特色社會主義進入新時代，意味著近代以來久經磨難的中華民族迎來了從站起來、富起來到強起來的偉大飛躍，迎來了實現中華民族偉大復興的光明前景；意味著科學社會主義在二十一世紀的中國煥發出強大生機活力，在世界上高高舉起了中國特色社會主義偉大旗幟；意味著中國特色社會主義道路、理論、制度、文化不斷發展，拓展了發展中國家走向現代化的途徑，給世界上那些既希望加快發展又希望保持自身獨立性的國家和民族提供了全新選擇，為解決人類問題貢獻了中國智慧和中國方案。這個新時代，是承前啟後、繼往開來、在新的歷史條件下繼續奪取中國特色社會主義偉大勝利的時代，是決勝全面建成小康社會、進而全面建設社會主義現代化強國的時代，是全國各族人民團結奮鬥、不斷創造美好生活、逐步實現全體人民共同富裕的時代，是全體中華兒女勠力同心、奮力實現中華民族偉大復興中國夢的時代，是我國日益走近世界舞臺中

央、不斷為人類作出更大貢獻的時代。

　　中國特色社會主義進入新時代的一個重要原因是，隨著社會的長期發展進步，中國社會的主要矛盾發生了重要轉化。十九大報告指出，中國特色社會主義進入新時代，我國社會主要矛盾已經轉化為人民日益增長的美好生活需要和不平衡不充分的發展之間的矛盾。我國穩定解決了十幾億人的溫飽問題，總體上實現小康，不久將全面建成小康社會，人民美好生活需要日益廣泛，不僅對物質文化生活提出了更高要求，而且在民主、法治、公平、正義、安全、環境等方面的要求日益增長。同時，我國社會生產力水準總體上顯著提高，社會生產能力在很多方面進入世界前列，更加突出的問題是發展不平衡不充分，這已經成為滿足人民日益增長的美好生活需要的主要制約因素。十九大報告同時指出，必須認識到，我國社會主要矛盾的變化，沒有改變我們對我國社會主義所處歷史階段的判斷，我國仍處於並將長期處於社會主義初級階段的基本國情沒有變，我國是世界最大發展中國家的國際地位沒有變。全黨要牢牢把握社會主義初級階段這個基本國情，牢牢立足社會主義初級階段這個最大實際，牢牢堅持黨的基本路線這個黨和國家的生命線、人民的幸福線，領導和團結全國各族人民，以經濟建設為中心，堅持四項基本原則，堅持改革開放，自力更生，艱苦創業，為把我國建設成為富強民主文明和諧美麗的社會主義現代化強國而奮鬥。

　　十九大報告特別強調，必須認識到，我國社會主要矛盾的變化是關係全局的歷史性變化，對黨和國家工作提出了許多新要求。我們要在繼續推動發展的基礎上，著力解決好發展不平衡不充分問題，大力提升發展品質和效益，更好滿足人民在經濟、政治、文化、社會、生態等方面日益增長的需要，更好推動人的全面發展、社會全面進步。

中國特色社會主義進入新時代,是習近平新時代中國特色社會主義思想創立的重要歷史依據。

中國特色社會主義的形成歷程告訴我們,中國特色社會主義是科學社會主義的理論邏輯和中國社會發展歷史邏輯的辯證統一,是歷史的結論,是人民的選擇。正像習近平總書記指出的,中國特色社會主義不是從天上掉下來的,是黨和人民歷盡千辛萬苦付出各種代價取得的根本成就。搞清楚世界社會主義思想的源頭及演進,搞清楚中國特色社會主義的歷史發展,我們就能明白黨在推進革命建設改革的進程中,是怎樣經過反復比較和總結、歷史的選擇了馬克思主義選擇了社會主義道路的,是怎樣把馬克思主義基本原理同中國實際和時代特徵結合起來,獨立自主地走自己的路的,是怎樣經歷千辛萬苦付出各種代價,開創和發展中國特色社會主義的。

二、習近平新時代中國特色社會主義思想
——馬克思主義中國化的最新成果、偉大復興的行動指南

在中國共產黨第十九次全國代表大會上,習近平總書記首次提出「新時代中國特色社會主義思想」。習近平新時代中國特色社會主義思想是在中國特色社會主義偉大實踐基礎上創立和發展的,因而具有重大指導意義和科學價值。習近平新時代中國特色社會主義思想是全黨全國人民為實現中華民族偉大復興而奮鬥的行動指南。中國共產黨第十九次全國代表大會通過的關於《中國共產黨章程(修正案)》的決議,將習近平新時代中國特色社會主義思想寫入黨章。

（一）習近平新時代中國特色社會主義思想的形成

十八大以來，國內外形勢變化與黨和國家的各項事業發展都給我們提出了一個重大時代課題，這就是必須從理論和實踐結合上系統回答新時代堅持和發展什麼樣的中國特色社會主義、怎樣堅持和發展中國特色社會主義，包括新時代堅持和發展中國特色社會主義的總目標、總任務、總體佈局、戰略佈局和發展方向、發展方式、發展動力、戰略步驟、外部條件、政治保證等基本問題，並且要根據新的實踐對經濟、政治、法治、科技、文化、教育、民生、民族、宗教、社會、生態文明、國家安全、國防和軍隊、「一國兩制」和祖國統一、統一戰線、外交、黨的建設等各方面做出理論分析和政策指導，以利於更好堅持和發展中國特色社會主義。

圍繞這個重大時代課題，我們黨堅持以馬克思列寧主義、毛澤東思想、鄧小平理論、「三個代表」重要思想、科學發展觀為指導，堅持解放思想、實事求是、與時俱進、求真務實，堅持辯證唯物主義和歷史唯物主義，緊密結合新的時代條件和實踐要求，以全新的視野深化對共產黨執政規律、社會主義建設規律、人類社會發展規律的認識，進行艱辛理論探索，取得重大理論創新成果，形成了新時代中國特色社會主義思想。

（二）習近平新時代中國特色社會主義思想的主要內容

習近平新時代中國特色社會主義思想的基本內容主要體現為十九大報告中提出的八個明確。

　　（1）明確堅持和發展中國特色社會主義，總任務是實現社會主義現代化和中華民族偉大復興，在全面建成小康社會的基礎上，分兩步走在本世紀中葉建成富強民主文明和諧美麗的社會主義現代化強國。（2）明確新時代我國社會主要矛盾是人民日益增長的美好生活需要和不平衡不充分的發展之間的矛盾，必須堅持以人民為中心的發展思想，不斷促進人的全面發展、全體人民共同富裕。（3）明確中國特色社會主義事業總體佈局是「五位一體」、戰略佈局是「四個全面」，強調堅定道路自信、理論自信、制度自信、文化自信。（4）明確全面深化改革總目標是完善和發展中國特色社會主義制度、推進國家治理體系和治理能力現代化。（5）明確全面推進依法治國總目標是建設中國特色社會主義法治體系、建設社會主義法治國家。（6）明確黨在新時代的強軍目標是建設一支聽黨指揮、能打勝仗、作風優良的人民軍隊，把人民軍隊建設成為世界一流軍隊。（7）明確中國特色大國外交要推動構建新型國際關係，推動構建人類命運共同體。（8）明確中國特色社會主義最本質的特徵是中國共產黨領導，中國特色社會主義制度的最大優勢是中國共產黨領導，黨是最高政治領導力量，提出新時代黨的建設總要求，突出政治建設在黨的建設中的重要地位。

　　習近平新時代中國特色社會主義思想在新時代堅持和發展中國特色社會主義方面主要體現於「十四個堅持」，這是習近平新時代中國特色社會主義思想的基本方略。

1. 堅持黨對一切工作的領導

　　黨政軍民學，東西南北中，黨是領導一切的。必須增強政治意

識、大局意識、核心意識、看齊意識，自覺維護黨中央權威和集中統一領導，自覺在思想上政治上行動上同黨中央保持高度一致，完善堅持黨的領導的體制機制，堅持穩中求進工作總基調，統籌推進「五位一體」總體佈局，協調推進「四個全面」戰略佈局，提高黨把方向、謀大局、定政策、促改革的能力和定力，確保黨始終總攬全域、協調各方。

2. 堅持以人民為中心

人民是歷史的創造者，是決定黨和國家前途命運的根本力量。必須堅持人民主體地位，堅持立黨為公、執政為民，踐行全心全意為人民服務的根本宗旨，把黨的群眾路線貫徹到治國理政全部活動之中，把人民對美好生活的嚮往作為奮鬥目標，依靠人民創造歷史偉業。

3. 堅持全面深化改革

只有社會主義才能救中國，只有改革開放才能發展中國、發展社會主義、發展馬克思主義。必須堅持和完善中國特色社會主義制度，不斷推進國家治理體系和治理能力現代化，堅決破除一切不合時宜的思想觀念和體制機制弊端，突破利益固化的藩籬，吸收人類文明有益成果，構建系統完備、科學規範、運行有效的制度體系，充分發揮我國社會主義制度優越性。

4. 堅持新發展理念

發展是解決我國一切問題的基礎和關鍵，發展必須是科學發展，必須堅定不移貫徹創新、協調、綠色、開放、共用的發展理念。必須堅持和完善我國社會主義基本經濟制度和分配制度，毫不動搖鞏固和發展公有制經濟，毫不動搖鼓勵、支持、引導非公有制經濟發展，使市場在資源配置中起決定性作用，更好發揮政府作用，推動新型工業化、信息化、城鎮化、農業現代化同步發展，主動參與和推動經濟全球化進程，發展更高層次的開放型經濟，不斷壯大我國經濟實力和綜合國力。

5. 堅持人民當家作主

堅持黨的領導、人民當家作主、依法治國有機統一是社會主義政治發展的必然要求。必須堅持中國特色社會主義政治發展道路，堅持和完善人民代表大會制度、中國共產黨領導的多黨合作和政治協商制度、民族區域自治制度、基層群眾自治制度，鞏固和發展最廣泛的愛國統一戰線，發展社會主義協商民主，健全民主制度，豐富民主形式，拓寬民主渠道，保證人民當家作主落實到國家政治生活和社會生活之中。

6. 堅持全面依法治國

全面依法治國是中國特色社會主義的本質要求和重要保障。必須把黨的領導貫徹落實到依法治國全過程和各方面，堅定不移走中國特

色社會主義法治道路，完善以憲法為核心的中國特色社會主義法律體系，建設中國特色社會主義法治體系，建設社會主義法治國家，發展中國特色社會主義法治理論，堅持依法治國、依法執政、依法行政共同推進，堅持法治國家、法治政府、法治社會一體建設，堅持依法治國和以德治國相結合，依法治國和依規治黨有機統一，深化司法體制改革，提高全民族法治素養和道德素質。

7. 堅持社會主義核心價值體系

文化自信是一個國家、一個民族發展中更基本、更深沉、更持久的力量。必須堅持馬克思主義，牢固樹立共產主義遠大理想和中國特色社會主義共同理想，培育和踐行社會主義核心價值觀，不斷增強意識形態領域主導權和話語權，推動中華優秀傳統文化創造性轉化、創新性發展，繼承革命文化，發展社會主義先進文化，不忘本來、吸收外來、面向未來，更好構築中國精神、中國價值、中國力量，為人民提供精神指引。

8. 堅持在發展中保障和改善民生

增進民生福祉是發展的根本目的。必須多謀民生之利、多解民生之憂，在發展中補齊民生短板、促進社會公平正義，在幼有所育、學有所教、勞有所得、病有所醫、老有所養、住有所居、弱有所扶上不斷取得新進展，深入開展脫貧攻堅，保證全體人民在共建共用發展中有更多獲得感，不斷促進人的全面發展、全體人民共同富裕。建設平

安中國，加強和創新社會治理，維護社會和諧穩定，確保國家長治久安、人民安居樂業。

9. 堅持人與自然和諧共生

建設生態文明是中華民族永續發展的千年大計。必須樹立和踐行綠水青山就是金山銀山的理念，堅持節約資源和保護環境的基本國策，像對待生命一樣對待生態環境，統籌山水林田湖草系統治理，實行最嚴格的生態環境保護制度，形成綠色發展方式和生活方式，堅定走生產發展、生活富裕、生態良好的文明發展道路，建設美麗中國，為人民創造良好生產生活環境，為全球生態安全作出貢獻。

10. 堅持總體國家安全觀

統籌發展和安全，增強憂患意識，做到居安思危，是我們黨治國理政的一個重大原則。必須堅持國家利益至上，以人民安全為宗旨，以政治安全為根本，統籌外部安全和內部安全、國土安全和國民安全、傳統安全和非傳統安全、自身安全和共同安全，完善國家安全制度體系，加強國家安全能力建設，堅決維護國家主權、安全、發展利益。

11. 堅持黨對人民軍隊的絕對領導

建設一支聽黨指揮、能打勝仗、作風優良的人民軍隊，是實現「兩個一百年」奮鬥目標、實現中華民族偉大復興的戰略支撐。必須全面

貫徹黨領導人民軍隊的一系列根本原則和制度，確立新時代黨的強軍思想在國防和軍隊建設中的指導地位，堅持政治建軍、改革強軍、科技興軍、依法治軍，更加注重聚焦實戰，更加注重創新驅動，更加注重體系建設，更加注重集約高效，更加注重軍民融合，實現黨在新時代的強軍目標。

12. 堅持「一國兩制」和推進祖國統一

保持香港、澳門長期繁榮穩定，實現祖國完全統一，是實現中華民族偉大復興的必然要求。必須把維護中央對香港、澳門特別行政區全面管治權和保障特別行政區高度自治權有機結合起來，確保「一國兩制」方針不會變、不動搖，確保「一國兩制」實踐不變形、不走樣。必須堅持一個中國原則，堅持「九二共識」，推動兩岸關係和平發展，深化兩岸經濟合作和文化往來，推動兩岸同胞共同反對一切分裂國家的活動，共同為實現中華民族偉大復興而奮鬥。

13. 堅持推動構建人類命運共同體

中國人民的夢想同各國人民的夢想息息相通，實現中國夢離不開和平的國際環境和穩定的國際秩序。必須統籌國內國際兩個大局，始終不渝走和平發展道路、奉行互利共贏的開放戰略，堅持正確義利觀，樹立共同、綜合、合作、可持續的新安全觀，謀求開放創新、包容互惠的發展前景，促進和而不同、兼收並蓄的文明交流，構築尊崇自然、綠色發展的生態體系，始終做世界和平的建設者、全球發展的貢

獻者、國際秩序的維護者。

14. 堅持全面從嚴治黨

勇於自我革命，從嚴管黨治黨，是我們黨最鮮明的品格。必須以黨章為根本遵循，把黨的政治建設擺在首位，思想建黨和制度治黨同向發力，統籌推進黨的各項建設，抓住「關鍵少數」，堅持「三嚴三實」，堅持民主集中制，嚴肅黨內政治生活，嚴明黨的紀律，強化黨內監督，發展積極健康的黨內政治文化，全面淨化黨內政治生態，堅決糾正各種不正之風，以零容忍態度懲治腐敗，不斷增強黨自我淨化、自我完善、自我革新、自我提高的能力，始終保持黨同人民群眾的血肉聯繫。

（三）習近平新時代中國特色社會主義思想的重大意義

習近平新時代中國特色社會主義思想，是對馬克思列寧主義、毛澤東思想、鄧小平理論、「三個代表」重要思想、科學發展觀的繼承和發展，是馬克思主義中國化最新成果，是黨和人民實踐經驗和集體智慧的結晶，是中國特色社會主義理論體系的重要組成部分，是全黨全國人民為實現中華民族偉大複興而奮鬥的行動指南，必須長期堅持並不斷發展。

習近平新時代中國特色社會主義思想，開闢了中國特色社會主義的新境界。十八大以來，以習近平同志為核心的黨中央以非凡的政治智慧和強烈的歷史擔當，統籌推進「五位一體」總體佈局、協調推進「四

個全面」戰略佈局，取得了改革開放和社會主義現代化建設的歷史性成就。在中國特色社會主義現代化建設和中華民族偉大復興的實踐中，習近平總書記提出了一系列新理念新思想新戰略，推出了一系列新變革新政策新舉措，拓展了一系列新視野新領域新佈局，形成了習近平新時代中國特色社會主義思想。習近平新時代中國特色社會主義思想，適應時代要求，順應黨心民心，從理論和實踐的緊密結合上系統回答了新時代堅持和發展什麼樣的中國特色社會主義、怎樣堅持和發展中國特色社會主義等一系列重大的根本性的問題，取得了重大的創造性的理論創新成果，極大地豐富和發展了中國特色社會主義理論，開闢了中國特色社會主義理論的最新境界。

習近平新時代中國特色社會主義思想指明了新時代中國特色社會主義的前進方向。習近平總書記在十九大報告中指出，經過長期努力，中國特色社會主義進入了新時代。他指出了這個新時代的五個內涵和標誌：「這個新時代，是承前啟後、繼往開來、在新的歷史條件下繼續奪取中國特色社會主義偉大勝利的時代，是決勝全面建成小康社會、進而全面建設社會主義現代化強國的時代，是全國各族人民團結奮鬥、不斷創造美好生活、逐步實現全體人民共同富裕的時代，是全體中華兒女勠力同心、奮力實現中華民族偉大複興中國夢的時代，是我國日益走近世界舞臺中央、不斷為人類作出更大貢獻的時代。」站在這個新的歷史方位，實現這個新時代的奮鬥目標和戰略任務，必須高舉中國特色社會主義偉大旗幟，用習近平新時代中國特色社會主義思想統一全黨和全國各族人民的思想和行動，彙聚起氣壯山河、戰無不勝的磅 力量。

習近平新時代中國特色社會主義思想，彰顯出新時代科學社會主

義理論的蓬勃生機。習近平新時代中國特色社會主義思想，實現了馬克思主義基本原理同中國實際相結合進程中的又一次飛躍，是中國特色社會主義理論一次里程碑式的偉大飛躍，是奪取新時代中國特色社會主義偉大勝利的光輝旗幟。習近平新時代中國特色社會主義思想，體現了全黨意志和全國人民的共同願望，凝聚了全黨的智慧和各方的共識，集中反映了黨的理論和實踐創新的最新成果，是馬克思主義中國化的最新成果，是中國特色社會主義理論體系的重要組成部分。它開闢了馬克思主義新境界、中國特色社會主義新境界、管黨治黨新境界，是 21 世紀中國的馬克思主義，為實現社會主義現代化強國和中華民族偉大復興提供了理論指引和根本遵循。

三、四個自信
——堅定道路自信、理論自信、制度自信、文化自信

中國特色社會主義是馬克思主義中國化最重要的成果，是實踐、理論、制度有機結合而成的。它既把成功的實踐上升為理論，又以正確的理論指導新的實踐，還把實踐中已見成效的方針政策及時上升為黨和國家的制度，由此形成了中國特色社會主義道路、理論體系、制度。中國特色社會主義道路是實現途徑，中國特色社會主義理論體系是行動指南，中國特色社會主義制度是根本保障，三者統一於中國特色社會主義偉大實踐。這是中國特色社會主義的最鮮明特色。習近平總書記指出：「中國特色社會主義特就特在其道路、理論體系、制度上，特就特在其實現途徑、行動指南、根本保障的內在聯繫上，特就

特在這三者統一於中國特色社會主義偉大實踐上。」在當代中國，堅持和發展中國特色社會主義，就是真正堅持社會主義。習近平總書記2013年3月17日在第十二屆全國人民代表大會一次會議閉幕會上指出，「全國各族人民一定要增強對中國特色社會主義的理論自信、道路自信、制度自信，堅定不移沿著正確的中國道路奮勇前進。」

（一）堅定道路自信是明確偉大復興的必由之路

中國特色社會主義道路，是實現社會主義現代化和創造人民美好生活的必由之路。中國特色社會主義道路，既堅持以經濟建設為中心，又全面推進經濟建設、政治建設、文化建設、社會建設、生態文明建設以及其他各方面建設；既堅持四項基本原則，又堅持改革開放；既不斷解放和發展社會生產力，又逐步實現全體人民共同富裕、促進人的全面發展。這條道路既不是「傳統的」，也不是「外來的」，更不是「西化的」，而是我們「獨創的」，是一條人間正道。只有這條道路而沒有別的道路，能夠引領中國進步、實現人民福祉，達到民族復興。

（二）堅定理論自信是鑄就偉大事業的行動指南

中國特色社會主義理論體系，包括鄧小平理論、「三個代表」重要思想、科學發展觀和習近平新時代中國特色社會主義思想。這一理論體系寫出了科學社會主義的「新版本」，是深深紮根於中國大地、符合中國實際的當代中國馬克思主義。它同馬克思列寧主義、毛澤東

思想是堅持、發展和繼承、創新的關係。馬克思列寧主義、毛澤東思想一定不能丟，丟了就喪失了根本。同時，一定要以我國改革開放和現代化建設的實際問題、以我們正在做的事情為中心，著眼於馬克思主義理論的運用，著眼於對實際問題的理論思考，著眼於新的實踐和新的發展。在當代中國，堅持中國特色社會主義理論體系，就是真正堅持馬克思主義。

（三）堅定制度自信是偉大事業發展進步的根本保障

中國特色社會主義制度，符合中國基本國情，堅持把根本政治制度、基本政治制度同基本經濟制度以及各方面體制機制等具體制度有機結合起來，堅持把國家層面民主制度同基層民主制度有機結合起來，堅持把黨的領導、人民當家作主、依法治國有機結合起來，既堅持了社會主義的根本性質，又借鑒了古今中外制度建設的有益成果，集中體現了中國特色社會主義的特點和優勢，是中國發展進步的根本制度保障。

中國特色社會主義制度，需要在改革實踐中不斷發展完善。2014年 2 月，習近平總書記在省部級主要領導幹部學習貫徹黨的十八屆三中全會精神全面深化改革專題研討班上指出：「鄧小平同志在南方談話中說：『恐怕再有三十年的時間，我們才會在各方面形成一整套更加成熟、更加定型的制度。在這個制度下的方針、政策，也將更加定型化。』」要堅持以實踐基礎上的理論創新推動制度創新，堅持和完善現有制度，從實際出發，及時制定一些新的制度，構建系統完備、科學規範、運行有效的制度體系，使各方面制度更加成熟、更加定

型，為奪取中國特色社會主義新勝利提供更加有效的制度保障。

（四）堅定文化自信是提升中國自信的根本動力

　　文化自信是對中國特色社會主義和中華文明的根本自信。習近平總書記指出：「在5000多年文明發展中孕育的中華優秀傳統文化，在黨和人民偉大鬥爭中孕育的革命文化和社會主義先進文化，積澱著中華民族最深層的精神追求，代表著中華民族獨特的精神標識。」中國特色社會主義文化是我們黨和人民在繼承中華優秀傳統文化、弘揚革命文化和建設社會主義先進文化的歷史進程中，進行文化建設、文化積累和文化提升的歷史性成果。中國特色社會主義文化以中華優秀傳統文化為根基，以馬克思主義為指導，以社會主義核心價值觀為靈魂，以社會主義先進文化為主體內容和本質特徵，是提升中國自信、實現中國夢的根本精神動力。

　　堅定中國特色社會主義文化自信是改革開放以來中國特色社會主義取得偉大成就的必然訴求，是中國特色社會主義新時期文化理論創新的深切呼喚，是實現中華民族偉大復興中國夢的價值支撐和精神動力。黨的十八大以來，我們堅持社會主義先進文化前進方向，堅持把社會效益放在首位、社會效益和經濟效益相統一，深化文化體制機制改革，在推動文化事業全面繁榮、文化產業快速發展方面取得顯著成效。

　　「文化自信，是更基礎、更廣泛、更深厚的自信。」中國特色社會主義文化自信是道路自信、理論自信、制度自信的根基和源泉，為道路自信、理論自信、制度自信提供智力支援、價值支撐和精神動力。

道路自信、理論自信、制度自信需要文化自信的支撐、引領與推動，文化自信能夠使道路自信、理論自信、制度自信更加堅定。要將文化自信始終貫穿於道路拓展、理論發展和制度完善之中，發揮其對中國特色社會主義建設實踐靈魂性的引領與推動作用。

堅定文化自信，要不忘本來、吸收外來、面向未來。面對各種思潮相互碰撞、價值觀念多元並存的新形勢，我們要弘揚社會主義核心價值觀，弘揚以愛國主義為核心的民族精神和以改革創新為核心的時代精神，增強文化自信和價值觀自信，引領全體人民不忘初心、繼續前進，為實現中華民族偉大復興中國夢不懈奮鬥，讓中華民族以更加堅定的「四個自信」屹立於世界民族之林。

2016 年 7 月 1 日，習近平總書記在慶祝中國共產黨成立 95 周年大會上明確提出了「堅持中國特色社會主義道路自信、理論自信、制度自信、文化自信」的重要觀點。習近平總書記特別強調，「文化自信，是更基礎、更廣泛、更深厚的自信」。中國特色社會主義文化自信是對中國特色社會主義道路自信、理論自信和制度自信的進一步深化和完善，體現了我們黨建設中國特色社會主義的高度自覺，彰顯出了中國特色社會主義在實現中華民族偉大復興中的重要地位。

第三章

「四個全面」

——實現偉大復興現階段的戰略佈局和戰略方針

　　黨的十八大以來，以習近平同志為核心的黨中央從堅持和發展中國特色社會主義全域出發，立足中國發展實際，堅持問題導向，逐步形成並積極推進全面建成小康社會、全面深化改革、全面依法治國、全面從嚴治黨的戰略佈局。「四個全面」戰略佈局，確立了新的歷史條件下黨和國家各項工作的戰略目標和戰略舉措，是我們黨在新形勢下治國理政的總方針，是事關黨和國家長遠發展的總戰略，是為實現「兩個一百年」奮鬥目標、引領中華民族偉大復興的總佈局。

　　「四個全面」戰略佈局是時代和實踐發展對黨和國家工作的新要求。任何科學理論都不是憑空產生的，而是時代的產物、實踐的產物。「四個全面」戰略佈局是我們黨站在新的歷史起點上，總結我國發展

實踐，適應新的發展要求，堅持和發展中國特色社會主義新探索新實踐的重要成果。習近平總書記深刻指出，「四個全面」戰略佈局是從我國發展現實需要中得出來的，從人民群眾的熱切期待中得出來的，也是為推動解決我們面臨的突出矛盾和問題提出來的。

一、全面建成小康社會，開啟社會主義現代化新征程
——實現中華民族偉大復興中國夢的關鍵一步

　　黨的十八大提出了到 2020 年全面建成小康社會的美好奮鬥目標。這是我們黨向人民、向歷史做出的莊嚴承諾。這個美好的奮鬥目標是「兩個一百年」奮鬥目標的第一個百年奮鬥目標，是中華民族偉大復興征程上的又一座重要里程碑。習近平主席 2013 年 4 月 7 日在博鰲亞洲論壇 2013 年年會上進一步指出：「我們的奮鬥目標是，到 2020 年國內生產總值和城鄉居民人均收入在 2010 年的基礎上翻一番，全面建成小康社會；到本世紀中葉建成富強民主文明和諧的社會主義現代化國家，實現中華民族偉大復興的中國夢。」全面建成小康社會，在「四個全面」戰略佈局中居於引領地位。黨的十八屆五中全會對全面建成小康社會進行了總體部署，發出了向全面建成小康社會目標沖刺的新的動員令。當前，全黨全國各族人民最重要的是樹立起攻堅克難的堅定信心，凝聚起推進事業發展的強大力量，把「十三五」規劃描繪的全面建成小康社會宏偉藍圖變成現實。

（一）全面建成小康社會是當代中國發展的階段性目標

「小康」是中華民族自古以來追求的一種理想的社會狀態。我們黨使用「小康」這個概念來確立中國的發展目標，既符合中國的發展實際，也表現了普通百姓對寬裕、殷實的理想生活的追求，深得人民群眾的認同和支持。全面建成小康社會，不僅僅是解決溫飽問題，而是要從政治、經濟、文化等各方面滿足廣大人民的幸福需要。

改革開放之初，鄧小平同志首用「小康」來詮釋中國式的現代化，明確提出了到 20 世紀末「在中國建立一個小康社會」的奮鬥目標。在全黨全國各族人民共同努力下，鄧小平提出的目標已經如期實現，人民生活總體上達到小康水準。在這個基礎上，黨的十六大提出本世紀頭 20 年全面建設惠及十幾億人口的更高水準的小康社會的目標；黨的十七大提出了全面建設小康社會的新要求；黨的十八大對全面建設小康社會目標進行了充實和完善，將「全面建設小康社會」調整為「全面建成小康社會」，順應了人民的新要求。30 多年來，我們黨始終緊緊扭住這個奮鬥目標，一茬接著一茬幹，一棒接著一棒跑，推動小康社會建設取得了顯著成績。黨的十八屆五中全會順應我國經濟社會新發展和廣大人民群眾新期待，賦予「小康」更高的標準、更豐富的內涵。

到 2020 年如期全面建成小康社會，無論在中華民族發展史上，還是在世界發展史上，抑或是在社會主義發展史上，都具有極為重大的意義。回顧幾千年的歷史，豐衣足食一直是中國老百姓最樸素的要求和願望。鴉片戰爭以來，中國人民從救亡圖存到推翻三座大山，從改變一窮二白面貌到建設社會主義現代化、不斷推進改革開放，一直在為過上幸福美好生活而努力奮鬥。全面建成小康社會，中國人民將

在全面解決溫飽問題的基礎上，普遍過上比較殷實富足的生活。這將是中國歷史上亙古未有的偉大跨越，也是中華民族對人類社會的偉大貢獻。

全面建成小康社會是實現中華民族偉大復興的重要基礎和關鍵一步。全面小康和民族復興是兩個相互聯繫、相互交融的階段。沒有全面小康的實現，民族復興就無從談起。今天為全面建成小康社會而奮鬥，就是在為實現民族復興而奮鬥。全面建成小康社會，標誌著我們向著實現中華民族偉大復興邁出了至關重要的一步。同時要認識到，作為擁有 13 億多人口的發展中大國，我國發展仍面臨著不少困難和挑戰，特別是到 2020 年全國 7000 多萬農村貧困人口全部脫貧，時間十分緊迫，任務相當繁重。要使全體人民都過上更加美好的生活，還需要付出長期不懈的艱辛努力。全黨同志必須做好充分的思想準備和工作準備，認清形勢，堅定信心，繼續頑強奮鬥，確保如期全面建成小康社會。

（二）全面建成小康社會新的目標要求

「十三五」規劃綱要根據新形勢新情況，提出了全面建成小康社會新的目標要求，規劃和設計了未來美好生活的宏偉藍圖。

1. 保持經濟中高速增長

在提高發展平衡性、包容性、可持續性基礎上，到 2020 年國內生產總值和城鄉居民人均收入比 2010 年翻一番，主要經濟指標平衡協

調，發展品質和效益明顯提高。產業邁向中高端水準，農業現代化進展明顯，工業化和信息化融合發展水準進一步提高，先進製造業和戰略性新興產業加快發展，新產業新業態不斷成長，服務業比重進一步提高。

2. 實現創新驅動顯著成效

創新驅動發展戰略深入實施，創業創新蓬勃發展，全要素生產率明顯提高。科技與經濟深度融合，創新要素配置更加高效，重點領域和關鍵環節核心技術取得重大突破，自主創新能力全面增強，邁進創新型國家和人才強國行列。

3. 增強發展的協調性

消費對經濟增長貢獻繼續加大，投資效率和企業效率明顯上升。城鎮化品質明顯改善，戶籍人口城鎮化率加快提高。區域協調發展新格局基本形成，發展空間佈局得到優化。對外開放深度廣度不斷提高，全球配置資源能力進一步增強，進出口結構不斷優化，國際收支基本平衡。

4. 普遍提高人民的生活水準和品質

就業、教育、文化體育、社保、醫療、住房等公共服務體系更加健全，基本公共服務均等化水準穩步提高。教育現代化取得重要進展，勞動年齡人口受教育年限明顯增加。就業比較充分，收入差距縮小，

中等收入人口比重上升。我國現行標準下農村貧困人口實現脫貧，貧困縣全部摘帽，解決區域性整體貧困。

5. 顯著提高國民素質和社會文明程度

中國夢和社會主義核心價值觀更加深入人心，愛國主義、集體主義、社會主義思想廣泛弘揚，向上向善、誠信互助的社會風尚更加濃厚，國民思想道德素質、科學文化素質、健康素質明顯提高，全社會法治意識不斷增強。公共文化服務體系基本建成，文化產業成為國民經濟支柱性產業。中華文化影響持續擴大。

6. 實現生態環境品質總體改善

生產方式和生活方式綠色、低碳水準上升。能源資源開發利用效率大幅提高，能源和水資源消耗、建設用地、碳排放總量得到有效控制，主要污染物排放總量大幅減少。主體功能區佈局和生態安全屏障基本形成。

7. 實現各方面制度更加成熟更加定型

國家治理體系和治理能力現代化取得重大進展，各領域基礎性制度體系基本形成。人民民主更加健全，法治政府基本建成，司法公信力明顯提高。人權得到切實保障，產權得到有效保護。開放型經濟新體制基本形成。中國特色現代軍事體系更加完善。黨的建設制度化水準顯著提高。

這些新的目標要求，與黨的十六大以來提出的全面建設小康社會的奮鬥目標要求相銜接，與中國特色社會主義事業總體佈局相一致，進一步明確了全面建成小康社會的基本內涵，體現了目標導向與問題導向相統一，體現了堅持戰略性和操作性相結合。實現到 2020 年國內生產總值和城鄉居民人均收入比 2010 年翻一番，經濟必須保持一定的增長速度。「十三五」時期，國內生產總值每年平均增長速度需保持在 6.5% 以上，主要經濟指標平衡協調，才能實現翻一番目標。決勝全面建成小康社會，不是新一輪大幹快上，不能靠粗放型發展方式、靠強力刺激抬高速度實現「兩個翻番」，否則勢必走到老路上去，帶來新的矛盾和問題。全面建成小康社會，必須考慮更長遠時期的發展要求，加快形成適應經濟發展新常態的經濟發展方式，這樣才能建成高品質的小康社會，才能為實現第二個百年奮鬥目標奠定更為牢靠的基礎。

（三）全面建成小康社會的本質特徵

全面建成小康社會，最重要、最困難的是「全面」。「小康」講的是發展水準，「全面」講的是發展的平衡性、協調性、可持續性。習近平總書記強調，如果到 2020 年我們在總量和速度上完成了目標，但發展不平衡、不協調、不可持續問題更加嚴重，短板更加突出，就算不上真正實現了全面建成小康的目標。

全面小康覆蓋的領域要全面，是「五位一體」全面進步的小康。全面小康社會要求經濟持續健康發展，人民民主不斷擴大，文化軟實力顯著增強，人民生活水準全面提高，資源節約型、環境友好型社會

建設取得重大進展。這是一個整體性目標要求，它們之間相互聯繫、相互促進、不可分割。任何一個方面發展滯後，都會影響全面建成小康社會目標的實現。要在堅持以經濟建設為中心的同時，全面推進經濟建設、政治建設、文化建設、社會建設、生態文明建設，促進現代化建設各個環節、各個方面協調發展。

全面小康覆蓋的人口要全面，是惠及全體人民的小康。只有堅持發展為了人民、發展依靠人民、發展成果由人民共用，全面小康才能真正造福全體人民。習近平總書記指出：「沒有全民小康，就沒有全面小康。」全面建成小康社會，是沒有人掉隊的小康。我們到時候不能一邊宣佈全面建成了小康社會，另一邊還有幾千萬人口的生活水準處在扶貧標準線以下，這既影響人民群眾對全面建成小康社會的滿意度，也影響國際社會對我國全面建成小康社會的認可度。當前，影響實現全面建成小康社會目標的突出因素主要集中在民生領域，發展不全面的問題很大程度上也表現在不同社會群體的民生保障方面。要持續加大保障和改善民生力度，注重機會公平，保障基本民生，不斷提高人民生活水準，實現全體人民共同邁入全面小康社會。全面小康覆蓋的區域要全面，是城鄉區域共同發展的小康。習近平總書記指出：「沒有農村的全面小康和欠發達地區的全面小康，就沒有全國的全面小康。」因此，我們要加大統籌城鄉發展、統籌區域發展的力度，推進城鄉發展一體化，把努力縮小城鄉區域發展差距，作為全面建成小康社會的一項重要任務。縮小城鄉區域發展差距，不僅是縮小國內生產總值總量和增長速度的差距，而且是縮小居民收入水準、基礎設施通達水準、基本公共服務均等化水準、人民生活水準等方面的差距。

全面建成小康社會要實事求是、因地制宜。我國幅員遼闊，各地

發展差距較大，生產力發展水準多層次，不可能是「同一水準小康」，完全沒有差距是不可能的。全面建成小康社會是針對全國講的，不是每個地區、每個民族、每個人都達到同一個水準，不能把相關指標簡單套用到各省區市，那樣不科學，也不現實。所以，如期全面建成小康社會，既要堅持一定標準，又要防止好高騖遠；既要考慮到 2020 年這個時間節點，又要立足於打基礎、謀長遠、見成效。

（四）決勝全面建成小康社會，開啟全面建設社會主義現代化國家新征程

黨的十九大報告指出，從現在到 2020 年，是全面建成小康社會決勝期。要按照十六大、十七大、十八大提出的全面建成小康社會各項要求，緊扣我國社會主要矛盾變化，統籌推進經濟建設、政治建設、文化建設、社會建設、生態文明建設，堅定實施科教興國戰略、人才強國戰略、創新驅動發展戰略、鄉村振興戰略、區域協調發展戰略、可持續發展戰略、軍民融合發展戰略，突出抓重點、補短板、強弱項，特別是要堅決打好防範化解重大風險、精準脫貧、污染防治的攻堅戰，使全面建成小康社會得到人民認可、經得起歷史檢驗。

從十九大到二十大，是「兩個一百年」奮鬥目標的歷史交匯期。我們既要全面建成小康社會、實現第一個百年奮鬥目標，又要乘勢而上開啟全面建設社會主義現代化國家新征程，向第二個百年奮鬥目標進軍。

綜合分析國際國內形勢和我國發展條件，從 2020 年到本世紀中葉可以分兩個階段來安排。

　　第一個階段，從 2020 年到 2035 年，在全面建成小康社會的基礎上，再奮鬥十五年，基本實現社會主義現代化。到那時，我國經濟實力、科技實力將大幅躍升，躋身創新型國家前列；人民平等參與、平等發展權利得到充分保障，法治國家、法治政府、法治社會基本建成，各方面制度更加完善，國家治理體系和治理能力現代化基本實現；社會文明程度達到新的高度，國家文化軟實力顯著增強，中華文化影響更加廣泛深入；人民生活更為寬裕，中等收入群體比例明顯提高，城鄉區域發展差距和居民生活水準差距顯著縮小，基本公共服務均等化基本實現，全體人民共同富裕邁出堅實步伐；現代社會治理格局基本形成，社會充滿活力又和諧有序；生態環境根本好轉，美麗中國目標基本實現。

　　第二個階段，從 2035 年到本世紀中葉，在基本實現現代化的基礎上，再奮鬥十五年，把我國建成富強民主文明和諧美麗的社會主義現代化強國 到那時，我國物質文明、政治文明、精神文明、社會文明、生態文明將全面提升，實現國家治理體系和治理能力現代化，成為綜合國力和國際影響力領先的國家，全體人民共同富裕基本實現，我國人民將享有更加幸福安康的生活，中華民族將以更加昂揚的姿態屹立於世界民族之林。

二、全面深化改革
——決定當代中國命運的關鍵一招

　　全面深化改革是「四個全面」戰略佈局中具有突破性和先導性的關鍵環節。《中共中央關於全面深化改革若干重大問題的決定》指出，「改革開放是決定當代中國命運的關鍵一招，也是決定實現「兩個一百年」奮鬥目標、實現中華民族偉大復興的關鍵一招。」習近平總書記在十九大報告中明確指出，只有社會主義才能救中國，只有改革開放才能發展中國、發展社會主義、發展馬克思主義。必須堅持和完善中國特色社會主義制度，不斷推進國家治理體系和治理能力現代化，堅決破除一切不合時宜的思想觀念和體制機制弊端，突破利益固化的藩籬，吸收人類文明有益成果，構建系統完備、科學規範、運行有效的制度體系，充分發揮我國社會主義制度優越性。黨的十八大以來，以習近平同志為核心的黨中央高舉改革開放旗幟，以更大的政治勇氣和政治智慧推進改革，用全域觀念和系統思維謀劃改革，推動新一輪改革大潮湧起。黨的十八屆三中全會對全面深化改革進行總體部署，吹響了全面深化改革的進軍號。各領域改革不斷提速，改革舉措出臺的數量之多、力度之大前所未有，一些多年來難啃的硬骨頭啃下來了，呈現全面發力、多點突破、蹄疾步穩、縱深推進的良好態勢。

（一）改革是一場深刻的革命

改革開放是一場新的偉大的鬥爭和一場新的深刻的革命。習近平總書記強調：「改革開放是決定當代中國命運的關鍵一招，也是決定實現『兩個一百年』奮鬥目標、實現中華民族偉大復興的關鍵一招。」我國過去 30 多年的快速發展靠的是改革開放，我國未來發展也必須堅定不移依靠改革開放。回顧改革開放的歷程可以發現，每一次重大改革都給黨和國家的發展注入新的活力、給我們的事業增添強大的動力，黨和人民的事業在不斷深化改革中波浪式、螺旋式上升。實踐充分證明，改革開放是當代中國最鮮明的特色，也是當代中國共產黨人最鮮明的品格。

「改革開放只有進行時，沒有完成時。」現在，我們黨推進改革的複雜程度、敏感程度、艱巨程度，一點都不亞於 30 多年前。在整個社會主義現代化進程中，我們都要始終高舉改革開放的旗幟，決不能有絲毫動搖。

全面深化改革是順應世界發展趨勢的必然選擇。縱觀世界，變革是大勢所趨、人心所向。現在世界各國正在加快推進變革，新一輪科技革命和產業變革正在孕育興起。在這樣的形勢下，要如期全面建成小康社會，實現中華民族偉大復興，必須認清形勢、居安思危、奮起直追。停頓和倒退沒有出路，思想僵化、固步自封，必將被時代所淘汰。我們要順應浩浩蕩蕩的歷史潮流，承擔起自己的歷史責任，以更大的政治勇氣和智慧、更有力的措施和辦法推進改革。

全面深化改革是解決中國實際問題的根本途徑。改革是由問題倒逼而產生，又在不斷解決問題中得以深化。同時，舊的問題解決了，

新的問題又會產生，因而改革既不可能一蹴而就、也不可能一勞永逸。
當前我國發展還面臨一系列突出矛盾和挑戰，前進道路上還有不少困
難和問題。比如，發展中不平衡、不協調、不可持續問題依然突出，科
技創新能力不強，產業結構不合理，發展方式依然粗放，城鄉區域發
展差距和居民收入差距依然較大，社會矛盾明顯增多，教育、就業、
社會保障、醫療、住房、生態環境、食品藥品安全、安全生產、社會治
安、執法司法等關係群眾切身利益的問題較多，部分群眾生活困難，
形式主義、官僚主義、享樂主義和奢靡之風問題樹倒根存，反腐敗鬥
爭形勢依然嚴峻，等等。破解發展中面臨的難題，化解來自各方面的
風險挑戰，推動經濟社會持續健康發展，必須依靠全面深化改革。

　　全面深化改革是抓住和用好歷史性機遇的必然選擇。我國發展走
到今天，發展和改革高度融合，發展前進一步就需要改革前進一步，
改革不斷前進，也能為發展提供強勁動力。當前，國內外環境和主客
觀條件都對我們全面深化改革有利。這個歷史性機遇千載難逢，抓住
就能贏得戰略主動，否則就有可能陷於被動。必須增強機遇意識，通
過全面深化改革，充分發揮我們的獨特優勢，激發黨和國家生機活力。

　　中國的改革又到了一個新的歷史關頭，美好的目標就在前面，風
險和考驗也擺在我們面前。習近平總書記指出：「中國改革經過30多年，
已進入深水區，可以說，容易的、皆大歡喜的改革已經完成了，好吃
的肉都吃掉了，剩下的都是難啃的硬骨頭。」矛盾越大，問題越多，
越要攻堅克難、勇往直前。必須一鼓作氣、堅定不移，敢於啃硬骨頭，
敢於涉險灘，敢於向積存多年的頑瘴痼疾開刀，堅決打好全面深化改
革這場攻堅戰。

（二）堅持和完善中國特色社會主義制度

　　做好全面深化改革需要有總目標和總要求。黨的十八屆三中全會對全面深化改革做出的總部署、總動員，勾畫出了 2020 年全面深化改革的時間表、路線圖，形成了改革理論和政策的一系列新的重大突破。這是改革進程向前拓展的客觀要求，體現了我們黨對改革認識的深化和系統化，對於廣大幹部群眾準確把握中央精神，統一思想、統一意志，凝聚起推進改革的強大合力，具有重大意義。

　　全面深化改革，就要堅持把完善和發展中國特色社會主義制度、推進國家治理體系和治理能力現代化作為全面深化改革的總目標。這個總目標回答了推進各領域改革最終是為了什麼、要取得什麼樣的整體效果這個問題。總目標是兩句話組成的一個整體：前一句，規定了根本方向，這個方向就是中國特色社會主義道路，而不是其他什麼道路；後一句，規定了在根本方向指引下完善和發展中國特色社會主義制度的鮮明指向和明確目的。

　　全面深化改革，就要堅持進一步解放思想、進一步解放和發展社會生產力、進一步解放和增強社會活力的三者統一。這「三個進一步解放」，既是改革的目的，又是改革的條件。解放思想是前提，是解放和發展社會生產力、解放和增強社會活力的「總開關」；解放和發展社會生產力、解放和增強社會活力，是解放思想的必然結果，也是解放思想的重要基礎；解放和發展社會生產力是最根本最緊迫的任務，解放思想、解放和增強社會活力，是為了更好解放和發展社會生產力。要通過不斷改革創新，使中國特色社會主義在解放和發展社會生產力、解放和增強社會活力、促進人的全面發展上比資本主義制度更有

效率，更能激發全體人民的積極性、主動性、創造性，更能為社會發展提供有利條件，更能在競爭中贏得比較優勢，把中國特色社會主義制度的優越性充分體現出來。

全面深化改革，就要堅持把建設社會主義市場經濟作為改革的根本方向。提出建立社會主義市場經濟體制的改革目標，是我們黨在建設中國特色社會主義進程中的重大理論和實踐創新，解決了世界上其他社會主義國家長期沒有解決的一個重大問題。雖然我國社會主義市場經濟體制已經初步建立，但市場體系還不健全，市場發育還不充分，特別是政府和市場的關係還沒有理順，市場在資源配置中的作用有效發揮受到諸多制約，必須繼續朝著加快完善社會主義市場經濟體制的目標努力，著力健全使市場在資源配置中起決定性作用和更好發揮政府作用的制度體系。堅持社會主義市場經濟改革方向，不僅是經濟體制改革的基本遵循，也是全面深化改革的重要依託。要使各方面體制改革朝著這一方向協同推進，同時也使各方面自身相關環節更好適應社會主義市場經濟發展提出的新要求。

全面深化改革，就要堅持以經濟體制改革為重點，發揮好經濟體制改革的牽引作用。經濟建設仍然是全黨的中心工作，堅持以經濟建設為中心不動搖，就必須堅持以經濟體制改革為重點不動搖。經濟體制改革對其他方面改革具有重要影響和傳導作用，重大經濟體制改革的進度決定著其他方面很多體制改革的進度，具有牽一髮而動全身的作用。在全面深化改革中，要堅持以經濟體制改革為主軸，努力在重要領域和關鍵環節改革上取得新突破，以此牽引和帶動其他領域改革，使各方面改革協同推進、形成合力，而不是各自為政、分散用力。

我們的全面深化改革是有方向、有立場、有原則的，是在中國特

色社會主義道路上不斷前進的改革，而不是對社會主義制度的改弦易張。在這個問題上頭腦必須十分清醒。習近平總書記強調：「問題的實質是改什麼、不改什麼，有些不能改的，再過多長時間也是不改。」要增強政治定力，堅守政治原則和底線，決不能在根本性問題上出現顛覆性錯誤。

（三）推進國家治理體系和治理能力現代化

國家治理體系和治理能力是一個國家的制度和制度執行能力的集中體現。推進國家治理體系和治理能力現代化，是完善和發展中國特色社會主義制度的必然要求，是實現社會主義現代化的題中應有之義。習近平總書記 2014 年 2 月 17 日在省部級主要領導幹部學習貫徹十八屆三中全會精神全面深化改革專題研討班開班式上指出：「國家治理體系和治理能力是一個國家的制度和制度執行能力的集中體現，兩者相輔相成。」我們的國家治理體系和治理能力總體上是好的，是有獨特優勢的，是適應我國國情和發展要求的。同時，我們在國家治理體系和治理能力方面還有許多亟待改進的地方，在提高國家治理能力上需要下更大氣力。只有以提高黨的執政能力為重點，儘快把我們各級幹部、各方面管理者的思想政治素質、科學文化素質、工作本領都提高起來，儘快把黨和國家機關、企事業單位、人民團體、社會組織等的工作能力都提高起來，國家治理體系才能更加有效運轉。

國家治理體系是在黨領導下管理國家的制度體系，是一整套緊密相連、相互協調的國家制度；國家治理能力則是運用國家制度管理社會各方面事務的能力。國家治理體系和治理能力是一個有機整體，二

者相輔相成。有了好的國家治理體系才能提高治理能力，提高國家治理能力才能充分發揮國家治理體系的效能。推進國家治理體系和治理能力現代化，就是要使各方面制度更加科學、更加完善，實現黨、國家、社會各項事務治理制度化、規範化、程序化，善於運用制度和法律治理國家，提高黨科學執政、民主執政、依法執政水準。

縱觀世界社會主義發展過程，怎樣治理社會主義社會這樣的全新社會，在以往的世界社會主義實踐中並沒有很好成功案例。在領導中國革命的進程中，我們黨就不斷思考未來建立什麼樣的國家治理體系的問題。新中國成立後，我們黨繼續探索這個問題，取得了重要成果。改革開放以來，我們黨開始以全新的角度思考國家治理體系問題，強調領導制度、組織制度問題更帶有根本性、全域性、穩定性和長期性。今天，擺在我們面前的一項重大歷史任務，就是推動中國特色社會主義制度更加成熟更加定型，為黨和國家事業發展、為人民幸福安康、為社會和諧穩定、為國家長治久安提供一整套更完備、更穩定、更管用的制度體系。這項工程極為宏大，零敲碎打調整不行，碎片化修補也不行，必須是全面的系統的改革和改進，是各領域改革和改進的聯動和集成，在國家治理體系和治理能力現代化上形成總體效應、取得總體效果。

推進國家治理體系和治理能力現代化，必須解決好制度模式的選擇問題。治理體系和治理能力現代化往什麼方向走，是一個根本性的問題。一個國家選擇什麼樣的治理體系，是由這個國家的歷史傳承、文化傳統、經濟社會發展水準決定的，是由這個國家的人民決定的。我國今天的國家治理體系，是在我國歷史傳承、文化傳統、經濟社會發展的基礎上長期發展、漸進改進、內生性演化的結果。正因為沒有

拄著別人的拐棍，堅持獨立自主選擇自己的道路，我們才能始終站穩腳跟，走出了一條不同於西方國家的成功發展道路，形成了一套不同於西方國家的成功制度體系。

推進國家治理體系和治理能力現代化，既要有主張，更要有定力。我們要借鑒人類政治文明的有益成果，但絕不照搬西方政治制度模式，絕不放棄我國社會主義政治制度的根本。推進國家治理體系和治理能力現代化，絕不是西方化、資本主義化。在人權、選舉制度、法治等重大問題上，必須理直氣壯，不能以西方政治制度模式為標準。沒有堅定的制度自信就不可能有全面深化改革的勇氣，同樣，離開全面深化改革，制度自信也不可能徹底、不可能久遠。全面深化改革，是要使中國特色社會主義制度更好；堅定制度自信，不是要固步自封，而是要不斷革除體制機制弊端，讓中國特色社會主義制度成熟而持久。

推進國家治理體系和治理能力現代化，必須解決好價值觀問題。培育和弘揚核心價值體系和核心價值觀，有效整合社會意識，是社會系統得以正常運轉、社會秩序得以有效維護的重要途徑，是國家治理體系和治理能力的重要方面。能否構建具有強大感召力的核心價值觀，關係社會和諧穩定，關係國家長治久安。西方國家把他們演繹的「自由」「民主」「人權」等價值觀念鼓吹為「普世價值」，在世界範圍內進行推銷。實際上，這個世界根本沒有抽象的一成不變的「絕對真理」，人類社會所有的價值觀念都有具體的社會政治內容，都會隨經濟社會條件變化而變化。我們要警惕借「普世價值」抹黑我們黨、我國社會主義制度和文化傳統的行為，大力培育和弘揚社會主義核心價值體系和核心價值觀，加快構建充分反映中國特色、民族特性、時代特徵的價值體系，努力搶佔價值體系的制高點。

（四）爭當改革的促進派和實幹家

習近平總書記在中央全面深化改革領導小組第 12 次會議上指出：「要引導大家爭當改革促進派，著力強化敢於擔當、攻堅克難的用人導向，把那些想改革謀改革善改革的幹部用起來，激勵幹部勇挑重擔」。2015 年 7 月，習近平總書記進一步強調：「要引導廣大黨員、幹部特別是領導幹部大力弘揚實事求是、求真務實的精神，理解改革要實、謀劃改革要實、落實改革也要實，既當改革的促進派，又當改革的實幹家」。領導幹部是黨的執政骨幹，是改革的領導者、組織者、落實者，必須主動投身改革、自覺擔當責任，把中央各項改革部署落實到位，爭當改革的促進派和實幹家。

1. 爭當改革的促進派和實幹家

當前我國改革進入攻堅期和深水區，能否堅定信心、凝聚力量、攻堅克難，確保各項改革舉措落地生根，直接關係系著全面深化改革的成敗。習近平總書記指出：「要注重調動各方面推動改革、參與改革的積極性，鼓勵廣大幹部既當改革促進派又當改革實幹家，盯住幹、馬上辦。」

隨著改革不斷向縱深發展，比認識更重要的是決心，比方法更重要的是擔當。要把抓改革作為一項重大政治責任，堅定改革信心和決心，增強推進改革的思想自覺和行動自覺。要著力提高領導幹部謀劃、推動、落實改革的能力，引導領導幹部樹立與全面深化改革相適應的思想作風和擔當精神。要以釘釘子精神抓好改革落實，扭住關

鍵、精準發力，敢於啃硬骨頭，盯著抓、反復抓，直到抓出成效。

凡是擁護支持改革、敢於擔當負責的，就是改革的促進派；凡是把改革抓在手上、落到實處、幹出成效的，就是改革的實幹家。各地區各部門的主要負責同志，對抓改革、抓落實負有直接責任，要親自抓謀劃、抓部署、抓督察、抓落實。對中央部署的改革任務，要高度重視、親力親為，中央有具體要求的，要一竿子插到底，不折不扣落實下去；中央提出原則要求的，要結合實際進行細化實化。對本地區本部門改革任務，既要抓緊推進、敢於突破，又要立足全域、通盤考慮。要注意配足力量，創新工作方法，把精力集中在打通「最後一公里」上。要著力強化敢於擔當、攻堅克難的用人導向，把那些想改革、謀改革、善改革的幹部用起來，激勵黨員幹部勇挑重擔、衝鋒在前。

隨著改革不斷向縱深推進，必須一手抓緊推動具有標誌性、引領性、支柱性作用的重大改革，一手抓改革舉措落地。要遵循改革規律和特點，建立全過程、高效率、可核實的改革落實機制。要抓主體責任，凡是承擔改革任務的地方和部門，都要知責明責、守責盡責，各就各位、各負其責。要抓督辦協調，對敷衍塞責、拖延扯皮、屢推不動的，對重視不夠、研究甚少、貫徹乏力的，要進行問責。要抓督察落實，強化督察職能，確定一批重點改革督察專案，形成全黨上下抓改革落實的局面。要抓完善機制，抓緊完善督辦協調、督察落實、考評激勵、責任追究等工作機制。要抓改革成效，把是否促進經濟社會發展、是否給人民群眾帶來實實在在的獲得感，作為改革成效的評價標準。要抓成果鞏固，及時總結推廣改革經驗，把各項成果總結好、鞏固好、發展好，努力使實踐成果上升為制度成果。

爭當改革的促進派和實幹家，需要營造鼓勵改革、支援改革的良

好環境。要尊重和發揮地方、基層、群眾首創精神，既鼓勵創新、表揚先進，也允許試錯、寬容失敗。重視調查研究，堅持眼睛向下、腳步向下，瞭解基層群眾所思、所想、所盼，使改革更接地氣。注重加強改革宣傳和輿論引導，加強改革政策舉措的權威解讀，及時研判分析、統籌平衡改革引起的利益關係調整，推動全社會形成想改革、敢改革、善改革的良好風尚。

2. 處理好全面深化改革的重大關係

全面深化改革，必然涉及深層次的社會關係和利益調整，凝聚改革共識的難度必然加大，統籌兼顧各方面利益的任務必然艱巨，協調不順、處理不好，改革就難以順利推進，難以取得成功。要牢固樹立進取意識、機遇意識、責任意識，堅持辯證法，從紛繁複雜的事物表像中把准改革脈搏，不斷探索改革的內在規律，重點把握和處理好幾個重大關係。

全面深化改革，必須處理好解放思想和實事求是的關係。改革開放的過程，就是思想解放的過程。沒有思想大解放，就不會有改革大突破。解放思想不是脫離國情的異想天開，也不是閉門造車的主觀想像，更不是毫無章法的莽撞蠻幹。解放思想的目的在於更好地實事求是。必須堅持解放思想和實事求是的有機統一，一切從基本國情出發，從實際出發，從人民群眾的利益出發，既大膽探索又腳踏實地。這樣才能保證我們遵循事物發展的內在規律，保持歷史前進的正確方向。

全面深化改革，必須處理好整體推進和重點突破的關係。全面深化改革不是某個領域某個方面的單項改革，而是一個涉及經濟社會

發展各領域的複雜系統工程。要堅持整體推進，統籌謀劃深化改革各個方面、各個層次、各個要素，注重推動各項改革相互促進、良性互動、協同配合，注重改革措施整體效果，防止畸輕畸重、單兵突進、顧此失彼。但整體推進又不是平均用力、齊頭並進，而是要注重抓主要矛盾和矛盾的主要方面，注重抓重要領域和關鍵環節。重要領域「牽一髮而動全身」，關係到改革大局，是改革的重中之重；關鍵環節「一子落而滿盤活」，關係到改革成效，是改革的有力支點。以這些重要領域和關鍵環節為突破口，可以對全面改革起到牽引和推動作用。

全面深化改革，必須處理好全域和局部的關係。局部與全域相互依存，沒有局部就無所謂全域，沒有全域局部也不可能存在，既不能以局部代替全局，也不能以全域代替局部。全面深化改革是立足國家整體利益、根本利益、長遠利益進行部署的，目的是要達到一加一大於二的效果，產生乘數效應，防止局部利益相互掣肘、相互抵消。在全面深化改革過程中，每一項改革既要考慮局部的具體情況，更要從大局出發，從全域上來統籌謀劃。要避免「只見樹木，不見森林」，防止局部和眼前合理卻不利於全域和長遠的情況發生。全面深化改革，必須處理好頂層設計和摸著石頭過河的關係。摸著石頭過河是富有中國智慧的改革方法，也是符合馬克思主義認識論和實踐論的方法。對必須取得突破但一時還不那麼有把握的改革，可以採取試點探索、投石問路的方法，看得很准了再推開。隨著改革不斷推進，必須加強頂層設計和總體規劃，提高改革決策的科學性、增強改革措施的協調性。摸著石頭過河和加強頂層設計是辯證統一的，推進局部的階段性改革要在加強頂層設計的前提下進行，加強頂層設計要在推進局部的階段性改革的基礎上來謀劃。要加強宏觀思考和頂層設計，更加注重

改革的系統性、整體性、協同性，同時也要繼續鼓勵大膽試驗、大膽突破，不斷把改革引向深入。全面深化改革，必須處理好膽子要大和步子要穩的關係。堅持膽子要大、步子要穩，戰略上要勇於進取，戰術上則要穩紮穩打。第一位的是拿出全面深化改革的勇氣，搞改革不可能都是四平八穩、沒有任何風險。只要是經過了充分論證和評估，只要是符合實際、必須做的，該幹的要大膽地幹。同時也要看到，膽子大不是蠻幹，必須穩妥審慎，三思而後行。對一些重大改革，不可能畢其功於一役，要穩紮穩打，積小勝為大勝。對改革進程中已經出現和可能出現的問題和困難，要一個一個解決和克服，既敢於出招又善於應招，做到蹄疾而步穩。

全面深化改革，必須處理好改革發展穩定的關係。改革發展穩定是我國社會主義現代化建設的三個重要支點。改革是經濟社會發展的強大動力，發展是解決一切經濟社會問題的關鍵，穩定是改革發展的前提。30 多年來，我國社會發生的變革前所未有，同時又保持了安定團結。這充分證明，只有社會穩定，改革發展才能不斷推進；只有改革發展不斷推進，社會穩定才能具有堅實基礎。要堅持把改革的力度、發展的速度和社會可承受的程度統一起來，在保持社會穩定中推進改革發展，通過改革發展促進社會穩定。

3. 讓人民群眾有更多「獲得感」

我們黨推進全面深化改革的根本目的，就是要促進社會公平正義，讓改革發展成果更多更公平地惠及全體人民。習近平總書記強調，要科學統籌各項改革任務，推出一批能叫得響、立得住、群眾認可的

硬招實招，處理好改革「最先一公里」和「最後一公里」的關係，突破「中梗阻」，防止不作為，把改革方案的含金量充分展示出來，讓人民群眾有更多獲得感。

改革開放的巨大成就，為促進社會公平正義提供了堅實物質基礎和有利條件。同時，在我國現有發展水準上，社會上還存在大量有違公平正義的現象。特別是隨著我國經濟社會發展水準和人民生活水準不斷提高，人民群眾的公平意識、民主意識、權利意識不斷增強，對社會不公問題反映越來越強烈。全面深化改革必須以促進社會公平正義、增進人民福祉為出發點和落腳點。這是堅持我們黨全心全意為人民服務根本宗旨的必然要求。如果不能抓緊解決這個問題，不能給老百姓帶來實實在在的利益，不能創造更加公平的社會環境，甚至導致更多不公平，改革就失去意義，也不可能持續。

人民有所呼，改革就要有所應。要把促進社會公平正義、增進人民福祉作為一面鏡子，審視各方面體制機制和政策規定，哪裡有不符合促進社會公平正義的問題，哪裡就需要改革；哪個領域哪個環節問題突出，哪個領域哪個環節就是改革的重點。緊緊抓住經濟建設這個中心，推動經濟持續健康發展，進一步把「蛋糕」做大，為保障社會公平正義奠定更加堅實的物質基礎。「蛋糕」不斷做大的同時，還要把「蛋糕」分好。通過創新制度安排，創造更加公平正義的社會環境，保證人民平等參與、平等發展權利，實現好、維護好、發展好最廣大人民根本利益。

人民是歷史的創造者，是推動改革的根本力量源泉。沒有人民的支持和參與，任何改革都不可能取得成功。推進任何一項重大改革，都要堅持「以百姓心為心」，都要站在人民立場上把握和處理好涉及

改革的重大問題，都要從人民利益出發謀劃改革思路、制定改革舉措。要廣泛聽取群眾意見和建議，及時總結群眾創造的新鮮經驗，充分調動群眾推進改革的積極性、主動性、創造性，把最廣大人民的智慧和力量凝聚到改革上來，同人民一道把改革推向前進。

三、全面依法治國
——為中華民族的偉大復興保駕護航

全面依法治國是關係我們黨執政興國、關係人民幸福安康、關係黨和國家長治久安的重大戰略問題，是「四個全面」戰略佈局的重要組成部分。習近平總書記在十九大報告中指出，全面依法治國是中國特色社會主義的本質要求和重要保障。必須把黨的領導貫徹落實到依法治國全過程和各方面，堅定不移走中國特色社會主義法治道路，完善以憲法為核心的中國特色社會主義法律體系，建設中國特色社會主義法治體系，建設社會主義法治國家，發展中國特色社會主義法治理論，堅持依法治國、依法執政、依法行政共同推進，堅持法治國家、法治政府、法治社會一體建設，堅持依法治國和以德治國相結合，依法治國和依規治黨有機統一，深化司法體制改革，提高全民族法治素養和道德素質。黨的十八大以來，以習近平同志為核心的黨中央從堅持和發展中國特色社會主義全域出發，從實現國家治理體系和治理能力現代化的高度提出了全面依法治國這一重大戰略部署。黨的十八屆四中全會專題研究依法治國問題，並做出我們黨歷史上第一個關於加強法治建設的專門決定，開啟了中國法治新時代。

（一）推進全面依法治國

《中共中央關於全面推進依法治國若干重大問題的決定》指出:「依法治國,是堅持和發展中國特色社會主義的本質要求和重要保障,是實現國家治理體系和治理能力現代化的必然要求,事關我們黨執政興國,事關人民幸福安康,事關黨和國家長治久安。」面對新形勢新任務,我們黨要更好統籌國內國際兩大大局,更好維護和運用我國發展的重要戰略機遇期,更好統籌社會在深刻變革中既生機勃勃又井然有序,實現經濟發展、政治清明、文化昌盛、社會公正、生態良好,實現我國和平發展和戰略目標,就必須更好地發揮法治的引領和規範作用。

1.全面依法治國是我們黨治國理政的基本方略

法律是治國之重器,法治是國家治理體系和治理能力的重要依託。推動我國經濟社會持續健康發展,不斷開拓中國特色社會主義事業更加廣闊的發展前景,必須全面推進社會主義法治國家建設。

全面依法治國是深刻總結我國社會主義法治建設成功經驗和深刻教訓作出的重大抉擇。新中國成立初期,我們黨在廢除舊法統的同時,積極運用新民主主義革命時期根據地法制建設的成功經驗,抓緊建設社會主義法治,初步奠定了社會主義法治的基礎。後來,社會主義法治建設走過一段彎路,付出了沉重代價。黨的十一屆三中全會以來,我們黨把依法治國確定為黨領導人民治理國家的基本方略,把依法執政確定為黨治國理政的基本方式,始終把法治放在黨和國家工作大局中來考慮、來謀劃、來推進,依法治國取得重大成就。經驗和教訓使

我們黨深刻認識到，法治是治國理政不可或缺的重要手段。在我們這樣一個大國，要實現經濟發展、政治清明、文化昌盛、社會公正、生態良好，必須秉持法律這個準繩、用好法治這個方式。

全面依法治國是全面建成小康社會、加快推進社會主義現代化的重要保證。我國當前改革發展穩定形勢總體是好的，但發展中不平衡、不協調、不可持續問題依然突出，人民內部矛盾和其他社會矛盾凸顯，黨風政風也存在一些不容忽視的問題，其中大量矛盾和問題與有法不依、執法不嚴、違法不究相關。人民群眾對法治的要求越來越高，依法治國在黨和國家工作全域中的地位更加突出、作用更加重大。要妥善解決經濟社會發展中一系列突出矛盾和問題，必須密織法律之網、強化法治之力。要把依法治國擺在突出位置，把黨和國家工作納入法治化軌道，堅持在法治軌道上統籌社會力量、平衡社會利益、調節社會關係、規範社會行為，依靠法治解決各種社會矛盾和問題，確保我國社會在深刻變革中既生機勃勃又井然有序。

全面依法治國是著眼於實現中華民族的偉大復興、實現黨和國家長治久安的長遠考慮。從現在的情況看，只要國際國內不發生大的波折，經過努力，全面建成小康社會的目標是可以如期實現的。但全面建成小康社會之後的路怎麼走？如何跳出「歷史週期率」、實現共產黨的長期執政？如何實現黨和國家的長治久安？都需要從全面依法治國的深度來深入思考。世界上一些國家雖然一度曾實現過快速發展，但並沒有順利邁進現代化的門檻，而是落入這樣或那樣的「陷阱」，這在很大程度上與缺少法治有關。小智治事，中智治人，大智立法。必須堅持依法治國、依法執政、依法行政共同推進，堅持法治國家、法治政府、法治社會一體建設，實現科學立法、嚴格執法、公正司

法、全民守法，為黨和國家事業發展提供根本性、全域性、長期性的制度保障。習近平總書記指出：「我們提出全面推進依法治國，堅定不移厲行法治，一個重要意圖就是為子孫萬代計、為長遠發展謀。」

2. 堅定不移走中國特色社會主義法治道路

全面依法治國必須堅持正確的發展方向，必須走對路子。在堅持和拓展中國特色社會主義法治道路這個根本問題上，我們要樹立自信、保持定力，堅守中國特色社會主義法治之魂，堅持黨的領導、人民當家作主、依法治國的有機統一。

全面依法治國必須堅持中國共產黨的領導。黨的領導是中國特色社會主義最本質的特徵，是社會主義法治最根本的保證。全面依法治國，要有利於加強和改善黨的領導，有利於鞏固黨的執政地位、完成黨的執政使命，決不是要削弱黨的領導。必須堅持黨領導立法、保證執法、支持司法、帶頭守法，把依法治國基本方略同依法執政基本方式統一起來，把黨總攬全域、協調各方同人大、政府、政協、審判機關、檢察機關依法依章程履行職能、開展工作統一起來，把黨領導人民制定和實施憲法法律同黨堅持在憲法法律範圍內活動統一起來，善於使黨的主張通過法定程序成為國家意志，善於使黨組織推薦的人選通過法定程序成為國家政權機關的領導人員，善於通過國家政權機關實施黨對國家和社會的領導，善於運用民主集中制原則維護中央權威、維護全黨全國團結統一。

全面依法治國必須堅持人民主體地位。我國社會主義制度保證了人民當家作主的主體地位，也保證了人民在全面依法治國中的主體地

位。堅持人民主體地位，必須堅持法治為了人民、依靠人民、造福人民、保護人民。要保證人民在黨的領導下，依照法律規定，通過各種途徑和形式管理國家事務，管理經濟和文化事業，管理社會事務。要把體現人民利益、反映人民願望、維護人民權益、增進人民福祉落實到依法治國全過程，使法律及其實施充分體現人民意志。要充分調動人民群眾投身依法治國實踐的積極性和主動性，使全體人民都成為社會主義法治的忠實崇尚者、自覺遵守者、堅定捍衛者。

全面依法治國必須堅持法律面前人人平等。平等是社會主義法律的基本屬性，是社會主義法治的基本要求。堅持法律面前人人平等，必須體現在立法、執法、司法、守法各個方面。任何組織和個人都必須尊重憲法法律權威，都必須在憲法法律範圍內活動，都必須依照憲法法律行使權力或權利、履行職責或義務，都不得有超越憲法法律的特權。任何人違反憲法法律都要受到追究，絕不允許任何人以任何藉口任何形式以言代法、以權壓法、徇私枉法。

全面依法治國必須堅持依法治國和以德治國相結合。法律是成文的道德，道德是內心的法律，法律和道德都具有規範社會行為、維護社會秩序的作用。治理國家、治理社會必須一手抓法治、一手抓德治，實現法律和道德相輔相成、法治和德治相得益彰。要發揮好法律的規範作用，以法治體現道德理念、強化法律對道德建設的促進作用。要發揮好道德的教化作用，以道德滋養法治精神、強化道德對法治文化的支撐作用。

全面依法治國必須堅持從中國實際出發。走什麼樣的法治道路、建設什麼樣的法治體系，是由一個國家的基本國情決定的。全面依法治國，必須從我國實際出發，同推進國家治理體系和治理能力現代化

相適應，突出中國特色、實踐特色、時代特色，既不能罔顧國情、超越階段，也不能因循守舊、墨守成規。堅持從我國實際出發，不等於關起門來搞法治。要學習借鑒世界上優秀的法治文明成果，但必須堅持以我為主、為我所用，認真鑒別、合理吸收，不能搞「全盤西化」，不能搞「全面移植」，不能照搬照抄。

（二）建設社會主義法治體系和法治國家

全面依法治國的總目標，是建設中國特色社會主義法治體系、建設社會主義法治國家。習近平總書記指出，這個總目標「既明確了全面推進依法治國的性質和方向，又突出了全面推進依法治國的工作重點和總抓手，對全面推進依法治國具有綱舉目張的意義」。法治體系作為法治建設的「綱」，是國家治理體系的骨幹工程。全面依法治國，就是要加快形成完備的法律規範體系、高效的法治實施體系、嚴密的法治監督體系、有力的法治保障體系，形成完善的黨內法規體系。

建設中國特色社會主義法治體系，首要的是完善以憲法為核心的社會主義法律體系。要維護憲法的尊嚴和權威，健全憲法實施和監督制度。堅持立法先行，堅持立改廢釋並舉，加快完善法律、行政法規、地方性法規體系，完善包括市民公約、鄉規民約、行業規章、團體章程在內的社會規範體系，為全面依法治國提供基本遵循。要完善立法體制，深入推進科學立法、民主立法，抓住提高立法品質這個關鍵。要優化立法職權配置，健全有立法權的人大主導立法工作的體制機制，發揮人大及其常委會在立法工作中的主導作用，健全立法起草、論證、協調、審議機制，完善法律草案表決程序，增強法律法規

的及時性、系統性、針對性、有效性，提高法律法規的可執行性、可操作性。要明確立法權力邊界，從體制機制和工作程序上有效防止部門利益和地方保護主義法律化。要加強重點領域立法，及時反映黨和國家事業發展要求、人民群眾關切期待，對涉及全面深化改革、推動經濟發展、完善社會治理、保障人民生活、維護國家安全的法律抓緊制定、及時修改。法律的有效實施，是全面依法治國的重點和難點。法律的生命力在於實施，法律的權威也在於實施。憲法是一個國家的根本大法。堅持依法治國首先要堅持依憲治國，堅持依法執政首先要堅持依憲執政。堅持依憲治國、依憲執政，就是要堅持憲法確定的中國共產黨領導地位不動搖，堅持憲法確定的人民民主專政的國體和人民代表大會制度的政體不動搖。必須明確，我們堅持的依憲治國、依憲執政，與西方社會的「憲政」有著本質上的不同，不能用所謂的「憲政」來架空中國共產黨的領導。要依據憲法治國理政，堅決糾正一切違反憲法的行為。要按照有法必依、執法必嚴、違法必究的要求，加快建設執法、司法、守法等方面的體制機制，堅持依法行政和公正司法，增強全民法治觀念，確保法律的全面有效實施。

全面依法治國，必須建立嚴密科學的法治監督體系。權力不論大小，只要不受制約和監督，都可能被濫用。習近平總書記指出：「沒有監督的權力必然導致腐敗，這是一條鐵律。」要以規範和約束公權力為重點，加大監督力度，加強黨內監督、人大監督、民主監督、行政監督、司法監督、審計監督、社會監督、輿論監督，努力形成科學有效的權力運行制約和監督體系，增強監督合力和實效，做到有權必有責、用權受監督、違法必追究。

建設中國特色社會主義法治體系就必須健全法治保障體系。要切

實加強和改進黨對全面依法治國的領導，提高依法執政能力和水準，為全面依法治國提供有力的政治和組織保障。加強法治專門隊伍和法律服務隊伍建設，加強機構建設和經費保障，為全面依法治國提供堅實人才保障和物質條件。改革和完善不符合法治規律、不利於依法治國的體制機制，為全面依法治國提供完備的制度保障。弘揚社會主義法治精神，增強全民法治觀念，完善守法誠信褒獎機制和違法失信行為懲戒機制，使尊法守法成為全體人民的共同追求和自覺行動。

　　建設中國特色社會主義法治體系就必須做好黨內法規制度的建設。黨內法規既是管黨治黨的重要依據，也是建設社會主義法治國家的有力保障。要完善黨內法規制定體制機制，注重黨內法規同國家法律的銜接和協調，構建以黨章為根本、若干配套黨內法規為支撐的黨內法規制度體系，提高黨內法規執行力。

（三）讓人民充分感受到公平正義

　　全面依法治國，必須堅持保障和促進社會公平正義。公平正義是中國特色社會主義的內在要求，是共產黨人追求的一個十分崇高的價值目標。全心全意為人民服務的宗旨決定了我們必須追求公平正義，保護人民權益、伸張正義。

　　堅持公平正義是全面依法治國的生命線。司法公正對社會公正具有重要引領作用，司法不公對社會公正具有致命破壞作用。這就要求我們在實踐中推進公正司法。所謂公正司法，就是受到侵害的權利一定會得到保護和救濟，違法犯罪活動一定要受到制裁和懲罰。如果人民群眾通過司法程序不能保證自己的合法權利，那司法就沒有公信

力，人民群眾也不會相信司法。人民群眾每一次經歷求告無門、每一次經歷冤假錯案，損害的都不僅僅是他們的合法權益，更是法律的尊嚴和權威，是他們對社會公平正義的信心。法律本來應該具有定分止爭的功能，司法審判本來應該具有終局性的作用，如果司法不公、人心不服，這些功能就難以實現。習近平總書記強調，要「努力讓人民群眾在每一個司法案件中都能感受到公平正義，決不能讓不公正的審判傷害人民群眾感情、損害人民群眾權益」。

全面依法治國，推進公正司法，要重點解決影響司法公正和制約司法能力的深層次問題。我國執法司法中存在的突出問題，很多與司法體制和工作機制不合理有關，必須進一步深化司法體制改革。要從確保依法獨立公正行使審判權檢察權、健全司法權力運行機制、完善人權司法保障制度三個方面，著力破解體制性、機制性、保障性障礙，不斷提高司法公信力，發揮公正司法對維護社會公平正義最後一道防線的作用。

全面依法治國，推進公正司法，要堅持司法為民，改進司法工作作風。法律不應該是冷冰冰的，司法工作也是做群眾工作。一紙判決，或許能夠給當事人正義，卻不一定能解開當事人的「心結」。「心結」沒有解開，案件也就沒有真正了結。要通過熱情服務，切實解決好老百姓打官司難問題。特別是要加大對困難群眾維護合法權益的法律援助，加快解決有些地方沒有律師和欠發達地區律師資源不足問題。司法工作者要密切聯繫群眾，如果不懂群眾語言、不瞭解群眾疾苦、不熟知群眾訴求，就難以掌握正確的工作方法，難以發揮應有的作用。

全面依法治國，推進公正司法，要堅持以公開促公正、樹公信。陽光是最好的防腐劑。權力運行不見陽光，或有選擇地見陽光，公信

力就無法樹立。執法司法越公開，就越有權威和公信力。涉及老百姓利益的案件，除法律規定的情形外，一般都要公開。要增強主動公開、主動接受監督的意識，完善機制、創新方式、暢通渠道，依法及時公開執法司法依據、程序、流程、結果和裁判文書。對公眾關注的案件，要提高透明度，讓暗箱操作沒有空間，讓司法腐敗無法藏身。

　　全面依法治國，推進公正司法，需要各級黨組織和領導幹部旗幟鮮明地支持司法機關依法獨立公正行使職權，絕不容許利用職權干預司法。司法人員要剛正不阿、勇於擔當，敢於依法排除來自司法機關內部和外部的干擾，堅守公正司法的底線。

（四）必須抓住「關鍵少數」

　　全面依法治國，必須堅持黨的領導。中華人民共和國憲法確立了中國共產黨的領導地位。堅持黨的領導，是社會主義法治的根本要求，也是全面依法治國的應有之義。我們知道，任何法律和法治都屬於政治上層建築，都決定於其經濟基礎和生產關係，因而都必然具有其「階級性」和「黨性」。從這個角度說，社會主義法治必然隸屬於共產黨的領導，全面依法治國必須堅持黨的領導。從實踐上看，黨的領導和社會主義法治也是一致的。只有在黨的領導下依法治國、厲行法治，人民當家作主才能充分實現，國家和社會生活法治化才能有序推進。依法執政，既要求黨依據憲法法律治國理政，也要求黨依據黨內法規管黨治黨。必須堅持黨領導立法、保證執法、支持司法、帶頭守法，把依法治國基本方略同依法執政基本方式統一起來，把黨總攬全局、協調各方同人大、政府、政協、審判機關、檢察機關依法依章程履行

職能、開展工作統一起來，把黨領導人民制定和實施憲法法律同黨堅持在憲法法律範圍內活動統一起來，善於使黨的主張通過法定程序成為國家意志，善於使黨組織推薦的人選通過法定程序成為國家政權機關的領導人員，善於通過國家政權機關實施黨對國家和社會的領導，善於運用民主集中制原則維護中央權威、維護全黨全國團結統一。

全面依法治國，還要抓住領導幹部這個「關鍵少數」。習近平總書記在黨的十八屆四中全會上指出：「各級領導幹部在推進依法治國方面肩負著重要責任」「必須抓住領導幹部這個『關鍵少數』」。習近平總書記的這些論述抓住了全面依法治國要害，指出了當前全面依法治國的重點。領導幹部是我們黨執政的骨幹力量和中堅力量，既是公權力的直接行使者，也是依法治國的重要組織者、推動者和實踐者。領導幹部帶頭樹立法治理念、維護法律權威，自覺在憲法法律範圍內活動，就能形成示範效應，影響和帶動全社會屬行法治。

1. 領導幹部應該帶頭樹立法治思維。

習近平總書記指出，各級領導幹部要「不斷提高運用法治思維和法治方式深化改革、推動發展、化解矛盾、維護穩定的能力」。法治思維，就是按照法治觀念和邏輯觀察、分析、解決問題的思維方式，它要求思維主體崇尚法治、尊重法律，自覺以法治為價值導向和行為準則。各級領導幹部應帶頭培養和樹立法治思維，作決策、定政策要體現法治要求，化解矛盾、處理問題要運用法治方式，把各項工作都納入法治化軌道。

學法懂法是樹立法治思維的前提。只有重視學習法律、熟練掌握

法律，才能增強法治意識、形成法治思維。憲法是國家的根本法，是治國安邦的總章程。黨的十八屆四中全會對健全憲法實施和監督制度做了具體部署，提出建立憲法宣誓制度，並把每年的 12 月 4 日確定為國家憲法日。領導幹部應把學習憲法作為學法的第一課，吃透憲法條文，保證憲法實施，弘揚憲法精神，始終以憲法為根本活動準則。領導幹部還應該深入學習中國特色社會主義法律體系的基本經驗、基本構成和基本特徵，善於通過法定程序把黨的主張和意志轉化為群眾共同遵守的法律規範；深入學習與行政管理有關的各項法律法規，對行政法及行政訴訟法的主要規定要做到「知」，對分管領域涉及的法律法規要做到「通」，對履行職責所需的法律法規要做到「精」，搞清楚什麼可為、什麼不可為、應為的當如何為。中央和地方對領導幹部學法有一系列制度規定，關鍵是抓好落實。

2. 領導幹部應該帶頭依法辦事。

習近平總書記指出：「各級領導幹部要對法律懷有敬畏之心，帶頭依法辦事，帶頭遵守法律。」領導幹部手中的權力不僅是政治責任，也是法治責任，必須把遵紀守法、依法辦事作為履職盡責、安身立命的基本要求，絕不能恃權而驕，置身於法律之外。

在社會主義法治社會，法律是全體公民的最大共識，任何人都要無條件服從法律。領導幹部作為保障法律施行的重要力量，必須始終對法律這個「國之重器」保持敬畏之心，再忙不能忘法、再急不能違法，言必合法、行必守法，絕不能隨心所欲、繞法而行。不僅如此，領導幹部還要對親屬、子女、身邊工作人員從嚴要求，督促他們樹立守

法意識，自覺依法辦事。

　　全面依法治國要求權責一致，有多大權力就必須承擔多大責任，誰行使權力誰就必須承擔責任。從這個意義上講，法律不僅是規範也是保護，既限制權力，防止權力被濫用；也通過設定法定責任，杜絕因無限權力而引發無限責任問題。現在，有些領導幹部感覺工作壓力大，特別是決策壓力大。緩解壓力的最好辦法，就是用法律規範施政行為。在作決策、上專案時，時刻提醒自己必須合法合規，決不能拍腦袋辦事，切實把好決策關口。研究經濟社會發展等重大問題，既要考慮發展的品質和效益、考慮環境承載能力和群眾可承受程度，也要看是不是於法有據。制定長遠發展戰略，應把依法行政貫穿於決策全過程，確保目的、許可權、內容、手段、程序都符合法律規定。在出臺有關規範性文件時，應廣泛徵求意見，由法制部門進行合法性審查，並經集體研究討論後方能通過；未經公開徵求意見、合法性審查、集體討論的，一律不得發佈施行。在履行社會管理職能時，堅持行政、經濟、法治手段並舉，注重向法律要辦法、要效果，以法說話、以法育人，用法治的力量確保政策、決策得到貫徹落實。

　　3. 領導幹部應該帶頭推進公正司法。

　　司法活動是保證法律公正的最後關口，司法公正對社會公正具有重要引領作用，司法不公對社會公正具有致命破壞作用。領導幹部必須帶頭捍衛法律尊嚴，帶頭推進公正司法。而在現實生活中，少數領導幹部對司法問題存在認識誤區，要麼以「加強領導」為藉口干預和插手具體司法案件，要麼強調所謂「司法獨立」而忽視黨的領導。

習近平同志深刻指出，黨對政法工作的領導是管方向、管政策、管原則、管幹部，不是包辦具體事務。各級領導幹部對方向、政策、原則、幹部問題不能撒手，應定期聽取司法工作彙報，認真研究司法工作中的新情況新問題。同時，自覺接受司法監督，積極支援人民法院、檢察院獨立行使審判權、檢察權，為司法機關依法履職、公正司法營造良好環境。應帶頭維護司法機關權威，對行政管理或行政執法中產生較大影響的行政訴訟案件，行政負責人要出庭應訴，不得對抗或否定司法機關依法作出的裁定，以自身的實際行動，做推進司法公正、維護法律權威的表率。不得利用職權干預司法機關執法辦案，這是領導幹部絕不能觸碰的「高壓線」。

公開透明是保證司法公正、防止司法腐敗最有效的舉措。陽光是最好的防腐劑。各級領導幹部應督促和支持司法機關創新公開機制，變內部公開為外部公開，變選擇公開為全面公開，變形式公開為實質公開，完善網上信息共用機制和執法辦案平臺，暢通網上服務大廳、官方微博等溝通渠道，增強互動功能、服務功能、便民功能，多渠道推進司法公開。

四、全面從嚴治黨
——不斷提高黨的執政能力和領導水準

中國特色社會主義進入新時代，我們黨一定要有新氣象新作為。打鐵必須自身硬。黨要團結帶領人民進行偉大鬥爭、推進偉大事業、實現偉大夢想，必須毫不動搖堅持和完善黨的領導，毫不動搖把黨建

設得更加堅強有力。黨的十九大報告提出了新時代黨的建設的總要求：堅持和加強黨的全面領導，堅持黨要管黨、全面從嚴治黨，以加強黨的長期執政能力建設、先進性和純潔性建設為主線，以黨的政治建設為統領，以堅定理想信念宗旨為根基，以調動全黨積極性、主動性、創造性為著力點，全面推進黨的政治建設、思想建設、組織建設、作風建設、紀律建設，把制度建設貫穿其中，深入推進反腐敗鬥爭，不斷提高黨的建設品質，把黨建設成為始終走在時代前列、人民衷心擁護、勇於自我革命、經得起各種風浪考驗、朝氣蓬勃的馬克思主義執政黨。

（一）打鐵還需自身硬

全面從嚴治黨是為了確保我們黨始終成為建設中國特色社會主義事業的堅強領導核心。實現中華民族偉大復興的中國夢，關鍵在黨，關鍵在從嚴治黨。2013 年 12 月 26 日，習近平總書記在紀念毛澤東同志誕辰一百二十周年座談會上指出，實現中華民族偉大復興，關鍵在黨。今天，我們正在進行具有許多新的歷史特點的偉大鬥爭。全黨要牢記毛澤東同志提出的「我們決不當李自成」的深刻警示，牢記「兩個務必」，牢記「生於憂患，死於安樂」的古訓，著力解決好「其興也勃焉，其亡也忽焉」的歷史性課題，增強黨要管黨、從嚴治黨的自覺，提高黨的執政能力和領導水準，增強黨自我淨化、自我完善、自我革新、自我提高能力。習近平總書記 2016 年 10 月 27 日在黨的十八屆六中全會第二次全體會議上指出：「當前，我國已進入全面建成小康社會決勝階段，中華民族正處於走向偉大復興的關鍵時期。改革進

入深水區，經濟發展進入新常態，各種矛盾疊加，風險隱患集聚。當今世界，國際力量對比發生新的變化，世界經濟進入深度調整，我國發展面臨的國際環境更加複雜嚴峻。我們前進的道路上有各種各樣的『攔路虎』『絆腳石』。在這樣的國內外形勢下，我們要贏得優勢、贏得主動、贏得未來，就必須把黨建設得更加堅強有力，使我們黨能夠團結帶領人民有力應對重大挑戰、抵禦重大風險、克服重大阻力、解決重大矛盾。」

1. 中國共產黨是中國特色社會主義事業的堅強領導核心

中國共產黨是建設中國特色社會主義和實現中華民族偉大復興中國夢的堅強領導核心。在當今中國，沒有比中國共產黨的政治力量更強的其他什麼力量。黨政軍民學，東西南北中，黨是領導一切的。黨是最高的政治領導力量，各個領域、各個方面都必須堅定自覺堅持黨的領導。黨的領導地位不是自封的，是歷史和人民的選擇，也是由我國國體性質決定的。正是有了黨的堅強領導，有了黨的正確引領，中國人民從根本上改變了自己的命運，中國發展取得了舉世矚目的偉大成就，中華民族迎來了偉大復興的光明前景。歷史和現實都證明，中國共產黨的領導是中國特色社會主義最本質的特徵，是中國特色社會主義制度的最大優勢，也是實現中國夢的根本保證。

習近平總書記指出，堅持黨的領導，是黨和國家的根本所在、命脈所在，是全國各族人民的利益所系、幸福所系。我們現在已站上一個新的歷史起點，開啟了新的奮鬥征程，黨帶領全國各族人民實現「兩個一百年」奮鬥目標、實現中華民族偉大復興，不知還要爬多少坡、

過多少坎、經歷多少風風雨雨、克服多少艱難險阻。在這個特定的歷史背景下，完成光榮艱巨的歷史使命，戰勝前進道路上的風險挑戰，從根本上講，還是要靠黨的領導、靠黨把握方向、指明航程。

堅持和確保黨的領導核心地位，首先要堅持黨中央的集中統一領導，以保證方向正確、形成強大合力。這是一條根本的政治規矩。各級黨組織和廣大黨員要增強政治意識、大局意識、核心意識、看齊意識，堅持把對黨絕對忠誠作為根本政治要求和最重要的政治紀律，始終在思想上政治上行動上同黨中央保持高度一致。要經常、主動向黨中央看齊，向黨的理論和路線方針政策看齊，向黨中央改革發展穩定、內政外交國防、治黨治國治軍各項決策部署看齊。

堅持和確保黨的領導核心地位，必須加強和改善黨的領導。要牢牢把握加強黨的執政能力建設、先進性和純潔性建設這條主線，不斷提高黨的建設科學化水準。要主動適應、把握、引領經濟發展新常態，不斷提高黨把握方向、謀劃全域、制定政策、推進改革的能力，不斷提高黨領導經濟社會發展的能力。切實提高科學執政、民主執政、依法執政水準，使黨的執政方略更加完善、執政體制更加健全、執政方式更加科學、執政基礎更加鞏固。加強新形勢下黨的先進性和純潔性建設，不斷增強自我淨化、自我完善、自我革新、自我提高的能力，不斷增強黨的創造力、凝聚力、戰鬥力，為事業勝利提供根本保證。

堅持黨的領導，更要明確確立黨總攬全域、協調各方的領導核心地位。我國社會主義政治制度優越性的一個突出特點，就是堅持黨總攬全域、協調各方的領導核心地位。中央委員會、中央政治局、中央政治局常委會，這是黨的領導決策核心。黨中央做出的決策部署，黨的組織、宣傳、統戰、政法等部門要貫徹落實，人大、政府、政協、法

院、檢察院的黨組織要貫徹落實，事業單位、人民團體等的黨組織也要貫徹落實。各方面黨組織要對黨委負責，自覺向黨委報告重大工作和重大情況，在黨委統一領導下盡心盡力做好自身職責範圍內的工作。各地區各部門黨委（黨組）要加強向黨中央報告工作，這也是一個規矩。

2. 管黨治黨一刻不能鬆懈

黨要管黨、從嚴治黨，是黨的建設的基本要求和根本方針。習近平總書記指出：「黨要管黨，才能管好黨；從嚴治黨，才能治好黨。」如果管黨不力、治黨不嚴，人民群眾反映強烈的黨內突出的問題得不到有效解決，那我們黨遲早會失去執政資格，不可避免被歷史淘汰。這決不是危言聳聽。這些年來，世界上一些老牌執政黨衰敗落伍、丟權垮臺的教訓極為深刻。中國共產黨作為中國工人階級的先鋒隊、中國人民和中華民族的先鋒隊，更應高度重視加強黨的自身建設，確保始終走在時代前列。

當前，我們正在進行具有許多新的歷史特點的偉大鬥爭，黨肩負著歷史重任，經受著時代考驗。與國內外形勢發展變化相比，與黨所承擔的歷史任務相比，黨的領導水準和執政水準、黨組織建設狀況和黨員幹部素質、能力、作風，都還有不小差距，必須引起我們高度警覺。只有堅持黨要管黨、從嚴治黨，以改革創新精神推進黨的建設，才能更好經受住執政考驗、改革開放考驗、市場經濟考驗、外部環境考驗，更好戰勝精神懈怠危險、能力不足危險、脫離群眾危險、消極腐敗危險。習近平總書記諄諄告誡全黨，「黨面臨的『趕考』遠未結束」，「所有領導幹部和全體黨員要繼續把人民對我們黨的『考試』、

把我們黨正在經受和將要經受各種考驗的『考試』考好，努力交出優異的答卷」。全面從嚴治黨，基礎在全面、關鍵在嚴、要害在治。「全面」就是管全黨、治全黨，面向 8700 多萬黨員、430 多萬個黨組織，覆蓋黨的建設各個領域、各個方面、各個部門，重點是抓住領導幹部這個「關鍵少數」。「嚴」就是真管真嚴、敢管敢嚴、長管長嚴。「治」就是從黨中央到省市縣黨委，從中央部委、國家機關部門黨組（黨委）到基層黨支部，都要肩負起主體責任，黨委書記要把抓好黨建當作分內之事、必須擔當的責任；各級紀委要擔負起監督責任，敢於瞪眼黑臉，敢於執紀問責。

全面從嚴治黨必須落實黨要管黨治黨的責任，明確管黨治黨的責任是最根本的政治責任。不明確責任，不落實責任，不追究責任，從嚴治黨是做不到的。經過這些年努力，各級建立了黨建工作責任制，黨委抓、書記抓、各有關部門抓、一級抓一級、層層抓落實的黨建工作格局基本形成。要落實全面從嚴治黨的主體責任和監督責任，強化責任追究，加大問責力度，讓失責必問成為常態。要樹立正確政績觀，堅持從鞏固黨的執政地位的大局看問題，把抓好黨建作為最大的政績，把從嚴治黨責任承擔好、落實好，堅持黨建工作和中心工作一起謀劃、一起部署、一起考核，堅決防止「一手硬、一手軟」。各級領導幹部要做到敢管敢治、嚴管嚴治、長管長治，營造風清氣正的政治生態。

「打鐵還需自身硬。」中華復興的偉大航程，能否順利前行，關鍵靠黨來掌舵，靠黨來掌握方向。要堅持治國必先治黨、治黨務必從嚴，提高管黨治黨的能力和水準，靠「自身硬」凝聚起不可戰勝的磅力量，創造無愧於歷史的輝煌業績。

3. 充分調動黨員幹部的積極性、主動性、創造性

廣大黨員幹部工作在黨的事業的第一線，是推進黨的路線方針政策貫徹落實的重要力量，是全面從嚴治黨的基本條件。沒有廣大黨員幹部的積極性和執行力，再好的政策措施也會落空，全面從嚴治黨也很難抓好做實。廣大黨員幹部要自覺增強改革創新精神，增強主動擔當、積極作為的勇氣，在黨的建設偉大事業中發揮好模範帶頭作用。

我們黨的黨員幹部的整體素質正在不斷提高、結構正在明顯改善，總體上適應事業發展的需要。同時也要看到，部分黨員幹部思想困惑增多、積極性不高，存在一定程度的「為官不為」現象。這一問題的出現，除了一些幹部自身素質不適應新形勢新任務要求外，也有體制上的原因，另外還有社會上的影響原因。習近平總書記指出：「要更廣泛更有效地調動幹部隊伍的積極性。這個問題極為重要，現在看來也十分緊迫。」要不等不拖、辯證施策，充分調動黨員幹部幹事創業的積極性、主動性、創造性，推動形成想作為、敢作為、善作為的良好風尚。通過教育培訓可以增強黨員幹部的積極性、主動性、創造性。針對一些黨員幹部的知識空白、經驗盲區、能力弱項，開展精準化的理論培訓、政策培訓、科技培訓、管理培訓、法規培訓，學習充滿時代氣息的新知識、新經驗、新信息，增加興奮點、消除困惑點，增強他們的工作責任感和使命感，增強適應新形勢新任務的信心和能力。

對黨員幹部的嚴格管理必須與熱情關心結合起來。既要求幹部自覺履行組織賦予的各項職責，嚴格按照黨的原則、紀律、規矩辦事，不濫用權力、違紀違法，又對幹部政治上激勵、工作上支援、待遇上

保障、心理上關懷，讓廣大幹部安心、安身、安業，推動廣大幹部心情舒暢、充滿信心，積極作為、敢於擔當。

要做到「三個區分開來」。要把幹部在推進改革中因缺乏經驗、先行先試出現的失誤和錯誤，同明知故犯的違紀違法行為區分開來；把上級尚無明確限制的探索性試驗中的失誤和錯誤，同上級明令禁止後依然我行我素的違紀違法行為區分開來；把為推動發展的無意過失，同為謀取私利的違紀違法行為區分開來，保護那些作風正派又敢作敢為、銳意進取的幹部。要明確相關的具體情形和政策界限，完善容錯糾錯機制，健全激勵保障制度，最大限度調動廣大幹部的積極性、主動性、創造性，形成有利於幹部奮發有為的社會環境，激勵他們更好帶領群眾幹事創業。

（二）用新時代中國特色社會主義思想武裝全黨

十九大報告強調，思想建設是黨的基礎性建設。革命理想高於天。共產主義遠大理想和中國特色社會主義共同理想，是中國共產黨人的精神支柱和政治靈魂，也是保持黨的團結統一的思想基礎。要把堅定理想信念作為黨的思想建設的首要任務，教育引導全黨牢記黨的宗旨，挺起共產黨人的精神脊樑，解決好世界觀、人生觀、價值觀這個「總開關」問題，自覺做共產主義遠大理想和中國特色社會主義共同理想的堅定信仰者和忠實實踐者。弘揚馬克思主義學風，推進「兩學一做」學習教育常態化制度化，以縣處級以上領導幹部為重點，在全黨開展「不忘初心、牢記使命」主題教育，用黨的創新理論武裝頭腦，推動全黨更加自覺地為實現新時代黨的歷史使命不懈奮鬥。

1. 補足共產黨人精神上的「鈣」

理想信念是共產黨人精神上的「鈣」。習近平總書記反復強調，「理想信念堅定，骨頭就硬，沒有理想信念，或理想信念不堅定，精神上就會『缺鈣』，就會得『軟骨病』」，「就可能導致政治上變質、經濟上貪婪、道德上墮落、生活上腐化」。從嚴管黨治黨，首先就要堅定黨員幹部的理想信念。堅定理想信念，堅守共產黨人精神追求，始終是共產黨人安身立命的根本。有了堅定的理想信念，站位就高了，眼界就寬了，心胸就開闊了，就能堅持正確政治方向，在勝利和順境時不驕傲不急躁，在困難和逆境時不消沉不動搖，經受住各種風險和困難考驗，自覺抵制各種腐朽思想的侵蝕，永葆共產黨人政治本色。任何一名在黨旗下宣過誓的共產黨員都必須銘記，為了理想信念，就應該去拼搏、去奮鬥、去獻出全部精力乃至生命。

習近平總書記指出：「對馬克思主義的信仰，對社會主義和共產主義的信念，是共產黨人的政治靈魂，是共產黨人經受住任何考驗的精神支柱。」中國共產黨從誕生之日起就把馬克思主義寫在自己的旗幟上，把實現共產主義確立為最高理想。在我們黨 90 多年的歷史中，無數共產黨人不惜流血犧牲，靠的就是這種信仰，為的就是這個理想。儘管他們也知道，自己追求的理想並不會在自己手中實現，但他們堅信，一代又一代人為之持續努力，一代又一代人為此作出犧牲，崇高的理想就一定能實現。

必須看到，我們大多數黨員幹部的理想信念是堅定的，政治上是可靠的。但同時也要看到，一些黨員幹部也存在信仰缺失的嚴重問題。有的對共產主義心存懷疑，認為那是虛無縹緲、難以企及的幻想；有

的不信馬列信鬼神，從封建迷信中尋找精神寄託，熱衷於算命看相、燒香拜佛，遇事「問計於神」；有的是非觀念淡薄、原則性不強、正義感退化，糊裡糊塗當官，渾渾噩噩過日子；有的甚至嚮往西方社會制度和價值觀念，對社會主義前途命運喪失信心；有的在涉及黨的領導和中國特色社會主義道路等原則性問題的政治挑釁面前態度曖昧、消極躲避、不敢亮劍，甚至故意模糊立場、耍滑頭；等等。事實一再表明，理想信念動搖是最危險的動搖，理想信念滑坡是最危險的滑坡。所有這些問題歸齊都是信仰迷茫、精神迷失。

　　崇高的信仰和堅定的信念不會自發產生。習近平總書記指出：「要煉就『金剛不壞之身』，必須用科學理論武裝頭腦，不斷培植我們的精神家園。」黨的領導幹部特別是高級幹部，要把系統掌握馬克思主義基本理論作為看家本領。廣大黨員幹部要老老實實、原原本本學習馬克思列寧主義、毛澤東思想、鄧小平理論、「三個代表」重要思想、科學發展觀和習近平新時代中國特色社會主義思想，把理想信念建立在對科學理論的理性認同上，建立在對歷史規律的正確認識上，建立在對基本國情的準確把握上，讓理想信念的明燈永遠在心中閃亮。

2. 作風建設永遠在路上

　　黨的作風是黨的形象，關係到人心向背和黨的生死存亡。習近平總書記指出：「我們黨作為馬克思主義執政黨，不但要有強大的真理力量，而且要有強大的人格力量。真理力量集中體現為我們黨的正確理論，人格力量集中體現為我們黨的優良作風。」作風建設的核心問題是保持黨同人民群眾的血肉聯繫。在任何時候任何情況下，與人民

同呼吸共命運的立場不能變，全心全意為人民服務的宗旨不能忘，群眾是真正英雄的歷史唯物主義觀點不能丟，始終堅持立黨為公、執政為民。

加強作風建設，必須著力從思想上正本清源、立根固本。對黨員幹部來說，世界觀、人生觀、價值觀這個「總開關」沒擰緊，不能正確處理公私關係，缺乏正確的是非觀、義利觀、權力觀、事業觀，各種出軌越界、跑冒滴漏就在所難免了。抓作風建設，就要返璞歸真、固本培元，重點突出堅定理想信念、踐行根本宗旨、加強道德修養。要站穩黨性立場，保持健康的工作方式和生活方式，實實在在做人做事，慎獨慎初慎微，做到防微杜漸。要堅持和發揚艱苦奮鬥精神，牢記「兩個務必」，不能貪圖享受、攀比闊氣。要弘揚中華優秀傳統文化，把家風建設擺在重要位置，廉潔修身、廉潔齊家。加強作風建設，必須嚴格黨內生活，開展積極的批評和自我批評。在作風問題上，起決定作用的是黨性。黨性是黨員幹部立身、立業、立言、立德的基石，必須在嚴格的黨內生活鍛煉中不斷增強。要認真貫徹執行黨章和黨內各項制度規定，努力提高黨內政治生活的原則性和戰鬥性。要本著對自己、對同志、對班子、對黨高度負責的精神，大膽使用、經常使用批評和自我批評這個武器，敢於揭短亮醜、真刀真槍、見筋見骨，不斷清除黨內各種政治灰塵和政治微生物，使廣大黨員幹部思想受到洗禮，靈魂受到觸動。

加強作風建設，必須堅持從領導幹部抓起。習近平總書記指出，抓作風建設，首先要從中央政治局做起，要求別人做到的自己先要做到，要求別人不做的自己堅決不做。中央政治局逐條逐項、不折不扣落實中央八項規定，率先垂範、以上率下、身體力行，用「講認真」

的精神、「有擔當」的行動，帶頭轉變工作作風，形成了巨大的「頭雁效應」。各級領導幹部要敢於拿自己開刀，用嚴格的尺子衡量自己，用很高的標準要求自己，用無私無畏的勇氣對照、檢查、改進、提高自己。

加強作風建設，必須健全和改進作風建設的長效機制。作風問題具有反複性和頑固性，抓一抓會好轉，鬆一鬆就反彈，不可能一蹴而就、畢其功於一役，更不能一陣風、颳一下就停。要鍥而不捨、馳而不息地抓下去，如果前熱後冷、前緊後鬆，就會功虧一簣。要建立健全管用的體制機制，自覺接受群眾評議和社會監督，要有踏石留印、抓鐵有痕的勁頭，一個節點一個節點抓，積小勝為大勝，保持力度、保持韌勁，善始善終、善作善成。通過全黨共同努力，抓黨風政風、帶社風民風，營造風清氣正的社會環境。

3. 加強作風建設的教育實踐活動

十八大以來，以習近平同志為核心的黨中央特別關注全黨的作風建設，並聯繫黨和國家的工作實際，下大力氣搞好黨作風建設實踐活動。

從 2013 年到 2014 年，我們黨以為民務實清廉為主要內容，聚焦作風建設，開展了黨的群眾路線教育實踐活動，著力解決形式主義、官僚主義、享樂主義和奢靡之風這「四風」問題，取得了重大成果。

2015 年，在縣處級以上領導幹部中開展以「嚴以修身、嚴以用權、嚴以律己，謀事要實、創業要實、做人要實」為主要內容的「三嚴三實」專題教育，這是對黨的群眾路線教育實踐活動成果的鞏固和

拓展。通過專題教育，對縣處級以上領導幹部在思想、作風、黨性上進行了又一次集中「補鈣」和「加油」，推動了政治生態改善，使全面從嚴治黨的氛圍更加濃厚、領導幹部的標杆作用更加明顯。

2016 年以來，黨中央決定在全體黨員中開展「學黨章黨規、學系列講話，做合格黨員」的「兩學一做」學習教育活動，進一步解決黨員隊伍在思想、組織、作風、紀律等方面存在的問題，推動全面從嚴治黨向基層延伸。

面向未來，恢復和發揚黨的優良傳統和作風的任務還很重，鞏固黨風廉政建設成效、防止問題反彈的任務還很重，解決黨內作風上深層次問題的任務還很重。要緊緊盯住作風領域出現的新變化新問題，及時跟進相應的對策措施，既治標更治本，使黨員幹部不僅不敢沾染歪風邪氣，而且不能、不想沾染歪風邪氣，使黨的作風全面純潔起來。

（三）用制度治黨、管權、治吏

黨的十八大明確強調「要把制度建設擺在突出位置」。習近平總書記十八大後發表的一系列重要講話中包含許多關於制度建設的重要論述，具有重要的現實意義與深遠的歷史意義。習近平總書記 2014 年 10 月 8 日在黨的群眾路線教育實踐活動總結大會上特別指出，制度不在多，而在於精，在於務實管用，突出針對性和指導性。如果空洞乏力，起不到應有的作用，再多的制度也會流於形式。牛欄關貓是不行的！要搞好配套銜接，做到彼此呼應，增強整體功能。要增強制度執行力，制度執行到人到事，做到用制度管權管事管人。制定制度要廣泛聽取黨員、幹部意見，從而增加對制度的認同。要堅持制度面前人

人平等、執行制度沒有例外，不留「暗門」、不開「天窗」，堅決維護制度的嚴肅性和權威性，堅決糾正有令不行、有禁不止的行為，使制度成為硬約束而不是「橡皮筋」。

1. 制度建黨是根本之策

制度建黨是黨建之要，是思想建黨的深化、發展和鞏固，形成黨的建設制度體系是管黨治黨的根本之策。制度問題更帶有根本性、全域性、穩定性、長期性。黨要管黨、從嚴治黨，必須有堅強的制度作保證。全面從嚴治黨，要堅持思想建黨和制度治黨緊密結合，全方位紮緊制度籠子，更多用制度治黨、管權、治吏。

用制度治黨，就是依法依規管黨治黨。法律是治國理政最重要的規矩，任何人都沒有法律之外的絕對權力。黨領導人民制定憲法和法律、執行憲法和法律，黨自身必須在憲法和法律範圍內活動，真正做到黨領導立法、保證執法、支持司法、帶頭守法。堅持依規治黨，必須一手抓制定完善，一手抓貫徹執行。要深化黨的建設制度改革，繼續制定完善黨內法規，注重黨內法規同國家法律的銜接和協調，構建以黨章為根本、若干配套黨內法規為支撐的黨內法規制度體系，做到前後銜接、左右聯動、上下配套、系統集成。要狠抓制度執行，堅持制度面前人人平等、執行制度沒有例外，不留「暗門」、不開「天窗」，堅決維護制度的嚴肅性和權威性，堅決糾正有令不行、有禁不止的行為，讓鐵規發力、讓禁令生威，使制度真正成為硬約束而不是「橡皮筋」。

用制度管權，就是把權力關進制度的籠子裡。權力是把雙刃劍，在法治軌道上運行可以造福人民，遊走到法律之外則必然禍國殃民。

習近平總書記指出：「把權力關進制度的籠子裡，首先要建好籠子。籠子太鬆了，或者籠子很好但門沒關住，進出自由，那是起不了什麼作用的。」要抓住治權這個關鍵，編密紮緊制度的籠子，按照決策、執行、監督既相互制約又相互協調的原則區分和配置權力，構建嚴密的權力運行制約和監督體系。要讓人民監督權力，努力形成科學有效的監督體系，增強監督合力和實效。要讓權力在陽光下運行，推進權力運行公開化、規範化，完善黨務公開、政務公開、司法公開和各領域辦事公開制度。要建立權力清單、實行權責對應，什麼權能用，什麼權不能用，什麼是公權，什麼是私權，要分開，不能公權私用，堅持有權就有責，失職要問責。要反對特權思想、特權現象，自覺遵守《中國共產黨廉潔自律準則》，決不允許以權謀私，決不允許搞特權。

用制度治吏，就是用制度從嚴管理幹部。從嚴管理幹部不僅要從思想教育上嚴起來，更要從制度設計和執行上嚴起來，著力解決失之於寬、失之於鬆、失之於軟的問題。要根據形勢變化，完善幹部管理規定，既重激勵又重約束。要嚴格執行幹部管理各項規定，講原則不講關係，堅持以嚴的標準要求幹部，以嚴的措施管理幹部，以嚴的紀律約束幹部，使幹部心有所畏、言有所戒、行有所止。要引導廣大幹部牢固樹立法治意識、制度意識、紀律意識，形成尊崇制度、遵守制度、捍衛制度的良好氛圍。要加強對領導幹部特別是「一把手」的監督和管理，將其作為從嚴治吏的重中之重。

2. 切實加強黨內法規制度建設

2017 年 6 月，中共中央印發了《關於加強黨內法規制度建設的意

見》。《意見》指出，治國必先治黨，治黨務必從嚴，從嚴必依法度。加強黨內法規制度建設，是全面從嚴治黨、依規治黨的必然要求，是建設中國特色社會主義法治體系的重要內容，是推進國家治理體系和治理能力現代化的重要保障，事關黨長期執政和國家長治久安。

《意見》提出了加強黨內法規制度建設的總體要求。這就是必須深入貫徹習近平總書記系列重要講話精神，緊緊圍繞統籌推進「五位一體」總體布局和協調推進「四個全面」戰略佈局，牢固樹立新發展理念，堅持以黨章為根本遵循，堅持思想建黨和制度治黨相結合，堅持從管黨治黨、治國理政實際出發，堅持制定和實施並重，改革創新、與時俱進，把中央要求、群眾期盼、實踐需要和新鮮經驗結合起來，扎實推進黨的工作和黨的建設制度化、規範化、程序化，為保持黨的先進性和純潔性，提高黨的執政能力和領導水準、增強抵禦風險和拒腐防變能力提供堅強法規制度保證，確保黨始終成為中國特色社會主義事業堅強領導核心。

《意見》明確了建設黨內法規制度基本內容。這就是，到建黨100周年時，形成比較完善的黨內法規制度體系、高效的黨內法規制度實施體系、有力的黨內法規制度建設保障體系，黨依據黨內法規管黨治黨的能力和水準顯著提高。《意見》明確指出，黨內法規制度體系，是以黨章為根本，以民主集中制為核心，以準則、條例等中央黨內法規為主幹，由各領域各層級黨內法規制度組成的有機統一整體。要堅持目標導向和問題導向，按照「規範主體、規範行為、規範監督」相統籌相協調原則，完善以「1+4」為基本框架的黨內法規制度體系，即在黨章之下分為黨的組織法規制度、黨的領導法規制度、黨的自身建設法規制度、黨的監督保障法規制度4大板塊。完善黨的組織法規

制度，全面規範黨的各級各類組織的產生和職責，夯實管黨治黨、治國理政的組織制度基礎。完善黨的領導法規制度，加強和改進黨對各方面工作的領導，為黨發揮總攬全域、協調各方領導核心作用提供制度保證。完善黨的自身建設法規制度，加強黨的思想建設、組織建設、作風建設、反腐倡廉建設，深化黨的建設制度改革，增強黨的創造力、凝聚力、戰鬥力。完善黨的監督保障法規制度，切實規範對黨組織工作、活動和黨員行為的監督、考核、獎懲、保障等，確保行使好黨和人民賦予的權力。

《意見》強調指出，制定黨內法規制度必須牢牢抓住品質這個關鍵，方向要正確、內容要科學、程序要規範，唯此才能保證每項黨內法規制度都可以立得住、行得通、管得了。《意見》特別強調，提高黨內法規制度執行力，要堅持以上率下，從各級領導機關和黨員領導幹部做起，以身作則、嚴格要求，帶頭尊規學規守規用規。

3. 培養選拔黨和人民需要的好幹部

組織建黨是全面從嚴治黨的重要環節。黨的組織建設的重要環節是黨的幹部隊伍建設。建設中國特色社會主義，實現中華民族偉大復興的中國夢，關鍵在於建設一支宏大的高素質幹部隊伍，培養造就一支具有鐵一般信仰、鐵一般信念、鐵一般紀律、鐵一般擔當的幹部隊伍。加強黨的組織建設，必須著力培養選拔黨和人民需要的好幹部，從嚴管理幹部，夯實基層組織，鞏固黨執政的組織基礎。

好幹部是有標準的。習近平總書記對好幹部的標準作出了這樣的概括：信念堅定、為民服務、勤政務實、敢於擔當、清正廉潔。信念堅

定，就是要堅定共產主義遠大理想，真誠信仰馬克思主義，矢志不渝為中國特色社會主義而奮鬥，堅持黨的基本理論、基本路線、基本綱領、基本經驗、基本要求不動搖。為民服務，就是要做人民公僕，忠誠於人民，以人民憂樂為憂樂，以人民甘苦為甘苦，全心全意為人民服務。勤政務實，就是要勤勉敬業、求真務實、真抓實幹、精益求精，創造出經得起實踐、人民、歷史檢驗的實績。敢於擔當，就是要堅持原則、認真負責，面對大是大非敢於亮劍，面對矛盾敢於迎難而上，面對危機敢於挺身而出，面對失誤敢於承擔責任，面對歪風邪氣敢於堅決鬥爭。清正廉潔，就是要敬畏權力、管好權力、慎用權力，守住自己的政治生命，保持拒腐蝕、永不沾的政治本色。

　　成為好幹部是需要條件的。好幹部是不會自然產生的。成長為一個好幹部，一靠自身努力，二靠組織培養。從幹部自身來講，要不斷改造主觀世界、加強黨性修養、加強品格陶冶，老老實實做人，踏踏實實幹事，清清白白為官，始終做到對黨忠誠、個人乾淨、敢於擔當。要勤於學、敏於思，堅持博學之、審問之、慎思之、明辨之、篤行之，以學益智、以學修身、以學增才。要努力學習各方面知識，加快知識更新，優化知識結構，拓展眼界和視野，提高服務改革發展、服務人民群眾的本領。從組織培養來講，要抓好黨性教育這個核心，抓好道德建設這個基礎，加強宗旨意識、公僕意識教育。強化幹部實踐鍛煉，積極為幹部鍛煉成長搭建平臺，讓幹部在實踐鍛煉中增強黨性、改進作風、磨練意志、陶冶情操、提升境界、增長才幹。

　　使用好幹部是有規矩的。黨組織是否用人得當，首先要知人。要近距離接觸幹部，觀察幹部對重大問題的思考、對群眾的感情、對待名利的態度、處理複雜問題的過程和結果；黨組織是否用人得當，就

要堅持全面、歷史、辯證看幹部，注重一貫表現和全部工作，改進考核方法手段，完善政績考核評價體系；黨組織是否用人得當，就要科學合理使用幹部，用當其時、用其所長，樹立強烈的人才意識，尋覓人才求賢若渴，發現人才如獲至寶，舉薦人才不拘一格，使用人才各盡其能。要建立科學有效的選人用人機制，緊密結合幹部工作實際，形成系統完備、科學規範、有效管用、簡便易行的制度機制。要推進幹部能上能下，通過激勵、獎懲、問責等一整套制度安排，保證能者上、庸者下、劣者汰，形成良好的用人導向和制度環境。

「郡縣治，天下安。」縣委是黨執政興國的「一線指揮部」，縣委書記就是「一線總指揮」，是黨在縣域治國理政的重要骨幹力量。縣委書記要以焦裕祿、楊善洲、谷文昌等同志為榜樣，始終做到心中有黨、心中有民、心中有責、心中有戒，做政治的明白人、發展的開路人、群眾的貼心人、班子的帶頭人，努力成為黨和人民信賴的好幹部。

（四）奪取反腐敗鬥爭壓倒性勝利

人民群眾最痛恨腐敗現象，腐敗是我們黨面臨的最大威脅。習近平總書記 2013 年 1 月 22 日在十八屆中央紀委二次全會上指出，實現黨的十八大確定的各項目標任務，實現「兩個一百年」目標，實現中華民族偉大復興的「中國夢」，必須把我們黨建設好。黨風廉政建設和反腐敗鬥爭，是黨的建設的重大任務。為政清廉才能取信於民，秉公用權才能贏得人心。黨的十八大以來，我們黨以零容忍的態度重拳反腐，堅持「老虎」「蒼蠅」一起打，使不敢腐的震懾作用充分發揮，

不能腐、不想腐的效應初步顯現，反腐敗鬥爭壓倒性態勢正在形成。民心是最大的政治，正義是最強的力量。反腐敗增強了人民群眾對黨的信任和支持，人民群眾給予高度評價。習近平總書記指出，黨中央堅定不移反對腐敗的決心沒有變，堅決遏制腐敗現象蔓延勢頭的目標沒有變。全黨同志對黨中央在反腐敗鬥爭上的決心要有足夠自信，對反腐敗鬥爭取得的成績要有足夠自信，對反腐敗鬥爭帶來的正能量要有足夠自信，對反腐敗鬥爭的光明前景要有足夠自信。

堅持反腐倡廉常抓不懈，實現拒腐防變警鐘長鳴。從當前的情況看，滋生腐敗的土壤依然存在，反腐敗形勢依然嚴峻複雜，一些不正之風和腐敗問題依然影響惡劣。習近平總書記指出，自然生態要山清水秀，政治生態也要山清水秀，要深入推進反腐敗鬥爭，下大氣力拔「爛樹」、治「病樹」、正「歪樹」，做到有腐必反、除惡務盡。習近平總書記 2014 年 1 月 14 日在中國共產黨第十八屆中央紀律檢查委員會第三次全體會議上指出，建立健全懲治和預防腐敗體系是國家戰略和頂層設計。中央印發的《建立健全懲治和預防腐敗體系 2013—2017年工作規劃》，是開展黨風廉政建設和反腐敗工作的指導性文件，各級黨委要認真執行，把這項重大政治任務貫穿到改革發展穩定各項工作之中。

不斷健全懲治和預防腐敗體系。這是反腐敗國家戰略和頂層設計，要把這項重大政治任務貫穿到改革發展穩定各項工作之中，堅持標本兼治、綜合治理、懲防並舉、注重預防，以改革精神加強反腐敗體制機制創新和制度保障，堅定不移轉變作風，堅定不移反對腐敗，建設廉潔政治，努力實現幹部清正、政府清廉、政治清明。我們懲治腐敗的決心絲毫不能動搖，懲治這一手始終不能軟。黨中央提出了預防腐

敗的三原則。一是深化黨風廉政教育，築牢拒腐防變的思想道德防線；二是加強反腐倡廉法律法規制度建設，把權力關進制度的籠子裡；三是強化權力運行制約和監督，確保權力正確行使。黨中央保持政治定力，持續強化不敢腐的氛圍，使有問題的幹部及早收手、收斂，有效遏制了腐敗現象的蔓延勢頭。

堅決遏制腐敗蔓延勢頭，保持懲治腐敗高壓態勢。十八大以來黨中央加大查辦違紀違法案件力度，充分發揮懲治的震懾作用；嚴肅查處用人上的腐敗問題，匡正選人用人風氣；堅決查糾不正之風，著力解決群眾反映強烈的突出問題。中央紀委堅決懲治腐敗的事實表明，不論什麼人，不論其職務多高，只要觸犯了黨紀國法，都要受到嚴肅追究和嚴厲懲處，黨內沒有「丹書鐵券」，也沒有「鐵帽子王」。要牢記「蠹眾而木折，隙大而牆壞」的道理，保持懲治腐敗的高壓態勢，堅持零容忍的態度不變、猛藥去痾的決心不減、刮骨療毒的勇氣不泄、嚴厲懲處的尺度不鬆，把反腐利劍舉起來，形成強大震懾。要嚴格依紀依法查處各類腐敗案件，既堅決查處發生在領導機關和領導幹部中的濫用職權、貪污賄賂、腐化墮落、失職瀆職案件，又著力解決發生在群眾身邊的腐敗問題，嚴肅查處損害群眾利益的各類案件。堅持黨紀國法面前沒有例外，不管涉及到誰，都要一查到底，決不姑息。

加強反腐倡廉教育和廉政文化建設。黨中央堅持，思想純潔是馬克思主義政黨保持純潔性的根本，道德高尚是領導幹部做到清正廉潔的基礎，下大力氣抓好思想理論建設、抓好黨性教育和黨性修養、抓好道德建設，教育引導廣大黨員幹部堅定理想信念、堅守共產黨人精神家園，不斷夯實廉潔從政的思想道德基礎，築牢拒腐防變的思想道德防線。巡視條例成為黨內法規的重要組成部分。黨中央及時總結

十八大以來的巡視工作經驗，聚焦工作中心、堅持「四個著力」，發現問題、形成震懾，創新組織制度和工作方式，不斷完善巡視制度，實現依紀巡視、依法巡視。

積極推進反腐敗體制機制創新。黨中央不斷改革黨的紀律檢查體制，加強反腐敗工作體制機制創新，實現了紀委派駐機構的統一管理。同時還健全和完善黨內監督、民主監督、法律監督和輿論監督體系，強化對權力運行的制約和監督，形成不敢腐、不能腐、不想腐的有效機制，剷除腐敗現象的生存空間和滋生土壤。繼續改進中央和省區市巡視制度，推進巡視和派駐監督全覆蓋。加強反腐敗國際追逃追贓，特別是實施「天網」行動，全球通緝「百名紅通人員」，對腐敗分子形成強大震懾，堅決遏制腐敗蔓延勢頭。

（五）嚴肅黨紀黨規　增強「四個意識」

管黨治黨必須把紀律建設擺在更加突出位置。習近平總書記指出，「全面從嚴治黨，重在加強紀律建設，把黨的紀律刻印在全體黨員特別是黨員領導幹部的心上。」嚴肅黨的紀律還要自覺樹立「四個意識」。黨的十八屆六中全會明確習近平總書記的核心地位，正式提出「以習近平同志為核心的黨中央」。這是黨中央作出的重大戰略決策，是具有歷史意義的成果。全會明確要求全黨要「牢固樹立政治意識、大局意識、核心意識、看齊意識，堅定不移維護黨中央權威和黨中央集中統一領導」。學習貫徹十八屆六中全會精神，一個重大政治任務就是要自覺維護習近平總書記的核心地位、維護黨中央權威。

1. 用鐵的紀律維護黨的團結統一

黨要管黨、從嚴治黨，就要靠嚴明的紀律和規矩維護黨的團結統一。我們黨有 8900 多萬黨員，在一個幅員遼闊、人口眾多的發展中大國執政，如果沒有鐵的紀律，就沒有黨的團結統一，黨的凝聚力和戰鬥力就會大大削弱，黨的領導能力和執政能力就會大大削弱。習近平總書記指出，加強紀律建設是全面從嚴治黨的治本之策，要把紀律建設擺在更加突出的位置，堅持紀嚴於法、紀在法前，把紀律和規矩挺在前面。黨面臨的形勢越複雜、肩負的任務越艱巨，就越要加強紀律建設，越要維護黨的團結統一，確保全黨統一意志、統一行動、步調一致前進。

沒有規矩不成其為政黨，更不成其為馬克思主義政黨。我們黨的黨內規矩是黨的各級組織和全體黨員必須遵守的行為規範和規則。其一，黨章是全黨必須遵循的總章程，也是總規矩。其二，黨的紀律是剛性約束，政治紀律更是全黨在政治方向、政治立場、政治言論、政治行動方面必須遵守的剛性約束。其三，國家法律是黨員幹部必須遵守的規矩，法律是黨領導人民制定的，全黨必須模範執行。其四，黨在長期實踐中形成的優良傳統和工作慣例，經過實踐檢驗，約定俗成、行之有效，需要全黨長期堅持並自覺遵循。

嚴明黨的紀律，首先是嚴格遵守黨章。黨章是黨的根本大法，是全黨必須遵循的總規矩。每一個共產黨員都要牢固樹立黨章意識，自覺用黨章規範自己的一言一行，在任何情況下都要做到政治信仰不變、政治立場不移、政治方向不偏。要把學習黨章作為必修課，自覺遵守黨章、貫徹黨章、維護黨章，做認真學習黨章、嚴格遵守黨章的

模範。要加強對遵守黨章、執行黨章情況的督促檢查，對黨章意識不強、不按照黨章規定辦事的要及時提醒，對嚴重違反黨章規定的行為要堅決糾正，全黨共同來維護黨章的權威性和嚴肅性。

嚴明黨的紀律，必須嚴明黨的政治紀律。黨的紀律是多方面的，政治紀律是最重要、最根本、最關鍵的紀律，遵守黨的政治紀律是遵守黨的全部紀律的重要基礎。一個政黨如果沒有政治紀律約束，允許黨的組織和黨的重要幹部在政治主張、政策主張上各有一套、我行我素，允許廣大黨員在政治上行動上與黨離心離德、為所欲為，這個黨就不可能有號召力影響力戰鬥力，在政治上就沒有作為。遵守黨的政治紀律，最核心的，就是堅持黨的領導，堅持黨的基本理論、基本路線、基本綱領、基本經驗、基本要求，同黨中央保持高度一致，自覺維護中央權威。要防止和克服地方和部門保護主義、本位主義，決不允許上有政策、下有對策，決不允許有令不行、有禁不止，決不允許在貫徹執行中央決策部署上打折扣、做選擇、搞變通。

嚴明黨的紀律，必須嚴明黨的組織紀律。黨的力量來自組織，組織能使力量倍增。我們黨是按照馬克思主義建黨原則建立起來的政黨，以民主集中制為根本組織制度和領導制度，組織嚴密是黨的光榮傳統和獨特優勢。改革開放和發展社會主義市場經濟，對黨內生活帶來不可低估的影響，組織觀念薄弱、組織渙散就是其中一個需要嚴肅對待的問題。增強組織紀律性，必須切實增強黨性，切實遵守組織制度，切實加強組織管理，切實執行組織紀律。要強化黨的意識，強化組織意識，始終把黨放在心中最高位置，任何時候都與黨同心同德，相信組織、依靠組織、服從組織。要嚴格執行民主集中制、黨內組織生活制度等黨的組織制度。要正確對待組織，對組織忠誠老實，言行一

致、表裡如一。

必須使紀律真正成為帶電的高壓線。執行黨的紀律不能有任何含糊，不僅要嚴格執行黨的政治紀律、組織紀律，還要嚴格執行黨的廉潔紀律、群眾紀律、工作紀律、生活紀律，不能讓黨紀黨規成為「紙老虎」、「稻草人」，造成「破窗效應」。習近平總書記指出：「遵守黨的紀律是無條件的，要說到做到，有紀必執，有違必查，而不能合意的就執行，不合意的就不執行，不能把紀律作為一個軟約束或是束之高閣的一紙空文。」領導幹部要在嚴守黨的紀律方面為廣大黨員作表率。黨的各級組織要自覺擔負起執行和維護黨的紀律的責任，敢抓敢管。

2. 自覺增強「四個意識」

「四個意識」，是指政治意識、大局意識、核心意識、看齊意識。「四個意識」是 2016 年 1 月 29 日中共中央政治局會議明確提出來的。2017 年 7 月 1 日，習近平總書記在慶祝中國共產黨成立 95 周年大會上的指出，全黨同志要增強政治意識、大局意識、核心意識、看齊意識，切實做到對黨忠誠、為黨分憂、為黨擔責、為黨盡責。2016 年 10 月 27 日，中國共產黨第十八屆中央委員會第六次全體會議通過的《關於新形勢下黨內政治生活的若干準則》再次強調，全黨必須牢固樹立政治意識、大局意識、核心意識、看齊意識，自覺在思想上政治上行動上同黨中央保持高度一致。會議特別提出了「以習近平同志為核心的黨中央」這個重大理念，對於維護黨中央權威、維護黨的團結和集中統一領導，對全黨全軍全國各族人民更好凝聚力量抓住機遇、戰勝

挑戰，對全黨團結一心、不忘初心、繼續前進，對保證我們黨和國家興旺發達、長治久安，都具有十分重大而深遠的意義。

四個意識中的政治意識，就是要求從政治上看待、分析和處理問題。我們黨作為馬克思主義政黨，自覺增強政治意識和講政治是我們的突出特點和優勢。政治意識表現為堅定政治信仰，堅持正確的政治方向，堅持政治原則，站穩政治立場，保持政治清醒和政治定力，增強政治敏銳性和政治鑒別力；嚴肅黨內政治生活，嚴守政治紀律和政治規矩，研究制定政策要把握政治方向，謀劃推進工作要貫徹政治要求，解決矛盾問題要注意政治影響，發展黨員、選人用人要突出政治標準，對各類組織要加強政治領導、政治引領，對各類人才要加強政治吸納；四個意識中的大局意識，就是要求自覺從大局看問題，把工作放到大局中去思考、定位、擺佈，做到正確認識大局、自覺服從大局、堅決維護大局。增強大局意識，就是要正確處理中央與地方、局部與全域、當前與長遠的關係，自覺從黨和國家大局出發想問題、辦事情、抓落實，堅決貫徹落實中央決策部署，確保中央政令暢通；四個意識中的核心意識，就是要求在思想上認同核心、在政治上圍繞核心、在組織上服從核心、在行動上維護核心。增強核心意識，就是要始終堅持、切實加強黨的領導特別是黨中央的集中統一領導，更加緊密地團結在以習近平同志為核心的黨中央周圍，更加堅定地維護黨中央權威，更加自覺地在思想上政治上行動上同黨中央保持高度一致，更加扎實地把黨中央部署的各項任務落到實處，確保黨始終成為中國特色社會主義事業的堅強領導核心；四個意識中的看齊意識，就是要求向黨中央看齊，向黨的理論和路線方針政策看齊，向黨中央決策部署看齊，做到黨中央提倡的堅決響應、黨中央決定的堅決執行、黨

中央禁止的堅決不做。這「三個看齊」「三個堅決」是政治要求，也是政治紀律，各級黨組織和廣大黨員、幹部要樹立高度自覺的看齊意識，經常和黨中央要求「對表」，看看有沒有「慢半拍」的問題，有沒有「時差」的問題，有沒有「看不齊」的問題，主動進行調整、糾正、校準。

3. 堅決維護黨中央的權威

中國共產黨是執政黨，辦好中國的事情關鍵在黨。黨的領導是中國特色社會主義最本質的特徵，是中國特色社會主義制度的最大優勢，是做好黨和國家各項工作的根本保證。堅持黨的領導，首先是堅持黨中央集中統一領導；維護黨的權威，首先是維護黨中央權威。黨中央有權威，才能把全黨 8900 多萬名黨員和 400 多萬個基層黨組織牢固凝聚起來，進而把全國各族人民緊密團結起來，形成萬眾一心、無堅不摧的磅　力量，去贏得具有許多新的歷史特點的偉大鬥爭的勝利。

維護黨中央權威首先要維護習近平總書記的核心地位。我們黨進行具有許多新的歷史特點的偉大鬥爭，推進中國特色社會主義偉大事業和實現中華民族的偉大復興，必須要有一個堅強的領導核心。黨的十八屆六中全會明確習近平同志為黨中央的核心、全黨的核心，是非常及時的和必要的，是符合黨、國家、軍隊、人民的根本利益的，對黨和國家事業的發展具有重大的現實意義和深遠的歷史意義。

習近平總書記在黨中央的核心地位是在偉大鬥爭中形成的。黨的十八大以來，習近平總書記帶領全黨全軍全國各族人民開創了中國特色社會主義偉大事業和中華民族的偉大復興的新局面，在改革發展穩

定、內政外交國防、治黨治國治軍等方面取得了一系列具有重大現實意義和深遠歷史意義的成就，實現了黨和國家事業的繼往開來，贏得了全黨全軍全國各族人民衷心擁護，受到了國際社會高度讚譽。其實，習近平總書記在黨中央的核心地位已經是十八大以來的事實。而十八屆五中全會明確確立習近平總書記為黨中央的核心、全黨的核心，則是明確地表達了我們黨的鄭重選擇，是眾望所歸，也是名副其實。全黨同志特別是黨的領導幹部，都要有高度的政治自覺和行動自覺，忠誠於黨，忠誠於黨的事業，講紀律、守規矩，在維護黨中央權威、維護黨中央和全黨的核心問題上始終保持清醒頭腦、做到堅定不移。

維護黨中央權威和維護習近平總書記的核心地位是統一的。黨中央權威是具體的而不是抽象的。維護習近平總書記的核心地位，就是維護黨中央的權威；維護黨中央的權威，首先要維護習近平總書記的核心地位。在我們這樣的大國、大黨，全黨同志緊密團結在以習近平同志為核心的黨中央周圍，一定要有一個堅強有力的中央政治局及其常委會，一定要有一個「最有威信、最有影響、最有經驗」的總書記作為核心，只有這樣才能凝聚中央委員會、中央政治局各位成員的智慧，凝聚各級領導幹部的智慧，凝聚全黨的智慧。全黨自覺地向習近平總書記看齊，向黨的理論、路線、方針、政策看齊，向黨中央決策部署看齊，黨中央就有權威，黨中央制定的理論路線和方針政策就能得到全面的貫徹落實。

（六）健全黨和國家監督體系

增強黨自我淨化能力，根本靠強化黨的自我監督和群眾監督。黨

的十九大報告指出，要加強對權力運行的制約和監督，讓人民監督權力，讓權力在陽光下運行，把權力關進制度的籠子。強化自上而下的組織監督，改進自下而上的民主監督，發揮同級相互監督作用，加強對黨員領導幹部的日常管理監督。深化政治巡視，堅持發現問題、形成震懾不動搖，建立巡視巡察上下聯動的監督網。深化國家監察體制改革，將試點工作在全國推開，組建國家、省、市、縣監察委員會，同黨的紀律檢查機關合署辦公，實現對所有行使公權力的公職人員監察全覆蓋。制定國家監察法，依法賦予監察委員會職責權限和調查手段，用留置取代「兩規」措施。改革審計管理體制，完善統計體制。構建黨統一指揮、全面覆蓋、權威高效的監督體系，把黨內監督同國家機關監督、民主監督、司法監督、群眾監督、輿論監督貫通起來，增強監督合力。

一要加強監督「關鍵少數」。領導幹部是黨的中堅力量，是黨的路線方針政策的組織實施者，確保領導幹部對黨的絕對忠誠和與黨中央保持一致，是黨內監督的根本要求。黨的十八大以來，以習近平同志為核心的黨中央嚴肅黨內政治生活，改進和加強黨內監督，實現了黨的政治生活明顯改善。但也要看到，一些黨員領導幹部不願意接受監督，貫徹執行民主集中制不嚴，履行黨內監督職責、管黨治黨不力等問題仍然存在。因此，要嚴格教育和抓好監督，強化各級領導幹部的監督意識，嚴格按照民主集中制原則辦事，善於在監督下開展工作，堅持和完善「三重一大」集體決策機制，規範權力運行，不破規矩、不越底線。要嚴格落實全面從嚴治黨主體責任和監督責任，加強自上而下監督。上級黨委和紀委要把下級黨委一把手作為監督重點，注重了解掌握其思想、工作、作風和廉潔自律情況，多聽群眾意見，

特別是下級班子成員的反映，有缺點就批評教育，發現問題就及時處置。要進一步加強班子成員之間的監督、改進自下而上的監督，充分發揮黨內民主，大力弘揚黨內講真話、講實話，敢於同錯誤思想和行為作鬥爭的政治優勢，確保黨組織的領導核心和戰鬥堡壘作用。

更好地發揮巡視監督作用。巡視是黨章賦予的重要職責和權力，是黨內監督的戰略性制度安排。黨中央明確提出，巡視是對黨組織和黨員領導幹部的巡視，是政治巡視不是業務巡視，這體現了對巡視問題認識的深化。中央新修訂的巡視工作條例將「實現巡視全覆蓋、全國一盤棋」寫入「總則」，實現巡視無例外、監督無死角，這是黨內監督思想的重大進步。巡視全覆蓋本身就是震懾。巡視必須具有權威性，成為國之利器、黨之利器。要堅決貫徹中央巡視工作方針，緊扣政治、組織、廉潔、群眾、工作和生活「六大紀律」，增強巡視監督的針對性和實效性，以監督的無處不在實現紀律的無處不嚴。要善於見微知著、由表及裡，抓住個性、把握共性，把巡視監督和派駐監督結合起來，使巡視節奏更快、效率更高。習近平總書記強調：「更好發揮巡視在黨內監督中的重要作用，就是要對巡視成果善加運用。」對巡視發現的問題和線索，要分類處置、注重統籌，在件件有著落上集中發力。對巡視整改落實情況，要開展「回頭看」，揪住不放；對敷衍整改、整改不力、拒不整改的，要嚴肅追責。要充分運用巡視中發現的反面典型開展警示教育，讓廣大黨員幹部知所畏、知所止、知所守。

履行好紀委監督職責。紀委是黨內監督的專門機關，是管黨治黨的重要力量。黨章規定了紀委的 3 項主要任務和 5 項經常性工作，概括起來，就是監督執紀問責。各級紀委要堅守監督執紀問責的職能定

位，全面履行黨章賦予的職責，維護黨章、嚴明黨紀，檢查黨的路線方針政策執行情況，協助黨委加強黨風廉政建設和組織協調反腐敗工作。要運用好監督執紀「四種形態」，積極探索實踐好監督執紀「四種形態」。對於各級紀檢機關來說，實踐「四種形態」，責任不是輕了而是更重了，執紀的力度不是小了而是更大了。打鐵還需自身硬。監督別人的人首先要監管好自己。各級紀委要嚴字當頭，強化自身監督，以更高的標準、更嚴的紀律要求紀檢監察幹部，保持隊伍純潔，努力建設一支忠誠、乾淨、擔當的紀檢監察隊伍。

第四章

貫徹新發展理念，建設現代化經濟體系

——發展中國特色社會主義市場經濟

「五位一體」——實現偉大復興的戰略部署和戰略任務・之一

　　實現「兩個一百年」奮鬥目標、實現中華民族偉大復興的中國夢，不斷提高人民生活水準，必須堅定不移地把發展作為黨執政興國的第一要務、解放和發展社會生產力，必須堅決貫徹新發展理念，創新發展馬克思主義政治經濟學，創新發展社會主義市場經濟，建設社會主義現代化經濟體系。我國經濟已由高速增長階段轉向高品質發展階段，正處在轉變發展方式、優化經濟結構、轉換增長動力的攻關期，建設現代化經濟體系是跨越關口的迫切要求和我國發展的戰略目標。必須以供給側結構性改革為主線，堅持品質第一、效益優先，推動經濟發展品質變革、效率變革、動力變革，建設現代化經濟體系。必須

加快建設創新型國家，瞄準世界科技前沿，強化基礎研究，實現前瞻性基礎研究、引領性原創成果重大突破，為建設現代化經濟體系提供戰略支撐。必須加快推進區域協調發展戰略，促進西部大開發、東北振興、中部崛起和東部率先發展；支援建設「老少邊窮地區」，即「革命老區」「民族地區」「邊疆地區」和「貧困地區」等四類國家重點援助的區域；加快實施「一帶一路」「京津冀協同發展」、長江經濟帶三大戰略。必須推進以鄉村振興戰略為重點的「新四化」，高度重視「三農」問題，建立健全城鄉融合發展體制機制和政策體系，加快推進農業農村現代化。

一、建設現代化經濟體系
——發展中國特色社會主義市場經濟

中國特色社會主義進入了新時代，這是我國發展新的歷史方位。新時代意味著新特徵，新特徵意味著新任務，新任務需要新的戰略謀劃。黨的十九大報告提出了「建設現代化經濟體系」的重大命題。這是我們黨根據新時代的歷史方位、主要矛盾和發展目標，對發展中國特色社會主義市場經濟做出的總體部署和扎實安排。建設現代化經濟體系是跨越關口的迫切要求和我國發展的戰略目標，必須在中國特色社會主義政治經濟學和社會主義市場經濟理論的指導下，積極探索、加快建設、逐步實現。

（一）創新中國特色社會主義政治經濟學

2015 年 12 月 21 日結束的中央經濟工作會議提出：「要堅持中國特色社會主義政治經濟學的重大原則」。這是「中國特色社會主義政治經濟學」首次出現在中央層面的會議上，它的提出，具有鮮明的時代意義和深遠的理論意義。習近平總書記 2015 年 11 月 23 日在中共中央政治局第二十八次集體學習時指出：「要立足我國國情和我國發展實踐，揭示新特點新規律，提煉和總結我國經濟發展實踐的規律性成果，把實踐經驗上升為系統化的經濟學說，不斷開拓當代中國馬克思主義政治經濟學新境界。」以習近平同志為核心的黨中央將 30 多年的經濟發展實踐和思想理念，不僅上升到理論層面，同時也上升到學科高度，是對馬克思主義政治經濟學說的巨大創新，極大豐富了中國特色社會主義理論體系。

1．關於經濟新常態的理論。

2014 年 5 月 10 日，習近平總書記在河南考察時首次明確提出新常態觀點，豐富了中國特色社會主義政治經濟學。他指出：「我國發展仍處於重要戰略機遇期，我們要增強信心，從當前我國經濟發展的階段性特徵出發，適應新常態，保持戰略上的平常心態。」此後，習近平總書記多次強調，要認識新常態，適應新常態，引領新常態。習近平總書記明確闡述了新常態的三個特點：一是從高速增長轉為中高速增長；二是經濟結構不斷優化升級，第三產業消費需求逐步成為新的經濟主體；三是從要素驅動、投資驅動轉向創新驅動。我國經濟發

展進入新常態，是黨的十八大以來以習近平同志為核心的黨中央在科學分析國內外經濟發展形勢、準確把握我國基本國情的基礎上，針對我國經濟發展的階段性特徵所做出的重大戰略判斷，是對我國邁向更高級發展階段的理論指南。

2. 關於發展理念的新論斷。

「十三五」規劃建議指出：「實現『十三五』時期發展目標，破解發展難題，厚植發展優勢，必須牢固樹立創新、協調、綠色、開放、共用的發展理念。」黨的十八屆五中全會提出的創新、協調、綠色、開放、共用的新發展理念，是以習近平同志為核心的黨中央在總結我國 30 多年改革發展經驗、科學分析國內國外經濟社會發展規律基礎上提出的面向未來的發展理念，是對中國及世界發展規律的新認識。

3. 關於市場與政府關係的新論斷。

習近平總書記指出：「在市場作用和政府作用的問題上，要講辯證法、兩點論……使市場在資源配置中起決定性作用和更好發揮政府作用，二者是有機統一的，不是相互否定的，不能把二者割裂開來、對立起來，既不能用市場在資源配置中的決定性作用取代甚至否定政府作用，也不能用更好發揮政府作用取代甚至否定市場在資源配置中起決定性作用。」要正確認識市場和政府在資源配置中的不同作用，將市場決定性作用和更好發揮政府作用看作一個有機的整體，善於用市場調節的優良功能抑制「政府調節失靈」，善於用政府調節的優良

功能糾正「市場調節失靈」，下放導致官僚主義和無效率的「越位」權力，加強事先、事中和事後的全過程監管。

4. 關於基本經濟制度的新論斷。

黨的十八屆三中通過的《決定》規定：「公有制為主體、多種所有制經濟共同發展的基本經濟制度，是中國特色社會主義制度的重要支柱，也是社會主義市場經濟體制的根基。」習近平總書記指出：「要堅持和完善社會主義基本經濟制度，毫不動搖鞏固和發展公有制經濟，毫不動搖鼓勵、支持、引導非公有制經濟發展，推動各種所有制取長補短、相互促進、共同發展，同時公有制主體地位不能動搖，國有經濟主導作用不能動搖。」當前必須真正理解和積極落實黨中央關於推進國有企業改革的「三個有利於」，即「有利於國有資本保值增值，有利於提高國有經濟競爭力，有利於放大國有資本功能」，堅持社會主義初級階段基本經濟制度，做強、做優、做大國有經濟。

5. 關於經濟體制改革的新論斷。

習近平總書記指出：「當前，制約科學發展的體制機制障礙不少集中在經濟領域，經濟體制改革任務遠遠沒有完成，經濟體制改革的潛力還沒有充分釋放出來。堅持以經濟建設為中心不動搖，就必須堅持以經濟體制改革為重點不動搖。」經濟體制改革是全面深化改革的重點，對其他領域改革具有牽引作用，抓住經濟體制改革這個「牛鼻子」，就會帶來全面深化改革的新突破。2013 年 11 月，習近平總書

記在黨的十八屆三中全會上指出：「在全面深化改革中，我們要堅持以經濟體制改革為主軸，努力在重要領域和關鍵環節改革上取得新突破，以此牽引和帶動其他領域改革、使各方面改革協同推進、形成合力，而不是各自為政、分散用力。」

6. 關於開放發展的 ⊡ 論斷。

面對國內國外兩個大局的新變化、新特點、新趨勢，習近平總書記及時提出開放發展新理念，豐富開放發展新理論。2012 年 12 月，習近平總書記在中央經濟工作會議上強調：「必須實施更加積極主動的開放戰略，創建新的競爭優勢，全面提升開放型經濟水準。」要在堅持對外開放基本國策，善於統籌國內國際兩個大局，利用好國際國內兩個市場、兩種資源基礎上，發展更高層次的開放型經濟，積極參與全球經濟治理，維護我國發展利益，積極防範各種風險，確保國家經濟安全。

中國特色社會主義政治經濟學是中國獨有的創新理論，誕生於中國、發展於中國、服務於世界，為中國和世界社會主義市場經濟實踐提供理論支撐和科學指導。中國特色社會主義政治經濟學，具有中國特色，彰顯時代精神，是指引當代中國不斷解放和發展生產力的科學理論，是引領社會主義市場經濟持續健康發展的指南，將指引中國經濟贏得一個又一個勝利。

（二）加快完善社會主義市場經濟體制

我國經濟發展進入新常態，是十八大以來黨中央綜合分析世界經濟長周期和我國發展階段性特徵及其相互作用做出的重大戰略判斷，是發展中國特色社會主義市場經濟的重要新特點。習近平總書記從國家發展的戰略高度，對新常態的基本特點、科學內涵做了精闢闡釋：要主動適應、把握、引領新常態，與時俱進抓好經濟工作，推動經濟持續健康發展，為如期全面建成小康社會，進而實現第二個百年奮鬥目標、實現中華民族偉大復興奠定堅實物質基礎。在新常態條件下建設社會主義市場經濟，必須進一步解決好市場和政府的關係問題，用好「看得見的手」和「看不見的手」，實現經濟提質增效的健康發展。習近平主席 2015 年 9 月 22 日在美國華盛頓當地政府和美國友好團體聯合舉行的歡迎宴會上對這個問題做出深刻闡述：「中國發展的根本出路在於改革。我們改革的目標，就是推進國家治理體系和治理能力現代化，使市場在資源配置中起決定性作用，更好發揮政府作用，加快發展社會主義市場經濟、民主政治、先進文化、和諧社會、生態文明。」

1 . 新常態是我國經濟發展的大邏輯

經濟發展進入新常態，是我國經濟發展階段性特徵的必然反映，是不以人的意志為轉移的必然趨勢。習近平總書記指出，「『十三五』時期，我國經濟發展的顯著特徵就是進入新常態」，「要把適應新常態、把握新常態、引領新常態作為貫穿發展全域和全過程的大邏輯」。

這是做好經濟工作的出發點。全面認識和把握新常態，需要從時間和空間的大角度審視我國發展。這是因為，我國經濟發展歷程中新狀態、新格局、新階段總是在不斷形成，經濟發展新常態是這個長過程的一個階段，這完全符合事物發展螺旋式上升的運動規律。

從時間上看，新常態是我國不同發展階段更替變化的結果。我國古代以農業立國，農耕文明長期居於世界領先水準。工業革命發生後，我們就開始落伍了。新中國成立後，我們黨領導人民開始大規模工業化建設，但未能順利持續下去。改革開放以來，我們用幾十年時間走完了發達國家幾百年走過的發展歷程，經濟總量躍升為世界第二，製造業規模躍居世界第一，創造了世界發展的奇跡。然而隨著經濟總量不斷增大，我們在發展中遇到一系列新情況新問題。當前，我國經濟發展正處於增長速度換擋期、結構調整陣痛期和前期刺激政策消化期「三期疊加」階段，面臨著經濟發展速度換擋節點，如同一個人 10 歲至 18 歲期間個子猛長，18 歲之後長個子的速度就慢下來了；面臨著經濟發展結構調整節點，低端產業產能過剩要集中消化，中高端產業要加快發展，過去生產什麼都賺錢、生產多少都能賣出去的情況不存在了；面臨著經濟發展動力轉換節點，低成本資源和要素投入形成的驅動力明顯減弱，經濟增長需要更多驅動力創新。

從空間上看，我國出口優勢和參與國際產業分工模式面臨新挑戰，經濟發展新常態是這種變化的本質體現。改革開放以來，我們大踏步發展的一個重要特點就是對國際市場的充分有效利用，使我國快速成長為世界貿易大國。

2008 年國際金融危機爆發，世界經濟進入深度調整期，全球貿易發展進入低迷期，導致我國出口需求增速放緩。同時，從一些世界貿

易大國的實踐看，當貨物出口占世界總額的比重達到 10% 左右，就會出現拐點，增速要降下來。我國貨物出口占世界總額的比重，2010 年超過 10%，2014 年達到 12.3%。這意味著我國出口增速拐點已經到來，今後再要維持出口高增長、出口占國內生產總值的高比例已不大可能。這就要求必須把經濟增長動力更多放在創新驅動和擴大內需特別是消費需求上。

從時空統一的角度看，我國發展的環境、條件、任務、要求等都發生了新的變化，經濟發展進入新常態。新常態下，我國經濟發展的主要特點是：增長速度要從高速增長轉向中高速，發展方式要從規模速度型轉向品質效率型，經濟結構調整要從增量擴能為主轉向調整存量、做優增量並舉，發展動力要從主要依靠資源和低成本勞動力等要素投入轉向創新驅動。這些變化，是我國經濟向形態更高級、分工更優化、結構更合理的階段演進的必經過程。實現這樣廣泛而深刻的變化，是一個新的巨大挑戰。

新常態也面臨著新機遇。經濟發展新常，儘管經濟面臨較大下行壓力，但也帶來了發展的新機遇。特別是從長期發展看，我國仍處於發展的重要戰略機遇期。經濟發展長期向好的基本面沒有變，經濟韌性好、潛力足、迴旋餘地大的基本特質沒有變，經濟持續增長的良好支撐基礎和條件沒有變，經濟結構調整優化的前進態勢沒有變。要把握這些大勢，堅持以經濟建設為中心，變中求新、新中求進、進中突破，推動我國發展不斷邁上新臺階。

必須正確認識經濟發展的新常態。要徹底拋棄用舊的思維邏輯和方式方法再現高增長的想法，切實把思想和行動統一到黨中央重大判斷和決策部署上來。要堅持辯證法，一方面，我國經濟發展基本面

是好的，另一方面也面臨著很多困難和挑戰，特別是結構性產能過剩比較嚴重。這是一個繞不過去的歷史關口，只有加快改革創新，抓緊做好工作，才能順利過關。要解放思想、實事求是、與時俱進，按照創新、協調、綠色、開放、共用的發展理念，在理論上作出創新性概括，在政策上作出前瞻性安排，加大結構性改革力度，矯正要素配置扭曲，擴大有效供給，提高供給結構適應性和靈活性，提高全要素生產率。

把握引領經濟發展新常態必須克服幾種傾向。其一，新常態不是一個事件，不要用好或壞來判斷。新常態是一個客觀狀態，是一種內在必然性，並沒有好壞之分，要因勢而謀、因勢而動、因勢而進。其二，新常態不是一個筐子，不要什麼都往裡面裝。新常態主要表現在經濟領域，不要濫用新常態概念，甚至把一些不好的現象都歸入新常態。其三，新常態不是一個避風港，不要把不好做或難做好的工作都歸結於新常態，新常態不是不幹事，不是不要發展，不是不要國內生產總值增長，而是要更好發揮主觀能動性、更有創造精神地推動發展。

把握引領經濟發展新常態必須主動積極。推動經濟發展，要更加注重提高發展品質和效益，從過去主要看增長速度有多快轉變為主要看品質和效益有多好。穩定經濟增長，要更加注重供給側結構性改革，實現由低水準供需平衡向高水準供需平衡的躍升。實施宏觀調控，要更加注重引導市場行為和社會心理預期，實現反週期目標。調整產業結構，要更加注重加減乘除並舉，引導增量，主動減量，發揮創新引領發展第一動力作用，抓好職業培訓。推進城鎮化，要更加注重以人為核心，推動更多人口融入城鎮。促進區域發展，要更加注重人口經濟和資源環境空間均衡，著力塑造區域協調發展新格局，重點實施「一

帶一路」建設、京津冀協同發展、長江經濟帶建設三大戰略。保護生態環境，要更加注重促進形成綠色生產方式和消費方式，促進人與自然和諧共生。保障和改善民生，要更加注重對特定人群特殊困難的精準幫扶，使他們有現實獲得感。進行資源配置，要更加注重使市場在資源配置中起決定性作用，政府要集中力量辦好市場辦不了的事。擴大對外開放，要更加注重推進高水準雙向開放，提高我國在全球治理中的制度性話語權。

2. 堅持以提高發展品質和效益為中心

　　黨的十八大提出「把推動發展的立足點轉到提高品質和效益上來」，黨的十八屆五中全會把「以提高發展品質和效益為中心」寫進「十三五」時期我國發展的指導思想。堅持以提高發展品質和效益為中心，是「十三五」時期我國發展的關鍵任務，是我們黨立足發展新階段對社會主義建設規律的新認識。

　　發展才能自強，發展是解決我國一切問題的基礎和關鍵。面對經濟發展進入新常態後出現的一系列困難矛盾、風險挑戰，必須更好落實發展這個黨執政興國的第一要務，堅持以提高發展品質和效益為中心，實現實實在在、沒有水分的發展，民生改善、就業充分的發展，勞動生產率提高、經濟活力增強、結構調整有成效的發展。

　　堅持以提高發展品質和效益為中心，是針對加快轉變經濟發展方式、調整經濟結構提出來的。過去，粗放型經濟發展方式曾經在我國發揮了很大作用，大兵團作戰加快了我國經濟發展步伐，但現在再按照過去那種粗放型發展方式來做，不僅國內條件不支持，國際條件也

不支持，是不可持續的。把經濟發展僅僅理解為數量增減、簡單重複，是形而上學的發展觀。如果仍然想著粗放型高速發展，習慣於鋪攤子、上專案，即使暫時把速度抬上去了也不會持久，相反會使發展中的矛盾和問題進一步積累、激化。

發展必須保持一定的速度，但並不是單純追求增長速度，而是追求有效益、有品質、可持續的發展。習近平總書記指出，「不能簡單以國內生產總值增長率論英雄」。衡量經濟發展好壞，不是速度高一點，形勢就「好得很」，也不是速度下來一點，形勢就「糟得很」，而是要看有沒有品質和效益，就是投資有回報、產品有市場、企業有利潤、員工有收入、政府有稅收、環境有改善，這才是我們要的發展。

實現發展品質和效益的提高，必須遵循規律、按規律辦事。有品質、有效益的發展，必然是遵循經濟規律的科學發展、遵循自然規律的可持續發展、遵循社會規律的包容性發展。堅持科學發展，必須堅持以經濟建設為中心，從實際出發，把握發展新特徵，加快轉變經濟發展方式，實現更高品質、更有效率、更加公平、更可持續的發展。堅持可持續發展，必須以人與自然和諧相處為目標，牢固樹立尊重自然、順應自然、保護自然的意識，堅持走綠色、低碳、循環、可持續發展之路，構築尊崇自然、綠色發展的生態體系。堅持包容性發展，必須堅持全面保障和改善民生，構建公平公正、共建共用的包容性發展新機制，使發展成果更多更公平惠及全體人民。

提高經濟發展品質和效益，要把轉方式調結構放到更加重要位置，更加扎實地推進經濟持續健康發展。要以結構深度調整、振興實體經濟為主線調整完善相關政策，構建產業新體系，培育一批戰略性產業，構建現代農業產業體系，加快建設製造強國，加快發展現代服

務業。轉方式調結構的基礎動力在創新，要推動新技術、新產業、新業態蓬勃發展，瞄準世界科技前沿，形成一批重大創新成果，推進科技成果產業化，使創新成果變成實實在在的經濟活動，形成新的產品群、產業群。

3. 市場在資源配置中的決定性作用與更好發揮政府的作用

處理好政府和市場的關係，是經濟體制改革的核心問題。2016 年 3 月 5 日，習近平總書記在參加他所在的上海代表團審議時再次指出：「深化經濟體制改革，核心是處理好政府和市場關係，使市場在資源配置中起決定性作用和更好發揮政府作用。這就要講辯證法、兩點論，『看不見的手』和『看得見的手』都要用好。」黨的十四大提出建立社會主義市場經濟體制的改革目標後，對政府和市場的關係，我們一直在根據實踐拓展和認識深化尋找新的科學定位。黨的十五大提出「使市場在國家宏觀調控下對資源配置起基礎性作用」黨的十六大提出「在更大程度上發揮市場在資源配置中的基礎性作用」黨的十七大提出「從制度上更好發揮市場在資源配置中的基礎性作用」黨的十八大提出「更大程度更廣範圍發揮市場在資源配置中的基礎性作用」。黨的十八屆三中全會把市場在資源配置中的「基礎性作用」修改為「決定性作用」，這是我們黨對中國特色社會主義建設規律認識的一個新突破，標誌著社會主義市場經濟發展進入了一個新階段。這個重要判斷有利於在全黨全社會樹立關於政府和市場關係的正確觀念，有利於轉變經濟發展方式，有利於轉變政府職能，有利於抑制消極腐敗現象。

毫不動搖地堅持我國基本經濟制度。實行公有制為主體、多種所

有制經濟共同發展的基本經濟制度，是我們黨確立的一項大政方針。公有制經濟和非公有制經濟都是社會主義市場經濟的重要組成部分，都是我國經濟社會發展的重要基礎。必須毫不動搖鞏固和發展公有制經濟，堅持公有制主體地位，發揮國有經濟主導作用，不斷增強國有經濟活力、控制力、影響力、抗風險能力。

必須毫不動搖鼓勵、支持和引導非公有制經濟發展，激發非公有制經濟活力和創造力。任何想把公有制經濟否定掉或者想把非公有制經濟否定掉的觀點，都是不符合最廣大人民根本利益的，都是不符合我國改革發展要求的，因此也都是錯誤的。要建立完善現代產權制度，積極穩妥發展混合所有制經濟，深化國有企業改革，完善現代企業制度，支援非公有制經濟健康發展。

切實發揮市場在資源配置中的決定性作用。市場決定資源配置是市場經濟的一般規律，市場經濟本質上就是市場決定資源配置的經濟。理論和實踐都證明，市場配置資源是最有效率的形式。必須不失時機地加大改革力度，堅持社會主義市場經濟改革方向，在思想上更加尊重市場決定資源配置這一市場經濟的一般規律，在行動上大幅度減少政府對資源的直接配置，推動資源配置依據市場規則、市場價格、市場競爭實現效益最大化和效率最優化，讓企業和個人有更多活力和更大空間去發展經濟、創造財富。健全現代市場體系，加快財稅體制改革，加快金融體制改革，為優化資源配置、維護市場統一、促進社會公平提供制度保障。適應經濟全球化新形勢，加快培育參與和引領國際經濟合作競爭新優勢，加快實施自由貿易區戰略，以開放促改革，構建開放型經濟新體制。

要更好發揮政府作用。市場在資源配置中起決定性作用，並不是

起全部作用，不是說政府就無所作為，而是必須堅持有所為、有所不為，著力提高宏觀調控和科學管理的水準。習近平總書記指出：「更好發揮政府作用，不是要更多發揮政府作用，而是要在保證市場發揮決定性作用的前提下，管好那些市場管不了或管不好的事情。」我國實行的是社會主義市場經濟體制，仍然要堅持發揮社會主義制度的優越性、發揮黨和政府的積極作用。科學的宏觀調控，有效的政府治理，是發揮社會主義市場經濟體制優勢的內在要求。政府的職責和作用主要是保持宏觀經濟穩定，加強和優化公共服務，保障公平競爭，加強市場監管，維護市場秩序，推動可持續發展，促進共同富裕，彌補市場失靈。

要講辯證法、兩點論，把「看不見的手」和「看得見的手」都用好。政府和市場的作用不是對立的，而是相輔相成的；也不是簡單地讓市場作用多一些、政府作用少一些的問題，而是統籌把握，優勢互補，有機結合，協同發力。要劃清政府和市場的邊界，凡屬市場能發揮作用的，政府要簡政放權，要鬆綁支持，不要去干預；凡屬市場不能有效發揮作用的，政府應當主動補位，該管的要堅決管，管到位，管出水準，避免出問題。要善於運用負面清單管理模式，實行市場准入負面清單制度，只告訴市場主體不能做什麼，至於能做什麼，該做什麼，由市場主體根據市場變化作出判斷。要找准市場功能和政府行為的最佳結合點，切實把市場和政府的優勢都充分發揮出來，更好地體現社會主義市場經濟體制的特色和優勢，努力形成市場作用和政府作用有機統一、相互補充、相互協調、相互促進的格局。

（三）構建現代化經濟體系

十九大報告指出：我國經濟已由高速增長階段轉向高品質發展階段，正處在轉變發展方式、優化經濟結構、轉換增長動力的攻關期，建設現代化經濟體系是跨越關口的迫切要求和我國發展的戰略目標。必須堅持品質第一、效益優先，以供給側結構性改革為主線，推動經濟發展品質變革、效率變革、動力變革，提高全要素生產率，著力加快建設實體經濟、科技創新、現代金融、人力資源協同發展的產業體系，著力構建市場機制有效、微觀主體有活力、宏觀調控有度的經濟體制，不斷增強我國經濟創新力和競爭力。根據習近平總書記經濟思想和中國特色社會主義政治經濟學，構建新時代中國現代化經濟體系，必須從以下幾個方面著力和探索。

1.要把深化供給側結構性改革作為構建我國現代化經濟體系的主攻方向

深化供給側結構性改革主要是為了解決我國發展的不平衡不充分的問題，主要是供給的結構、品質體系與不斷升級的社會需求結構之間存在的「重大的結構失衡」，從而導致產能過剩、效率低下和運轉不靈等問題。推進供給側結構性改革，可以糾正扭曲的供需錯配，從而緩解新時代我國社會的主要矛盾。具體的方向路徑有以下幾個方面：一是把提高供給體系品質作為主攻方向，不斷增強我國經濟的品質優勢；二是推動互聯網、大數據、人工智能和實體經濟深度融合，在中高端消費、創新引領、綠色低碳、共用經濟、現代供應鏈、人力資本

服務等領域培育新增長點並形成新動能；三是加快發展現代服務業，滿足人民群眾日益增長的對美好生活的需要；四是加快產業集群的轉型升級，促進這些產業邁向全球價值鏈中高端，打造若干世界級先進製造業集群；五是加強產業基礎建設，為產業發展提供更多的「外部經濟性」，特別要加強水利、鐵路、公路、水運、航空、渠道、電網、信息、物流等基礎設施網絡建設。

2. 要把創新驅動作為發展的重要支撐，加快建設創新型國家

從依靠投資拉動為主，轉向依靠提高全要素生產率，從汗水經濟轉向智慧經濟和知識經濟，最關鍵的就是要使創新成為經濟增長的主動力。習近平總書記指出，要塑造更多依靠創新驅動、更多發揮先發優勢的引領性發展。為此，我們必須掌握新技術的源頭，必須經歷時間更長、花費更多、風險更大、更艱苦的基礎研究和產業化過程。必須瞄準世界科技前沿，強化基礎教育和基礎研究，實現前瞻性基礎研究、引領性原創成果的重大突破。同時，要在科技成果的產業化轉化方面，充分發揮市場機制、知識產權法、企業家精神的作用。

3. 要把協調區域發展作為構建我國現代化經濟體系空間佈局結構的重要路徑

我國經濟韌性好、潛力足、迴旋餘地大，一個重要原因是區域發展不平衡，中西部地區發展不充分。這既是新時代中國特色社會主義建設需要花大力氣糾正的問題，也是我們進一步發展的潛力所在。區

域協調發展應該根據各區域發展的實際情況，分門別類制定差別化的經濟政策。對革命老區、民族地區、邊疆地區、貧困地區，要用各種扶持政策促進其加快發展；對東北等老工業基地的振興，需要通過深化改革重塑激勵機制和發展動力，使其煥發青春活力，促進產業轉型升級；對東部發達地區，則應要求其儘快進入創新引領發展的軌道，率先實現地區優化發展和率先進入基本現代化的第二步戰略。未來應根據「時空壓縮、增加密度、減少分割」的經濟地理重組原則，鼓勵以城市群為主體構建大中小城市和小城鎮協調發展的城鎮格局，加快農業轉移人口市民化進程。

4. 要把鄉村振興作為構建我國現代化經濟體系的基礎環節和基本支撐

「三農」問題始終是國計民生的根本性問題，農業農村農民問題解決不好，地動山搖，更不要說構建現代化經濟體系了。加快推進農業農村現代化，實現城鄉融合發展，無疑是達到產業興旺、生態宜居、鄉風文明、治理有效、生活富裕總要求的有效的方法和路徑。十九大報告在三農方面的一個重要的政策亮點，就在於提出了要完善承包地「三權」分置制度，保持土地承包關係穩定並長久不變，第二輪土地承包到期後再延長三十年。為確保國家糧食安全，把中國人的飯碗牢牢端在自己手中，必須構建現代農業產業體系、生產體系、經營體系，完善農業支持保護制度，培育新型農業經營主體，健全農業社會化服務體系。另外，要加強農村基層組織的治理工作。

5. 要把完善社會主義市場經濟體制作為構建我國現代化經濟體系的制度保障

改革開放的實踐證明，我國現代化經濟體系建設的每一次重大進步，都主要來自於對舊有的不適合生產力發展的體制、機制的大膽改革和突破。其中，改革政府與市場關係是形成現代化經濟體系的主線。特點之一是更好地，而不是更多地發揮政府作用。要通過負面清單、責任清單的管理，適當地減少干預，把有限的資源集中在做最有效的事情上；「更好」的標準是不缺位、不越位、不錯位。特點之二是要把「放手」當作「抓手」，明確政府的權力邊界，對權力清單外的事務要多做「減法」。特點之三是「放手」而不「甩手」，為市場活動制定規範，並充當監控者和仲裁者，糾正市場自身的失敗。在非市場活動即非贏利性活動中發揮主體角色，為市場發展提供外部支撐。特別要做好三個方面：一是深化國有企業改革，發展混合所有制經濟，培育具有全球競爭力的世界一流企業；二是全面實施市場准入負面清單制度，廢除妨礙統一市場和公平競爭的各種壟斷規定和做法；三是創新和完善宏觀調控，發揮國家發展規劃的戰略導向作用，健全財政、貨幣、產業、區域等經濟政策協調機制。

6. 要把全面開放作為構建現代化經濟體系的重大發展機制

經過近 40 年的改革開放，給中國帶來了重大發展和全面進步，中國在上一輪經濟全球化中取得了巨大紅利。當前，新一輪基於內需的全球化浪潮正在興起，中國要利用自己的內需優勢，形成發展的自我

強化機制，著力吸收全球先進的高端生產要素，推動自己的創新發展。十九大報告指出，未來中國開放的大門不是關閉，而是越開越大。特別需要做好以下幾點：一是以「一帶一路」建設為重點，引進來和走出去，形成陸海內外聯動、東西雙向互濟的開放格局；二是實行高水準的貿易和投資自由化便利化政策，全面實行准入前國民待遇加負面清單管理制度；三是賦予自由貿易試驗區更大改革自主權，探索建設自由貿易港；四是通過建立和完善以我為主的全球價值鏈，促進國際產能合作，形成面向全球的貿易、投融資、生產、服務網絡，培育國際經濟合作和競爭新優勢。

二、貫徹新發展理念
——實現新常態條件下的「雙中高」發展

黨的十八屆五中全會指出：「實現十三五時期發展目標，破解發展難題，厚植發展優勢，必須牢固樹立並切實貫徹創新、協調、綠色、開放、共用的發展理念。」習近平總書記在十九大報告中也指出，發展是解決我國一切問題的基礎和關鍵，發展必須是科學發展，必須堅定不移貫徹創新、協調、綠色、開放、共用的發展理念。尤其在新常態背景下，五大發展理念既集中反映了我們黨對社會發展規律的深刻認識，又科學遵循和把握住我國經濟發展的大邏輯，因而必將進一步打通中國發展的「任督二脈」，進而創造適應、把握、引領新常態的經濟社會發展新格局。

（一）新發展理念的提出

新發展理念，是指創新發展、協調發展、綠色發展、開放發展、共用發展這五大發展理念。新發展理念是指導我國經濟社會發展的重大指導思想。2015 年 10 月，習近平總書記在關於《中共中央關於制定國民經濟和社會發展第十三個五年規劃的建議》的說明中指出，發展理念是發展行動的先導，是管全域、管根本、管方向、管長遠的東西，是發展思路、發展方向、發展著力點的集中體現。2015 年 10 月 29 日，習近平總書記在黨的十八屆五中全會第二次全體會議上的講話明確提出了創新、協調、綠色、開放、共用的發展理念。新發展理念符合我國國情，順應時代要求，對破解發展難題、增強發展動力、厚植發展優勢具有重大指導意義。2016 年 1 月 29 日，習近平總書記在中共中央政治局第三十次集體學習時強調，新發展理念就是指揮棒、紅綠燈。2016 年 3 月 5 日全國兩會期間，習近平總書記在參加上海代表團審議時強調，在五大發展理念中，創新發展理念是方向、是鑰匙，要瞄準世界科技前沿，全面提升自主創新能力，力爭在基礎科技領域作出大的創新、在關鍵核心技術領域取得大的突破。同時，創新發展居於首要位置，是引領發展的第一動力。2017 年 10 月 18 日，習近平總書記強調，要貫徹新發展理念，建設現代化經濟體系。全黨要把思想和行動統一到新發展理念上來，努力提高統籌貫徹新發展理念的能力和水準，對不適應、不適合甚至違背新發展理念的認識要立即調整，對不適應、不適合甚至違背新發展理念的行為要堅決糾正，對不適應、不適合甚至違背新發展理念的做法要徹底摒棄。

新發展理念是指導「十三五」乃至更長時期我們發展思路、發展

方向和發展著力點的重要理念。其中，創新發展注重的是解決發展動力問題。我國創新能力不強，科技發展水準總體不高，科技對經濟社會發展的支撐能力不足，科技對經濟增長的貢獻率遠低於發達國家水準，這是我國這個經濟大個頭的「阿喀琉斯之踵」；協調發展注重的是解決發展不平衡問題。我國發展不協調是一個長期存在的問題，突出表現在區域、城鄉、經濟和社會、物質文明和精神文明、經濟建設和國防建設等關係上。在經濟發展水準落後的情況下，一段時間的主要任務是要跑得快，但跑過一定路程後，就要注意調整關係，注重發展的整體效能，否則「木桶」效應就會愈加顯現，一系列社會矛盾會不斷加深；綠色發展注重的是解決人與自然和諧問題。我國資源約束趨緊、環境污染嚴重、生態系統退化的問題十分嚴峻，人民群眾對清新空氣、乾淨飲水、安全食品、優美環境的要求越來越強烈；開放發展注重的是解決發展內外聯動問題。現在的問題不是要不要對外開放，而是如何提高對外開放的品質和發展的內外聯動性。我國對外開放水準總體上還不夠高，用好國際國內兩個市場、兩種資源的能力還不夠強，應對國際經貿摩擦、爭取國際經濟話語權的能力還比較弱，運用國際經貿規則的本領也不夠強，需要加快彌補；共用發展注重的是解決社會公平正義問題。我國經濟發展的「蛋糕」不斷做大，但分配不公問題比較突出，收入差距、城鄉區域公共服務水準差距較大。在共用改革發展成果上，無論是實際情況還是制度設計，都還有不完善的地方。

（二）以新發展理念引領新常態

　　認識、適應、引領新常態是中國經濟發展的大邏輯，就是探索中國經濟要在新常態條件下如何發展的重大問題。黨的十八屆五中全會作出了以五大發展理念引領新常態的重要論述，習近平總書記在 2016年「七一」講話中進一步強調，要「堅持以新發展理念引領經濟發展新常態」。按照這一精神，以創新、協調、綠色、開放、共用理念引領經濟發展新常態，對做好「十三五」期間乃至今後更長時期的經濟工作至關重要。

　　堅持創新發展，就是把創新擺在國家發展全域的核心位置，解決發展動力問題。新常態最核心就是速度變化、結構優化、動力轉換。只有依靠創新才能進一步增強經濟的內生動力。習近平總書記指出，把創新擺在第一位，是因為創新是引領發展的第一動力。發展動力決定發展速度、效能、可持續性。對我國這麼大體量的經濟體來講，如果動力問題解決不好，要實現經濟持續健康發展和「兩個翻番」是難以做到的。當然，協調發展、綠色發展、開放發展、共用發展都有利於增強發展動力，但核心在創新。抓住了創新，就抓住了牽動經濟社會發展全域的「牛鼻子」。堅持創新發展，是我們分析近代以來世界發展歷程特別是總結我國改革開放成功實踐得出的結論，是我們應對發展環境變化、增強發展動力、把握發展主動權，更好引領新常態的根本之策。習近平總書記還指出，創新是一個複雜的社會系統工程，涉及經濟社會各個領域。堅持創新發展，既要堅持全面系統的觀點，又要抓住關鍵，以重要領域和關鍵環節的突破帶動全域。要超前謀劃、超前部署，緊緊圍繞經濟競爭力的核心關鍵、社會發展的瓶頸制約、

國家安全的重大挑戰，強化事關發展全域的基礎研究和共性關鍵技術研究，全面提高自主創新能力，在科技創新上取得重大突破，力爭實現我國科技水準由跟跑並跑向並跑領跑轉變。

要以重大科技創新為引領，加快科技創新成果向現實生產力轉化，加快構建產業新體系，做到人有我有、人有我強、人強我優，增強我國經濟整體素質和國際競爭力。要深化科技體制改革，推進人才發展體制和政策創新，突出「高精尖缺」導向，實施更開放的創新人才引進政策，聚天下英才而用之。

堅持協調發展，就是實現系統發展、辯證發展、科學發展、整體發展，解決發展不平衡問題。「問題是時代的聲音」。協調發展因發展失衡和不可持續而生，是現實障礙倒逼而來，唯有協調發展，才能拓寬發展空間、增強發展後勁。習近平總書記指出，我們黨在帶領人民建設社會主義的長期實踐中，形成了許多關於協調發展的理念和戰略。新中國成立前後，毛澤東同志就提出了統籌兼顧、「彈鋼琴」等思想方法和工作方法；改革開放後，鄧小平同志針對新時期的新情況新問題，提出「現代化建設的任務是多方面的，各個方面需要綜合平衡，不能單打一」；江澤民同志提出了在推進社會主義現代化建設過程中必須處理好 12 個帶有全域性的重大關係。胡錦濤同志提出了全面協調可持續發展。黨的十八大提出了中國特色社會主義事業五位一體總體佈局，後來又提出了「四個全面」戰略佈局，等等。這些都體現了我們對協調發展認識的不斷深化，體現了唯物辯證法在解決我國發展問題上的方法論意義。習近平總書記強調，新形勢下，協調發展具有一些新特點。第一，協調既是發展手段又是發展目標，同時還是評價發展的標準和尺度。第二，協調是發展兩點論和重點論的統一，一

個國家、一個地區乃至一個行業在其特定發展時期既有發展優勢,也存在制約因素,在發展思路上既要著力破解難題、補齊短板,又要考慮鞏固和厚植原有優勢,兩方面相輔相成、相得益彰,才能實現高水準發展。第三,協調是發展平衡和不平衡的統一,由平衡到不平衡再到新的平衡是事物發展的基本規律。平衡是相對的,不平衡是絕對的。強調協調發展不是搞平均主義,而是更注重發展機會公平、更注重資源配置均衡。第四,協調是發展短板和潛力的統一,我國正處於由中等收入國家向高收入國家邁進的階段,國際經驗表明,這個階段是各種矛盾集中爆發的時期,發展不協調、存在諸多短板也是難免的。協調發展,就要找出短板,在補齊短板上多用力,通過補齊短板挖掘發展潛力、增強發展後勁。

　　堅持綠色發展,就是秉承科學發展和可持續發展理念,解決人與自然和諧問題。「唯 GDP」式粗放型發展已證明不合時宜,從生態文明建設到綠色發展理念,正是文明發展道路的歷史選擇。習近平總書記指出,綠色發展,就其要義來講,是要解決好人與自然和諧共生問題。人類發展活動必須尊重自然、順應自然、保護自然,否則就會遭到大自然的報復,這個規律誰也無法抗拒。習近平總書記強調,生態環境沒有替代品,用之不覺,失之難存。環境就是民生,青山就是美麗,藍天也是幸福,綠水青山就是金山銀山;保護環境就是保護生產力,改善環境就是發展生產力。在生態環境保護上,一定要樹立大局觀、長遠觀、整體觀,不能因小失大、顧此失彼、寅吃卯糧、急功近利。我們要堅持節約資源和保護環境的基本國策,像保護眼睛一樣保護生態環境,像對待生命一樣對待生態環境,推動形成綠色發展方式和生活方式,協同推進人民富裕、國家強盛、中國美麗。習近平總書記進一

步指出，各級領導幹部對保護生態環境務必堅定信念，堅決摒棄損害甚至破壞生態環境的發展模式和做法，決不能再以犧牲生態環境為代價換取一時一地的經濟增長。要堅定推進綠色發展，推動自然資本大量增值，讓良好生態環境成為人民生活的增長點、成為展現我國良好形象的發力點，讓老百姓呼吸上新鮮的空氣、喝上乾淨的水、吃上放心的食物、生活在宜居的環境中、切實感受到經濟發展帶來的實實在在的環境效益，讓中華大地天更藍、山更綠、水更清、環境更優美，走向生態文明新時代。

堅持開放發展，就是積極參與全球經濟治理，解決發展內外聯動問題。「一花獨放不是春，百花齊放春滿園。」作為全球第一大出口國和第二大進口國、世界第一大吸引外資國、第三大對外投資國、世界第一大外匯儲備國，發展更高層次的開放型經濟，合作中加強溝通，共贏中化解衝突，無論對中國還是世界，都有深遠意義。習近平總書記指出，我國 30 多年來的發展成就得益於對外開放。一個國家能不能富強，一個民族能不能振興，最重要的就是看這個國家、這個民族能不能順應時代潮流，掌握歷史前進的主動權。習近平總書記指出，20 年前甚至 15 年前，經濟全球化的主要推手是美國等西方國家，今天反而是我們被認為是世界上推動貿易和投資自由化便利化的最大旗手，

積極主動同西方國家形形色色的保護主義作鬥爭。這說明，只要主動順應世界發展潮流，不但能發展壯大自己，而且可以引領世界發展潮流。習近平總書記強調，我們今天開放發展的大環境總體上比以往任何時候都更為有利，同時面臨的矛盾、風險、博弈也前所未有，稍不留神就可能掉入別人精心設置的陷阱。希望大家不斷探索實踐，提高把握國內國際兩個大局的自覺性和能力，提高對外開放品質和

水準。

　　堅持共用發展，就是著力增進人民福祉，增強獲得感，解決社會公平正義問題。「不患寡而患不均，不患貧而患不安」。面對當前資源配置不公、收入差距、城鄉公共服務水準不均衡的狀況，共用理念的踐行必定讓人民共享更多發展成果，擁有更多「獲得感」。習近平總書記指出，著力踐行以人民為中心的發展思想，是黨的十八屆五中全會首次提出來的，體現了我們黨全心全意為人民服務的根本宗旨，體現了人民是推動發展的根本力量的唯物史觀。以人民為中心的發展思想，不是一個抽象的、玄奧的概念，不能只停留在口頭上、止步於思想環節，而要體現在經濟社會發展各個環節。要堅持人民主體地位，順應人民群眾對美好生活的嚮往，不斷實現好、維護好、發展好最廣大人民根本利益，做到發展為了人民、發展依靠人民、發展成果由人民共用。要通過深化改革、創新驅動，提高經濟發展品質和效益，生產出更多更好的物質精神產品，不斷滿足人民日益增長的美好生活需要。要全面調動人的積極性、主動性、創造性，為各行業各方面的勞動者、企業家、創新人才、各級幹部創造發揮作用的舞臺和環境。要堅持社會主義基本經濟制度和分配制度，調整收入分配格局，完善以稅收、社會保障、轉移支付等為主要手段的再分配調節機制，維護社會公平正義，解決好收入差距問題，使發展成果更多更公平惠及全體人民。習近平總書記指出，黨的十八屆五中全會提出的共用發展理念，其內涵主要有 4 個方面。一是共用是全民共用。這是就共用的覆蓋面而言的。共用發展是人人享有、各得其所，不是少數人共用、一部分人共用。二是共用是全面共用。這是就共用的內容而言的。共用發展就要共用國家經濟、政治、文化、社會、生態各方面建設成果，全面

保障人民在各方面的合法權益。三是共用是共建共用。這是就共用的實現途徑而言的。共建才能共用，共建的過程也是共用的過程。要充分發揚民主，廣泛匯聚民智，最大激發民力，形成人人參與、人人盡力、人人都有成就感的生動局面。四是共用是漸進共用。這是就共用發展的推進進程而言的。一口吃不成胖子，共用發展必將有一個從低級到高級、從不均衡到均衡的過程，即使達到很高的水準也會有差別。我們要立足國情、立足經濟社會發展水準來思考設計共用政策，既不裹足不前、銖施兩較、該花的錢也不花，也不好高騖遠、寅吃卯糧、口惠而實不至。這4個方面是相互貫通的，要整體理解和把握。習近平總書記強調，落實共用發展理念，「十三五」時期的任務和措施有很多，歸結起來就是兩個層面的事。一是充分調動人民群眾的積極性、主動性、創造性，舉全民之力推進中國特色社會主義事業，不斷把「蛋糕」做大。二是把不斷做大的「蛋糕」分好，讓社會主義制度的優越性得到更充分體現，讓人民群眾有更多獲得感。要擴大中等收入階層，逐步形成橄欖型分配格局。特別要加大對困難群眾的幫扶力度，堅決打贏農村貧困人口脫貧攻堅戰。落實共用發展是一門大學問，要做好從頂層設計到「最後一公里」落地的工作，在實踐中不斷取得新成效。

（三）新發展理念的重大實踐價值

發展理念是否科學，要看它是否合乎發展規律和發展目的。發展理念是否有效，要看它是否契合實際，是否可以推動發展。發展理念能否管長遠，要看它能否經受住歷史檢驗、持續推動發展。黨的十八

屆五中全會提出的創新、協調、綠色、開放、共用的發展理念，是在深刻總結國內外發展經驗教訓、分析國內外發展大勢的基礎上形成的，是針對我國發展中的突出矛盾和問題提出來的，集中反映了我們黨對經濟社會發展規律認識的深化，因而成為指導全面建成小康社會、實現「兩個一百年」奮鬥目標的科學思想和行動指南，具有重大的實踐價值。

首先，新發展理念是全面建成小康社會行動綱領的靈魂。理念在理論、綱領、規劃等中居於靈魂地位，具有統攝作用。新發展理念是我們黨治國理政尤其是關於發展的新理念，是全面建成小康社會的新理念，也是貫穿《中共中央關於制定國民經濟和社會發展第十三個五年規劃的建議》的新理念，成為這份決戰決勝全面建成小康社會的綱領性文件的靈魂，使這份十分重要、內容豐富的文件有魂有體、魂體相符、魂強體健，使文件各部分成為有機統一體，具有很強的思想性、戰略性、前瞻性和指導性。把握住這個靈魂，就能更好理解領會這份文件的精神實質和內涵外延，就能更好貫徹落實這份文件提出的指導思想、基本原則、目標要求、重大任務和重大舉措。可以預期，切實貫徹落實新發展理念，我國的發展戰略、發展思路、發展模式、發展動力、發展體制機制、發展品質、發展效益、發展要求等就能得到全面提升，我國發展將迎來一場關係全域的深刻變革，不僅如期全面建成小康社會，而且開啟我國發展更為廣闊的前景。

其次，新發展理念是破解發展難題、增強發展動力、厚植發展優勢的根本指引。新發展理念是為了發現問題、提出問題、分析問題和解決問題而提出的。新發展理念針對的是我國發展中的突出矛盾和問題，致力於破解發展難題、增強發展動力、厚植發展優勢。創新發展

注重的是解決發展動力問題。把創新擺在國家發展全域的核心位置，讓創新貫穿黨和國家一切工作，使創新成為引領發展的第一動力、人才成為支撐發展的第一資源，就能實現發展動力轉換，提高發展品質和效益。協調發展注重的是解決發展不平衡問題。牢牢把握中國特色社會主義事業總體佈局，正確處理發展中的重大關係，就能在協調發展中拓展發展空間，在加強薄弱領域中增強發展後勁，形成平衡發展新結構。綠色發展注重的是解決人與自然和諧問題。加快形成人與自然和諧發展現代化建設新格局，推進美麗中國建設，就能既要綠水青山、也要金山銀山，從根本上解決資源環境問題，為全球生態安全作出新貢獻。開放發展注重的是解決發展內外聯動問題。發展更高層次的開放型經濟，積極參與全球經濟治理和公共產品供給，就能構建廣泛的利益共同體，形成深度融合的互利合作格局，實現中國發展與世界發展的更好互動。共用發展注重的是解決社會公平正義問題。堅持發展為了人民、發展依靠人民、發展成果由人民共用，就能使全體人民在共建共用中有更多獲得感，同時使國家發展獲得深厚偉力。「五大發展理念」聚焦突出問題，在補齊實現全面小康的短板上投入更多力量，做足文章，讓「全面」不留缺憾、更不因短板而功敗垂成，讓「全面」完滿以至完美。

　　第三，新發展理念深刻拓展了全面建成小康社會的新格局、新面貌。理念是發展的、變化的，不會一勞永逸、一成不變。發展理念更是發展的。發展是一個不斷變化的過程，發展基礎、發展環境、發展條件、發展要求等發生變化，發展理念必然也必須隨之變化。我國第一個五年計劃始於 1953 年，到今年將完成第十二個五年規劃。我國經濟建設和社會發展取得了舉世矚目的成就。我國現在處於跨越「中等收

入陷阱」並向更高發展水準躍升的階段，向實現第一個百年奮鬥目標衝刺的階段，為實現第二個百年奮鬥目標佈陣築基的階段，發展的環境、條件、任務、要求等都發生了新的變化，要求提出新的發展理念以適應這種變化。「五大發展理念」應運而生，依據的是中國現今的實際和實踐，解決的是中國到 2020 年以及未來一個時期的發展問題，

　　既不是中國 20 世紀的發展理念，更不是西方的發展理念；展示的是一個實現創新發展、協調發展、綠色發展、開放發展、共用發展的全面小康社會新格局，一個 13 億多人可感知、可享受、可念可及的全面小康社會新面貌。

三、轉型發展的「牛鼻子」
——深化供給側結構性改革

　　建設現代化經濟體系，必須把發展經濟的著力點放在實體經濟上，把提高供給體系品質作為主攻方向，顯著增強我國經濟品質優勢。供給側結構性改革是一種調整經濟結構，使要素實現最優配置，提升經濟增長的品質和數量的經濟革命。而以往的需求側改革主要是依靠投資、消費、出口三駕馬車來拉動和促進。供給側結構性改革則要求努力用好勞動力、土地、資本、制度創造、創新等生產要素。推進供給側結構性改革，是適應和引領經濟發展新常態的重大創新，是適應國際金融危機發生後綜合國力競爭新形勢的主動選擇。經過 30 多年快速發展，我國經濟發展取得了舉世矚目的成就，但也長期積累了一些結構性、體制性、素質性突出的矛盾和問題，主要體現在經濟增速下

降、工業品價格下降、實體企業盈利下降、財政收入增幅下降、經濟
風險發生概率上升。這些問題不是週期性的，而主要是結構性的。要
解決我國經濟深層次問題，必須下決心在推進經濟結構性改革方面作
更大努力，使供給體系更適應需求結構的變化。供給側結構性改革旨
在調整經濟結構，使要素實現最優配置，提升經濟增長的品質和數量。
需求側改革主要有投資、消費、出口三駕馬車，供給側則有勞動力、
土地、資本、制度創造、創新等要素。

（一）國家發展從根本上要靠供給側推動

習近平總書記指出「一個國家發展從根本上要靠供給側推動」「推
進供給側結構性改革，是綜合研判世界經濟形勢和我國經濟發展新常
態作出的重大決策」。習近平總書記強調的這個「根本」和「重大決策」
說明，供給側結構性改革在當前的經濟建設中具有特別重要作用。

2016 年 1 月 18 日，習近平總書記在省部級主要領導幹部學習貫
徹黨的十八屆五中全會精神專題研討班的講話中，從國際國內兩個層
面對為何要進行供給側改革做了深入闡釋。當前世界經濟結構正在發
生的深刻調整，需要我們「從供給側發力，找准在世界供給市場上的
定位」；國內經濟發展面臨「四降一升」、供給結構錯配等問題，要
求我們「必須把改善供給結構作為主攻方向，實現由低水準供需平衡
向高水準供需平衡躍升」。

目前中國經濟發展面臨「速度換擋節點」「結構調整節點」「動
力轉換節點」，習近平總書記據此作出明確判斷，當前我國經濟發展
中，「結構性問題最突出，矛盾的主要方面在供給側」。在 2016 年 1

月 29 日中央政治局第三十次集體學習時，習近平總書記用「衣領子」「牛鼻子」來強調推進結構性改革特別是供給側結構性改革的重要性。他說，這是「十三五」的一個發展戰略重點，能否抓住這個「衣領子」「牛鼻子」，是保證「十三五」發展開好頭、起好步的關鍵，是保證全面建成小康社會決勝階段獲得全勝的關鍵。

（二）「三去一降一補」是五大重點任務

2015 年 12 月的中央經濟工作會議，提出了「去產能、去庫存、去槓桿、降成本、補短板」五大任務。在中共中央政治局第三十次集體學習時，習近平總書記強調：「重點是去產能、去庫存、去槓桿、降成本、補短板，增強供給結構對需求變化的適應性和靈活性，推動我國社會生產力水準實現整體躍升。」在中央財經領導小組第十三次會議上，習近平總書記指出，「主攻方向是減少無效供給，擴大有效供給，提高供給結構對需求結構的適應性，當前重點是推進『三去一降一補』五大任務」。2016 年 5 月 20 日，習近平總書記在中央全面深化改革領導小組第二十四次會議上指出，「供給側結構性改革本質是一場改革，要用改革的辦法推進結構調整，為提高供給品質激發內生動力、營造外部環境。」推進和完成五大任務，是供給側結構性改革的關鍵點。

去產能就是要妥善處理保持社會穩定和推進結構性改革的關係。要依法為實施市場化破產程序創造條件，加快破產清算案件審理。要提出和落實財稅支持、不良資產處置、失業人員再就業和生活保障以及專項獎補等政策，資本市場要配合企業兼併重組。要盡可能多兼併重組、少破產清算，做好職工安置工作。要嚴格控制增量，防止新的

產能過剩。

去庫存就是要按照加快提高戶籍人口城鎮化率和深化住房制度改革的要求，通過加快農民工市民化，擴大有效需求，消化庫存，穩定房地產市場。要落實戶籍制度改革方案，允許農業轉移人口等非戶籍人口在就業地落戶，使他們形成在就業地買房或長期租房的預期和需求。要明確深化住房制度改革方向，以滿足新市民住房需求為主要出發點，以建立購租並舉的住房制度為主要方向，把公租房擴大到非戶籍人口。要發展住房租賃市場，鼓勵自然人和各類機構投資者購買庫存商品房，成為租賃市場的房源提供者，鼓勵發展以住房租賃為主營業務的專業化企業。要鼓勵房地產開發企業順應市場規律調整行銷策略，適當降低商品住房價格，促進房地產業兼併重組，提高產業集中度。要取消過時的限制性措施。

去杠杆就是要防範化解金融風險，有效化解地方政府債務風險，加強全方位監管，堅決守住不發生系統性和區域性風險的底線。對信用違約要依法處置。要有效化解地方政府債務風險，做好地方政府存量債務置換工作，完善全口徑政府債務管理，改進地方政府債券發行辦法。要加強全方位監管，規範各類融資行為，抓緊開展金融風險專項整治，堅決遏制非法集資蔓延勢頭，加強風險監測預警，妥善處理風險案件，堅決守住不發生系統性和區域性風險的底線。

降成本就是要開展降低實體經濟企業成本行動，打出「組合拳」。要降低制度性交易成本，轉變政府職能、簡政放權，進一步清理規範仲介服務。要降低企業稅費負擔，進一步正稅清費，清理各種不合理收費，營造公平的稅負環境，研究降低製造業增值稅稅率。要降低社會保險費，研究精簡歸併「五險一金」。要降低企業財務成本，金融

部門要創造利率正常化的政策環境，為實體經濟讓利。要降低電力價格，推進電價市場化改革，完善煤電價格聯動機制。要降低物流成本，推進流通體制改革。

補短板就是要打好脫貧攻堅戰，堅持精準扶貧、精準脫貧，瞄準建檔立卡貧困人口，加大資金、政策、工作等投入力度。要支持企業技術改造和設備更新，降低企業債務負擔。要補齊軟硬基礎設施短板，提高投資有效性和精準性，推動形成市場化、可持續的投入機制和運營機制。要加大投資於人的力度，使勞動者更好適應變化了的市場環境。要繼續抓好農業生產，保障農產品有效供給，保障口糧安全，保障農民收入穩定增長，加強農業現代化基礎建設，落實藏糧於地、藏糧於技戰略，把資金和政策重點用在保護和提高農業綜合生產能力以及農產品品質、效益上。

（三）供給側結構性改革的五大政策支柱

習近平總書記在中央財經領導小組第十一次會議上提出了推進供給側結構性改革的五大政策支柱：一是宏觀政策要穩，就是要堅持積極的財政政策和穩健的貨幣政策，為經濟結構性改革營造穩定的宏觀經濟環境；二是產業政策要准，就是要準確定位經濟結構性改革方向，發展實體經濟，堅持創新驅動發展，啟動存量增長動力，著力補齊短板，加快綠色發展，積極利用外資，積極穩妥擴大對外投資；三是微觀政策要活，就是要堅持和完善基本經濟制度，完善市場環境、激發企業活力和消費潛能，在制度上政策上營造寬鬆的市場經營和投資環境，營造商品自由流動、平等交換的市場環境；四是改革政策要實，

就是要加大力度推動重點領域改革落地，加快推進對經濟增長有重大牽引作用的國有企業、財稅體制、金融體制等改革；五是社會政策要托底，就是要守住民生底線，做好就業和社會保障工作，切實保障群眾基本生活。

打好供給側結構性改革這場硬仗，就要加法、減法兩手抓。2016年2月，習近平總書記在江西考察時指出，著力推進供給側結構性改革，要「加法、減法一起做，既做強做大優勢產業、培育壯大新興產業、加快改造傳統產業、發展現代服務業，又主動淘汰落後產能，騰出更多資源用於發展新的產業，在產業結構優化升級上獲得更大主動」。2016年3月8日參加全國人大湖南省代表團審議時，他進一步重申「要把握好『加法』和『減法』」。2016年9月3日，在二十國集團工商峰會開幕式的主旨演講中，習近平主席又以一組具體數字，彰顯中國推進供給側結構性改革的決心和力度。

（四）推進農業供給側結構性改革

2016年「兩會」期間，習近平總書記在參加湖南代表團審議時指出，新形勢下農業的主要矛盾已經由總量不足轉變為結構性矛盾，推進農業供給側結構性改革，是當前和今後一個時期我國農業政策改革和完善的主要方向。2017年中央一號文件提出，要把深入推進農業供給側結構性改革作為新的歷史階段農業農村工作主線。同時明確了農業供給側結構性改革的目標、方向、底線等重大問題。

1.農業供給側結構性改革的重要性緊迫性

改革開放近 40 年，我國農業農村發展取得了顯著成就，但也存在著不少問題，最突出的表現是在結構方面，主要是在供給側方面。推進農業供給側結構性改革，是整個供給側結構性改革的重要環節。習近平總書記指出，要準確把握新形勢下「三農」工作方向，深入推進農業供給側結構性改革；要在確保國家糧食安全基礎上，著力優化產業產品結構；要把發展農業適度規模經營同脫貧攻堅結合起來，與推進新型城鎮化相適應，使強農惠農政策照顧到大多數普通農戶；要協同發揮政府和市場「兩隻手」的作用，更好引導農業生產、優化供給結構；要尊重基層創造，營造改革良好氛圍。習近平總書記的講話指出了農業供給側結構性改革的重要方面。

農業供給側結構性改革要適應農產品消費結構升級的迫切需要。隨著新型城鎮化的發展，城鄉居民農產品消費需求正從「吃飽」向「吃好、吃得安全、吃得營養健康」快速轉變，多元化、個性化的需求顯著增多。目前我國農業生產大而不強、多而不優的問題仍然比較突出，只有大力推進農業供給側結構性改革，儘快提高農產品的品質，才能更好地適應消費結構升級的需要。

農業供給側結構性改革是提高農業競爭力的迫切需要。當前我國農業發展的一個重要情況是，我國農業生產成本持續上漲，而國際農產品價格卻持續下降，國內外農產品價差越來越大，玉米、棉花、糖料等進口規模不斷擴大，「洋貨入市、國貨入庫」的問題突出，呈現出生產量、進口量、庫存量「三量齊增」的現象。解決這個問題，必須用改革的辦法推進結構調整，促進農業轉型升級，提升農業競爭力。

農業供給側結構性改革是提高農業效益、增加農民收入的迫切需要。我國農民家庭經營收入目前只占到農民收入的 40% 以上，主產區農民增收主要還是靠農業。由於供求結構失衡，一些地方出現了「糧價跌、傷心菜、賤蘋果」等現象，農民增產不增收的情況讓人憂心。只有大力推進農業供給側結構性改革，發展高產、優質、高效、生態、安全農業，推進農村一二三產業融合，才能提高農業效益，促進農民持續增收。

農業供給側結構性改革是改善農業生態環境的迫切需要。目前，我國發展的資源環境兩道「緊箍咒」越繃越緊，耕地數量減少、品質下降、農業面源污染（農業生產中對農田的各種污染）加重等問題凸顯，農業生態環境成為突出短板。必須抓住農產品供給充裕的有利時機，大力推進農業供給側結構性改革，轉變農業生產方式和資源利用方式，修復生態、改善環境、補齊短板，實現綠色發展。

2. 推進農業供給側結構性改革的總體要求

習近平總書記指出，推進農業供給側結構性改革，要以市場需求為導向調整完善農業生產結構和產品結構，以科技為支撐走內涵式現代農業發展道路，以健全市鋤制為目標改革完善農業支援保護政策，以家庭農懲農民合作社為抓手發展農業適度規模經營。貫徹落實習近平總書記指示精神，推進農業供給側結構性改革，必須實現農業供給側結構性的總體要求，做好四個改善和四個創新。

改善供給體系，推進產品創新。我國當前的農業供給側最突出的問題是生產不能適應市場的變化，「買難」與「賣難」並存。推進農

業供給側結構性改革,要把市場需求作為「導航燈」,調整優化農業生產結構和產品結構,增強農產品供給結構的適應性和靈活性,創新產品供給,為消費者提供更豐富、更優質、更適銷對路的產品。

改善要素使用,推進科技創新。要依靠科技進步改善農業生產的水、土、肥、藥、技、機等主要投入要素。這些年,水、土要素已經繃得很緊,肥、藥使用過量,機械、技術支撐能力與發達國家相比仍有較大差距。必須大力實施科技創新戰略,儘快推動農業發展由依靠物質要素投入驅動向依靠科技進步驅動轉變,提高農業全要素生產率。

改善資源配置,推進制度創新。我國當前的農業資源配置不合理問題較為突出,生產區域佈局結構與資源稟賦條件不盡匹配,資源循環利用不夠,農作物秸稈、農膜回收利用率和畜禽糞便污染有效處理率都較低,一些地區還將水土等資源配置到產銷不對路的產品生產上。要堅持市場取向改革,加快完善農產品價格和收儲、農業補貼、金融保險、流通貿易、生態環保等政策,促進農業資源有效配置。

改善經營方式,推進管理創新。推進農業供給側結構性改革必須充分調動各類經營主體積極性,加快構建以農戶家庭經營為基儲合作與聯合為紐帶、社會化服務為支撐的現代農業經營體系,大力培育新型經營主體和新型職業農民,發揮其在推廣新技術、開拓新市嘗打造新業態等方面的引領作用,鼓勵其成為推進農業供給側結構性改革的主力軍。

3. 農業供給側結構性改革的七大重要任務

農業供給側結構性改革是黨中央、國務院的重大行動部署,落實

這些工作部署要突出抓好「六優化、一鞏固」的重要任務。

一是優化農產品機構，主要以擴大有效供給和中高端供給為重點。適應市場需求，調優、調高、調精農業生產結構，增加適銷對路的農產品生產。品種上，重點是調減玉米產量、增加大豆產量、提升牛奶品質，鼓勵雜糧雜豆和馬鈴薯生產。品質上，重點是抓好品質提升和品牌創建，大力推進農業標準化生產，建立健全品質安全監管和追溯體系，打造和培育一批農產品品牌。

二是優化產業體系，主要以延長產業鏈、提升價值鏈為重點。要充分發揮一二三產業融合的乘數效應，發展壯大新產業、新業態，提高農業效益。積極發展農產品加工業，特別是大力支持主產區發展精深加工，加快消化糧食尤其是玉米庫存。大力發展農產品電子商務、休閒農業和鄉村旅遊，推進農業與旅遊、教育、文化、健康等產業深度融合，使農民獲得更多增值收益。

三是優化生產體系，主要以推進節本增效為重點。由於農產品價格很難提升，節約成本就是增加效益和增加收入。要強化農業科技創新，推進農業機械化、信息化，發展現代種業，加快農業科技推廣應用。當前重點是推廣節本增效技術，集成節肥、節藥、節水、節種、節油等適用技術，提高農業投入品利用效率，降低生產成本，提高經營效益。

四是優化區域佈局，主要以提高資源環境匹配度為重點。要立足各地環境容量和生態類型，發展水土資源匹配較好的主導產品和支柱產業，形成分工合理、比較優勢充分發揮的區域佈局。加大生態脆弱區域的生態建設力度，重點調整「鐮刀彎」地區玉米種植、南方水網地區生豬養殖、長江流域湖泊水庫和近海水產養殖。但要注意的是，目前全國主要農產品優勢產區已基本形成，優化區域佈局要更多地微

調、適調、精調，從當地實際出發，避免大折騰、「翻燒餅」。

五是優化經營體系，主要以發揮適度規模經營的引領作用為重點。大力支持發展土地流轉、土地託管、土地入股等多種形式的適度規模經營，培育農業社會化服務組織，發展生產性服務業，重點推介土地託管方式，讓分散農戶搭上規模經營的「快車」。鼓勵引導農民自願通過互換或流轉等方式解決承包地細碎化問題，探索農戶土地承包經營權依法自願有償退出政策。

六是優化資源利用方式，主要以治理和修復農業生態環境為重點。要努力通過農業供給側結構性改革，積極從根本上破解農業資源環境兩道「緊箍咒」的制約。著力打好農業面源污染防治攻堅戰，抓好湖南重金屬污染區綜合治理試點，擴大東北黑土退化區治理試點範圍，穩妥推進耕地輪作休耕制度試點。大力發展生態循環農業，創建農業可持續發展試驗示範區，探索生產生態相協調的路徑和體制機制。

七是鞏固提升產能，主要以糧食生產功能區和重要農產品生產保護區建設為重點。要把建設好糧食生產功能區作為確保口糧安全的根本舉措，把建設好重要農產品生產保護區作為穩定棉油糖自給水準的重要手段。大力實施「藏糧於地、藏糧於技」戰略，加快劃定永久基本農田，大規模開展高標準農田建設，集中打造產能穩固的糧食和棉花、油料、糖料等重要農產品生產基地，確保只要市場有需要，就能產得出、供得上。

推進農業供給側結構性改革，涉及理念的更新、體制的改革、實踐的創新等許多方面，必須突破重點，實現整體提升。在思想觀念上，樹立大農業、大食物觀念；在發展方式上，推動糧經飼統籌、農林牧漁結合、種養加一體、一二三產業融合發展；在經營過程中，既要守

住糧食安全的底線，也要充分發揮多種形式農業適度規模經營的引領作用，為農業結構性改革提供支撐和動力。農民增收是農業農村發展的根本目的，也是衡量結構性改革成效的重要標誌。讓農民不斷分享改革成果，這項改革才會得人心、見實效。

四、第一動力

——加快實施創新驅動發展戰略

創新是推動一個國家和民族向前發展的重要力量，是建設現代化經濟體系的戰略支撐。習近平總書記 2015 年 3 月 5 日在十二屆全國人大三次會議上指出，創新是引領發展的第一動力。抓創新就是抓發展，謀創新就是謀未來。面對全球新一輪科技革命與產業變革的重大機遇和挑戰，面對經濟發展新常態下的趨勢變化和特點，面對實現「兩個一百年」奮鬥目標的歷史任務和要求，必須深化體制機制改革，加快實施創新驅動發展戰略。黨的十八大強調，要始終把改革創新精神貫徹到治國理政各個環節，堅持社會主義市場經濟的改革方向，堅持對外開放的基本國策，不斷推進理論創新、制度創新、科技創新、文化創新以及其他各方面創新，不斷推進我國社會主義制度自我完善和發展。黨的十八屆五中全會進一步強調，創新是引領發展的第一動力，必須把創新擺在國家發展全域的核心位置。並再次強調，要不斷推進理論創新、制度創新、科技創新、文化創新等各方面創新，讓創新貫穿黨和國家一切工作，讓創新在全社會蔚然成風。黨的十九大進一步強調，創新是引領發展的第一動力，是建設現代化經濟體系的戰略支撐。

（一）堅持創新發展理念的先導作用

經濟發展需要經濟學理論在不斷創新中指引前行的方向，同時，經濟實踐也是經濟理論創新的源泉。習近平總書記在主持中共中央政治局第二十八次集體學習時強調，要立足我國國情和我國發展實踐，揭示新特點新規律，提煉和總結我國經濟發展實踐的規律性成果，把實踐經驗上升為系統化的經濟學說，不斷開拓當代中國馬克思主義政治經濟學新境界。要重視理論創新，重視理論創新的引領作用，強調用創新的理論指導我國經濟發展實際。他指出，學習馬克思主義政治經濟學，是為了更好指導我國經濟發展實踐，既要堅持其基本原理和方法論，更要同我國經濟發展實際相結合，不斷形成新的理論成果。要堅持用新的發展理念來引領和推動我國經濟發展，不斷破解經濟發展難題，開創經濟發展新局面。

十八屆五中全會提出：「堅持創新發展，必須把創新擺在國家發展全域的核心位置，不斷推進理論創新、制度創新、科技創新、文化創新等各方面創新，讓創新貫穿黨和國家一切工作，讓創新在全社會蔚然成風。」中國共產黨歷來高度重視理論創新，從一定意義上說，中國共產黨的歷史就是一部理論創新史。正如習近平總書記指出的，我們黨之所以能夠歷經考驗磨難無往而不勝，關鍵就在於不斷進行實踐創新基礎上的理論創新。改革開放以來，我們黨也總是根據形勢和任務的變化，在實踐的基礎上不斷進行理論創新，用理論創新引領和指導發展實踐，不斷開創發展新局面。比如，改革開放之初，我們黨以巨大的理論勇氣政治勇氣，重新確立了黨的思想路線，宣佈大規模的階級鬥爭已經結束，把黨的工作重心轉移到經濟建設上來。1992 年

鄧小平同志提出社會主義本質是解放和發展生產力，消滅剝削，消除兩極分化，最終到達共同富裕，創新和豐富了社會主義的本質理論，這些理論創新對於促進我國經濟發展、創造我國經濟奇跡起了重要的作用。1992 年黨的十四大提出我國經濟體制改革的目標是建立社會主義市場經濟體制，提出使市場在國家宏觀調控下對資源配置起基礎性作用。1997 年黨的十五大提出建立以公有制為主體、多種所有制經濟共同發展的初級階段基本經濟制度，創新了中國特色社會主義經濟理論，這些理論上的重大突破，同樣對我國改革開放和經濟社會發展發揮了至關重要的作用。我們黨關於把黨的領導、人民當家作主與依法治國有機統一的理論，關於推動新型工業化、信息化、城鎮化、農業現代化相互協調的理論，關於經濟建設、政治建設、文化建設、社會建設、生態文明建設五位一體總佈局的理論，關於全面建成小康社會、全面深化改革、全面依法治國、全面從嚴治黨四個全面戰略佈局的理論等，都是馬克思主義與中國實際和時代特徵相結合的結果，都是馬克思主義在當代中國的發展和創造。這些重大理論創新成果的應用，帶來中國生產力和生產關係、經濟基礎與上層建築的深刻革命，推動中國經濟社會持續健康發展，對於不斷開創中國特色社會主義新局面發揮了重要的引領和促進作用。

（二）讓市場成為資源配置的決定力量

經濟體制改革是習近平經濟思想中關於制度創新的重要內容。在關於《中共中央關於全面深化改革若干重大問題的決定》的說明中，習近平總書記對決定提出的一個重大理論觀點——使市場在資源配置

中起決定性作用和更好發揮政府作用，做了深入的闡釋。習近平總書記明確指出，市場決定資源配置是市場經濟的一般規律，市場經濟本質上就是市場決定資源配置的經濟。他強調，健全社會主義市場經濟體制必須遵循這條規律，著力解決市場體系不完善、政府干預過多和監管不到位問題。同時強調，市場在資源配置中起決定性作用，並不是起全部作用。因為我國實行的是社會主義市場經濟體制，我們仍然要堅持發揮我國社會主義制度的優越性、發揮黨和政府的積極作用。習近平總書記更加強調堅定不移堅持市場經濟改革方向的極端重要性。在《關於＜中共中央關於制定國民經濟和社會發展第十三個五年規劃的建議＞的說明》中，談到如何堅守住不發生系統性金融風險的底線時，把堅持市場化改革方向作為建立現代金融監管框架的前提要求。在中央財經領導小組第十一次會議上，習近平總書記再次強調推進改革要堅持社會主義市場經濟方向。特別是，在今年訪美期間的演講中，習近平總書記對中國發展的出路、改革的方向、改革的目標做了極其清晰深刻的闡述。他指出，中國發展的根本出路在於改革。我們堅定不移堅持市場經濟改革方向，將繼續在市場、財稅、金融、投融資、價格、對外開放、民生等領域集中推出一些力度大、措施實的改革方案。

　　制度創新的根本指向是堅持和完善基本經濟制度。習近平總書記強調，堅持和完善公有制為主體、多種所有制經濟共同發展的基本經濟制度，關係鞏固和發展中國特色社會主義制度的重要支柱。改革開放以來，我國所有制結構逐步調整，公有制經濟和非公有制經濟在發展經濟、促進就業等方面的比重不斷變化，增強了經濟社會發展活力。習近平總書記指出，在這種情況下，如何更好體現和堅持公有制主體

地位，進一步探索基本經濟制度有效實現形式，是擺在我們面前的一個重大課題。十八屆三中全會《決定》從堅持「兩個毫不動搖」的維度對此做了確定不移的闡釋和回答。

（三）科技創新是創新驅動戰略的關鍵

黨的十八大作出了實施創新驅動發展戰略的重大部署，強調科技創新是提高社會生產力和綜合國力的戰略支撐，必須擺在國家發展全域的核心位置。這是黨中央綜合分析國內外大勢、立足國家發展全域作出的重大戰略抉擇，具有十分重大的意義。習近平總書記強調，實施創新驅動發展戰略，就是要推動以科技創新為核心的全面創新。

2014 年 6 月 9 日，習近平總書記在中國科學院第十七次院士大會、中國工程院第十二次院士大會上的講話中指出：「老路走不通，新路在哪裡？就在科技創新上，就在加快從要素驅動、投資規模驅動發展為主向以創新驅動發展為主的轉變上。」

關於如何進一步推進科技創新，有五個方面的任務和要求。一是著力推動科技創新與經濟社會發展緊密結合。關鍵是要處理好政府和市場的關係，通過深化改革，進一步打通科技和經濟社會發展之間的通道，讓市場真正成為配置創新資源的力量，讓企業真正成為技術創新的主體。政府在關係國計民生和產業命脈的領域要積極作為，加強支援和協調，總體確定技術方向和路線，用好國家科技重大專項和重大工程等抓手，集中力量搶佔制高點。二是著力增強自主創新能力。關鍵是要大幅提高自主創新能力，努力掌握關鍵核心技術。當務之急是要健全激勵機制、完善政策環境，從物質和精神兩個方面激發科技

創新的積極性和主動性，堅持科技面向經濟社會發展的導向，圍繞產業鏈部署創新鏈，圍繞創新鏈完善資金鏈，消除科技創新中的「孤島現象」，破除制約科技成果轉移擴散的障礙，提升國家創新體系整體效能。三是著力完善人才發展機制。要用好用活人才，建立更為靈活的人才管理機制，打通人才流動、使用、發揮作用中的體制機制障礙，最大限度支持和幫助科技人員創新創業。要深化教育改革，推進素質教育，創新教育方法，提高人才培養品質，努力形成有利於創新人才成長的育人環境。要積極引進海外優秀人才，制定更加積極的國際人才引進計畫，吸引更多海外創新人才到我國工作。四是著力營造良好政策環境。要加大政府科技投入力度，引導企業和社會增加研發投入，加強知識產權保護工作，完善推動企業技術創新的稅收政策，加大資本市場對科技型企業的支援力度。五是著力擴大科技開放合作。要深化國際交流合作，充分利用全球創新資源，在更高起點上推進自主創新，並同國際科技界攜手努力為應對全球共同挑戰作出應有貢獻。

（四）大眾創業、萬眾創新

　　實現新常態條件下的經濟發展，必須激發創新創業活力，推動大眾創業、萬眾創新，釋放新需求，創造新供給，推動新技術、新產業、新業態蓬勃發展。習近平總書記指出：「充分尊重群眾的首創精神，著眼於解放和發展生產力，放手支持群眾大膽實踐，大膽探索，大膽創新，及時發現、總結和推廣群眾創造的成功經驗，把群眾的積極性和創業精神引導好、保護好，充分發揮了人民群眾在改革開放和現代化建設中的主體作用，為改革發展創造了一個寬鬆的環境。」習近平

總書記強調：「培育和弘揚勵志奮進、奔競不息的『圖強』精神。『圖強』，就是勇於拼搏、奔競不息，就是奮發進取、走在前列。要始終保持昂揚向上、奮發有為的精神狀態，認清目標不動搖，抓住機遇不放鬆，堅持發展不停步。」

「大眾創業，萬眾創新」有著特定的時代背景。從國際上看，一方面是國際經濟形勢很不穩定，國際市場需求相對減弱，傳統產品國際競爭壓力進一步增大；另一方面是國際市場需求要求增高，對產品本身的品質、技術含量和使用效能要求增加，對創新技術和創新產品的需求增加。從國內來看，一方面是經濟下行壓力增大，國內市場需求有待進一步開發，經濟發展環境「硬約束」進一步加強；另一方面是全面深化改革，必然要求通過增強經濟內生動力來支撐和促動體制和機制改革、發展和進步。在這一系列因素的影響下，我們必然選擇通過「大眾創業，萬眾創新」來增強全面深化改革的動力和活力。

「大眾創業，萬眾創新」的基本目的和內涵是推動經濟良性發展。李克強總理指出：「打造大眾創業、萬眾創新和增加公共產品、公共服務『雙引擎』，推動發展調速不減勢、量增質更優，實現中國經濟提質增效升級。」一方面，只有通過萬眾創新，才能創造出更多的新技術、新產品和新市場，也就才能提高經發展的品質和效益；另一方面，只有通過大眾創業，才能增加更多的市場主體，才能增加市場的動力、活力和競爭力，從而成為經濟發展的內在源動力引擎。

「大眾創業」與「萬眾創新」相互支撐、相互促動。一方面，「大眾」創業可以激發、帶動和促動「萬眾」關注創新、思考創新和實踐創新，只有「大眾」創業的市場主體才能創造更多的創新欲求、創新投入和創新探索；另一方面，「萬眾」創新的基礎是「大眾」願意創業、

能夠創業。因此說，只有包含「創新」的創業才算真正有希望的「創業」。

「大眾創業，萬眾創新」必須明確重點。第一個重點是要打通科技成果轉化通道。科學技術要轉化成生產力，關鍵是把「萬眾」的創新引導上「大眾」的創業。必須減少對創新轉化的限制，加強創新轉化的對接，增強創新轉化的活力。第二個重點是要引導新興科技產業發展。新興產業是先進生產力的代表，是高科技創新的前沿，是高附加值創業的重點。必須支持扶持新興科技產業的發展，引領萬眾向高科技方向創新，帶動大眾向高科技新興產業上創業彙聚，從而促進我國經濟實現深層次上的轉型升級。「要實施高端裝備、信息網絡、積體電路、新能源、新材料、生物醫藥、航空發動機、燃氣輪機等重大項目，把一批新興產業培育成主導產業。」第三個重點是要推進各項產業「互聯網化」（互聯網＋）的發展。信息化是當今時代的突出特點，互聯網已經成為人們生產和生活的重要組成部分，這就必然要求我們各項產業要適應「互聯網化」的時代要求，更要求我們各項產業要主動的、廣泛的、深度的與互聯網結合，在「互聯網化」發展中創造更多更大的經濟和社會價值。「制定『互聯網＋』行動計畫，推動移動互聯網、雲計算、大數据、物聯網等與現代製造業結合。」

五、「新四化」
——推動經濟向中高端邁進

黨的十八大報告明確提出：「堅持走中國特色新型工業化、信息化、城鎮化、農業現代化道路，推動信息化和工業化深度融合、工業

化和城鎮化良性互動、城鎮化和農業現代化相互協調，促進工業化、信息化、城鎮化、農業現代化同步發展。」十八大報告提出「新四化」，既是黨中央對我國經濟社會發展階段性特徵及發展任務的科學把握，也是深入推進現代化建設進程的重大戰略決策，更是走出新型工業化、信息化、城鎮化、農業現代化深度融合、互動發展之路。習近平總書記 2014 年 12 月 1 日在中共中央召開的黨外人士座談會上指出：「要推進新型工業化、信息化、城鎮化、農業現代化同步發展，逐步增強戰略性新興產業和服務業的支撐作用，著力推動傳統產業向中高端邁進，通過發揮市場機制作用、更多依靠產業化創新來培育和形成新增長點。」

我國現代化與西方發達國家有很大不同。西方發達國家是一個「串聯式」的發展過程，工業化、城鎮化、農業現代化、信息化順序發展，發展到目前水準用了二百多年時間。我們要後來居上，把「失去的二百年」找回來，決定了我國發展必然是一個「並聯式」的過程，工業化、信息化、城鎮化、農業現代化是疊加發展的。因此，習近平總書記 2014 年 12 月 9 日在中央經濟工作會議上指出：「要切實把經濟工作的著力點放到轉方式調結構上來，推進新型工業化、信息化、城鎮化、農業現代化同步發展，逐步增強戰略性新興產業和服務業的支撐作用，著力推動傳統產業向中高端邁進。」

（一）加快推進新型工業化

新型工業化，就是以信息化帶動工業化、以工業化促進信息化，就是科技含量高、經濟效益好、資源消耗低、環境污染少、人力資源

優勢得到充分發揮的工業化。黨的十六大提出了走新型工業化道路的觀點，黨的十八大進一步強調了這個重要觀點。在信息經濟時代，沒有經過傳統工業化的發展中國家，可以通過走新型工業化道路縮小和發達國家的差距，實現趕超戰略，避免「中等收入陷阱」，使自己不再重複那些污染工業、高耗能工業和剝削性經濟，借助信息經濟和現代文明直接達到工業文明的繁榮，實現後來居上。習近平認為，「中國夢具體到工業戰線就是加快推進新型工業化。」

1．必須做強實體經濟

實體經濟是指物質的、精神的產品和服務的生產、流通等的經濟活動。它包括農業、工業、交通通信業、商業服務業、建築業等物質生產和服務部門，也包括教育、文化、知識、信息、藝術、體育等精神產品的生產和服務部門。實體經濟始終是人類社會賴以生存和發展的基礎，也是新型工業化的基礎。

中國經濟進入新常態以後，經濟增長出現下行壓力，穩增長、調結構、促改革、惠民生和防風險的任務尤為重要。2015 年年中以來，央行已經根據市場情況，多次實施降息及「普降＋定向」降准的「雙降」組合措施，這些措施主要是為了進一步促進降低社會融資成本，支援實體經濟持續健康發展。同時，根據銀行體系流動性變化，適當提供長期流動性，以保持流動性合理充裕。2015 年 7 月 16 日，習近平總書記在吉林考察調研時指出，中國夢具體到工業戰線就是加快推進新型工業化。我們要向全社會發出明確信息：搞好經濟、搞好企業、搞好國有企業，把實體經濟抓上去。2017 年 4 月 21 日，習近平總書記

在廣西考察時指出，一個國家一定要有正確的戰略選擇。我們的戰略選擇就是要繼續抓好製造業。中國是個大國，必須要做強實體經濟，不能「脫實向虛」。要虛實結合，以實為基礎。製造業是實體經濟的重要組成部分。

從我國當前經濟發展的實際情況看，做強實體經濟是贏得發展主動的根基。習近平總書記 2017 年 3 月 7 日在參加十二屆全國人大五次會議遼寧代表團審議時指出：「不論經濟發展到什麼時候，實體經濟都是我國經濟發展、在國際經濟競爭中贏得主動的根基。遼寧老工業基地是靠實體經濟起家的，新一輪振興發展也要靠實體經濟。要把國有企業作為遼寧振興的『龍頭』，堅定不移把國有企業做強做優做大，培育核心競爭力，爭當創新驅動發展先行軍，加快培育具有較強創新精神和創新能力的企業科技人才隊伍。」習近平總書記還強調，保持經濟持續健康發展，要在推動產業優化升級上下工夫，在轉變發展方式上下工夫，在提高創新能力上下工夫，在深化改革開放上下工夫。供給側結構性改革是我國經濟發展進入新常態的必然選擇，要在已有工作和成效的基礎上再接再厲，在目標、任務、方式、政策、路徑、舉措等方面進一步前進。特別要突出定向、精準、有度，深化「三去一降一補」，著力振興實體經濟，深入實施品質戰略，推動創新驅動發展，加快形成新的增長動力源。2016 年 10 月 9 日，習近平總書記在中共中央政治局第三十六次集體學習時進一步指出：「要加大投入，加強信息基礎設施建設，推動互聯網和實體經濟深度融合，加快傳統產業數字化、智能化，做大做強數字經濟，拓展經濟發展新空間。」習近平總書記 2017 年 3 月 7 日在參加兩會遼寧代表團審議時進一步強調了實體經濟的重要作用，指出：「不論經濟發展到什麼時候，實體

經濟都是我國經濟發展、在國際經濟競爭中贏得主動的根基。遼寧老工業基地是靠實體經濟起家的，新一輪振興發展也要靠實體經濟。要重點抓好產業轉型升級，形成具有持續競爭力和支撐力的工業體系，推動形成戰略性新興產業和傳統製造業並駕齊驅、現代服務業和傳統服務業相互促進、信息化和工業化深度融合、軍民融合發展的結構新格局。」

2. 努力升級中國製造

改革開放以來，我國製造業發展迅速，到 2010 年製造業產值在全球占比超過美國，成為製造業第一大國。目前，在 500 多種主要工業產品中，我國有 220 多種產量位居世界第一。但是，隨著我國經濟進入新常態，一些地方經濟發展也出現了一些困難。一是出現勞動力成本上升，需要將壓力變為動力的問題。隨著我國經濟發展水準的提高，勞動力成本將成為必然趨勢。這從側面說明，我國經濟正從要素驅動向創新驅動轉型。實際上，近年來已有眾多製造企業化成本壓力為創新動力，沿著製造業高端化、信息化、服務化、智能化、綠色化的發展方向不斷探索創新，新產品、新業態、新模式不斷湧現，我國製造業增長的新動能正在形成。那些因製造業勞動力成本上升而斷言中國製造業行將崩潰的人，將大跌眼鏡。二是需要認清新工業革命是挑戰，更是機遇。2008 年國際金融危機爆發後，發達國家紛紛提出以重振製造業和大力發展實體經濟為核心的「再工業化」戰略，如美國推出「先進製造業行動計畫」、德國提出「工業 4.0」等。「再工業化」的核心並不是簡單地提高製造業產值比重，而是通過現代信息技術與製造業

融合、製造與服務融合來提高複雜產品製造能力以及快速滿足消費者個性化需求能力，使製造業重新獲得競爭優勢。這被認為是掀起了一次新工業革命。正是基於這樣的背景，2015 年 5 月國務院印發了《中國製造 2025》。這是著眼於國內國際經濟社會發展和產業變革的大趨勢制定的一個長期戰略性規劃與高端產業發展、技術進步路線圖。它以應對新一輪科技革命和產業變革為重點，以促進製造業創新發展為主題，以提質增效為中心，以加快新一代信息技術與製造業融合為主線，以推進智能製造為主攻方向，以滿足經濟社會發展和國防建設對重大技術裝備的需求為目標，著力促進產業轉型升級，實現製造業由大到強的歷史性跨越。雖然《中國製造 2025》出臺只有兩年，但無論是在創新中心建設等五大工程方面，還是在品質品牌建設、製造業與互聯網融合等方面，都已經顯現明顯效果。三是需要認清，自主創新能力雖然薄弱，但正在快速增強。改革開放以來，我國工業化進程快速推進，預計到 2020 年將基本實現工業化。這樣一個十幾億人口大國的快速工業化，在人類歷史上前所未有。當然，這種快速發展導致了我國的製造業與發達國家已經發展了上百年的製造業相比，在品牌、品質和核心技術等方面還存在不少差距，最主要是自主創新能力不足。就是說，我國雖是工業大國，但還不是工業強國。正因如此，在《中國製造 2025》中，我國規劃分三步走建設製造強國：第一步，到 2025 年邁入製造強國行列；第二步，到 2035 年我國製造業整體達到世界製造強國陣營中等水準；第三步，到新中國成立 100 年時，我國製造業大國地位更加鞏固，綜合實力進入世界製造強國前列。

　　針對創新能力還比較薄弱，中國製造還不算強大的現實，我國正在大力實施創新驅動發展戰略。以習近平同志為核心的黨中央將創新

發展作為新發展理念之首，明確指出創新是引領發展的第一動力，是提升中國製造業的前提條件。習近平主席 2016 年 9 月 3 日在二十國集團工商峰會開幕式上指出：「我們正在實施創新驅動發展戰略，發揮創新第一動力的作用，努力實現從量的增長向質的提升轉變。我們將推廣發展理念、體制機制、商業模式等全方位、多層次、寬領域的大創新，在推動發展的內生動力和活力上來一個根本性轉變。」在新發展理念和創新驅動發展戰略的推動下，我國創新投入力度不斷加大，創新能力不斷增強。黨的十八大以來，我國研究與試驗發展（R&D）經費支出總額逐年提高，2016 年已達 15500 億元，占國內生產總值的比重上升到 2.1%，達到了中等發達國家水準，居發展中國家前列，已成為僅次於美國的世界第二大研發經費投入國。2015 年，我國受理專利申請 279.9 萬件。其中，發明專利申請量突破百萬件，我國成為首個年度接受專利申請量超百萬的國家。到 2016 年，我國發明專利申請量已連續 6 年位居世界首位。新一代信息技術產業、高檔數控機床和機器人等《中國製造 2025》中提出的十大重點領域發明專利年均增長率超過 23%。「十二五」期間，我國在載人航天、探月工程、深海潛器、超級計算、北斗導航等戰略高技術領域取得重大突破，高鐵、4G 移動通信、核電、電動汽車、特高壓輸變電等重大創新成果加速應用。另外，百萬千瓦級核電裝備國產化率提高到 85% 以上，一系列大型成套電力裝備已經達到國際領先水準。中國製造正在一步步地走向中國創造。

3. 大力發展戰略性新興產業

當前，新一輪科技革命和產業變革蓄勢待發，發達國家推進高起

點「再工業化」，戰略性新興產業已經成為一國產業結構升級和搶佔世界經濟發展制高點的關鍵。我國順應世界經濟發展趨勢，大力發展戰略性新興產業，推動經濟結構優化升級，提高國際競爭力，已經取得初步成效。戰略性新興產業正在成為我國經濟保持中高速增長、產業邁向中高端水準的中流砥柱。習近平總書記 2015 年 5 月 27 日在浙江召開華東 7 省市黨委主要負責同志座談會上指出，「產業結構優化升級是提高我國經濟綜合競爭力的關鍵舉措。要加快改造提升傳統產業，深入推進信息化與工業化深度融合，著力培育戰略性新興產業，大力發展服務業特別是現代服務業，積極培育新業態和新商業模式，構建現代產業發展新體系。綜合國力競爭說到底是創新的競爭。要深入實施創新驅動發展戰略，推動科技創新、產業創新、企業創新、市場創新、產品創新、業態創新、管理創新等，加快形成以創新為主要引領和支撐的經濟體系和發展模式。」

目前，我國戰略性新興產業總體保持平穩較快發展，一些領域呈現加速發展態勢，產業結構服務化、高端化、智能化趨勢明顯。習近平總書記 2013 年 3 月 4 日在參加全國政協十二屆一次會議科協、科技界委員聯組討論時指出：「現在世界科技發展有這樣幾個趨勢：一是移動互聯網、智能終端、大數據、雲計算、高端晶片等新一代信息技術發展將帶動眾多產業變革和創新；二是圍繞新能源、氣候變化、空間、海洋開發的技術創新更加密集；三是綠色經濟、低碳技術等新興產業蓬勃興起；四是生命科學、生物技術帶動形成龐大的健康、現代農業、生物能源、生物製造、環保等產業。面對世界科技發展新趨勢，世界主要國家紛紛加快發展新興產業，加速推進數字技術同製造業的結合，推進『再工業化』，力圖搶佔未來科技和產業發展制高點。」

2014 年，新一代信息技術產業平穩發展。其中，信息技術諮詢、數据處理和存儲類服務收入增速分別約為 23% 和 22%。生物醫藥產業保持較快增速，醫療器械、醫藥製造業主營收入均保持兩位數增長。環保產業發展勢頭強勁，環保裝備製造業產值增速達到 14%。新能源產業市場需求回升，核電、風電、太陽能光伏發電等清潔能源發電快速發展。信息消費規模達到 2.8 萬億元，並帶動相關產業發展，對 GDP 貢獻率達到 0.8%。戰略性新興產業快速發展，為實現「雙中高」增加了優勢、增添了動力。

（二）讓信息化和互聯網造福人民

信息化，就是指培養、發展以電腦為主的智慧化工具為代表的新生產力，並使之造福於社會的歷史過程。信息化是以現代通信、網絡、數据庫技術為基礎，對所研究對象各要素匯總至數据庫，供特定人群生活、工作、學習、輔助決策等和人類息息相關的各種行為相結合的一種技術，使用該技術後，可以極大的提高各種行為的效率，為推動人類社會進步提供極大的技術支援。由於信息化是指人們對現代信息技術的應用達到較高的程度，在全社會範圍內實現信息資源的高度共用，推動人的智慧潛力和社會物質資源潛力充分發揮，使社會經濟向高效、優質方向發展的歷史進程，因此，信息化的特性和功用更多的體現於互聯網。

2014 年 2 月 27 日，習近平總書記在中央網絡安全和信息化領導小組第一次會議上指出：「當今世界，信息技術革命日新月異，對國際政治、經濟、文化、社會、軍事等領域發展產生了深刻影響。信息化

和經濟全球化相互促進，互聯網已經融入社會生活方方面面，深刻改變了人們的生產和生活方式。我國正處在這個大潮之中，受到的影響越來越深。我國互聯網和信息化工作取得了顯著發展成就，網絡走入千家萬戶，網民數量世界第一，我國已成為網絡大國。同時也要看到，我們在自主創新方面還相對落後，區域和城鄉差異比較明顯，特別是人均頻寬與國際先進水準差距較大，國內互聯網發展瓶頸仍然較為突出。」因此，2016 年 4 月 19 日，習近平總書記在網絡安全和信息化工作座談會上提出了「推動我國網信事業發展，讓互聯網更好造福人民」的重要觀點。

1．深刻認識互聯網影響

當今世界，網絡信息技術日新月異，全面融入社會生產生活，深刻改變著全球經濟格局、利益格局、安全格局。2015 年 5 月 22 日，習近平主席在致國際教育信息化大會的賀信中指出，「當今世界，科技進步日新月異，互聯網、雲計算、大數據等現代信息技術深刻改變著人類的思維、生產、生活、學習方式，深刻展示了世界發展的前景。」縱觀世界文明史，人類先後經歷了農業革命、工業革命、信息革命。每一次產業技術革命，都給人類生產生活帶來巨大而深刻的影響。現在，以互聯網為代表的信息技術日新月異，引領了社會生產新變革，創造了人類生活新空間，拓展了國家治理新領域，極大提高了人類認識世界、改造世界的能力。2015 年 12 月 16 日，習近平總書記在浙江省烏鎮視察「互聯網之光」博覽會時指出：「互聯網是 20 世紀最偉大的發明之一，給人們的生產生活帶來巨大變化，對很多領域的創新發

展起到很強帶動作用。」

　　從 1994 年全功能接入國際互聯網至今，短短 22 年，中國推動互聯網發展取得的成就令人矚目。來自中國互聯網網絡信息中心的報告顯示，截至 2016 年 6 月，中國網民規模達 7.1 億，互聯網普及率達到 51.7%，超過全球平均水準 3.1 個百分點。時至今日，互聯網已經成為人們學習、工作、生活的新空間和獲取公共服務的新平臺。2015 年底，習近平主席在第二屆世界互聯網大會上說：「我曾在浙江工作多年，多次來過烏鎮。今天再次來到這裡，既感到親切熟悉，又感到耳目一新。去年，首屆世界互聯網大會在這裡舉辦，推動了網絡創客、網上醫院、智慧旅遊等快速發展，讓這個白牆黛瓦的千年古鎮煥發出新的魅力。」

2. 創新發展互聯網技術

　　互聯網是社會發展的新引擎，更是國際競爭的新高地。「要緊緊牽住核心技術自主創新這個『牛鼻子』」「要樹立這個雄心壯志，要爭這口氣，努力儘快在核心技術上取得新的重大突破」。面對一浪趕一浪的新技術革命，我們必須因勢而謀、應勢而動、順勢而為。習近平總書記指出，同世界先進水準相比，同建設網絡強國戰略目標相比，我們在很多方面還有不小差距，其中最大的差距在核心技術上。「牛鼻子」，就是發展網絡信息技術中的關鍵技術、核心技術。習近平總書記指出，「核心技術受制於人是我們最大的隱患。」在網絡安全和信息化工作座談會上，習近平總書記針對這個問題指出：「一個互聯網企業即便規模再大、市值再高，如果核心元器件嚴重依賴外

國，供應鏈的『命門』掌握在別人手裡，那就好比在別人的牆基上砌房子，再大再漂亮也可能經不起風雨，甚至會不堪一擊。」

創新是一個民族進步的靈魂，是一個國家興旺發達的不竭動力。在激烈的國際競爭中，惟創新者進，惟創新者強，惟創新者勝。「市場換不來核心技術，有錢也買不來核心技術」，「核心技術是國之重器，最關鍵最核心的技術要立足自主創新、自立自強」。習近平總書記指出，只有「爭取在某些領域、某些方面實現『彎道超車』」「只有把核心技術掌握在自己手中，才能真正掌握競爭和發展的主動權，才能從根本上保障國家經濟安全、國防安全和其他安全」。習近平總書記對我國網信領域廣大企業家、專家學者、科技人員提出希望，「要樹立這個雄心壯志，要爭這口氣，努力儘快在核心技術上取得新的重大突破」。

「核心技術的根源問題是基礎研究問題，基礎研究搞不好，應用技術就會成為無源之水、無本之木」。「要圍繞國家亟需突破的核心技術，把拳頭攥緊，堅持不懈做下去」。「科研和經濟不能搞成『兩張皮』，要著力推進核心技術成果轉化和產業化」。「要打好核心技術研發攻堅戰，不僅要把沖鋒號吹起來，而且要把集合號吹起來，也就是要把最強的力量積聚起來共同幹，組成攻關的突擊隊、特種兵」。總書記深刻揭示了核心技術發展的癥結，指明了攻關的方向。

網絡空間的競爭，歸根結底是人才競爭。建設網絡強國，必須有一支優秀的人才隊伍。習近平總書記指出：「念好了人才經，才能事半功倍。」「我們的腦子要轉過彎來，既要重視資本，更要重視人才，引進人才力度要進一步加大，人才體制機制改革步子要進一步邁開。」習近平總書記還特別提醒，「互聯網領域的人才，不少是怪才、奇才，

他們往往不走一般套路，有很多奇思妙想。對待特殊人才要有特殊政策，不要求全責備，不要論資排輩，不要都用一把尺子衡量」。為把互聯網人才資源彙聚起來，習近平總書記要求，「要採取特殊政策，建立適應網信特點的人事制度、薪酬制度」「要建立靈活的人才激勵機制，讓作出貢獻的人才有成就感、獲得感」「要探索網信領域科研成果、智慧財產權歸屬、利益分配機制，在人才入股、技術入股以及稅收方面制定專門政策」「在人才流動上要打破體制界限，讓人才能夠在政府、企業、智庫間實現有序順暢流動」「改革人才引進各項配套制度，構建具有全球競爭力的人才制度體系。不管是哪個國家、哪個地區的，只要是優秀人才，都可以為我所用」。

3. 積極用好互聯網

習近平總書記 2016 年 10 月 9 日在中央政治局就實施網絡強國戰略進行第三十六次集體學習時深刻指出：「世界經濟加速向以網絡信息技術產業為重要內容的經濟活動轉變。我們要把握這一歷史契機，以信息化培育新動能，用新動能推動新發展。」2013 年 9 月 30 日，習近平總書記把中央政治局的第九次集體學習的「課堂」搬到了中關村，請企業家和科研人員做「授課老師」。總書記考察了增材製造、雲計算、大數據、高端服務器等技術研發和應用情況後指出：「科技興則民族興，科技強則國家強；科學技術越來越成為推動經濟社會發展的主要力量，創新驅動是大勢所趨。」

創新是世界經濟長遠發展的動力源。總結歷史經驗，習近平總書記指出，體制機制變革釋放出的活力和創造力，科技進步造就的新產

業和新產品，是歷次重大危機後世界經濟走出困境、實現復蘇的根本。2015 年 11 月 15 日，在二十國集團領導人第十次峰會第一階段會議上，習近平總書記指出：「無論是在國內同中國企業家交流，還是訪問不同國家，我都有一個強烈感受，那就是新一輪科技和產業革命正在創造歷史性機遇，催生互聯網＋、分享經濟、3D 打印、智能製造等新理念、新業態，其中蘊含著巨大商機，正在創造巨大需求，用新技術改造傳統產業的潛力也是巨大的。」當前，我國經濟發展進入新常態。新常態要有新動力，互聯網在這方面可以大有作為。習近平總書記強調，我們要加強信息基礎設施建設，強化信息資源深度整合，打通經濟社會發展的信息「大動脈」。黨的十八屆五中全會、「十三五」規劃綱要都對實施網絡強國戰略、「互聯網＋」行動計畫、大數據戰略等做了部署，習近平總書記強調要切實貫徹落實好，著力推動互聯網和實體經濟深度融合發展，以信息流帶動技術流、資金流、人才流、物資流，促進資源配置優化，促進全要素生產率提升，為推動創新發展、轉變經濟發展方式、調整經濟結構發揮積極作用。

互聯網發展的深度，很大程度上取決於互聯網普及的廣度。必須貫徹以人民為中心的發展思想。要適應人民期待和需求，加快信息化服務普及，降低應用成本，為老百姓提供用得上、用得起、用得好的信息服務，讓億萬人民在共用互聯網發展成果上有更多獲得感。「相比城市，農村互聯網基礎設施建設是我們的短板。要加大投入力度，加快農村互聯網建設步伐，擴大光纖網、寬帶網在農村的有效覆蓋。」

隨著互聯網特別是移動互聯網發展，社會治理模式正在從單向管理轉向雙向互動，從線下轉向線上線下融合，從單純的政府監管向更加注重社會協同治理轉變。習近平總書記指出，我們要深刻認識互聯

網在國家管理和社會治理中的作用，以推行電子政務、建設新型智慧城市等為抓手，以數據集中和共用為途徑，建設全國一體化的國家大數據中心，推進技術融合、業務融合、數據融合，實現跨層級、跨地域、跨系統、跨部門、跨業務的協同管理和服務。要強化互聯網思維，利用互聯網扁平化、互動式、快捷性優勢，推進政府決策科學化、社會治理精準化、公共服務高效化，用信息化手段更好感知社會態勢、暢通溝通渠道、輔助決策施政。為了治理好互聯網，習近平總書記還要求各級領導幹部要不斷提高四種能力，即不斷提高對互聯網規律的把握能力、不斷提高對網絡輿論的引導能力、不斷提高對信息化發展的駕馭能力、不斷提高對網絡安全的保障能力。

對於7億網民，習近平總書記傾注了特殊的感情，指出：「網民來自老百姓，老百姓上了網，民意也就上了網。群眾在哪兒，我們的領導幹部就要到哪兒去。」「通過網絡走群眾路線。」「善於運用網絡瞭解民意、開展工作，是新形勢下領導幹部做好工作的基本功。」叮囑各級黨政機關和領導幹部，要「經常上網看看，潛潛水、聊聊天、發發聲，瞭解群眾所思所願，收集好想法好建議，積極回應網民關切、解疑釋惑」。

文化強、國運昌，網絡強國同時也應該是網絡文化強國。習近平總書記指出：「要有豐富全面的信息服務，繁榮發展的網絡文化」，作為一種軟實力的標誌，必須樹立以中華文明為底蘊的網絡文化意識，並切實發展和壯大中國網絡文化產業，提升我國網絡文化的影響力。

互聯網在推動經濟社會發展的同時，也催生了新的文藝形態。2014年10月15日，在文藝工作座談會上，習近平總書記特別提到了

網絡文藝生產問題，指出，互聯網技術和新媒體改變了文藝形態，催生了一大批新的文藝類型，也帶來文藝觀念和文藝實踐的深刻變化。由於文字數碼化、書籍圖像化、閱讀網絡化等發展，文藝乃至社會文化面臨著重大變革。要適應形勢發展，抓好網絡文藝創作生產，加強正面引導力度。

4. 依法管好互聯網

古往今來，很多技術都是「雙刃劍」，一方面可以造福社會、造福人民，另一方面也可以被一些人用來危害社會、危害人民。從世界範圍看，網絡安全威脅和風險日益突出，並日益向政治、經濟、文化、社會、生態、國防等領域傳導滲透。

「網絡空間不是『法外之地』」「要堅持依法治網、依法辦網、依法上網，讓互聯網在法治軌道上健康運行」。2013 年 11 月，習近平總書記在關於《中共中央關於全面深化改革若干重大問題的決定》的說明中指出，網絡和信息安全牽涉到國家安全和社會穩定，是我們面臨的新的綜合性挑戰。正是基於對網絡安全重要性的深刻認識，黨的十八屆三中全會決定提出堅持積極利用、科學發展、依法管理、確保安全的方針，加大依法管理網絡力度，完善互聯網管理領導體制。目的是整合相關機構職能，形成從技術到內容、從日常安全到打擊犯罪的互聯網管理合力，確保網絡正確運用和安全。習近平總書記還指出，面對複雜嚴峻的網絡安全形勢，我們要保持清醒頭腦，各方面齊抓共管，切實維護網絡安全。「樹立正確的網絡安全觀」「加快構建關鍵信息基礎設施安全保障體系」「全天候全方位感知網絡安全態勢」，

就網絡安全建設指明了方向。今天，互聯網已經成為一個社會信息大平臺，信息的交流，觀點的碰撞，互聯網日益成為主渠道。「網上世界」不僅影響著網民的求知路徑、思維方式和價值觀念，特別是會影響他們對國家、對社會、對工作、對人生的看法。實現「兩個一百年」奮鬥目標，迫切需要凝聚共識、形成合力。習近平總書記指出：「如果一個社會沒有共同理想，沒有共同目標，沒有共同價值觀，整天亂哄哄的，那就什麼事也辦不成。我國有 13 億多人，如果弄成那樣一個局面，就不符合人民利益，也不符合國家利益。」習近平總書記提出「同心圓」思想，要求網上網下要形成「同心圓」，「什麼是同心圓？就是在黨的領導下，動員全國各族人民，調動各方面積極性，共同為實現中華民族偉大復興的中國夢而奮鬥」。

網絡空間是億萬人民群眾共同的精神家園。網絡空間天朗氣清、生態良好，符合人民利益；網絡空間烏煙瘴氣、生態惡化，違背人民利益。誰都不願生活在一個充斥著虛假、詐騙、攻擊、謾罵、恐怖、色情、暴力的空間。習近平總書記指出，網絡空間不是「法外之地」。網絡空間同現實社會一樣，既要提倡自由，也要保持秩序。要加強互聯網領域立法，完善網絡信息服務、網絡安全保護、網絡社會管理等方面的法律法規，堅持依法治網、依法辦網、依法上網，讓互聯網在法治軌道上健康運行。「利用網絡鼓吹推翻國家政權，煽動宗教極端主義，宣揚民族分裂思想，教唆暴力恐怖活動，等等，這樣的行為要堅決制止和打擊，決不能任其大行其道。利用網絡進行欺詐活動，散布色情材料，進行人身攻擊，兜售非法物品，等等，這樣的言行也要堅決管控，決不能任其大行其道。」

互聯網的迅猛發展，深刻改變著輿論生成方式和傳播方式，改變

著媒體格局和輿論生態。習近平總書記強調要把網上輿論工作作為宣傳思想工作的重中之重來抓，並強調要重視新聞輿論工作創新。習近平總書記指出：「做好網上輿論工作是一項長期任務，要創新改進網上宣傳，運用網絡傳播規律，弘揚主旋律，激發正能量，大力培育和踐行社會主義核心價值觀，把握好網上輿論引導的時、度、效，使網絡空間清朗起來。」

網絡安全為人民，網絡安全靠人民，維護網絡安全是全社會共同責任，需要政府、企業、社會組織、廣大網民共同參與，共築網絡安全防線。其中，互聯網企業承擔著特殊的責任。習近平總書記指出：「企業要承擔企業的責任，黨和政府要承擔黨和政府的責任，哪一邊都不能放棄自己的責任。網上信息管理，網站應負主體責任，政府行政管理部門要加強監管。主管部門、企業要建立密切協作協調的關係，避免過去經常出現的『一放就亂、一管就死』現象，走出一條齊抓共管、良性互動的新路。」

行生於己，名生於人。只有富有愛心的財富才是真正有意義的財富，只有積極承擔社會責任的企業才是最有競爭力和生命力的企業。「辦網站的不能一味追求點擊率，開網店的要防範假冒偽劣，做社交平臺的不能成為謠言擴散器，做搜索的不能僅以給錢的多少作為排位的標準」。廣大互聯網企業應堅持經濟效益和社會效益統一，在自身發展的同時，飲水思源，回報社會，造福人民。

5. 合作共用互聯網

「互聯網是人類的共同家園。讓這個家園更美麗、更乾淨、更安

全，是國際社會的共同責任」。習近平總書記指出：「互聯網雖然是無形的，但運用互聯網的人們都是有形的，互聯網是人類的共同家園。讓這個家園更美麗、更乾淨、更安全，是國際社會的共同責任。」

隨著世界多極化、經濟全球化、文化多樣化、社會信息化深入發展，互聯網對人類文明進步將發揮更大促進作用。同時，互聯網領域發展不平衡、規則不健全、秩序不合理等問題日益凸顯。不同國家和地區信息鴻溝不斷拉大，現有網絡空間治理規則難以反映大多數國家意願和利益；世界範圍內侵害個人隱私、侵犯智慧財產權、網絡犯罪等時有發生，網絡監聽、網絡攻擊、網絡恐怖主義活動等成為全球公害。

在第二屆世界互聯網大會開幕式上，習近平總書記發表的重要講話被海內外評價為「奠定了互聯網蓬勃發展的基石」。他指出：「國際社會應該在相互尊重、相互信任的基礎上，加強對話合作，推動互聯網全球治理體系變革，共同構建和平、安全、開放、合作的網絡空間，建立多邊、民主、透明的全球互聯網治理體系。」在這次大會上，習近平主席率先提出尊重網絡主權、維護和平安全、促進開放合作、構建良好秩序「四項原則」，率先提出加快全球網絡基礎設施建設，促進互聯互通；打造網上文化交流共用平臺，促進交流互鑒；推動網絡經濟創新發展，促進共同繁榮；保障網絡安全，促進有序發展；構建互聯網治理體系，促進公平正義「五點主張」。習近平主席所倡導的「四項原則」「五點主張」，尊重網絡主權、構建網絡空間命運共同體，贏得了世界絕大多數國家贊同，已經成為全球共識。

6. 互聯網＋促進經濟社會深刻變化

「互聯網＋」是創新 2.0 下的互聯網發展的新業態，是知識社會創新 2.0 推動下的互聯網形態演進及其催生的經濟社會發展新形態。「互聯網＋」是互聯網思維的進一步實踐成果，推動經濟形態不斷地發生演變，從而帶動社會經濟實體的生命力，為改革、創新、發展提供廣闊的網絡平臺。通俗地說，「互聯網＋」就是「互聯網＋各個傳統行業」，但這並不是簡單的兩者相加，而是利用信息通信技術以及互聯網平臺，讓互聯網與傳統行業進行深度融合，創造新的發展生態。它代表一種新的社會形態，即充分發揮互聯網在社會資源配置中的優化和集成作用，將互聯網的創新成果深度融合於經濟、社會各個領域之中，提升全社會的創新力和生產力，形成更廣泛的以互聯網為基礎設施和實現工具的經濟發展新形態。2015 年 7 月 4 日，國務院印發《國務院關於積極推進「互聯網＋」行動的指導意見》。2016 年 5 月 31 日，教育部、國家語委在京發佈《中國語言生活狀況報告（2016）》。「互聯網＋」入選十大新詞和十個流行語。

（三）城鎮化是現代化的必由之路

城鎮化是現代化的必由之路，既是經濟發展的結果，又是經濟發展的動力。推進城鎮化是解決農業、農村、農民問題的重要途徑，是推動區域協調發展的有力支撐，是擴大內需和促進產業升級的重要抓手，對全面建成小康社會、加快推進社會主義現代化具有重大意義。習近平總書記 2016 年 2 月 23 日對深入推進新型城鎮化建設作出指示：

新型城鎮化建設一定要站在新起點、取得新進展。要堅持以創新、協調、綠色、開放、共用的發展理念為引領，以人的城鎮化為核心，更加注重提高戶籍人口城鎮化率，更加注重城鄉基本公共服務均等化，更加注重環境宜居和歷史文脈傳承，更加注重提升人民群眾獲得感和幸福感。要遵循科學規律，加強頂層設計，統籌推進相關配套改革，鼓勵各地因地制宜、突出特色、大膽創新，積極引導社會資本參與，促進中國特色新型城鎮化持續健康發展。中國特色的新型城鎮化，「特」就應該特在「創新、協調、綠色、開放、共用」上，「新」也應該新在「創新、協調、綠色、開放、共用」上。唯有如此，中國的新型城鎮化才能與新型工業化、信息化、農業現代化共融共進，才能使城鄉發展協調一體推進，才能成為經濟社會轉型升級、培育發展新動力和新優勢的新平臺，也才能成為實現全面建成小康社會、「兩個一百年」現代化奮鬥目標的新引擎。可以相信，以「五大發展理念」為引領，就能走出一條具有中國特色的城鎮化文明發展之路。

1. 新型城鎮化要堅持以人為本

我們黨的根本宗旨、基本制度、人民期盼、現實問題以及他國經驗教訓，都要求我們的城鎮化不能以城論城，不能以物論物，不能為發展而發展，而必須堅持以人為中心，把人作為城市發展的主體，滿足老百姓生產生活需求，使全體居民共用城市發展成果。習近平總書記反復強調：「解決好人的問題是推進新型城鎮化的關鍵。」黨的十八屆五中全會再次明確指出，要「推進以人為核心的新型城鎮化」，「十三五」時期要加快提高「戶籍人口城鎮化率」。我們的城鎮化要

著力做足做好「人」的文章，真正實現人與城相融相合。人是城的主人，城要為人服務。黨中央明確要求，「十三五」時期，推進新型城鎮化的重中之重，是解決1億人在城鎮落戶生活問題，扎扎實實地提高戶籍人口城鎮化率。

習近平總書記指出：「戶籍人口城鎮化率直接反映城鎮化的健康程度。現在，按照常住人口計算，我國城鎮化率已經接近55%，城鎮常住人口達到7.5億。問題是這7.5億人口中包括2.5億的以農民工為主體的外來常住人口，他們在城鎮還不能平等享受教育、就業服務、社會保障、醫療、保障性住房等方面的公共服務，帶來一些複雜的經濟社會問題。」根據《國家新型城鎮化規劃（2014-2020年）》預測，2020年戶籍人口城鎮化率將達到45%左右。而按2013年戶籍人口城鎮化率35.9%計算，年均提高1.3個百分點，年均需轉戶1600多萬人。這樣，「十三五」期間有1億左右外來常住人口需要解決城鎮落戶生活問題。

黨中央提出加快提高戶籍人口城鎮化率，就是要加快實現這1億左右農民工和其他常住人口在城鎮定居落戶的目標。我們推進新型城鎮化工作，當前和今後一個時期關注的重點，就是這1億左右農民工能儘快穩妥融入城鎮、共建共用城鎮發展成果。

2. 新型城鎮化要堅持創新發展

城鎮是人口、經濟、政治、文化、社會等各種發展資源和要素最集聚的空間平臺，也是推動經濟社會發展和文明進步最具創新活力的策源地。城鎮化既是經濟社會發展的必然結果，又是促進經濟社會發

展的強勁動力。

中國經濟社會發展進入了新常態、新階段，必然要求我國的城鎮化也要適應新常態、步入新階段。新型城鎮化應成為引領我國經濟發展新常態、經濟增長方式轉型升級、經濟社會結構調整轉換的新引擎。黨的十八屆五中全會提出：堅持創新發展，必須把創新擺在國家發展全域的核心位置，不斷推進理論創新、制度創新、科技創新、文化創新等各方面創新，讓創新貫穿黨和國家一切工作，讓創新在全社會蔚然成風。

創新發展是當前和今後新型城鎮化的生命所在。為此，從城鎮的理念、規劃、建設到治理，從城鎮的功能、佈局、形態到環境，從城鎮的產業、教育、文化到氛圍，都應該走在創新的前列，使新型城鎮化成為培育發展新動力，激發創新創業新活力，釋放新需求，創造新供給，推動新技術、新產業、新業態蓬勃發展，形成新觀念、新文化、新體制的主平臺，使城鎮發展方式與經濟社會發展方式的轉變同步推進。

經過幾十年來快速工業化和城鎮化發展，我國的名義城鎮化率（按常住人口計算）超過了 55%，取得了歷史性成就。與此同時，我們也要看到，在城鎮化快速推進過程中，同樣出現了粗放式增長以及種種「城市病」現象，城鎮發展也迫切需要轉型升級和創新發展模式，尤其要避免過於追求數量規模的粗放擴張方式，走出集約高效、綠色共用的可持續的城鎮化發展道路，進而推動經濟社會結構的優化調整和創新發展。

3. 新型城鎮化要立足城鄉一體化

我國的新型城鎮化的基本特徵，不但表現在內容上是包涵政治、

經濟、文化、社會、生態「五位一體」的城鎮化，而且還要在發展要素、人口、公共設施、社會保障等方面其空間佈局形態是城鄉一體化的。中國特色的城鎮化不是犧牲農村的「城市化」，而是包括農村就地城鎮化在內的「城鎮化」。這是中國國情所系，也是我們新型城鎮化的創造性所在。

　　黨的十八屆五中全會再次明確告訴我們，要推動城鄉協調發展，就必須「堅持工業反哺農業、城市支持農村，健全城鄉發展一體化體制機制，推進城鄉要素平等交換、合理配置和基本公共服務均等化。」正如習近平總書記指出的，我們要優化佈局，根據資源環境承載能力構建科學合理的城鎮化宏觀佈局，把城市群作為主體形態，促進大中小城市和小城鎮合理分工、功能互補、協同發展。如果說我們過去一個時期，各地都搶抓發展機遇，千方百計把本地的「節點城市」做大規模的話，那麼，今後應著力把「節點城市」做特做精的同時，更多地重視都市圈、城市帶和中心村鎮、農村建設，形成以「節點城市」為紐結的都市圈和村鎮為「細胞」的城鄉一體化的網絡結構。中國特色的城鎮化之路，只能選擇以城市群為主導、以「節點城鎮」為紐結、以廣大村鎮為「神經末梢」的城鄉一體的發展格局。

　　我國的城鎮化是城市與城市、城市與村鎮協調一體推進的，是一個互動開放的過程。協調開放的城鎮化形態，體現在城市的「聚化效應」和「擴散效應」的統一，城際之間的合理分工協作，並促進城市與農村雙向互動、優勢互補等方面。「城市群」強調了中國的城鎮化，一方面是區域城鎮體系的協調發展，另一方面又是包括了農村在內的城鎮化。未來新型城鎮化的一個重要新趨勢，就是「新」在區域城際和城鄉協調發展的「一體化」上。

推進城鎮化，要適度擴大城鎮規模，要使人口、生產要素、基礎設施向城鎮集聚，充分發揮城市的「優化裂變」、引領帶動作用。但是，這種「集聚」不是單向、絕對的，城鎮的興起和規模的擴大也不是以「農村的凋落」「農村變城市」為代價的。而應該是城鄉互動互補，而且城市的經濟要素、設施、教育、衛生、文化、人才等優勢，也需要向農村「回流」、延伸，以城鎮優勢反哺農村，引領、帶動農村發展。這樣，推進城鎮化的過程，同時就是解決農業、農村、農民問題的過程，使城鎮化真正成為推動城鄉、區域協調發展的有力支撐，從而實現城鎮化與農業現代化的良性互動、協調發展。

4. 新型城鎮化的靈魂是「記得住鄉愁」

習近平總書記指出，要體現尊重自然、順應自然、天人合一的理念，依托現有山水脈絡等獨特風光，讓城市融入大自然，讓居民望得見山，看得見水，記得住鄉愁。新型城鎮化需要我們少些人為人造的東西，多些生態自然。我們要少些再少些鋼筋水泥，多些再多些看得見水、望得見山的「鄉愁」。城市是人生活的「天堂」，但也可能是一座讓人糾結的「圍牆」。城市應該讓人生活得更美好，因而要實現生產、生活、生態相統一。正如習近平總書記指出的，我們要「正確處理好生態環境保護和發展的關係，因地制宜選擇好發展產業，讓綠水青山充分發揮經濟社會效益，切實做到經濟效益、社會效益、生態效益同步提升，實現百姓富、生態美有機統一。」城鎮發展更應該注意這種統一性。習近平總書記還強調，我們要傳承文化，發展有歷史記憶、地域特色、民族特點的美麗城鎮。城市建設要融入現代元素，

更要保護和弘揚傳統優秀文化，延續城市歷史文脈。在促進城鄉一體化發展中，要注意保留村莊原始風貌，慎砍樹，不填湖，少拆房，盡可能在原有村莊形態上改善居民生活條件。因此，我們的新型城鎮化還需要有記得住歷史文化的「鄉愁」，要建設更多富有特色個性、歷史文化內涵的城鎮。要少些再少些千城一律的面孔，多些再多些有思想內涵、有文化底蘊、有審美價值的特色城鎮。

「記得住鄉愁」，應該成為我們推進新型城鎮化的「靈魂」所在。為此，要不斷強化城鎮的生態保護和人文關懷，讓城市融入自然，走進歷史，使城市成為傳承民族文化風尚、體現區域自然特色和反映時代進步風貌的「風景線」「策源地」。

（四）實施鄉村振興戰略

農業農村農民問題是關係國計民生的根本性問題，必須始終把解決好「三農」問題作為全黨工作重中之重。我國是一個農業大國，沒有農業現代化，沒有農村繁榮富強，沒有農民安居樂業，國家現代化是不完整、不全面、不牢固的。習近平總書記指出：「一定要看到，農業還是『四化同步』的短腿，農村還是全面建成小康社會的短板。中國要強，農業必須強；中國要美，農村必須美；中國要富，農民必須富。」「三農」向好全域主動。要堅持把解決好「三農」問題作為全黨工作重中之重，堅持工業反哺農業、城市支持農村和多予少取放活方針，堅持土地公有制性質不改變、耕地紅線不突破、農民利益不受損三條底線，不斷加大強農惠農富農政策力度。深入推進農村各項改革，破解「三農」難題、增強創新動力、厚植發展優勢，積極推進農業現代

化，提高社會主義新農村建設水準，讓農業農村成為可以大有作為的廣闊天地。習近平總書記 2016 年 4 月 25 日在安徽鳳陽縣小崗村主持召開農村改革座談會上指出，新形勢下深化農村改革，主線仍然是處理好農民和土地的關係。最大的政策，就是必須堅持和完善農村基本經營制度，堅持農村土地集體所有，堅持家庭經營基礎性地位，堅持穩定土地承包關係。要抓緊落實土地承包經營權登記制度，真正讓農民吃上「定心丸」。

1. 農業是實現國家現代化的基礎

新形勢下，農業主要矛盾已經由總量不足轉變為結構性矛盾，主要表現為階段性的供過於求和供給不足並存。要把推進農業供給側結構性改革、提高農業綜合效益和競爭力，作為當前和今後一個時期我國農業政策改革和完善的主要方向。保障糧食安全是農業結構性改革的基本底線。要確保中國人的飯碗任何時候都牢牢端在自己手上，中國人的飯碗應該主要裝中國糧，必須堅持以我為主、立足國內、確保產能、適度進口、科技支撐的國家糧食安全戰略，實現藏糧於地、藏糧於技，確保穀物基本自給、口糧絕對安全。要發揮市場機制作用，加強政府支持保護，讓農民種糧有利可圖、讓主產區抓糧有積極性。搞好糧食儲備調節，善於用好兩個市場、兩種資源，適當增加進口和加快農業走出去步伐。耕地是糧食生產的命根子，必須堅守 18 億畝耕地紅線，實行最嚴格的耕地保護制度，像保護大熊貓一樣保護耕地。要加快轉變農業發展方式，加快農業技術創新步伐，走產出高效、產品安全、資源節約、環境友好的農業現代化道路。

　　建設現代農業，必須加快轉變農業發展方式。中國要強，農業必須強。做強農業，必須儘快從主要追求產量和依賴資源消耗的粗放經營轉到數量質量效益並重、注重提高競爭力、注重農業科技創新、注重可持續的集約發展上來，走產出高效、產品安全、資源節約、環境友好的現代農業發展道路。因此，必須做好以下七點：第一，不斷增強糧食生產能力。進一步完善和落實糧食省長負責制。強化對糧食主產省和主產縣的政策傾斜，保障產糧大縣重農抓糧得實惠、有發展。糧食主銷區要切實承擔起自身的糧食生產責任。第二，深入推進農業結構調整。科學確定主要農產品自給水準，合理安排農業產業發展優先序。第三，提升農產品品質和食品安全水準。加強縣鄉農產品質量和食品安全監管能力建設。嚴格農業投入品管理，大力推進農業標準化生產。落實重要農產品生產基地、批發市場品質安全檢驗檢測費用補助政策。建立全程可追溯、互聯共用的農產品品質和食品安全信息平臺。第四，強化農業科技創新驅動作用。健全農業科技創新激勵機制，完善科研院所、高校科研人員與企業人才流動和兼職制度，推進科研成果使用、處置、收益管理和科技人員股權激勵改革試點，激發科技人員創新創業的積極性。第五，創新農產品流通方式。加快全國農產品市場體系轉型升級，著力加強設施建設和配套服務，健全交易制度。第六，加強農業生態治理。實施農業環境突出問題治理總體規劃和農業可持續發展規劃。第七，提高統籌利用國際國內兩個市場兩種資源的能力。

2. 農村基本經營制度是黨的農村政策的基石

加強農村社會管理，提升鄉村治理水準。繼續推進社會主義新農村建設，走符合農村實際的路子，遵循鄉村自身發展規律，注重補農村的短板、揚農村的長處，努力建設美麗鄉村和農民幸福家園。要重視農村「三留守」問題，重視空心村問題，搞好農村民生保障和改善工作。重視化解農村社會矛盾，及時反映和協調農民各方面利益訴求，處理好政府和群眾利益關係，從源頭上預防減少社會矛盾。重視農村基層黨組織建設，加快完善鄉村治理機制，夯實黨在農村的執政基礎。

要圍繞城鄉發展一體化，深入推進新農村建設。中國要美，農村必須美。繁榮農村，必須堅持不懈推進社會主義新農村建設。要強化規劃引領作用，加快提升農村基礎設施水準，推進城鄉基本公共服務均等化，讓農村成為農民安居樂業的美麗家園。因此，必須做好以下幾點。第一，加大農村基礎設施建設力度。確保如期完成「十二五」農村飲水安全工程規劃任務，推動農村飲水提質增效，繼續執行稅收優惠政策。第二，提升農村公共服務水準。全面改善農村義務教育薄弱學校基本辦學條件，提高農村學校教學品質。因地制宜保留並辦好村小學和教學點。第三，全面推進農村人居環境整治。完善縣域村鎮體系規劃和村莊規劃，強化規劃的科學性和約束力。第四，引導和鼓勵社會資本投向農村建設。鼓勵社會資本投向農村基礎設施建設和在農村興辦各類事業。第五，加強農村思想道德建設。針對農村特點，圍繞培育和踐行社會主義核心價值觀，深入開展中國特色社會主義和中國夢宣傳教育，廣泛開展形勢政策宣傳教育，提高農民綜合素質，提升農村社會文明程度，凝聚起建設社會主義新農村的強大精神力量。

第六，切實加強農村基層黨建工作。認真貫徹落實黨要管黨、從嚴治黨的要求，加強以黨組織為核心的農村基層組織建設，充分發揮農村基層黨組織的戰鬥堡壘作用，深入整頓軟弱渙散基層黨組織，不斷夯實黨在農村基層執政的組織基礎。

堅持農村土地農民集體所有，是堅持農村基本經營制度的「魂」。要堅持家庭經營基礎性地位，農村集體土地應該由作為集體經濟組織成員的農民家庭承包，其他任何主體都不能取代農民家庭的土地承包地位，不論承包經營權如何流轉，集體土地承包權都屬於農民家庭。不斷探索農村土地集體所有制的有效實現形式，完善土地所有權、承包權、經營權分置辦法，落實集體所有權、穩定農戶承包權、放活土地經營權，加快構建以農戶家庭經營為基礎、合作與聯合為紐帶、社會化服務為支撐的立體式複合型現代農業經營體系。積極深化農村改革，把握正確方向，尊重農民意願，堅持試點先行，確保農村改革健康順利進行。

圍繞增添農村發展活力，全面深化農村改革。全面深化改革，必須把農村改革放在突出位置。要按照中央總體部署，完善頂層設計，抓好試點試驗，不斷總結深化，加強督查落實，確保改有所進、改有所成，進一步激發農村經濟社會發展活力。因此，必須做好以下幾點工作：第一，加快構建新型農業經營體系。堅持和完善農村基本經營制度，堅持農民家庭經營主體地位，引導土地經營權規範有序流轉，創新土地流轉和規模經營方式，積極發展多種形式適度規模經營，提高農民組織化程度。第二，推進農村集體產權制度改革。探索農村集體所有制有效實現形式，創新農村集體經濟運行機制。第三，穩步推進農村土地制度改革試點。在確保土地公有制性質不改變、耕地紅線

不突破、農民利益不受損的前提下，按照中央統一部署，審慎穩妥推進農村土地制度改革。第四，推進農村金融體制改革。要主動適應農村實際、農業特點、農民需求，不斷深化農村金融改革創新。第五，深化水利和林業改革。建立健全水權制度，開展水權確權登記試點，探索多種形式的水權流轉方式。建立健全最嚴格的林地、濕地保護制度。深化集體林權制度改革。穩步推進國有林場改革和國有林區改革，明確生態公益功能定位，加強森林資源保護培育。第六，根據十九大報告要求，「保持土地承包關係穩定並長久不變，第二輪土地承包到期後再延長三十年。」

3. 農民是農村經濟社會發展的關鍵

要通過富裕農民、提高農民、扶持農民，解決好「地誰來種、新農村誰來建」的問題。富裕農民，就是廣辟農民增收致富門路，提高農民收入和生活水準；提高農民，就是提高農民素質，培養造就有文化、懂技術、會經營的新型農民，確保農業發展和新農村建設後繼有人；扶持農民，就是強化政府對農業的支持保護，改善農民生產生活條件。要讓農業成為有奔頭的產業，讓農民成為體面的職業，讓農村成為安居樂業的美麗家園。

圍繞促進農民增收，加大惠農政策力度。中國要富，農民必須富。富裕農民，必須充分挖掘農業內部增收潛力，開發農村二三產業增收空間，拓寬農村外部增收渠道，加大政策助農增收力度，努力在經濟發展新常態下保持城鄉居民收入差距持續縮小的勢頭。因此，必須做好以下幾點工作：第一，優先保證農業農村投入。增加農民收入，必

須明確政府對改善農業農村發展條件的責任。第二，提高農業補貼政策效能。增加農民收入，必須健全國家對農業的支持保護體系。第三，完善農產品價格形成機制。增加農民收入，必須保持農產品價格合理水準。第三，強化農業社會化服務。增加農民收入，必須完善農業服務體系，說明農民降成本、控風險。第四，推進農村一二三產業融合發展。增加農民收入，必須延長農業產業鏈、提高農業附加值。第五，拓寬農村外部增收渠道。增加農民收入，必須促進農民轉移就業和創業。實施農民工職業技能提升計畫。落實同工同酬政策，依法保障農民工勞動報酬權益，建立農民工工資正常支付的長效機制。第六，大力推進農村扶貧開發。增加農民收入，必須加快農村貧困人口脫貧致富步伐。以集中連片特困地區為重點，加大投入和工作力度，加快片區規劃實施，打好扶貧開發攻堅戰。

習近平總書記 2016 年 12 月 20 日在中央農村工作會議上指出，要始終重視「三農」工作，持續強化重農強農信號。解決好「三農」問題始終是全黨工作的重中之重，特別是要把農業農村工作的重心轉移到推進農業供給側結構性改革上來，落實到政策制定、工作部署、財力投放、幹部配備等各個方面，為全面建成小康社會打下堅實的基礎。

六、三大戰略
——形成區域經濟和開放發展的增長極

黨的十八大以來，以習近平同志為核心的黨中央，站在全面建成小康社會、實現中華民族偉大復興中國夢的歷史高度，深刻把握中國

經濟和世界經濟發展變化的大勢，以寬廣的全球視野和卓越的戰略遠見，相繼提出「一帶一路」、京津冀協同發展和長江經濟帶三大戰略。

「十三五」規劃綱要指出：以區域發展總體戰略為基礎，以「一帶一路」建設、京津冀協同發展、長江經濟帶發展為引領，形成沿海沿江沿線經濟帶為主的縱向橫向經濟軸帶，塑造要素有序自由流動、主體功能約束有效、基本公共服務均等、資源環境可承載的區域協調發展新格局。「一帶一路」建設、京津冀協同發展、長江經濟帶發展三大戰略，為調速換擋中的中國經濟提供了廣闊發展空間和澎湃發展動能，為艱難復蘇中的世界經濟提供了「中國機遇」和「中國方案」。

習近平總書記曾反復強調要「胸懷大局、把握大勢、著眼大事」。中國經濟發展的三大戰略漸次推出，就是因勢而謀、應勢而動、順勢而為。這裡的「勢」就是中國和世界發展的總趨勢和大局面。從國際看，世界經濟在深度調整中曲折復蘇，新一輪科技革命和產業變革蓄勢待發。同時，國際金融危機深層次影響在相當長時期依然存在，全球經濟貿易增長乏力，保護主義抬頭，不穩定不確定因素增多。從國內看，我國經濟進入新常態。一方面經濟發展潛力大、韌性強、迴旋餘地大，另一方面也面臨著很多困難和挑戰，特別是結構性產能過剩比較嚴重，「這是繞不過去的歷史關口」。於是，振興中國、造福世界的三大戰略便應運而生、順時而發、乘勢而上。

（一）「一帶一路」倡議

「一帶一路」是「絲綢之路經濟帶」和「21世紀海上絲綢之路」的合稱。「一帶一路」的偉大設想來源於中國古代輝煌的絲綢之路。

2000 多年前，亞歐大陸上勤勞勇敢的人民，探索出多條連接亞歐非幾大文明的貿易和人文交流通路，後人將其統稱為「絲綢之路」。千百年來，「和平合作、開放包容、互學互鑒、互利共贏」的絲綢之路精神薪火相傳，推進了人類文明進步。進入 21 世紀，在以和平、發展、合作、共贏為主題的新時代，面對復蘇乏力的全球經濟形勢，紛繁複雜的國際和地區局面，傳承和弘揚絲綢之路精神更顯重要和珍貴。2013 年 9 月和 10 月，習近平主席在出訪中亞和東南亞國家期間，先後提出了共建「絲綢之路經濟帶」和「21 世紀海上絲綢之路」的重大倡議，得到了國際社會的高度關注。加快「一帶一路」建設，有利於促進沿線各國經濟繁榮與區域經濟合作，加強不同文明交流互鑒，促進世界和平發展，是一項造福世界各國人民的偉大事業。

「一帶一路」建設是一項系統工程。它堅持共商、共建、共用原則，積極推進沿線國家發展戰略的相互對接。為推進實施「一帶一路」重大倡議，讓古絲綢之路煥發新的生機活力，以新的形式使亞歐非各國聯繫更加緊密，互利合作邁向新的歷史高度，中國政府特制定並發佈了《推動共建絲綢之路經濟帶和 21 世紀海上絲綢之路的願景與行動》。

1. 建設「一帶一路」的總體原則

共建「一帶一路」旨在促進經濟要素有序自由流動、資源高效配置和市場深度融合，推動沿線各國實現經濟政策協調，開展更大範圍、更高水準、更深層次的區域合作，共同打造開放、包容、均衡、普惠的區域經濟合作架構。共建「一帶一路」符合國際社會的根本利益，

彰顯人類社會共同理想和美好追求，是國際合作以及全球治理新模式的積極探索，將為世界和平發展增添新的正能量。共建「一帶一路」致力於亞歐非大陸及附近海洋的互聯互通，建立和加強沿線各國互聯互通夥伴關係，構建全方位、多層次、複合型的互聯互通網絡，實現沿線各國多元、自主、平衡、可持續的發展。「一帶一路」的互聯互通項目將推動沿線各國發展戰略的對接與耦合，發掘區域內市場的潛力，促進投資和消費，創造需求和就業，增進沿線各國人民的人文交流與文明互鑒，讓各國人民相逢相知、互信互敬，共用和諧、安寧、富裕的生活。

首先，「一帶一路」的共建原則是恪守聯合國憲章的宗旨和原則。遵守和平共處五項原則，即尊重各國主權和領土完整、互不侵犯、互不干涉內政、和平共處、平等互利。要堅持開放合作。「一帶一路」相關的國家基於但不限於古代絲綢之路的範圍，各國和國際、地區組織均可參與，讓共建成果惠及更廣泛的區域。要堅持和諧包容。倡導文明寬容，尊重各國發展道路和模式的選擇，加強不同文明之間的對話，求同存異、相容並蓄、和平共處、共生共榮。要堅持市場運作。遵循市場規律和國際通行規則，充分發揮市場在資源配置中的決定性作用和各類企業的主體作用，同時發揮好政府的作用。要堅持互利共贏。兼顧各方利益和關切，尋求利益契合點和合作最大公約數，體現各方智慧和創意，各施所長，各盡所能，把各方優勢和潛力充分發揮出來。

其次，「一帶一路」的框架思路是促進共同發展、實現共同繁榮的合作共贏之路，是增進理解信任、加強全方位交流的和平友誼之路。中國政府倡議，秉持和平合作、開放包容、互學互鑒、互利共贏的理念，全方位推進務實合作，打造政治互信、經濟融合、文化包容的利

益共同體、命運共同體和責任共同體。「一帶一路」貫穿亞歐非大陸，一頭是活躍的東亞經濟圈，一頭是發達的歐洲經濟圈，中間廣大腹地國家經濟發展潛力巨大。絲綢之路經濟帶重點暢通中國經中亞、俄羅斯至歐洲（波羅的海）；中國經中亞、西亞至波斯灣、地中海；中國至東南亞、南亞、印度洋。21 世紀海上絲綢之路重點方向是從中國沿海港口過南海到印度洋，延伸至歐洲；從中國沿海港口過南海到南太平洋。

　　根據「一帶一路」走向，陸上依託國際大通道，以沿線中心城市為支撐，以重點經貿產業園區為合作平臺，共同打造新亞歐大陸橋、中蒙俄、中國—中亞—西亞、中國—中南半島等國際經濟合作走廊；海上以重點港口為節點，共同建設通暢安全高效的運輸大通道。中巴、孟中印緬兩個經濟走廊與推進「一帶一路」建設關聯緊密，要進一步推動合作，取得更大進展。

　　「一帶一路」建設是沿線各國開放合作的宏大經濟願景，需各國攜手努力，朝著互利互惠、共同安全的目標相向而行。努力實現區域基礎設施更加完善，安全高效的陸海空通道網絡基本形成，互聯互通達到新水準；投資貿易便利化水準進一步提升，高標準自由貿易區網絡基本形成，經濟聯繫更加緊密，政治互信更加深入；人文交流更加廣泛深入，不同文明互鑒共榮，各國人民相知相交、和平友好。

2. 建設「一帶一路」的基本內容

　　2015 年 3 月中國政府發佈的《推動共建絲綢之路經濟帶和 21 世紀海上絲綢之路的願景與行動》提出「一帶一路」相關國家合作內容，

主要包括政策溝通、設施聯通、貿易暢通、資金融通、民心相通等「五通」。其中，加強政策溝通是「一帶一路」建設的重要保障；基礎設施互聯互通是「一帶一路」建設的優先領域；促進各國間民心相通是「一帶一路」建設的重要根基。

首先是加強「一帶一路」各國間的政策溝通。加強政府間合作，積極構建多層次政府間宏觀政策溝通交流機制，深化利益融合，促進政治互信，達成合作新共識。沿線各國可以就經濟發展戰略和對策進行充分交流對接，共同制定推進區域合作的規劃和措施，協商解決合作中的問題，共同為務實合作及大型項目實施提供政策支持。「一帶一路」倡議將加強各國間政策溝通作為主要內容之一，就是要為改善略顯疲態的國際政策溝通機制做出貢獻和示範。在政治互信的基礎上，針對宏觀政策、發展戰略和區域規劃三方面，形成更務實合作、協調有效的政策支援機制。

其次是實現「一帶一路」國家之間的設施聯通。第一，抓住交通基礎設施的關鍵通道、關鍵節點和重點工程，優先打通缺失路段，暢通瓶頸路段，配套完善道路安全防護設施和交通管理設施設備，提升道路通達水準。推進建立統一的全程運輸協調機制，促進國際通關、換裝、多式聯運有機銜接，逐步形成相容規範的運輸規則，實現國際運輸便利化。推動口岸基礎設施建設，暢通陸水聯運通道，推進港口合作建設，增加海上航線和班次，加強海上物流信息化合作。拓展建立民航全面合作的平臺和機制，加快提升航空基礎設施水準。第二，加強能源基礎設施互聯互通合作，共同維護輸油、輸氣渠道等運輸通道安全，推進跨境電力與輸電通道建設，積極開展區域電網升級改造合作。第三，共同推進跨境光纜等通信幹線網絡建設，提高國際通信

互聯互通水準，暢通信息絲綢之路。加快推進雙邊跨境光纜等建設，規劃建設洲際海底光纜專案，完善空中（衛星）信息通道，擴大信息交流與合作。再次是實現「一帶一路」各國間貿易暢通。第一，努力促成沿線國家宜加強信息互換、監管互認、執法互助的海關合作，以及檢驗檢疫、認證認可、標準計量、統計信息等方面的雙多邊合作，推動世界貿易組織《貿易便利化協定》生效和實施。改善邊境口岸通關設施條件，加快邊境口岸「單一窗口」建設，降低通關成本，提升通關能力。加強供應鏈安全與便利化合作，推進跨境監管程序協調，推動檢驗檢疫證書國際互聯網核查，開展「經認證的經營者」互認。降低非關稅壁壘，共同提高技術性貿易措施透明度，提高貿易自由化便利化水準。第二，拓寬貿易領域，優化貿易結構，發展跨境電子商務等新的商業業態。建立健全服務貿易促進體系，鞏固和擴大傳統貿易，大力發展現代服務貿易。把投資和貿易有機結合起來，以投資帶動貿易發展。第三，加快投資便利化進程，消除投資壁壘。加強雙邊投資保護協定、避免雙重徵稅協定磋商，保護投資者的合法權益。第四，拓展相互投資領域，開展農林牧漁業、農機及農產品生產加工等領域深度合作，積極推進海水養殖、海洋工程技術、環保產業和海上旅遊等領域合作。加大煤炭、油氣、金屬礦產等傳統能源資源勘探開發合作，積極推動水電、核電、風電、太陽能等清潔、可再生能源合作，推進能源資源就地就近加工轉化合作，形成能源資源合作上下游一體化產業鏈。加強能源資源深加工技術、裝備與工程服務合作。第五，推動新興產業合作，按照優勢互補、互利共贏的原則，促進沿線國家加強在新一代信息技術、生物、新能源、新材料等新興產業領域的合作，推動建立創業投資合作機制。第六，優化產業鏈分工佈局，

推動上下游產業鏈和關聯產業協同發展，鼓勵建立研發、生產和行銷體系，提升區域產業配套能力和綜合競爭力。擴大服務業相互開放，推動區域服務業加快發展。

再後是探索「一帶一路」國家間的資金融通。擴大沿線國家雙邊本幣互換、結算的範圍和規模。推動亞洲債券市場的開放和發展。共同推進亞洲基礎設施投資銀行、金磚國家開發銀行籌建，有關各方就建立上海合作組織融資機構開展磋商。加快絲路基金組建運營。深化中國一東盟銀行聯合體、上合組織銀行聯合體務實合作，以銀團貸款、銀行授信等方式開展多邊金融合作。支援沿線國家政府和信用等級較高的企業以及金融機構在中國境內發行人民幣債券。符合條件的中國境內金融機構和企業可以在境外發行人民幣債券和外幣債券，鼓勵在沿線國家使用所籌資金。同時，各國間加強金融監管合作，推動簽署雙邊監管合作諒解備忘錄，逐步在區域內建立高效監管協調機制。完善風險應對和危機處置制度安排，構建區域性金融風險預警系統，形成應對跨境風險和危機處置的交流合作機制。加強征信管理部門、征信機構和評級機構之間的跨境交流與合作。充分發揮絲路基金以及各國主權基金作用，引導商業性股權投資基金和社會資金共同參與「一帶一路」重點項目建設。

最後是促進「一帶一路」各國間的民心相通。第一，擴大相互間留學生規模，開展合作辦學，中國每年向沿線國家提供 1 萬個政府獎學金名額。沿線國家間互辦文化年、藝術節、電影節、電視周和圖書展等活動，合作開展廣播影視劇精品創作及翻譯，聯合申請世界文化遺產，共同開展世界遺產的聯合保護工作。深化沿線國家間人才交流合作。第二，加強旅遊合作，擴大旅遊規模，互辦旅遊推廣周、宣傳

月等活動，聯合打造具有絲綢之路特色的國際精品旅遊線路和旅遊產品，提高沿線各國遊客簽證便利化水準。推動 21 世紀海上絲綢之路郵輪旅遊合作。積極開展體育交流活動，支持沿線國家申辦重大國際體育賽事。第三，強化與周邊國家在傳染病疫情信息溝通、防治技術交流、專業人才培養等方面的合作，提高合作處理突發公共衛生事件的能力。加強科技合作，共建聯合實驗室（研究中心）、國際技術轉移中心、海上合作中心，促進科技人員交流，合作開展重大科技攻關，共同提升科技創新能力。第四，充分發揮政黨、議會交往的橋樑作用，加強沿線國家之間立法機構、主要黨派和政治組織的友好往來。加強沿線國家民間組織的交流合作，重點面向基層民眾，廣泛開展教育醫療、減貧開發、生物多樣性和生態環保等各類公益慈善活動，促進沿線貧困地區生產生活條件改善。加強文化傳媒的國際交流合作，積極利用網絡平臺，運用新媒體工具，塑造和諧友好的文化生態和輿論環境。

3. 建設「一帶一路」的重要影響

「一帶一路」是在後金融危機時代，作為世界經濟增長火車頭的中國，將自身的產能優勢、技術與資金優勢、經驗與模式優勢轉化為市場與合作優勢，實行全方位開放的一大創新。通過「一帶一路」建設共同分享中國改革發展紅利、中國發展的經驗和教訓。中國將著力推動沿線國家間實現合作與對話，建立更加平等均衡的新型全球發展夥伴關係，夯實世界經濟長期穩定發展的基礎。

　　第一，建設「一帶一路」產生許多重要機遇。「一帶一路」是一

個宏偉的戰略構想。它的建設過程不僅涉及眾多國家和地區，涉及眾多產業和巨量的要素調動，其間產生的各種機遇不可估量。主要有以下幾方面：一是產業創新帶來的機遇。產業創新涉及產業轉型升級和產業轉移等帶來的紅利。隨著「一帶一路」倡議的推動，中國的一些優質過剩產業將會轉移到其他一些國家和地區。在國內，因為市場供求變化，一些過剩的產業，也許在其他國家能恰好被合理估值；在國內，因為要素成本的上升而使一些產業、產品失去了價格競爭力，也許在其他國家，較低的要素成本會使這些產業重現生機。

在國內，因為產品出口一些發達國家受限而影響整個產業的發展，也許在其他國家就能繞開這些壁壘，等等。此外，由於產業轉移引致的產業轉型升級更是機遇無限，比如技術改造、研發投入、品牌樹造等等都會給投資者帶來無限機遇。二是金融創新帶來的機遇。「一帶一路」倡議的推動首先需要有充足的資金流，巨量的資金需求只能通過金融創新來解決。我們已經發起設立「亞投行」和「絲路基金」，但這也只能解決部分資金問題，沿「帶」沿「路」國家和地區一定會進行各種金融創新，包括發行各種類型的證券、設立各種類型的基金和創新金融機制等，其間的紅利和機遇之多甚至是不可想像的。三是區域創新帶來的機遇。「一帶一路」本質上是一個國際性區域經濟的範疇，隨著「一帶一路」倡議的推動，必將引發不同國家和地區的區域創新，這包括區域發展模式、區域產業戰略選擇、區域經濟的技術路徑、區域間的合作方式等，其間的每個創新都蘊涵著無限的機遇。

第二，「一帶一路」倡議具有重要意義。「一帶一路」倡議構想意味著我國對外開放實現重要戰略轉變。這一構想已經引起了國內和相關國家、地區乃至全世界的高度關注和強烈共鳴。之所以產生了如

此巨大的效果，就在於這一宏偉構想有著極其深遠的重要意義。首先，「一帶一路」倡議順應了我國對外開放區域結構轉型的需要。眾所周知，1978 年召開的黨的十一屆三中全會開啟了中國改革開放的歷史征程。從 1979 年開始，我們先後建立了包括深圳等 5 個經濟特區，開放和開發了 14 個沿海港口城市和上海浦東新區，相繼開放了 13 個沿邊、6 個沿江和 18 個內陸省會城市，建立了眾多的特殊政策園區。但顯然，前期的對外開放重點在東南沿海，廣東、福建、江蘇、浙江、上海等省市成了「領頭羊」和最先的受益者，而廣大的中西部地區始終扮演著「追隨者」的角色，這在一定程度上造成了東、中、西部的區域失衡。「一帶一路」尤其是「一帶」起始於西部，也主要經過西部通向西亞和歐洲，這必將使得我國對外開放的地理格局發生重大調整，由中西部地區作為新的牽動者承擔著開發與振興占國土面積三分之二廣大區域的重任，與東部地區一起承擔著中國走出去的重任。同時，東部地區正在通過連片式的「自由貿易區」建設進一步提升對外開放的水準，依然是我國全面對外開放的重要引擎。

　　其次，「一帶一路」倡議順應了中國要素流動轉型和國際產業轉移的需要。在改革開放初期，中國經濟發展水準低下，我們亟需資本、技術和管理模式。因此，當初的對外開放主要是以引進外資、國外先進的技術和管理模式為主。有數據顯示，1979 至 2012 年，中國共引進外商投資項目 763278 個，實際利用外資總額達到 12761.08 億美元。不可否認，這些外資企業和外國資本對於推動中國的經濟發展、技術進步和管理的現代化起到了很大作用。可以說，這是一次由發達國家主導的國際性產業大轉移。而今，儘管國內仍然需要大規模有效投資和技術改造升級，但我們已經具備了要素輸出的能力。據統計，

2014 年末，中國對外投資已經突破了千億美元，已經成為資本淨輸出國。「一帶一路」倡議恰好順應了中國要素流動新趨勢。「一帶一路」倡議通過政策溝通、道路聯通、貿易暢通、貨幣流通、民心相通這「五通」，將中國的生產要素，尤其是優質的過剩產能輸送出去，讓沿「帶」沿「路」的發展中國家和地區共用中國發展的成果。

　　第三，「一帶一路」倡議順應了中國與其他經濟合作國家結構轉變的需要。在中國對外開放的早期，以歐、美、日等為代表的發達經濟體有著資本、技術和管理等方面的優勢，而長期處於封閉狀態的中國就恰好成為他們最大的投資樂園。所以，中國早期的對外開放可以說主要針對的是發達國家和地區。而今，中國的經濟面臨著全面轉型升級的重任。長期建設形成的一些產能需要出路，而目前世界上仍然有許多處於發展中的國家卻面臨著當初中國同樣的難題。因此，通過「一帶一路」建設，說明這些國家和地區進行比如道路、橋樑、港口等基礎設施建設，幫助他們發展一些產業比如紡織服裝、家電、甚至汽車製造、鋼鐵、電力等，提高他們經濟發展的水準和生產能力，就順應了中國產業技術升級的需要。第四，「一帶一路」倡議順應了國際經貿合作與經貿機制轉型的需要。2001 年，中國加入了 WTO，成為世界貿易組織的成員。中國「入世」對我國經濟的方方面面都產生了巨大影響。可以說，WTO 這一被大多數成員國一致遵守國家經貿機制，在一定程度上衝破了少數國家對中國經濟的封鎖。但是，近年來國際經貿機制又在發生深刻變化並有新的動向。「一帶一路」倡議與中國自由貿易區戰略是緊密聯繫的。數據顯示，目前我國在建自貿區涉及 32 個國家和地區。在建的自由貿易區中，大部分是處於「一帶一路」沿線上。因此，中國的自由貿易區戰略必將隨著「一帶一路」倡議的

推動而得到落實和發展。

　　第三，建設「一帶一路」具有重要價值。在中國和沿線國家的共同努力下，「一帶一路」建設已經邁出堅實步伐。中國已經同有關國家協調政策，包括俄羅斯提出的歐亞經濟聯盟、東盟提出的互聯互通總體規劃、哈薩克提出的「光明之路」、土耳其提出的「中間走廊」、蒙古提出的「發展之路」、越南提出的「兩廊一圈」、英國提出的「英格蘭北方經濟中心」、波蘭提出的「琥珀之路」等。中國同老撾、柬埔寨、緬甸、匈牙利等國的規劃對接工作也全面展開。中國同40多個國家和國際組織簽署了合作協定，同30多個國家開展機制化產能合作。習近平主席2017年5月14日在「一帶一路」國際合作高峰論壇開幕式上指出：「我們要乘勢而上、順勢而為，將『一帶一路』建成和平之路、繁榮之路、開放之路、創新之路、文明之路，推動『一帶一路』建設行穩致遠，邁向更加美好的未來。」習近平總書記的講話體現出建設「一帶一路」的重要戰略價值。

　　一是要將「一帶一路」建成和平之路。古絲綢之路，和時興，戰時衰。「一帶一路」建設離不開和平安寧的環境。我們要構建以合作共贏為核心的新型國際關係，打造對話不對抗、結伴不結盟的夥伴關係。各國應該尊重彼此主權、尊嚴、領土完整，尊重彼此發展道路和社會制度，尊重彼此核心利益和重大關切。古絲綢之路沿線地區曾經是「流淌著牛奶與蜂蜜的地方」，如今很多地方卻成了衝突動盪和危機挑戰的代名詞。這種狀況不能再持續下去。我們要樹立共同、綜合、合作、可持續的安全觀，營造共建共用的安全格局。要著力化解熱點，堅持政治解決；要著力斡旋調解，堅持公道正義；要著力推進反恐，標本兼治，消除貧困落後和社會不公。

二是要將「一帶一路」建成繁榮之路。發展是解決一切問題的總鑰匙。推進「一帶一路」建設，要聚焦發展這個根本性問題，釋放各國發展潛力，實現經濟大融合、發展大聯動、成果大共用。產業是經濟之本。我們要深入開展產業合作，推動各國產業發展規劃相互相容、相互促進，抓好大專案建設，加強國際產能和裝備製造合作，抓住新工業革命的發展新機遇，培育新業態，保持經濟增長活力。金融是現代經濟的血液。血脈通，增長才有力。我們要建立穩定、可持續、風險可控的金融保障體系，創新投資和融資模式，推廣政府和社會資本合作，建設多元化融資體系和多層次資本市場，發展普惠金融，完善金融服務網絡。設施聯通是合作發展的基礎。我們要著力推動陸上、海上、天上、網上四位一體的聯通，聚焦關鍵通道、關鍵城市、關鍵項目，聯結陸上公路、鐵路道路網絡和海上港口網絡。我們已經確立「一帶一路」建設六大經濟走廊框架，要扎扎實實向前推進。要抓住新一輪能源結構調整和能源技術變革趨勢，建設全球能源互聯網，實現綠色低碳發展。要完善跨區域物流網建設。我們也要促進政策、規則、標準三位一體的聯通，為互聯互通提供機制保障。

三是要將「一帶一路」建成開放之路。開放帶來進步，封閉導致落後。對一個國家而言，開放如同破繭成蝶，雖會經歷一時陣痛，但將換來新生。「一帶一路」建設要以開放為導向，解決經濟增長和平衡問題。我們要打造開放型合作平臺，維護和發展開放型世界經濟，共同創造有利於開放發展的環境，推動構建公正、合理、透明的國際經貿投資規則體系，促進生產要素有序流動、資源高效配置、市場深度融合。我們歡迎各國結合自身國情，積極發展開放型經濟，參與全球治理和公共產品供給，攜手構建廣泛的利益共同體。貿易是經濟增

長的重要引擎。我們要有「向外看」的胸懷，維護多邊貿易體制，推動自由貿易區建設，促進貿易和投資自由化便利化。當然，我們也要著力解決發展失衡、治理困境、數字鴻溝、分配差距等問題，建設開放、包容、普惠、平衡、共贏的經濟全球化。

四是要將「一帶一路」建成創新之路。創新是推動發展的重要力量。「一帶一路」建設本身就是一個創舉，搞好「一帶一路」建設也要向創新要動力。我們要堅持創新驅動發展，加強在數字經濟、人工智慧、納米技術、量子計算機等前沿領域合作，推動大數据、雲計算、智慧城市建設，連接成 21 世紀的數字絲綢之路。我們要促進科技同產業、科技同金融深度融合，優化創新環境，集聚創新資源。我們要為互聯網時代的各國青年打造創業空間、創業工廠，成就未來一代的青春夢想。我們要踐行綠色發展的新理念，倡導綠色、低碳、循环、可持續的生產生活方式，加強生態環保合作，建設生態文明，共同實現 2030 年可持續發展目標。

五是要將「一帶一路」建成文明之路。「一帶一路」建設要以文明交流超越文明隔閡、文明互鑒超越文明衝突、文明共存超越文明優越，推動各國相互理解、相互尊重、相互信任。我們要建立多層次人文合作機制，搭建更多合作平臺，開闢更多合作渠道。要推動教育合作，擴大互派留學生規模，提升合作辦學水準。要發揮智庫作用，建設好智庫聯盟和合作網絡。在文化、體育、衛生領域，要創新合作模式，推動務實專案。要用好歷史文化遺產，聯合打造具有絲綢之路特色的旅遊產品和遺產保護。我們要加強各國議會、政黨、民間組織往來，密切婦女、青年、殘疾人等群體交流，促進包容發展。我們也要加強國際反腐合作，讓「一帶一路」成為廉潔之路。

（二）京津冀協同發展戰略

京津冀協同發展，是指北京、天津、河北三地作為一個整體的協同發展戰略。京津冀協同發展以疏解非首都核心功能、解決北京「大城市病」為基本出發點，調整優化城市佈局和空間結構，構建現代化交通網絡系統，擴大環境容量生態空間，推進產業升級轉移，推動公共服務共建共用，加快市場一體化進程，打造現代化新型首都圈，努力形成京津冀目標同向、措施一體、優勢互補、互利共贏的協同發展新格局。

作為我國經濟最具活力、開放程度最高、創新能力最強、吸納人口最多的地區之一，京津冀同屬京畿重地，地緣相接、人緣相親，地域一體、文化一脈，歷史淵源深厚、交往半徑相宜，本可實現一加一大於二、一加二大於三的效果，成為區域發展的示範和表率。但現實並非如此。京津冀三地的實際情況是「發達的中心——北京」和「落後的腹地——河北」。北京集聚過多的非首都功能，天津的帶動作用不強，河北產業結構偏「重」。而且，三地水資源嚴重短缺，環境污染問題突出，已成為我國東部地區人與自然關係最為緊張、資源環境超載矛盾最為嚴重、生態聯防聯治要求最為迫切的區域……有人用「北京吃不下」「天津吃不飽」「河北吃不著」來形容要素流動與資源配置之窘境，有人用京畿地區自然生態系統已處退化狀態來提醒形勢之嚴峻，也有人用「虹吸效應」來分析三地之間體制機制磨合之困難。京津冀再沿老路往前走，難免越走越困難。

2014 年 2 月 26 日，習近平總書記在北京主持召開京津冀協同發展座談會上指出：「京津冀協同發展意義重大，對這個問題的認識要

上升到國家戰略層面。」「實現京津冀協同發展，是面向未來打造新的首都經濟圈、推進區域發展體制機制創新的需要，是探索完善城市群佈局和形態、為優化開發區域發展提供示範和樣板的需要，是探索生態文明建設有效路徑、促進人口經濟資源環境相協調的需要，是實現京津冀優勢互補、促進環渤海經濟區發展、帶動北方腹地發展的需要，是一個重大國家戰略，要堅持優勢互補、互利共贏、扎實推進，加快走出一條科學持續的協同發展路子來。」

1.京津冀協同發展的總體要求

京津冀協同發展的整體定位，是建設「以首都為核心的世界級城市群、區域整體協同發展改革引領區、全國創新驅動經濟增長新引擎、生態修復環境改善示範區」。北京市是「全國政治中心、文化中心、國際交往中心、科技創新中心」；天津市是「全國先進製造研發基地、北方國際航運核心區、金融創新運營示範區、改革開放先行區」；河北省是「全國現代商貿物流重要基地、產業轉型升級試驗區、新型城鎮化與城鄉統籌示範區、京津冀生態環境支撐區」。習近平總書記 2015 年 2 月 25 日在北京考察時指出，「要明確城市戰略定位，堅持和強化首都全國政治中心、文化中心、國際交往中心、科技創新中心的核心功能，深入實施人文北京、科技北京、綠色北京戰略，努力把北京建設成為國際一流的和諧宜居之都。」

京津冀協同發展的目標分為近期、中期和遠期三個目標：近期目標是到 2017 年，有序疏解北京非首都功能取得明顯進展，在符合協同發展目標且現實急需、具備條件、取得共識的交通一體化、生態環

境保護、產業升級轉移等重點領域率先取得突破，深化改革、創新驅動、試點示範有序推進，協同發展取得顯著成效。中期目標是到 2020 年，北京市常住人口控制在 2300 萬人以內，北京「大城市病」等突出問題得到緩解；區域一體化交通網絡基本形成，生態環境品質得到有效改善，產業聯動發展取得重大進展。公共服務共建共用取得積極成效，協同發展機制有效運轉，區域內發展差距趨於縮小，初步形成京津冀協同發展、互利共贏新局面。遠期目標是到 2030 年，首都核心功能更加優化，京津冀區域一體化格局基本形成，區域經濟結構更加合理，生態環境品質總體良好，公共服務水準趨於均衡，成為具有較強國際競爭力和影響力的重要區域，在引領和支撐全國經濟社會發展中發揮更大作用。

京津冀協同發展的空間佈局是，確定「功能互補、區域聯動、軸向集聚、節點支撐」的佈局思路，明確以「一核、雙城、三軸、四區、多節點」為骨架，推動有序疏解北京非首都功能，構建以重要城市為支點，以戰略性功能區平臺為載體，以交通幹線、生態廊道為紐帶的網絡型空間格局。首要任務是解決北京「大城市病」。「一核」是指以北京為核心。把有序疏解非首都功能、優化提升首都核心功能、解決北京「大城市病」問題作為京津冀協同發展的首要任務。「雙城」是指北京、天津這兩個城市。這是京津冀協同發展的主要引擎，要進一步強化京津聯動，全方位拓展合作廣度和深度，加快實現同城化發展，共同發揮高端引領和輻射帶動作用。「三軸」是指京津、京保石、京唐秦三個產業發展帶和城鎮聚集軸，這是支撐京津冀協同發展的主體框架。「四區」分別是中部核心功能區、東部濱海發展區、南部功能拓展區和西北部生態涵養區，每個功能區都有明確的空間範圍和發

展重點。「多節點」包括石家莊、唐山、保定、邯鄲等區域性中心城市和張家口、承德、廊坊、秦皇島、滄州、邢臺、衡水等節點城市，重點是提高其城市綜合承載能力和服務能力，有序推動產業和人口聚集。

2. 京津冀協同發展的主要內容

京津冀協同發展的主要任務是疏解非首都功能、嚴格調控人口、做好環保和交通等協同發展和推動要素市場發展，最終形成新的發展增長極。習近平總書記指出，城市規劃建設做得好不好，最終要用人民群眾滿意度來衡量。要堅持人民城市為人民，以北京市民最關心的問題為導向，以解決人口過多、交通擁堵、房價高漲、大氣污染等問題為突破口，提出解決問題的綜合方略，要健全制度、完善政策，不斷提高民生保障和公共服務供給水準，增強人民群眾獲得感。

疏解北京非首都功能，是京津冀協同發展的主要任務。習近平總書記 2015 年 2 月 10 日在中央財經領導小組第九次會議上指出，「疏解北京非首都功能、推進京津冀協同發展，是一個巨大的系統工程。目標要明確，通過疏解北京非首都功能，調整經濟結構和空間結構，走出一條內涵集約發展的新路子，探索出一種人口經濟密集地區優化開發的模式，促進區域協調發展，形成新增長極。」

推動京津冀協同發展是一個重大國家戰略，戰略的核心是有序疏解北京非首都功能。什麼是北京的核心功能？ 2014 年 2 月，習近平總書記考察北京時曾對北京的核心功能明確定位：要堅持和強化首都全國政治中心、文化中心、國際交往中心、科技創新中心的核心功能。什麼是非首都功能？非首都功能主要有兩大類，一是從經濟角度考

慮，主要指一些相對低端、低效益、低附加值、低輻射的經濟部門；二是區位由非市場因素決定的公共部門。而疏解去向，除了河北、天津等周邊區域疏解，還包括從市區向郊區的疏解。

當前，北京人口過度膨脹，霧霾天氣頻現，交通日益擁堵，房價持續高漲，資源環境承載力嚴重不足，造成這些問題的根本原因是北京集聚了過多的非首都功能。因此，疏解的重點應該是一般性產業特別是高消耗產業，區域性物流基地、區域性專業市場等部分第三產業，部分教育、醫療、培訓機構等社會公共服務功能，部分行政性、事業性服務機構和企業總部等四類非首都功能。

調整疏解非首都核心功能，要在發揮市場機制決定性作用的基礎上，按照集中與分散相結合的方式，著力調整政府機構自身或政府主辦公共事業的區位。除了公共部門，經濟功能疏解的重點主要包括，區域流通網絡樞紐功能，培育天津、石家莊、唐山區等樞紐功能。習近平總書記強調，疏解功能應該京津冀三地各有側重。習近平總書記 2014 年 2 月 26 日在京津冀協同發展座談會上指出：「解決好北京發展問題，必須納入京津冀和環渤海經濟區的戰略空間加以考量，以打通發展的大動脈，更有力地彰顯北京優勢，更廣泛地啟動北京要素資源，同時天津、河北要實現更好發展也需要連同北京發展一起來考慮。」習近平總書記 2013 年 5 月 14 日在天津考察指出：「要以濱海新區為龍頭，積極調整優化產業結構，加快轉變經濟發展方式，推動產業集成集約集群發展。同時，要加快發展服務業，形成與現代化大都市地位相適應的服務經濟體系。」習近平總書記 2017 年 1 月 23 日在河北考察指出：「去產能特別是去鋼鐵產能，是河北推進供給側結構性改革的重頭戲、硬骨頭，也是河北調整優化產業結構、培育經濟

增長新動能的關鍵之策。河北要樹立知難而上的必勝信念，堅決去、主動調、加快轉。要在已有工作和成效的基礎上，再接再厲，推動各項任務有實質性進展。」

調控人口是北京協調發展的艱難任務。京津冀協同發展的要求是，嚴控增量、疏解存量、疏堵結合調控北京市人口規模。習近平總書記2015年2月25日在北京考察時要求北京要「有效控制人口規模，增強區域人口均衡分布，促進區域均衡發展」。北京究竟能承載多少人口，至2020年，北京的常住人口最好不要超過2300萬。具體如何測算，主要依據水資源量、單位GDP耗水和當時的生活水準。在水資源和生活水準一定的情況下，水資源利用效率越高，可承載的人口就越多。由於三個因素是變化的，所以可承載的人口也是動態的。2020年以後，由於生活水準提高了，用水量加大，可能可承載的人口就少了。2015年3月，北京市統計局、國家統計局北京調查總隊發佈2014年全市人口發展形勢報告。數據顯示，2014年末，全市常住人口為2151.6萬人，全市常住外來人口為818.7萬人。2017年中，北京市常住人口已達2172.9萬人，按照規劃要求，到2020年力爭控制在2300萬人以內，其中城六區爭取到2020年下降15個百分點。3年來，北京堅持制定年度人口調控目標，推動全市常住人口連續兩年保持增量和增速雙下降，2016年上半年城六區常住人口實現了由增到減的拐點。

協同發展，實現京津冀環保和交通的突破發展。環保、交通和產業升級轉移是京津冀協同發展的三個重點領域，因此要單出三個一體化細則。習近平總書記2014年2月26日在京津冀協同發展座談會上指出：「著力擴大環境容量生態空間，加強生態環境保護合作，在已經啟動大氣污染防治協作機制的基礎上，完善防護林建設、水資源

保護、水環境治理、清潔能源使用等領域合作機制。」「著力構建現代化交通網絡系統，把交通一體化作為先行領域，加快構建快速、便捷、高效、安全、大容量、低成本的互聯互通綜合交通網絡。」環保和交通是需要「先行」發展的是兩個重要領域。「先行」發展成為京津冀協同發展的突破口，沒有交通一體化，沒有環保一體化，就沒有京津冀一體化。產業升級轉移則是重點領域。「轉移」並非簡單的污染產業轉移，而應該是綠色轉移。要根據綠色化的要求升級轉移或就地升級，企業不想轉的，可以按照新的環保標準就地升級。京津冀部署協同發展，並非一下子實現一體化，而是首先進行部署的協同和一體化，然後是行動的協同和一體化，最後實現標準的協同乃至一體化，「有部署，有行動，有標準，是相互支持、配合的一體化」。

　　推動要素市場一體化，中關村企業和高校先行對接天津河北。要加快破除體制機制障礙，推動要素市場一體化，構建京津冀協同發展的體制機制，加快公共服務一體化改革。要抓緊開展試點示範，打造若干先行先試平臺。一批高新企業、高校已在「中關村」這個平臺上輻射京津冀三地；而北京環衛集團向張家口、固安輸出「首都標準」的環衛管理經驗，則成為公共服務一體化的亮點。習近平總書記 2014年 2月 26日在北京京津冀協同發展座談會上指出，「推進京津冀協同發展，要立足各自比較優勢、立足現代產業分工要求、立足區域優勢互補原則、立足合作共贏理念，以京津冀城市群建設為載體、以優化區域分工和產業佈局為重點、以資源要素空間統籌規劃利用為主線、以構建長效體制機制為抓手，從廣度和深度上加快發展。推進京津雙城聯動發展，要加快破解雙城聯動發展存在的體制機制障礙，按照優勢互補、互利共贏、區域一體原則，以區域基礎設施一體化和大氣污

染聯防聯控作為優先領域，以產業結構優化升級和實現創新驅動發展作為合作重點，把合作發展的工夫主要下在聯動上，努力實現優勢互補、良性互動、共贏發展。」自從京津冀協同發展戰略提出以來，中關村多家企業、高校積極與天津、河北各地開展合作，476 家企業在河北設立分支機構 1029 家；393 家企業在天津設立分支機構 503 家。除了企業層面的合作，北大、清華等高校與天津、河北的合作也越來越密切，僅北大就與天津各企事業單位、高校、科研機構合作項目 170 餘個；與河北各企事業單位、高校、科研機構合作專案 160 餘個。環衛保潔則是京津冀公共服務一體化的亮點。2014 年，北京環衛集團與河北省固安縣、張家口市政府簽訂合作框架協議，輸出北京先進的環衛管理經驗，推廣首都環衛標準。此前，張家口市的環境衛生工作採用國家標準，而「首都標準」的要求更高。比如，對於執行「環境衛生一級標準」的重點保障區域，國家標準規定垃圾停留在地面上的時間不能超過 30 分鐘，而「首都標準」將其縮短至 5 分鐘。

建設雄安新區，深入推進京津冀協同發展。設立雄安新區是京津冀協調發展的重大決策部署。設立雄安新區，是以習近平同志為核心的黨中央深入推進京津冀協同發展作出的一項重大決策部署，是繼深圳經濟特區和上海浦東新區之後又一具有全國意義的新區，是重大的歷史性戰略選擇，是千年大計、國家大事。對於探索人口經濟密集地區優化開發新模式，打造全國創新驅動發展新引擎，加快構建京津冀世界級城市群，具有重大現實意義和深遠歷史意義。

京津冀協同發展戰略實施三年來，在交通一體化、生態環境保護、產業升級轉移等重點領域率先突破，各方面協同積極推進並不斷取得進展。但總體來看，特別是在集中疏解北京非首都功能、培育打

造新的區域增長極、優化京津冀城市佈局和空間結構方面，還迫切需要出臺和實施重大戰略舉措。規劃建設雄安新區，標誌著京津冀協同發展向縱深推進的重大突破，其意義非同凡響。

首先，建設雄安新區有利於集中疏解北京非首都功能，有效緩解北京大城市病，與北京城市副中心共同形成北京新的兩翼。多年來北京基本上是以「攤大餅」的形式擴張，目前由於人口過度膨脹、交通愈發擁堵、房價持續高漲、資源環境承載力嚴重不足，「大城市病」日益突出。究其原因是北京集聚了過多的非首都功能，造成過度的人口和功能聚集。從國際經驗看，解決「大城市病」問題，很多都用「跳出去」建新城的方法。設立雄安新區就是這樣一種選擇，是首都城市結構發展演變的歷史性創新，由此將結束北京多年來「攤大餅」式的城市擴張，優化首都城市結構和發展品質。雄安新區作為「跳出去」的新城，離北京既不能太遠、也不能太近。不能太遠，是因為它與首都北京是功能關聯城市，是首都功能拓展區；不能太近，是為了防止對首都北京形成圍城式發展，造成新的「攤大餅」。

其次，建設雄安新區有利於加快補齊區域發展短板，提升河北經濟社會發展品質和水準，培育形成新的區域增長極。長期以來，京津冀地區存在的一個突出問題就是發展不平衡，河北與北京、天津相比，發展水準存在「斷崖式」落差，河北人均 GDP 與京津兩市相去甚遠。而且，河北目前還有相當一部分貧困縣、貧困村和貧困人口，形成環首都貧困帶現象。河北發展落差是京津冀協同發展的短板，是影響京津冀地區整體實力和競爭力的主要制約因素。設立河北雄安新區，就是為了把促進河北發展與疏解北京非首都功能結合起來、統籌考慮，在河北地域內打造形成京津冀區域新的增長極，更好地帶動河北發

展，實現京津冀協同發展和整體提升。

第三，建設雄安新區有利於調整優化京津冀城市佈局和空間結構，拓展區域發展新空間。京津冀協同發展的整體定位之一就是建設以首都為核心的世界級城市群。與目前公認的世界級城市群相比，京津冀城市群存在的問題，一是整體發展水準低，二是城市群結構不合理、城市之間發展嚴重失衡，而且這種結構失衡又是影響其整體發展品質和水準的主要因素。長期以來，京、津兩極過於「肥胖」，周邊城市過於「瘦弱」，城市之間發展差距懸殊，而且缺乏合理分工和相互關聯，更缺乏融合發展。雄安新區的崛起，不僅能直接拓展區域發展新空間，而且將有效提升河北城市在京津冀城市群中的地位和作用，優化京津冀城市群結構，對於打造以首都為核心的世界級城市群意義重大。雄安新區在起步之初就要加強同北京、天津、石家莊、保定等城市的融合發展，形成優勢互補、互利共贏的融合發展新格局。

3. 京津冀協同發展的重大意義

京津冀協同發展是全面建成小康社會的重大戰略舉措之一，是調整和優化經濟結構、促進內涵式和集約型發展、推動整個京津冀均衡發展、協調發展和加快發展的重要思路和戰略重點，是協調推進「四個全面」戰略佈局的重要環節。

首先，京津冀協同發展是解決首都「大城市病」等京津冀協調發展深層次問題的重要手段。「大城市病」指的是在大城市裡出現的人口膨脹、交通擁擠、住房困難、環境惡化、資源緊張等「症狀」。城市病表現出來的是與城市發展不協調的失衡和無序現象，它造成了資源

的巨大浪費、居民生活品質下降和經濟發展成本上升，進而導致整個城市競爭力下降或喪失，阻礙了城市的可持續發展。作為我國政治、文化、國際交往中心的北京，應在全世界面前樹立國家首都良好的對外形象，應該擁有完善的首都功能，推進世界城市建設。但是目前北京正面臨「大城市病」的困擾，北京急需解決的問題就是疏解人口、交通和環境壓力。解決這些問題，不僅需要從北京自身入手，疏解非首都功能以及加快一般製造業產業轉移，還應通過京津冀之間建立有效的合作機制和路徑，為治理北京「城市病」提供有效手段。同時，通過北京產業、企業、機構的向外轉移，也為天津、河北產業轉型升級、提升經濟發展品質提供重要機會。京津冀協同發展，特別是疏解北京非首都功能，為解決北京「大城市病」、破解京津冀深層次問題，提供了一個系統性的解決方案。

其次，京津冀協同發展是新常態條件下拉動我國區域經濟發展的重要舉措。2014 年 12 月，中央經濟工作會議對我國經濟的發展做了全面深入的分析之後，提出我國國內經濟形勢進入了發展的新常態。經濟新常態與舊常態主要表現在四個變化：一是速度從高速增長轉為中高速增長，二是經濟結構不斷優化升級，三是發展動力從要素驅動、投資驅動轉向創新驅動，四是發展模式由主要追求規模型、速度型、粗放型、增長型經濟發展模式向品質型、效率型、集約型、發展型模式轉變。同時還將顯現消費需求、投資需求、出口和國際收支、生產能力和產業組織方式、生產要素相對優勢、市場競爭特點、資源環境約束、經濟風險積累和化解、資源配置模式和宏觀調控方式等九個趨勢性變化。經濟新常態下，我國處在經濟增長速度換擋期、經濟結構調整陣痛期、前期刺激政策消化期的「三期疊加」狀態下，面臨多重

機遇的同時也必定會遇到許多挑戰。在經濟新常態下，中國未來經濟發展必須通過優化經濟發展空間格局，積極發現和培育新的增長極，以帶動全國加快發展。因此，京津冀協同發展與「一帶一路」「長江經濟帶」以及「中西部重點開發區」，一同成為我國未來經濟發展的四大戰略重點。它在應對資源環境壓力加大、加快轉變經濟發展方式、增強對環渤海地區和北方腹地的輻射帶動能力，為全國轉型發展和全方位對外開放作出貢獻等方面，發揮了重要的作用。

再次，京津冀協同發展是提升我國城市群國際競爭力的重要戰略選擇。未來國際競爭的趨勢是由城市與城市之間的競爭，逐步轉化為城市群與城市群之間的競爭。目前，國際上具有較強競爭力和影響力的城市群或都市圈主要包括大紐約都市圈、巴黎都市圈、倫敦都市圈、東京都市圈等。京津冀城市群是繼長三角、珠三角之後，我國東部沿海地區一個重要的城市群，2013、2014 年地區生產總值分別占全國的 11% 和 10.44%，但從目前的經濟總量和經濟實力看，不僅與國外大的都市圈存在很大差距，即使與國內的長三角和珠三角比，也處在落後位次。例如，2014 年，長三角地區生產總值 12.88 萬億元，約占全國的 20.24%；珠三角地區生產總值 6.78 萬億元，約占全國的 10.65%。因此，未來京津冀的發展，不能僅站在北京、天津、河北各自的位置，而應該站在京津冀城市群整體的高度，甚至站在國家的高度，從參與國際競爭的角度出發，密切三地之間的經濟聯繫和優化整體競爭力格局，積極打造中國具有實力和競爭力的首都經濟圈，實現「規劃綱要」提出的「成為國際上具有較強競爭力和影響力的城市群」的目標。

（三）長江經濟帶發展戰略

　　長江經濟帶發展戰略是指以中國長江為中心的經濟圈發展戰略，是「國家一項重大區域發展戰略」。長江經濟帶覆蓋上海、江蘇、浙江、安徽、江西、湖北、湖南、重慶、四川、雲南、貴州等11省市，面積約205萬平方公里，人口和生產總值均超過全國的40%。長江經濟帶橫跨我國東中西三大區域，具有獨特優勢和巨大發展潛力。改革開放以來，長江經濟帶已發展成為我國綜合實力最強、戰略支撐作用最大的區域之一。長江經濟帶戰略作為中國新一輪改革開放轉型實施新區域開放開發戰略，是具有全球影響力的內河經濟帶、東中西互動合作的協調發展帶、沿海沿江沿邊全面推進的對內對外開放帶，也是生態文明建設的先行示範帶。

　　習近平總書記2013年7月在武漢調研時指出，長江流域要加強合作，發揮內河航運作用，把全流域打造成黃金水道。2014年12月，習近平總書記強調：「長江通道是我國國土空間開發最重要的東西軸線，在區域發展總體格局中具有重要戰略地位，建設長江經濟帶要堅持一盤棋思想，理順體制機制，加強統籌協調，更好發揮長江黃金水道作用，為全國統籌發展提供新的支撐。」2016年1月，習近平總書記在重慶召開推動長江經濟帶發展座談會並發表重要講話，全面深刻闡述了長江經濟帶發展戰略的重大意義、推進思路和重點任務。此後，習近平總書記又多次發表重要講話，強調推動長江經濟帶發展必須走生態優先、綠色發展之路，涉及長江的一切經濟活動都要以不破壞生態環境為前提，共抓大保護、不搞大開發，共同努力把長江經濟帶建成生態更優美、交通更順暢、經濟更協調、市場更統一、機制更科學的

黃金經濟帶。2016年9月，《長江經濟帶發展規劃綱要》正式印發，確立了長江經濟帶「一軸、兩翼、三極、多點」的發展新格局：「一軸」是以長江黃金水道為依託，發揮上海、武漢、重慶的核心作用，「兩翼」分別指滬瑞和滬蓉南北兩大運輸通道，「三極」指的是長江三角洲、長江中游和成渝三個城市群，「多點」是指發揮三大城市群以外地級城市的支撐作用。

1. 長江經濟帶發展的總體要求

推動長江經濟帶發展的指導思想是，按照「五位一體」總體佈局和「四個全面」戰略佈局，牢固樹立和貫徹落實創新、協調、綠色、開放、共用的發展理念，堅持生態優先、綠色發展，堅持一盤棋思想，理順體制機制，加強統籌協調，處理好政府與市場、地區與地區、產業轉移與生態保護的關係，加快推進供給側結構性改革，更好發揮長江黃金水道綜合效益，著力建設沿江綠色生態廊道，著力構建高品質綜合立體交通走廊，著力優化沿江城鎮和產業佈局，著力推動長江上中下游協調發展，不斷提高人民群眾生活水準，共抓大保護，不搞大開發，努力形成生態更優美、交通更順暢、經濟更協調、市場更統一、機制更科學的黃金經濟帶，為全國統籌發展提供新的支撐。

推動長江經濟帶發展的五條基本原則：一是江湖和諧、生態文明。建立健全最嚴格的生態環境保護和水資源管理制度，強化長江全流域生態修復，尊重自然規律及河流演變規律，協調處理好江河湖泊、上中下游、幹流支流等關係，保護和改善流域生態服務功能。在保護生態的條件下推進發展，實現經濟發展與資源環境相適應，走出一條綠

色低碳循環發展的道路。二是改革引領、創新驅動。堅持制度創新、科技創新，推動重點領域和關鍵環節改革先行先試。健全技術創新市場導向機制，增強市場主體創新能力，促進創新資源綜合集成。建設統一開放、競爭有序的現代市場體系，不搞「政策窪地」，不搞「拉郎配」。三是通道支撐、協同發展。充分發揮各地區比較優勢，以沿江綜合立體交通走廊為支撐，推動各類要素跨區域有序自由流動和優化配置。建立區域聯動合作機制，促進產業分工協作和有序轉移，防止低水準重複建設。四是陸海統籌、雙向開放。深化向東開放，加快向西開放，統籌沿海內陸開放，擴大沿邊開放。更好推動「引進來」和「走出去」相結合，更好利用國際國內兩個市場、兩種資源，構建開放型經濟新體制，形成全方位開放新格局。五是統籌規劃、整體聯動。著眼長遠發展，做好頂層設計，加強規劃引導，既要有「快思維」、也要有「慢思維」，既要做加法、也要做減法，統籌推進各地區各領域改革和發展。統籌好、引導好、發揮好沿江各地積極性，形成統分結合、整體聯動的工作機制。

推動長江經濟帶發展的戰略定位。長江經濟帶橫跨我國地理三大階梯，資源、環境、交通、產業基礎等發展條件差異較大，地區間發展差距明顯。圍繞生態優先、綠色發展的理念，依託長江黃金水道的獨特作用，發揮上中下游地區的比較優勢，用好海陸東西雙向開放的區位資源，統籌江河湖泊豐富多樣的生態要素，需要明確長江經濟帶的四大戰略定位：生態文明建設的先行示範帶、引領全國轉型發展的創新驅動帶、具有全球影響力的內河經濟帶、東中西互動合作的協調發展帶。

推動長江經濟帶發展的目標是：到 2020 年，生態環境明顯改善，

水資源得到有效保護和合理利用，河湖、濕地生態功能基本恢復，水質優良（達到或優於Ⅲ類）比例達到 75% 以上，森林覆蓋率達到 43%，生態環境保護體制機制進一步完善；長江黃金水道瓶頸制約有效疏暢、功能顯著提升，基本建成銜接高效、安全便捷、綠色低碳的綜合立體交通走廊；創新驅動取得重大進展，研究與試驗發展經費投入強度達到 2.5% 以上，戰略性新興產業形成規模，培育形成一批世界級的企業和產業集群，參與國際競爭的能力顯著增強；基本形成陸海統籌、雙向開放，與「一帶一路」建設深度融合的全方位對外開放新格局；發展的統籌度和整體性、協調性、可持續性進一步增強，基本建立以城市群為主體形態的城鎮化戰略格局，城鎮化率達到 60% 以上，人民生活水準顯著提升，現行標準下農村貧困人口實現脫貧；重點領域和關鍵環節改革取得重要進展，協調統一、運行高效的長江流域管理體制全面建立，統一開放的現代市場體系基本建立；經濟發展品質和效益大幅提升，基本形成引領全國經濟社會發展的戰略支撐帶。到 2030 年，水環境和水生態品質全面改善，生態系統功能顯著增強，水脈暢通、功能完備的長江全流域黃金水道全面建成，創新型現代產業體系全面建立，上中下游一體化發展格局全面形成，生態環境更加美好、經濟發展更具活力、人民生活更加殷實，在全國經濟社會發展中發揮更加重要的示範引領和戰略支撐作用。

2. 長江經濟帶發展的主要內容

第一，長江經濟帶涉及省份多，區域面積大，上中下游間經濟社會發展很不平衡，長江經濟帶的空間佈局應該遵循「生態優先、流域

互動、集約發展」的發展思路，進行「一軸、兩翼、三極、多點」的
科學格局。「一軸」是指以長江黃金水道為依託，發揮上海、武漢、
重慶的核心作用，以沿江主要城鎮為節點，構建沿江綠色發展軸。突
出生態環境保護，統籌推進綜合立體交通走廊建設、產業和城鎮佈局
優化、對內對外開放合作，引導人口經濟要素向資源環境承載能力較
強的地區集聚，推動經濟由沿海溯江而上梯度發展，實現上中下游協
調發展。「兩翼」是指發揮長江主軸線的輻射帶動作用，向南北兩側
腹地延伸拓展，提升南北兩翼支撐力。南翼以滬瑞運輸通道為依托，
北翼以滬蓉運輸通道為依托，促進交通互聯互通，加強長江重要支流
保護，增強省會城市、重要節點城市人口和產業集聚能力，夯實長江
經濟帶的發展基礎。「三極」是指以長江三角洲城市群、長江中游
城市群、成渝城市群為主體，發揮輻射帶動作用，打造長江經濟帶三
大增長極。長江三角洲城市群：充分發揮上海國際大都市龍頭作用，
提升南京、杭州、合肥都市區國際化水準，以建設世界級城市群為目
標，在科技進步、制度創新、產業升級、綠色發展等方面發揮引領作
用，加快形成國際競爭新優勢。長江中游城市群：增強武漢、長沙、
南昌中心城市功能，促進三大城市組團之間的資源優勢互補、產業分
工協作、城市互動合作，加強湖泊、濕地和耕地保護，提升城市群綜
合競爭力和對外開放水準。成渝城市群：提升重慶、成都中心城市功
能和國際化水準，發揮雙引擎帶動和支持作用，推進資源整合與一體
發展，推進經濟發展與生態環境相協調。「多點」是指發揮三大城市
群以外地級城市的支撐作用，以資源環境承載力為基礎，不斷完善城
市功能，發展優勢產業，建設特色城市，加強與中心城市的經濟聯繫
與互動，帶動地區經濟發展。

　　第二，推動長江經濟帶發展，必須堅持習近平總書記提出的「生態優先、綠色發展，把生態環境保護擺上優先地位」的指示精神。

　　長江擁有獨特的生態系統，是我國重要的生態寶庫。目前，沿江工業發展各自為政，沿岸重化工業高密度佈局，環境污染隱患日趨增多。長江流域生態環境保護和經濟發展的矛盾日益嚴重，發展的可持續性面臨嚴峻挑戰，再按照老路走下去必然是「山窮水盡」。習近平總書記對長江經濟帶發展多次明確指出，推動長江經濟帶發展，要從中華民族長遠利益考慮，牢固樹立和貫徹新發展理念，把修復長江生態環境擺在壓倒性位置，在保護的前提下發展，實現經濟發展與資源環境相適應。長江經濟帶發展的基本思路就是生態優先、綠色發展，而不是又鼓勵新一輪的大幹快上。這是長江經濟帶戰略區別於其他戰略的最重要的要求，是制定規劃的出發點和立足點。

　　建設長江經濟帶戰略，把保護和修復長江生態環境擺在首要位置，共抓大保護，不搞大開發，全面落實主體功能區規劃，明確生態功能分區，劃定生態保護紅線、水資源開發利用紅線和水功能區限制納污紅線，強化水質跨界斷面考核，推動協同治理，嚴格保護一江清水，努力建成上中下游相協調、人與自然相和諧的綠色生態廊道。重點要做好四方面工作：一是保護和改善水環境，重點是嚴格治理工業污染、嚴格處置城鎮污水垃圾、嚴格控制農業面源污染、嚴格防控船舶污染。二是保護和修復水生態，重點是妥善處理江河湖泊關係、強化水生生物多樣性保護、加強沿江森林保護和生態修復。三是有效保護和合理利用水資源，重點是加強水源地特別是飲用水源地保護、優化水資源配置、建設節水型社會、建立健全防洪減災體系。四是有序利用長江岸線資源，重點是合理劃分岸線功能、有序利用岸線資源。

　　長江生態環境保護是一項系統工程，涉及面廣，必須打破行政區劃界限和壁壘，有效利用市場機制，更好發揮政府作用，加強環境污染聯防聯控，推動建立地區間、上下游生態補償機制，加快形成生態環境聯防聯治、流域管理統籌協調的區域協調發展新機制。一是建立負面清單管理制度。按照全國主體功能區規劃要求，建立生態環境硬約束機制，明確各地區環境容量，制定負面清單，強化日常監測和監管，嚴格落實黨政領導幹部生態環境損害責任追究問責制度。對不符合要求佔用的岸線、河段、土地和佈局的產業，必須無條件退出。二是加強環境污染聯防聯控。完善長江環境污染聯防聯控機制和預警應急體系，推行環境信息共用，建立健全跨部門、跨區域、跨流域突發環境事件應急回應機制。建立環評會商、聯合執法、信息共用、預警應急的區域聯動機制，研究建立生態修復、環境保護、綠色發展的指標體系。三是建立長江生態保護補償機制。通過生態補償機制等方式，激發沿江省市保護生態環境的內在動力。依託重點生態功能區開展生態補償示範區建設，實行分類分級的補償政策。按照「誰受益誰補償」的原則，探索上中下游開發地區、受益地區與生態保護地區進行橫向生態補償。四是開展生態文明先行示範區建設。全面貫徹大力推進生態文明建設要求，以制度建設為核心任務、以可複製可推廣為基本要求，全面推動資源節約、環境保護和生態治理工作，探索人與自然和諧發展有效模式。

　　第三，建設長江經濟帶，需要做好依託長江黃金水道建設綜合立體交通走廊等重點工作。交通運輸體系是國民經濟發展的重要基礎，對區域經濟社會發展具有重要的支撐和引領作用。建設長江經濟帶，需要加快交通基礎設施互聯互通，推動長江經濟帶優先發展。要著

力推進長江水脈暢通，把長江全流域打造成黃金水道；統籌鐵路、公路、航空、渠道建設，率先建成網絡化、標準化、智慧化的綜合立體交通走廊，進一步提高品質和效益，增強對長江經濟帶發展的戰略支撐力。

一是提升黃金水道功能。全面推進幹線航道系統化治理，重點解決下游「卡脖子」、中游「梗阻」、上游「瓶頸」問題，進一步提升幹線航道通航能力。統籌推進支線航道建設，圍繞解決支流「不暢」問題，有序推進航道整治和梯級渠化，形成與長江幹線有機銜接的支線網絡。加快推進船型標準化，加大相關資金投入力度，拓寬融資渠道，加快長江船型標準化步伐。堅持安全第一，提高客船安全標準，完善危險化學品船舶技術規則和運輸管理。積極推廣應用節能環保型船舶，加快淘汰低效率高污染老舊船舶。健全智慧服務和安全保障系統，加快長江水運預防預控和應急救助能力建設，增強突發事件處置能力，加強國家船舶溢油應急設備庫和溢油應急船舶建設。優化整合長江幹線渡口渡線，加強渡運安全管理。

二是促進港口合理佈局。強化港口分工協作，統籌港口規劃佈局，優先發展樞紐港口，積極發展重點港口，適度發展一般港口，嚴格控制港口碼頭無序建設。鼓勵大型港航企業以資本為紐帶，採用商業模式整合沿江港口和航運資源。發展現代航運服務，加快上海國際航運中心、武漢長江中游航運中心、重慶長江上游航運中心和南京區域性航運物流中心建設，積極培育高端航運服務業態，大力發展江海聯運服務。加強集疏運體系建設，以航運中心和主要港口為重點，加快鐵路、高等級公路等與重要港區的連接線建設，提升貨物中轉能力和效率，有效解決「最後一公里」問題，實現樞紐港與鐵路、公路運輸銜

接互通。

三是完善綜合交通網絡。圍繞建設長江大動脈，加快鐵路建設步伐，優先實施消除鐵路「卡脖子」工程，形成與黃金水道功能互補、銜接順暢的快速大能力鐵路通道。加快建設高等級廣覆蓋公路網，有效延伸黃金水道輻射範圍。優化航線網絡，提高主要城市間航班密度，培育和拓展國際運輸航線，積極發展航空快遞。深化低空空域管理改革，大力發展通用航空。統籌規劃、合理佈局油氣管網，加快建設主幹渠道，配套建設輸配體系和儲備設施，提高原油、成品油管輸比例。

四是大力發展聯程聯運。按照「零距離換乘、無縫化銜接」要求，加快建設全國性綜合交通樞紐，有序發展區域性綜合交通樞紐，提高綜合交通運輸體系的運行效率，增強對產業佈局的引導和城鎮發展的支撐作用。加快發展多式聯運，鼓勵發展鐵水、公水、空鐵等多式聯運，增加集裝箱和大宗散貨鐵水聯運比重，提高公水、空鐵聯運效率，提升運輸服務一體化水準。

3. 長江經濟帶發展的重大意義

長江流域是中華民族的重要文化搖籃，人才薈萃，科教事業發達，技術與管理先進。經過幾十年的建設發展，長江流域已成為我國農業、工業、商業、文化教育和科學技術等方面最發達的地區之一，也是全國除沿海開放地區以外，經濟密度最大的經濟地帶，它對我國經濟的發展有著其它經濟帶所無可比擬的戰略意義。與沿海和其他經濟帶相比，長江經濟帶城市密集，市場廣闊，擁有我國最廣闊的腹地和發展空間，是我國今後幾十年經濟增長潛力最大的地區。

　　一是有利於區域協調發展。改革開放以來，我國先後實施了建設經濟特區、沿海開放城市等措施來推動沿海地區的經濟發展。沿海地區憑藉著優越的區位優勢、政策優勢條件發展了起來。我國東部沿海已經形成了京津冀、長三角、珠三角三大城市群，另外建設中的還有遼東半島城市群、山東半島城市群、海峽西岸經濟帶等。然而，廣大的中西部地區的經濟發展卻落後了。長江經濟帶貫穿我國東中西部地區，連接著長三角經濟區、長江中游經濟區、成渝經濟區。武漢城市圈正在建設「兩型社會」試驗區，成渝經濟區是我國的城鄉統籌發展經濟區，而長三角經濟區是我國規模最大、經濟最發達的經濟區。長江經濟帶的建設必將有力地推動我國東中西部的經濟協調發展，縮小經濟發展的區域差距。長江經濟帶的建設將深刻地改變我國經濟的區域格局。

　　二是有利於產業結構轉型升級。產業結構轉型升級是我國今後較長一段時間的重要任務，是打造中國經濟升級版的必然要求。我國東部地區經濟發達，面臨著產業高度化、從低附加值產業向高附加值升級、從粗放型經濟向集約型經濟轉型的任務；我國中西部地區自然資源豐富、勞動力資源密集，發展潛力巨大。因此我國急需協調發展東西部的產業體系。建設長江經濟帶有助於我國東中西部發揮各自的比較優勢，實現產業的合理佈局和協調發展。東部地區可以將一些產業轉移到中西部地區，不僅能夠帶動中西部地區的經濟發展，而且能夠推動東部地區的產業升級，進而實現東中西部的經濟協調發展。

　　三是有利於建設統一的市場體系。市場決定資源配置是市場經濟的一般規律。總的來看，使市場在資源配置中起決定性作用，有利於最大限度激發各類市場主體創業、創新的活力；有利於加快轉變經濟

發展方式，推動經濟更有效率、更加公平、更可持續發展。我國絕大多數經濟領域的資源配置已基本上通過市場進行。十八屆三中全會提出讓市場在資源配置中發揮決定性作用。但是在生產、建設、流通、消費等環節，資源配置違背價值規律要求導致資源低效配置乃至嚴重浪費的現象還十分普遍。一直以來，我國的經濟是政府主導型的經濟。政府對經濟的干預力量較為強大。建設長江經濟帶有助於打破地方保護主義和各種行政壁壘，推動相關各省份的協調合作，減少政府對經濟的干預，形成統一的市場體系，有利於進一步解放和發展生產力，進一步解放和增強經濟活力。同時，建設長江經濟帶有助於更好地發揮政府宏觀調控和市場監管作用。

　　四是有利於我國內陸地區的開放。當今世界各國的發展經驗，只有擴大開放、融入全球經濟，才能促進經濟健康穩定發展。因此我國必須大力發展和不斷加強對外經濟技術交流，積極參與國際交換和國際競爭，以生產和交換的國際化取代閉關自守和自給自足，促進經濟的變革，使我國經濟結構由封閉型經濟轉變為開放型經濟，促進國民經濟健康快速的發展。對於我國這樣一個發展中國家而言，只有擴大內陸地區的開放，才能實現經濟的全面開放。長江經濟帶依託長江這一黃金水道，有便利的交通運輸條件，並且直達海洋，因此建設長江經濟帶能夠使中西部地區在更廣闊的範圍內進行資源交換，同時利用國際和國內兩個市場，推進國際經濟技術合作，擴大對外貿易，有利於全面提高開放型經濟水準。

　　五是有利於轉變經濟發展方式。加快轉變經濟發展方式，是實現我國經濟又好又快發展的根本要求。投資、消費、出口是拉動經濟增長的三駕馬車。長期以來，我國的外需不斷得到加強，然而內需卻沒

有得到同步的發展。經濟結構的失衡加大了我國對國外經濟的依賴性。歷史的經驗告訴我們高度依賴外需的經濟增長方式難以實現經濟結構的優化，同時還會加大國際經濟與政治的摩擦，所以失衡的內外需求結構亟須糾正。建設長江經濟帶一方面能夠加大我國中西部地區基礎設施建設力度，擴大投資需求，另一方面當中西部地區人民生活水準提高之後，會增加消費需求。因而建設長江經濟帶會擴大內需，促進經濟增長向依靠消費、投資、出口協調拉動轉變，減輕我國經濟結構的內外失衡，促進經濟穩定發展。

第五章

健全人民當家作主制度體系，發展社會主義民主政治

——建設社會主義政治文明

「五位一體」——實現偉大復興的戰略部署和戰略任務・之二

　　政治文明，是人類社會政治生活的進步狀態和政治發展的積極成果。按照中國特色社會主義五位一體的總體佈局，中國特色社會主義政治文明主要包括中國特色社會主義民主政治、中國特色社會主義政治制度和中國特色社會主義政治環境條件（一般是指國際戰略與外交、軍隊與國防建設以及港澳台問題等）。

　　社會主義民主政治和社會主義政治制度是人類政治文明發展的重要成果。習近平總書記指出，人民民主是社會主義的生命。沒有民主就沒有社會主義，就沒有社會主義的現代化，就沒有中華民族偉大

復興。習近平總書記還指出，中國特色社會主義政治制度之所以行得通、有生命力、有效率，就是因為它是從中國的社會土壤中生長起來的。中國特色社會主義政治制度過去和現在一直生長在中國的社會土壤之中，未來要繼續茁壯成長，也必須深深紮根於中國的社會土壤。中國特色社會主義政治實踐證明，社會主義愈發展，民主也愈發展。

一、加強人民當家作主的制度保障

——發展適合中國國情的社會主義政治制度

社會主義政治制度是社會主義政治文明的重要組成部分。中國特色社會主義制度主要包括人民代表大會制度這一根本政治制度，中國共產黨領導的多黨合作和政治協商制度，民族區域自治制度以及基層群眾自治制度等政治制度。中國特色社會主義政治制度符合我國國情，順應時代潮流，有利於保持黨和國家活力、調動廣大人民群眾和社會各方面的積極性、主動性、創造性，有利於解放和發展社會生產力、推動經濟社會全面發展，有利於維護和促進社會公平正義、實現全體人民共同富裕，有利於集中力量辦大事、有效應對前進道路上的各種風險挑戰，有利於維護民族團結、社會穩定、國家統一。

（一）堅持走中國特色社會主義政治發展道路

「以什麼樣的思路來謀劃和推進中國社會主義民主政治建設，在國家政治生活中具有管根本、管全域、管長遠的作用。古今中外，由

於政治發展道路選擇錯誤而導致社會動盪、國家分裂、人亡政息的例子比比皆是。中國是一個發展中大國，堅持正確的政治發展道路更是關係根本、關係全域的重大問題。」世界上沒有完全相同的政治模式，一個國家實行什麼樣的政治制度，走什麼樣的政治發展道路，必須與這個國家的國情和性質相適應。改革開放以來，我們黨團結帶領人民在發展社會主義民主政治方面取得了重大進展，成功開闢和堅持了中國特色社會主義政治發展道路，為實現最廣泛的人民民主確立了正確方向。習近平總書記指出：「中國社會主義民主政治具有強大生命力，中國特色社會主義政治發展道路是符合中國國情、保證人民當家作主的正確道路。」中國特色社會主義政治發展道路，既有科學的指導思想，又有嚴謹的制度安排，既有明確的價值取向，又有有效的實現形式和可靠的推動力量。中國特色社會主義政治發展道路的核心思想、主體內容、基本要求，都在憲法中得到了確認和體現，其精神實質緊密聯繫而又相互貫通和互相促進。

　　堅持走中國特色社會主義的政治發展道路，必須始終堅持黨的領導、人民當家作主、依法治國有機統一。黨的領導是人民當家作主和依法治國的根本保證，人民當家作主是社會主義民主政治的本質和核心，依法治國是黨領導人民治理國家的基本方略。要堅持發揮黨總攬全域、協調各方的領導核心作用，改進和完善黨的領導方式和執政方式，不斷提高黨科學執政、民主執政、依法執政水準。切實保證國家的一切權力屬於人民，以民主的制度、民主的形式、民主的手段支持和保證人民當家作主。堅持依法治國、依法執政、依法行政共同推進，堅持法治國家、法治政府、法治社會一體建設，使黨和國家的各項工作、社會生活的方方面面都走上制度化、法律化的軌道。

　　堅持走中國特色社會主義的政治發展道路，必須積極穩妥地推進政治體制改革。我國民主法治建設同擴大人民民主和經濟社會發展的要求還有不完全適應的方面，社會主義民主政治的體制、機制、程序、規範以及具體運行上還存在不完善的地方，在保障人民民主權利、發揮人民創造精神方面也還存在一些不足，必須繼續加以完善。要把堅定制度自信和不斷改革創新統一起來，以保證人民當家作主為根本，以增強黨和國家活力、調動人民積極性為目標，在堅持根本政治制度、基本政治制度的基礎上，不斷推進制度體系完善和發展，不斷建設社會主義政治文明。

　　堅持走中國特色社會主義的政治發展道路，必須堅持正確的政治方向。政治方向、政治道路走偏、走錯，不僅政治文明建設很難搞好，而且會給黨和人民的事業帶來損害。我們需要借鑒國外政治文明有益成果，但絕不能放棄中國政治制度的根本。習近平總書記強調：「照抄照搬他國的政治制度行不通，會水土不服，會畫虎不成反類犬，甚至會把國家前途命運葬送掉。」要保持政治定力，堅持從國情出發、從實際出發，既要把握長期形成的歷史傳承，又要把握走過的發展道路、積累的政治經驗、形成的政治原則，還要把握現實要求、著眼解決現實問題，不能割斷歷史，不能想像突然就搬來一座政治制度上的「飛來峰」。要堅定對中國特色社會主義政治制度的自信，增強走中國特色社會主義政治發展道路的信心和決心。

（二）發展適合我國國情的社會主義政治制度

　　一個國家的政治制度取決於這個國家的經濟社會基礎，又反作用

於這個國家的經濟社會基礎，有時甚至起到決定性的作用。習近平總書記 2014 年 9 月 5 日在慶祝全國人民代表大會成立 60 周年大會上指出：「中國實行工人階級領導的、以工農聯盟為基礎的人民民主專政的國體，實行人民代表大會制度的政體，實行中國共產黨領導的多黨合作和政治協商制度，實行民族區域自治制度，實行基層群眾自治制度，具有鮮明的中國特色。這樣一套制度安排，能夠有效保證人民享有更加廣泛、更加充實的權利和自由，保證人民廣泛參加國家治理和社會治理；能夠有效調節國家政治關係，發展充滿活力的政黨關係、民族關係、宗教關係、階層關係、海內外同胞關係，形成安定團結的政治局面；能夠集中力量辦大事，有效促進現代化建設各項事業，促進人民生活品質和水準不斷提高；能夠有效維護國家獨立自主，有力維護國家主權、安全、發展利益，維護中國人民和中華民族的福祉。」中國特色社會主義政治制度，是在我國歷史傳承、文化傳統、經濟社會發展的基礎上長期發展、漸進改進、內生性演化的結果，必須長期堅持、全面貫徹、不斷發展。

人民民主專政制度是中華人民共和國的國體，代表了國家的性質和階級本質。它是由社會各階級、階層在國家中的地位所反映出來的國家的根本屬性。它包括兩個方面：一是各階級、各階層在國家中所處的統治與被統治地位；二是各階級、階層在統治集團內部所處的領導與被領導地位。人民民主專政的含義是中國共產黨和中華人民共和國始終代表最廣大人民的根本利益，可以使用專制的方法來對待敵對勢力以維持人民民主政權。人民民主專政的本質是人民當家作主。人民民主具有廣泛性和真實性的特點，主要表現在兩個方面：第一，民主主體的廣泛性。在我國，包括工人、農民、知識份子和其他社會主

義勞動者，擁護社會主義的愛國者，擁護祖國統一的愛國者在內的全體人民都是國家和社會的主人。他們平等享有管理國家和社會事務的權利。第二，人民享有民主權利的廣泛性。我國憲法第二章確認我國公民享有政治、經濟、文化等社會生活各方面的廣泛的民主自由權利。民主的真實性表現在人民當家作主的權利有制度、法律和物質的保障。

人民代表大會制度是中國特色社會主義制度的重要組成部分，也是支撐中國國家治理體系和治理能力的根本政治制度。在中國實行人民代表大會制度，是中國人民在人類政治制度史上的偉大創造，是深刻總結近代以後中國政治生活慘痛教訓得出的基本結論，是中國社會100多年激越變革、激蕩發展的歷史結果，是中國人民翻身作主、掌握自己命運的必然選擇。習近平總書記指出：「人民代表大會制度是符合中國國情和實際、體現社會主義國家性質、保證人民當家作主、保障實現中華民族偉大復興的好制度。」新形勢下，堅持和完善人民代表大會制度，必須毫不動搖堅持中國共產黨的領導，必須保證和發展人民當家作主，必須堅持全面依法治國，必須堅持民主集中制。

中國共產黨領導的多黨合作和政治協商制度是我國的一項基本政治制度，也是我國政治格局穩定的重要制度保證。幾十年的實踐證明，這個制度是適合我國國情的，植根於我國土壤，構成了中國特色社會主義制度的一個鮮明特色。要更好體現這項制度的效能，貫徹長期共存、互相監督、肝膽相照、榮辱與共的方針，加強同民主黨派合作共事，支持民主黨派更好履行參政議政、民主監督、參加中國共產黨領導的政治協商職能。支援民主黨派加強思想、組織、制度特別是領導班子建設，提高政治把握能力、參政議政能力、組織領導能力、合作共事能力、解決自身問題能力。民族區域自治制度是我國的一項基本

政治制度，是中國特色解決民族問題正確道路的重要內容和制度保障。民族區域自治制度符合我國國情，在維護祖國統一、領土完整，在加強民族平等團結、促進民族地區發展、增強中華民族凝聚力等方面都起到了重要作用。民族區域自治是黨的民族政策的源頭，我們的民族政策都是由此而來、依此而存。這個源頭變了，根基就動搖了，在民族理論、民族政策、民族關係等問題上就會產生多米諾效應。民族區域自治不是某個民族獨享的自治，民族自治地方更不是某個民族獨有的地方，要堅持統一和自治相結合、民族因素和區域因素相結合，把憲法和民族區域自治法的規定落實好，幫助民族自治地方發展經濟、改善民生。

基層群眾自治制度是我國的一項基本政治制度。完善基層群眾自治制度，發展基層民主，是社會主義民主政治建設的基礎。要完善基層民主制度，暢通民主渠道，健全基層選舉、議事、公開、述職、問責等機制，促進群眾在城鄉社區治理、基層公共事務和公益事業中依法自我管理、自我服務、自我教育、自我監督，切實防止出現人民形式上有權、實際上無權的現象。

實踐已經反復證明，只有紮根本國土壤、汲取充沛養分的政治制度，才最可靠，也最管用。中國特色社會主義政治制度之所以行得通、有生命力、有效率，就是因為它是從中國的社會土壤中生長起來的。我國的政治制度安排，能夠有效保證人民享有更加廣泛、更加充實的權利和自由，保證人民廣泛參加國家治理和社會治理；能夠有效調節國家政治關係，發展充滿活力的政黨關係、民族關係、宗教關係、階層關係、海內外同胞關係，增強民族凝聚力，形成安定團結的政治局面；能夠集中力量辦大事，有效促進社會生產力解放和發展，

促進現代化建設各項事業，促進人民生活品質和水準不斷提高；能夠有效維護國家獨立自主，有力維護國家主權、安全、發展利益，維護中國人民和中華民族的福祉。我們要不斷推進社會主義民主政治制度化、規範化、程序化，更好發揮中國特色社會主義政治制度的優越性，為黨和國家興旺發達、長治久安提供更加完善的制度保障。

（三）深化機構和行政體制改

　　行政體制改革和政府自身建設是我國政治體制改革的重要內容，是推動上層建築適應經濟基礎的必然要求，必須隨著改革開放和社會主義現代化建設發展不斷推進。要按照建立中國特色社會主義行政體制的目標，深入推進政企分開、政資分開、政事分開、政社分開，持續推進簡政放權、放管結合、優化服務，建立權責統一、權威高效的依法行政體制，建設職能科學、結構優化、廉潔高效、人民滿意的服務型政府。

　　推進行政體制改革，轉變政府職能是深化行政體制改革的核心內容。轉變政府職能主要是要解決政府應該做什麼、不應該做什麼的大問題。其重點是處理好政府、市場、社會的關係，即哪些事應該由市場、社會、政府各自分擔，哪些事應該由三者共同承擔。改革開放30多年來，我國行政體制改革的過程，就是從計劃經濟條件下的政府職能體系不斷向社會主義市場經濟條件下的政府職能體系轉變的過程。總體上看，我們在轉變政府職能方面取得了重大成就，積累了寶貴經驗，有力推進了社會主義現代化建設。但也必須看到，現在政府職能轉變還不到位，政府對微觀經濟運行干預過多過細，宏觀經濟調節還

不完善，市場監管問題較多，社會管理亟待加強，公共服務比較薄弱。這些問題的存在，與全面建成小康社會的新要求不相符合，必須下更大決心、以更大力度推進政府職能轉變。

推進行政體制改革，轉變政府職能，需要明確創造良好發展環境、提供優質公共服務、維護社會公平正義的總方向。要按照這個總方向，科學界定政府職能範圍，優化各級政府組織結構，理順部門職責分工，突出強化責任，確保權責一致。政府要全面正確履行經濟調節、市場監管、社會管理、公共服務職能，應該有所為有所不為，該管的事一定要管好、管到位，該放的權一定要放足、放到位，努力做到不越位、不錯位、不缺位，充分發揮市場在資源配置中的決定性作用，更好發揮社會力量在管理社會事務中的作用，激發市場活力和社會創造力。

推進行政體制改革，轉變政府職能，應該堅持積極穩妥、循序漸進、成熟先行。抓住主要矛盾和重點問題，把職能轉變放在更加突出的位置，既鞏固以往的改革成果，又著力破解重大難題。條件成熟、形成共識的就先推進，能改的先改起來。上層建築需要不斷適應經濟基礎發展的要求，但這是一個不斷調整的過程，不可能畢其功於一役，不可能通過一次改革就統統解決，有的改革還需要探索、還需要時間，需要積累共識和經驗，條件成熟時再作推進。

推進行政體制改革，轉變政府職能，還要處理好幾個重要關係。一是處理好大和小的關係。大部門制要穩步推進，但也不是所有職能部門都要大，不是所有相關職能都要往一個筐裡裝，關鍵要看怎樣擺佈符合實際、科學合理、更有效率。二是處理好收和放的關係。轉變政府職能需要放權，以發揮地方的積極性和主動性，但並不是說什麼

權都要下放，該下放的當然要下放，但該加強的也要加強。三是處理好政府和社會的關係。發揮社會力量在管理社會事務中的作用，一些不適宜政府去管的事務，可以讓群眾依法實行自我管理、自我服務，同時也要加強對各類社會組織的規範和引導。四是處理好管理和服務的關係。政府既有管理職能，又有服務職能，管理和服務不能偏廢，寓管理於服務之中是講管理的，政府該管的不僅要管，而且要切實管好。

不論行政體制和政府職能怎麼改，為人民服務的宗旨都不能變。要堅持以人為本、執政為民，接地氣、通下情，想群眾之所想，急群眾之所急，解群眾之所憂，在服務中實施管理，在管理中實現服務。要加強公務員隊伍建設和政風建設，轉變工作作風，改進工作方式，提高政府公信力和執行力，提高工作效率和服務水準。

（四）「一國兩制」是實現祖國和平統一的最佳方案

一國兩制，即「一個國家，兩種制度」，是中國政府為實現國家和平統一而提出的基本國策。鄧小平指出，「一國兩制」是指在一個中國的前提下，國家的主體堅持社會主義制度，香港、澳門、臺灣保持原有的資本主義制度長期不變。習近平主席 2017 年 7 月 1 日在慶祝香港回歸祖國 20 周年大會暨香港特別行政區第五屆政府就職典禮上指出，實踐充分證明，「一國兩制」是歷史遺留的香港問題的最佳解決方案，也是香港回歸後保持長期繁榮穩定的最佳制度安排，是行得通、辦得到、得人心的。堅持「一國兩制」方針，深入推進「一國兩制」實踐，符合香港居民利益，符合香港繁榮穩定實際需要，符合國家根

本利益，符合全國人民共同意願。

　　繼續推進「一國兩制」的偉大事業，必須牢牢把握「一國兩制」的根本宗旨，共同維護國家主權、安全、發展利益，保持香港、澳門長期繁榮穩定；必須堅持依法治港、依法治澳，依法保障「一國兩制」實踐；必須把堅持一國原則和尊重兩制差異、維護中央權力和保障特別行政區高度自治權、發揮祖國內地堅強後盾作用和提高港澳自身競爭力有機結合起來，任何時候都不能偏廢。中央貫徹落實「一國兩制」、嚴格按照基本法辦事的方針不會變；支持行政長官和特別行政區政府依法施政、履行職責的決心不會變；支持香港、澳門兩個特別行政區發展經濟、改善民生、推進民主、促進和諧的政策也不會變。要發揮港澳獨特優勢，提升港澳在國家經濟發展和對外開放中的地位和功能，深化內地與港澳合作。香港特別行政區同胞、澳門特別行政區同胞，要以國家和香港、澳門整體利益為重，共同維護和促進香港、澳門長期繁榮穩定。

　　堅持「和平統一、一國兩制」，是解決臺灣問題的基本方針，也是實現國家統一的最佳方式。習近平總書記在十九大報告中指出：解決臺灣問題、實現祖國完全統一，是全體中華兒女共同願望，是中華民族根本利益所在。必須繼續堅持「和平統一、一國兩制」方針，推動兩岸關係和平發展，推進祖國和平統一進程。

　　一個中國原則是兩岸關係的政治基礎。體現一個中國原則的「九二共識」明確界定了兩岸關係的根本性質，是確保兩岸關係和平發展的關鍵。承認「九二共識」的歷史事實，認同兩岸同屬一個中國，兩岸雙方就能開展對話，協商解決兩岸同胞關心的問題，臺灣任何政黨和團體同大陸交往也不會存在障礙。

　　兩岸同胞是命運與共的骨肉兄弟，是血濃於水的一家人。我們秉持「兩岸一家親」理念，尊重臺灣現有的社會制度和臺灣同胞生活方式，願意率先同臺灣同胞分享大陸發展的機遇。我們將擴大兩岸經濟文化交流合作，實現互利互惠，逐步為臺灣同胞在大陸學習、創業、就業、生活提供與大陸同胞同等的待遇，增進臺灣同胞福祉。我們將推動兩岸同胞共同弘揚中華文化，促進心靈契合。

　　我們堅決維護國家主權和領土完整，絕不容忍國家分裂的歷史悲劇重演。一切分裂祖國的活動都必將遭到全體中國人堅決反對。我們有堅定的意志、充分的信心、足夠的能力挫敗任何形式的「台獨」分裂圖謀。我們絕不允許任何人、任何組織、任何政黨、在任何時候、以任何形式、把任何一塊中國領土從中國分裂出去！

　　當前，「一國兩制」在香港的實踐遇到一些新情況新問題。香港維護國家主權、安全、發展利益的制度還需完善，對國家歷史、民族文化的教育宣傳有待加強，社會在一些重大政治法律問題上還缺乏共識，經濟發展也面臨不少挑戰，傳統優勢相對減弱，新的經濟增長點尚未形成，住房等民生問題比較突出。

　　為了更好地落實「一國兩制」在香港的實踐，習近平總書記2017年7月1日提出了四點意見：第一，始終準確把握「一國」和「兩制」的關係。「一國」是根，根深才能葉茂；「一國」是本，本固才能枝榮。任何危害國家主權安全、挑戰中央權力和香港特別行政區基本法權威、利用香港對內地進行滲透破壞的活動，都是對底線的觸碰，都是絕不能允許的。在「一國」的基礎之上，「兩制」的關係應該也完全可以做到和諧相處、相互促進；第二，始終依照憲法和基本法辦事。中華人民共和國憲法和香港特別行政區基本法共同構成香港特別行政

區的憲制基礎。要把中央依法行使權力和特別行政區履行主體責任有機結合起來；要完善與基本法實施相關的制度和機制；要加強香港社會特別是公職人員和青少年的憲法和基本法宣傳教育；第三，始終聚焦發展這個第一要務。發展是永恆的主題，是香港的立身之本，也是解決香港各種問題的金鑰匙。「蘇州過後無艇搭」，大家一定要珍惜機遇、抓住機遇，把主要精力集中到搞建設、謀發展上來；第四，始終維護和諧穩定的社會環境。香港是一個多元社會，對一些具體問題存在不同意見甚至重大分歧並不奇怪，但如果陷入「泛政治化」的旋渦，人為製造對立、對抗，那就不僅於事無補，而且會嚴重阻礙經濟社會發展。從中央來說，只要愛國愛港，誠心誠意擁護「一國兩制」方針和香港特別行政區基本法，不論持什麼政見或主張，我們都願意與之溝通。

二、人民民主是社會主義的生命
——把人民作主落實到國家政治生活和社會生活之中

習近平總書記 2012 年 12 月 4 日在首都各界紀念現行憲法公佈施行三十周年大會上指出：「堅持中國特色社會主義政治發展道路，關鍵是要堅持黨的領導、人民當家作主、依法治國有機統一，以保證人民當家作主為根本，以增強黨和國家活力、調動人民積極性為目標，擴大社會主義民主，發展社會主義政治文明。」習近平總書記 2014 年 9 月 5 日在慶祝全國人民代表大會成立 60 周年大會上指出：「發展社會主義民主政治，關鍵是要增加和擴大我們的優勢和特點，而不是

要削弱和縮小我們的優勢和特點。我們要堅持發揮黨總攬全域、協調各方的領導核心作用，保證黨領導人民有效治理國家，切實防止出現群龍無首、一盤散沙的現象。我們要堅持國家一切權力屬於人民，既保證人民依法實行民主選舉，也保證人民依法實行民主決策、民主管理、民主監督，切實防止出現選舉時漫天許諾、選舉後無人過問的現象。我們要堅持和完善中國共產黨領導的多黨合作和政治協商制度，加強社會各種力量的合作協調，切實防止出現黨爭紛遝、相互傾軋的現象。我們要堅持和完善民族區域自治制度，鞏固平等團結互助和諧的社會主義民族關係，切實防止出現民族隔閡、民族衝突的現象。我們要堅持和完善基層群眾自治制度，發展基層民主，切實防止出現人民形式上有權、實際上無權的現象。我們要堅持和完善民主集中制的制度和原則，形成治國理政的強大合力，切實防止出現相互掣肘、內耗嚴重的現象。我們要不斷推進社會主義民主政治制度化、規範化、程序化，更好發揮中國特色社會主義政治制度的優越性，為黨和國家興旺發達、長治久安提供更加完善的制度保障。」

（一）保證和支持人民當家作主

中國的社會主義民主是一種有別於資本主義的「實質性民主」，其最大的特點是，黨的領導、人民當家作主、依法治國三者有機統一。習近平總書記在十九大報告中指出：「黨的領導是人民當家作主和依法治國的根本保證，人民當家作主是社會主義民主政治的本質特徵，依法治國是黨領導人民治理國家的基本方式，三者統一於我國社會主義民主政治偉大實踐。」這其中，人民當家作主是社會主義民主

政治的本質和核心。中國共產黨領導人民實行人民民主，就是保證和支持人民當家作主。習近平總書記指出：「保證和支持人民當家作主不是一句口號、不是一句空話，必須落實到國家政治生活和社會生活之中。」

保證和支持人民當家作主，必須堅持國家一切權力屬於人民的憲法理念。要最廣泛地動員和組織人民依照憲法和法律規定，通過各級人民代表大會行使國家權力，通過各種途徑和形式管理國家和社會事務、管理經濟和文化事業，共同建設，共同享有，共同發展，成為國家、社會和自己命運的主人。要擴大人民民主，健全民主制度，豐富民主形式，拓寬民主渠道，從各層次各領域擴大公民有序政治參與，發展更加廣泛、更加充分、更加健全的人民民主。要貫徹黨的群眾路線，密切同人民群眾的聯繫，傾聽人民呼聲，回應人民期待，不斷解決好人民最關心最直接最現實的利益問題，凝聚起最廣大人民的智慧和力量。

保證和支持人民當家作主，要求國家的方針政策在人民內部各個方面進行廣泛商量。協商民主是中國社會主義民主政治的特有形式和獨特優勢，是中國共產黨的群眾路線在政治領域的重要體現，既堅持了中國共產黨的領導，又發揮了各方面的積極作用；既堅持了人民主體地位，又貫徹了民主集中制的領導制度和組織原則；既堅持了人民民主的原則，又貫徹了團結和諧的要求。中國社會主義協商民主豐富了民主的形式、拓展了民主的渠道、加深了民主的內涵。要繼續重點加強政黨協商、政府協商、政協協商，積極開展人大協商、基層協商、人民團體協商，逐步探索社會組織協商，充分發揮人民政協作為協商民主重要渠道和專門協商機構的作用。要推進協商民主廣泛多層

制度化發展，構建程序合理、環節完整的社會主義協商民主體系，確保協商民主有制可依、有規可守、有章可循、有序可遵，不斷提高協商民主的科學性和實效性。

保證和支援人民當家作主，必須根據各國的具體國情，實現形式的多樣性，模式的有效性。保證和支持人民當家作主，通過依法選舉、讓人民的代表來參與國家生活和社會生活的管理是十分重要的，通過選舉以外的制度和方式讓人民參與國家生活和社會生活的管理也是十分重要的。人民只有投票的權利而沒有廣泛參與的權利，人民只有在投票時被喚醒、投票後就進入休眠期，這樣的民主是形式主義的。人民通過選舉、投票行使權利和人民內部各方面在重大決策之前和決策實施之中進行充分協商，盡可能就共同性問題取得一致意見，是中國社會主義民主的兩種重要形式。在中國，這兩種民主形式不是相互替代、相互否定的，而是相互補充、相得益彰的，共同構成了中國社會主義民主政治的制度特點和優勢。

保證和支持人民當家作主，必須具體地、現實地體現到中國共產黨執政和國家治理上來，具體地、現實地體現到黨和國家機關各個方面、各個層級的工作上來，具體地、現實地體現到人民對自身利益的實現和發展上來。民主不是裝飾品，不是用來做擺設的，而是要用來解決人民要解決的問題的。黨的一切執政活動，國家的一切治理活動，都要尊重人民主體地位，尊重人民首創精神，拜人民為師，把政治智慧的增長、治國理政本領的增強深深紮根於人民的創造性實踐之中，使各方面提出的真知灼見都能運用於治國理政。

（二）協商民主是社會主義民主的偉大創造

協商民主是在中國共產黨領導下，人民內部各方面圍繞改革發展穩定重大問題和涉及群眾切身利益的實際問題，在決策之前和決策實施之中開展廣泛協商，努力形成共識的重要民主形式。黨的十八屆三中全會在提出要推進協商民主廣泛多層制度化發展時明確指出，協商民主就是「在黨的領導下，以經濟社會發展重大問題和涉及群眾切身利益的實際問題為內容，在全社會開展廣泛協商，堅持協商於決策之前和決策實施之中」社會主義協商民主是中國社會主義民主政治的特有形式和獨特優勢，是黨的群眾路線在政治領域的重要體現，是深化政治體制改革的重要內容。

1. 協商民主是我國社會主義民主政治的特有形式

習近平總書記在慶祝中國人民政治協商會議成立65周年大會上指出，協商民主是我國民主政治中獨特的民主形式，具有深厚的文化基礎、理論基礎、實踐基礎。

首先，中國傳統文化為社會主義協商民主提供了文化土壤。「和合」思想是中國文化的精髓，它既承認差異，又要求和諧。特別是「和合」思想中包含的溝通、協商、共識等文化特質，為協商民主的確立提供了良好的精神資源。習近平總書記指出，「和合」文化是我們祖先創造的文化的精髓之一，其中「和」的意思是和平、和諧等，「合」指的是融合、匯合等。「和合」指的就是對立面的統一和互相滲透。

其次，馬克思主義民主思想為社會主義協商民主提供了理論基礎。

通過對資產階級民主理論的批判繼承，對無產階級革命鬥爭經驗的深刻總結，馬克思主義經典作家創立了馬克思主義民主理論，提出了「解放全人類」和「每個人的自由發展」等徹底民主的理想和主張。馬克思主義民主理論的精髓是將少數人的民主發展為多數人的民主，是社會主義協商民主的理論基礎。

　　第三，中國革命和建設的成功實踐為社會主義協商民主提供了實踐基礎。1941 年，中國共產黨在抗日革命根據地實行的「三三制」政權建設就是中國協商民主的雛形；1949 年 9 月，中國人民政治協商會議的召開，標誌著中國式協商民主的形成；1978 年，人民政協的作用載入憲法；1987 年，黨的十三大報告明確提出建設社會協商對話制度；1993 年，作為一項基本政治制度，中國共產黨領導的多黨合作和政治協商制度寫入憲法；2011 年，中共中央強調選舉民主與協商民主結合發展；2012 年，黨的十八大明確提出社會主義協商民主是我國人民民主的重要形式，推進協商民主廣泛、多層、制度化發展；2015 年初，中共中央印發的《關於加強社會主義協商民主建設的意見》，對構建程序合理、環節完整的協商民主體系做了全面部署。由此可見，中國式的協商民主是中國共產黨幾十年實踐探索經驗的總結，是我國社會主義民主政治的特有形式。

2. 社會主義協商民主有利於深入落實人民民主

　　習近平總書記指出，人民民主的真諦就是，在中國社會主義制度下，由大家共同來商量大家的事情。要使人民當家作主真正得到保證，就要求我們在治國理政時在人民內部的各個方面都進行廣泛商量，這

個廣泛商量的過程就是實現人民當家作主的過程。

　　根據這個思想，習近平總書記提出了實現人民民主的途徑和方式。他指出，判斷人民是否享有民主權利，不僅要看人民在選舉時是否有投票的權利，也要看在日常政治生活中人民是否有持續參與的權利；除了要看人民是否具有進行民主選舉的權利之外，還需要看人民是否有權利進行民主決策、民主管理和民主監督。如果人民僅僅具有投票的權利而沒有進行廣泛參與的權利，這樣的民主就是形式主義的。習近平總書記深刻闡釋了協商民主與選舉民主結合的重要性，強調協商民主為人民參與民主決策、民主管理和民主監督提供了有效的載體，由此保證了人民民主的真正落實。

　　協商民主真正有利於黨和國家科學民主決策。習近平總書記指出，大力發展協商民主，有助於使人民有序的政治參與得到完善，有助於密切黨同人民群眾的關係，有助於促進決策的科學化和民主化。在人民內部各個方面都進行廣泛協商的過程就是科學、民主決策的過程。因此，需要在決策之前和決策實施的過程中都要堅持協商，在全社會中廣泛開展協商。要有效促進決策的科學化和民主化，要求所有受決策影響的主體都能夠平等地參與決策過程，並且決策過程要體現和維護大家的公共利益訴求。通過討論、審議等過程，協商民主使立法和決策具有合法性。在決策之前，通過政治協商職能的發揮，使參與者有權對各種方案或建議進行檢查、審視和批判，將參與者的利益訴求表達和交流都納入合法的可控渠道，提升決策的科學性和民主性。

3. 協商民主有利於推進國家治理現代化

「國家治理體系和治理能力現代化是一個國家的制度和制度執行能力的集中體現」，推進協商民主廣泛多層制度化發展，是推進國家治理體系和治理能力現代化的戰略選擇。「衡量一個國家的治理體系是否現代化，有很多標準，一個重要的標準就是民主化，即公共治理和制度安排都必須保障主權在民或人民當家作主。」對於中國這樣結構複雜、規模龐大的社會實現國家治理現代化，協商民主可以起到全方位的推動作用。習近平總書記指出，要使社會主義協商民主「努力在推進國家治理體系和治理能力現代化中發揮更大作用」。

首先，協商民主有利於培育國家治理現代化的政治土壤。協商民主有利於增強人民群眾的政治參與意識和提高獨立思考的能力。在參與公共事務管理過程中，人民群眾通過與政府、社會組織和個人等不同主體之間的協商對話，人民群眾獨立思考的能力和政治參與意識能得到提升；協商民主還有利於培養人民群眾的大局意識和合作精神。通過自由、平等地討論和協商，人民群眾最終能在利益分歧中妥協、合作以尋求共識，顧全大局。

其次，協商民主有利於生成國家治理現代化所需的穩定社會秩序。建設穩定的社會秩序，對一個國家的發展而言更具有重要的社會價值。尤其是對於一個面臨貧富差距加大、多元利益衝突等社會問題的轉型國家來說，秩序顯得更加重要。在這種背景下，協商民主能夠通過合作、協商的途徑構建社會秩序，促進形成妥協、溝通與合作等公共理性，最終形成穩定的國家秩序。再次，協商民主能提高國家治理現代化所需的政治合法性。「合法性危機是一種直接的認同危機。」在社

會結構呈現出複雜多元的現代社會，如果不能得到社會大多數成員的認可，國家的戰略、方針、制度就無法實現。因此，合法性是國家治理要優先考慮的問題。協商民主能夠消解社會變革帶來的價值認同困境，使國家治理得到全社會的認可和支持，當國家和公民意識出現嚴重分歧時，能夠使政府獲得足夠的政治支持。

（三）愛國統一戰線的本質是大團結、大聯合

統一戰線是中國共產黨在長期的實踐中發現的一大法寶。在革命、建設、改革各個歷史時期，我們黨始終把統一戰線和統戰工作擺在全黨工作的重要位置，努力團結一切可以團結的力量、調動一切可以調動的積極因素，為黨和人民事業不斷發展創造了十分有利的條件。

習近平總書記指出，人心向背、力量對比是決定黨和人民事業成敗的關鍵，是最大的政治。統戰工作的本質要求是大團結大聯合，解決的就是人心和力量問題。現在，黨所處的歷史方位、所面臨的內外形勢、所肩負的使命任務發生了重大變化。越是變化大，越是要把統一戰線發展好、把統戰工作開展好。要堅持和完善中國共產黨領導的多黨合作和政治協商制度，發揮人民政協協調關係、彙聚力量、建言獻策、服務大局的重要作用，促進政黨關係、民族關係、宗教關係、階層關係、海內外同胞關係的和諧，最大限度調動一切積極因素，共同致力於實現中華民族偉大復興。

堅持黨的領導是做好新形勢下統一戰線工作的根本，同時還必須掌握規律、堅持原則、講究方法。統一戰線是黨領導的統一戰線。在統戰工作中，實行的政策、採取的措施都要有利於堅持和鞏固黨的領

導地位和執政地位。同時，必須明確，黨對統一戰線的領導主要是政治領導，即政治原則、政治方向、重大方針政策的領導，主要體現為黨委領導而不是部門領導、集體領導而不是個人領導。堅持黨的領導要堅定不移，但在這個過程中也要尊重、維護、照顧同盟者的利益，幫助黨外人士排憂解難。

處理好一致性和多樣性的辯證關係是做好新形勢下統一戰線工作的重要經驗。統一戰線是一致性和多樣性的統一體。一致性和多樣性不是一成不變的，而是歷史的、具體的、發展的。正確處理兩者的關係，關鍵是要堅持求同存異。一方面，要不斷鞏固共同思想政治基礎，包括鞏固已有共識、推動形成新的共識，這是基礎和前提。另一方面，要充分發揚民主，尊重包容差異。對危害中國共產黨領導、危害我國社會主義政權、危害國家制度和法治、損害最廣大人民根本利益的問題，必須旗幟鮮明地反對。對其他各種多樣性，要盡可能通過耐心細緻的工作找到最大公約數，畫出最大的同心圓。特別善於聯誼交友是做好新形勢下統戰工作的另一個重要方面。統一戰線是做人的工作的，搞統一戰線是為了壯大共同奮鬥的力量。統一戰線工作做得好不好，要看交到的朋友多不多、合格不合格、夠不夠鐵。交朋友的面要廣，朋友越多越好，特別是要交一些能說心裡話的摯友諍友。想交到這樣的朋友，不能做速食，而是要做「佛跳牆」這樣的功夫菜。要堅持講尊重、講平等、講誠懇，也要堅持講原則、講紀律、講規矩，出於公心為黨交一大批肝膽相照的好朋友、真朋友。

「大團結大聯合」是新形勢下統戰工作的主題。堅持好這個主題，就可以有效地團結帶領各族人民向著中華民族偉大復興、向著人民更加美好的生活目標共同奮鬥。做好統戰工作，要重視發揮好民主黨派

和無黨派人士的積極作用，做好黨外知識份子和新經濟組織、新社會組織中的知識份子工作，鼓勵留學人員回國工作或以多種形式為國服務。做好統戰工作，要加強和改善對新媒體中的代表性人士的工作，引導他們在淨化網絡空間、弘揚主旋律等方面展現正能量。幫助引導非公有制經濟人士特別是年輕一代致富思源、富而思進，發揚老一代企業家的創業精神和聽黨話、跟黨走的光榮傳統，做合格的中國特色社會主義事業建設者。做好統戰工作，還按照「親」「清」原則，打造新型政商關係。重視民族和宗教工作，做好港澳工作、對台工作、僑務工作，進一步鞏固和發展團結、奮進、開拓、活躍的大好局面。加大黨外代表人士培養、選拔、使用工作力度，努力培養造就一支自覺接受中國共產黨領導、堅定不移地走中國特色社會主義道路、具有較強代表性和參政議政能力的黨外代表人士隊伍。

（四）貫徹落實黨的民族政策、宗教政策

　　我國的民族宗教政策是馬克思主義民族理論基本原理和中國特色社會主義宗教工作理論與中國民族團結實踐相結合的產物。我國是一個多民族國家，又是一個擁有眾多信教群眾的國家，處理好民族問題和宗教問題對於國家的長治久安十分重要。習近平總書記指出，維護民族團結和國家統一是各民族最高利益，把各族人民智慧和力量最大限度凝聚起來，同心同德為實現「兩個一百年」奮鬥目標、實現中華民族偉大復興的中國夢而奮鬥。

　　多民族是我國悠久歷史發展形成的一大特色，也是我國繼續發展的一大有利因素。習近平總書記指出，中華民族與各民族的關係是一

個大家庭和家庭成員的關係，各民族之間的關係是一個大家庭裡不同
成員的關係。我們必須深刻理解習近平總書記的重要講話精神，處理
好民族問題、做好民族工作，是關係祖國統一和邊疆鞏固的大事，是
關係民族團結和社會穩定的大事，是關係國家長治久安和中華民族繁
榮昌盛的大事。必須堅持在中國共產黨領導下，堅持中國特色社會主
義道路，堅持維護祖國統一，堅持各民族一律平等，堅持和完善民族
區域自治制度，堅持各民族共同團結奮鬥、共同繁榮發展，堅持打牢
中華民族共同體的思想基礎，堅持依法治國，加強各民族交往交流交
融，促進各民族和睦相處、和衷共濟、和諧發展，鞏固和發展平等團
結互助和諧的社會主義民族關係，共同實現中華民族偉大復興。民族
團結是各族人民的生命線。做好民族工作，最關鍵的是搞好民族團結，
最管用的是爭取人心。要正確認識我國民族關係的主流，多看民族團
結的光明面，善於團結群眾、爭取人心，全社會一起做交流、培養、
融洽感情的工作。加強各民族交往交流交融，尊重差異、包容多樣，
讓各民族在中華民族大家庭中手足相親、守望相助。用法律來保障民
族團結，增強各族群眾法律意識，堅決反對大漢族主義和狹隘民族主
義，自覺維護國家最高利益和民族團結大局。要對邊疆地區、貧困地
區、生態保護區實行差別化的區域政策，優化轉移支付和對口支援體
制機制，加快少數民族地區全面建成小康社會進程。要重視做好城市
民族工作，尊重少數民族的風俗習慣和宗教信仰，注重保障各民族合
法權益，推動建立相互嵌入式的社會結構和社區環境，引導進入城市
的少數民族群眾自覺遵守國家法律和城市管理規定，讓城市更好接納
少數民族群眾，讓少數民族群眾更好融入城市。解決好民族問題，物
質方面的問題要解決好，精神方面的問題也要解決好。要旗幟鮮明地

反對各種錯誤思想觀念，增強各族幹部群眾識別大是大非、抵禦國內外敵對勢力思想滲透的能力，牢固樹立正確的祖國觀、歷史觀、民族觀。積極培養中華民族共同體意識，把建設各民族共有精神家園作為戰略任務來抓，抓好愛國主義教育這一課，把愛我中華的種子埋在每個孩子的心靈深處，讓社會主義核心價值觀在祖國下一代的心田生根發芽。弘揚和保護各民族傳統文化，努力實現創造性轉化和創新性發展。

　　宗教工作是一個關係我們黨執政興國的前途和命運的全域性和戰略性工作。做好宗教工作，對於加強民族團結和保持社會穩定有著不容忽視的重要意義。要全面貫徹黨的宗教信仰自由政策，依法管理宗教事務，堅持獨立自主自辦原則，積極引導宗教與社會主義社會相適應。積極引導宗教與社會主義社會相適應，必須堅持中國化方向，必須提高宗教工作法治化水準。無論本土宗教還是外來宗教，都要不斷適應我國社會發展，充實時代內涵。要用社會主義核心價值觀引領、用中華文化浸潤我國各種宗教，支持宗教界對宗教思想、教規教義進行符合時代進步要求的闡釋，堅決防範西方意識形態滲透，自覺抵禦極端主義思潮影響。依法對宗教事務進行管理，是世界大多數國家的通行做法，也是引導宗教與社會主義社會相適應的必由之路。遵守憲法法律是公民的基本義務，不允許有法外之地、法外之人、法外之教。要堅持保護合法、制止非法、遏制極端、抵禦滲透、打擊犯罪的原則，對涉及宗教因素的問題具體分析，是什麼性質就按什麼性質處理，該保護的必須保護，該取締的堅決取締，該打擊的依法打擊。要依法保障信教群眾正常宗教需求，尊重信教群眾的習俗，穩步拓寬信教群眾正確掌握宗教常識的合法渠道。積極引導宗教與社會主義社會

相適應，必須辯證看待宗教的社會作用，必須重視發揮宗教界人士作用。宗教與社會主義社會相適應的過程，應該是調動積極因素、抑制消極因素的過程。既不能只注重抑制消極因素、忽視調動積極因素，也不能只注重調動積極因素、忽視抑制消極因素。發揮宗教積極作用，不是把宗教當作濟世良方，人為助長宗教熱，而是要因勢利導、趨利避害，引導宗教努力為促進經濟發展、社會和諧、文化繁榮、民族團結、祖國統一服務。要努力培養更多政治上靠得住、宗教上有造詣、品德上能服眾、關鍵時起作用的宗教界代表人士，確保宗教組織領導權牢牢掌握在愛國愛教人士手中。

三、堅持走中國特色強軍之路
——全面推進國防與軍隊建設

深化國防和軍隊改革，是實現中國夢、強軍夢的時代要求，是強軍興軍的必由之路，也是決定軍隊未來的關鍵一招。黨的十八大以來，黨中央、中央軍委和習近平主席圍繞實現強軍目標，統籌軍隊革命化、現代化、正規化建設，統籌軍事力量建設和運用，統籌經濟建設和國防建設，制定新形勢下軍事戰略方針，提出一系列重大方針原則，作出一系列重大決策部署。貫徹落實黨中央、中央軍委和習近平主席的重大戰略謀劃和戰略設計，必須深化國防和軍隊改革，全面實施改革強軍戰略，堅定不移走中國特色強軍之路。同時做好軍地融合，建立新型國家安全觀。這是應對當今世界前所未有之大變局，有效維護國家安全的必然要求；是堅持和發展中國特色社會主義，協調推進

「四個全面」戰略佈局的必然要求；是貫徹落實強軍目標和軍事戰略方針，履行好軍隊使命任務的必然要求。也是做好軍地融合，建立新型國家安全觀的必然要求。

（一）新形勢下國防與軍隊建設的總體要求

一個民族要走在時代前列，一刻也不能沒有先進的思想引領；一支軍隊要躋身世界一流，一刻也不能沒有科學的理論指導。黨的十八大以來，習近平總書記著眼堅持和發展中國特色社會主義、實現中華民族偉大復興，立足國家安全和發展戰略全域，圍繞強軍興軍作出一系列重要論述，提出一系列重大戰略思想、重大理論觀點、重大決策部署，深刻闡明了國防和軍隊建設帶根本性方向性全域性的重大問題，形成一個科學理論體系。深刻認識和牢牢把握黨在新形勢下的強軍目標、戰略方針和建軍方略，是做好軍隊改革的關鍵所在。

1. 黨在新形勢下的強軍目標

建設一支強大的人民軍隊始終是我們黨的不懈追求。在我們黨的各個歷史發展時期，我們黨都提出明確目標要求，引領我軍建設不斷向前發展。黨的十八大以來，習近平總書記鮮明提出黨在新形勢下的強軍目標，就是建設一支聽黨指揮、能打勝仗、作風優良的人民軍隊，強調「全軍要準確把握這一強軍目標，用以統領軍隊建設、改革和軍事鬥爭準備，努力把國防和軍隊建設提高到一個新水準。

新形勢下的強軍目標是在把握國防和軍隊建設歷史方位和階段性

特點基礎上提出來的。當今世界正發生前所未有之大變局，國際戰略格局、全球治理體系、全球地緣政治棋局、綜合國力競爭發生重大變化。我國正處於由大向強發展的關鍵階段，前所未有地走近世界舞臺中心，發展前行中的阻力和壓力也在增大。我國周邊安全風險呈累積態勢，特別是海上安全威脅日益突出，家門口生亂生戰可能性增大。中華民族偉大復興絕不是輕輕鬆鬆、順順當當就能實現的。沒有一個鞏固的國防，沒有一支強大的軍隊，和平發展就沒有保障。我國國防實力上了一個大臺階，但我軍現代化水準與國家安全需求相比差距還很大，與世界先進軍事水準相比差距還很大，必須以只爭朝夕的精神抓起來、趕上去。

軍隊就要像軍隊的樣子。聽黨指揮是靈魂，決定軍隊建設的政治方向，必須鑄牢強軍之魂，確保部隊絕對忠誠、絕對純潔、絕對可靠；能打勝仗是核心，反映軍隊的根本職能和軍隊建設的根本指向，必須扭住強軍之要，確保部隊召之即來、來之能戰、戰之必勝；作風優良是保證，關係軍隊的性質、宗旨、本色，必須夯實強軍之基，永葆我軍政治本色。這三條明確了加強軍隊建設的聚焦點和著力點，建軍治軍抓住這三條，就抓住了要害，就能起到綱舉目張的作用。習近平總書記指出：「『軍隊的樣子』就是要堅決聽黨指揮，要能打仗、打勝仗，要保持光榮傳統和優良作風。」

把握新形勢下的強軍目標就要明確軍隊建設的發展戰略指導。習近平總書記指出：「要緊密結合軍隊面臨的形勢任務和工作實際，深入貫徹新發展理念，努力實現更高品質、更高效益、更可持續的發展。」要更加注重聚焦實戰，堅持戰鬥力這個唯一的根本的標準，強化作戰需求牽引，提高軍隊建設實戰水準，確保部隊建設發展經得起

實戰檢驗；更加注重創新驅動，把創新擺在軍隊建設發展全域的核心位置，下大力氣抓理論創新、抓科技創新、抓科學管理、抓人才集聚、抓實踐創新，以重點突破帶動和推進全面創新；更加注重體系建設，牢固確立信息主導、體系建設的思想，以對作戰體系的貢獻率為標準推進各項建設，統籌機械化、信息化建設，統籌各戰區、各軍兵種建設，統籌作戰力量、支援保障力量建設，全面提高我軍體系作戰能力；更加注重集約高效，加快推進以效能為核心的軍事管理革命，健全以精準為導向的管理體系，提高國防和軍隊發展精準度；更加注重軍民融合，軍地雙方都要深化認識，打破利益壁壘，做到應融則融、能融盡融，加快把軍隊建設融入經濟社會發展體系，把經濟佈局調整同國防佈局完善有機結合起來。

貫徹落實好強軍目標是關係國防和軍隊建設全域，關係我軍有效履行使命任務，關係我軍在世界軍事競爭中贏得戰略主動的大問題。要加深學習理解，更新思想觀念，推動實踐轉化，把學習貫徹強軍目標同解決部隊建設實際問題結合起來，使之成為加強部隊全面建設、深化部隊改革創新、推進軍事鬥爭準備的強勁動力。牢固樹立強基固本思想，堅持扭住黨的組織、扭住戰備訓練、扭住官兵主體、扭住屬行法治抓基層，推動強軍目標在基層落地生根。各級黨委和領導幹部要緊緊圍繞強軍目標想問題、作決策、抓建設，增強貫徹落實強軍目標的能力。廣大官兵要牢記強軍目標，堅定強軍信念，獻身強軍實踐，把個人成長與實現強軍夢緊密結合起來，努力在實現強軍目標、建設世界一流軍隊的征程中書寫出彩的軍旅人生。

2. 新形勢下軍事戰略方針

實現中國夢，強軍夢，必須戰略先行。軍事戰略是籌畫和指導軍事力量建設和運用的總方略，服從服務於國家戰略目標。現在，黨和國家的戰略目標是實現「兩個一百年」奮鬥目標、實現中華民族偉大復興的中國夢。要把戰爭問題放在這個大目標下來認識和籌畫，從政治高度思考和處理軍事問題，著眼國家利益全域籌畫和指導軍事行動，探索形成與時代發展同步伐、與國家安全需求相適應的軍事戰略指導。

有效履行新的歷史時期軍隊使命任務。要堅決維護中國共產黨的領導和中國特色社會主義制度，堅決維護國家主權、安全、發展利益，堅決維護國家發展的重要戰略機遇期，堅決維護地區與世界和平，為實現「兩個一百年」奮鬥目標、實現中華民族偉大復興的中國夢提供堅強保障。必須擔負以下戰略任務：應對各種突發事件和軍事威脅，有效維護國家領土、領空、領海主權和安全；堅決捍衛祖國統一；維護新型領域安全和利益；維護海外利益安全；保持戰略威懾，組織核反擊行動；參加地區和國際安全合作，維護地區和世界和平；加強反滲透、反分裂、反恐怖鬥爭，維護國家政治安全和社會穩定；擔負搶險救災、維護權益、安保警戒和支援國家經濟社會建設等任務。

毫不動搖堅持積極防禦戰略思想，同時不斷豐富和發展這一思想的內涵。根據國家安全和發展戰略，適應新的歷史時期形勢任務要求，堅持實行積極防禦軍事戰略方針，與時俱進加強軍事戰略指導，進一步拓寬戰略視野、更新戰略思維、前移指導重心，整體運籌備戰與止戰、維權與維穩、威懾與實戰、戰爭行動與和平時期軍事力量運用，

注重深遠經略，塑造有利態勢，綜合管控危機，堅決遏制和打贏戰爭。

實行新形勢下積極防禦軍事戰略方針，根據戰爭形態演變和國家安全形勢，將軍事鬥爭準備基點放在打贏信息化局部戰爭上，突出海上軍事鬥爭和軍事鬥爭準備，有效控制重大危機，妥善應對連鎖反應，堅決捍衛國家領土主權、統一和安全。根據各個方向安全威脅和軍隊能力建設實際，創新基本作戰思想，堅持靈活機動、自主作戰的原則，你打你的、我打我的，運用諸軍兵種一體化作戰力量，實施信息主導、精打要害、聯合制勝的體系作戰。根據我國地緣戰略環境、面臨安全威脅和軍隊戰略任務，優化軍事戰略佈局，構建全域統籌、分區負責，相互策應、互為一體的戰略部署和軍事佈勢；應對太空、網絡空間等新型安全領域威脅，維護共同安全；加強海外利益攸關區國際安全合作，維護海外利益安全。

習近平總書記指出：「軍事戰略方針是統攬軍事力量建設和運用的總綱，全軍各項工作和建設都必須貫徹和體現新形勢下軍事戰略方針的要求。」適應戰爭準備基點轉變，拓展和深化軍事鬥爭準備，加大軍事創新力度，使全軍各項建設和工作向實現建設信息化軍隊、打贏信息化戰爭的戰略目標聚焦，向實施信息化條件下聯合作戰的要求聚焦，向形成基於信息系統的體系作戰能力聚焦。推動軍事戰略方針在各領域細化具體化，完善軍事戰略體系，修訂完善作戰方案計畫，健全軍事戰略方針貫徹落實督導問責機制，把軍事戰略方針各項要求落到實處。

3. 新的歷史條件下的政治建軍方略

政治建軍是我軍的立軍之本和優良傳統。在長期實踐中，實行革

命的政治工作，保證了我軍始終是黨的絕對領導下的革命軍隊，為我軍戰勝強大敵人和艱難險阻提供了不竭力量，使我軍始終保持了人民軍隊的本色和作風。新形勢下，我軍政治工作只能加強不能削弱，只能前進不能停滯，只能積極作為不能被動應對。軍隊政治工作的時代主題是，緊緊圍繞實現中華民族偉大復興的中國夢，為實現黨在新形勢下的強軍目標提供堅強政治保證。

　　堅持黨對軍隊的絕對領導，是我軍的軍魂和命根子，永遠不能變，永遠不能丟。要扭住堅持黨對軍隊絕對領導這個根本不放鬆，從思想上政治上建設和掌握部隊，按照「絕對」標準固根鑄魂，堅持從政治上考察和使用幹部，提高堅持黨對軍隊絕對領導的政治自覺和實際能力，確保黨指揮槍的原則落地生根。認真貫徹落實軍委主席負責制，強化政治意識、大局意識、核心意識、看齊意識，經常、主動、堅決向黨中央和中央軍委看齊，始終在思想上政治上行動上同黨中央和中央軍委保持高度一致，堅決維護黨中央和中央軍委權威，堅決聽從黨中央和中央軍委指揮。大力加強意識形態工作，掌控網絡意識形態主導權，增強思想工作和理論工作說理性戰鬥性，批駁抵制「軍隊非黨化、非政治化」和「軍隊國家化」等錯誤觀點，維護以政權安全、制度安全為核心的國家政治安全。

　　下決心解決問題積弊。一段時間以來，軍隊特別是領導幹部在理想信念、黨性原則、革命精神、組織紀律、思想作風等方面存在不少突出問題。習近平總書記指出：「這些問題不解決，拖下去，蔓延下去，軍隊就有變質變色的危險。」要深入做好全軍政治工作會議「下篇文章」，整頓思想、整頓用人、整頓組織、整頓紀律，推動全軍重整行裝再出發。「樹德務滋，除惡務本。」軍隊是拿槍桿子的，軍中絕不能

有腐敗分子藏身之地。保持正風肅紀、反腐倡廉的戰略定力，著力把軍隊作風建設和反腐敗鬥爭引向深入，努力實現軍隊作風根本好轉，確保反腐敗鬥爭取得壓倒性勝利。

抓緊把四個帶根本性的東西立起來。要把理想信念在全軍牢固立起來，堅持思想領先，勤補精神之鈣、常固思想之元，把理想信念的火種、紅色傳統的基因一代代傳下去。把黨性原則在全軍牢固立起來，堅持黨的原則第一、黨的事業第一、人民利益第一，增強黨內生活的政治性、原則性、戰鬥性。要把戰鬥力標準在全軍牢固立起來，政治工作要強化圍繞中心、服務大局的意識，以剛性措施推動戰鬥力標準硬起來、實起來。要把政治工作威信在全軍牢固立起來，從模範帶頭抓起，從領導帶頭抓起，回到言行一致、以身作則、以上率下等基本原則上來。

著力培養「四有」軍人。有靈魂、有本事、有血性、有品德是新一代革命軍人的重要品行。有靈魂就是要信念堅定、聽黨指揮，有本事就是要素質過硬、能打勝仗，有血性就是要英勇頑強、不怕犧牲，有品德就是要情趣高尚、品行端正。要把鑄牢軍魂作為政治工作的核心任務，用黨的創新理論武裝官兵，增強思想政治教育的時代性和感召力，持續培育社會主義核心價值觀和當代革命軍人核心價值觀，傳承我黨我軍優良傳統，抓好戰鬥精神培育，打造強軍文化，鍛造具有鐵一般信仰、鐵一般信念、鐵一般紀律、鐵一般擔當的過硬部隊。

積極推進政治工作思維理念、運行模式、指導方式、方法手段創新，努力提高政治工作信息化、法治化、科學化水準。政治工作過不了網絡關就過不了時代關，必須推動政治工作傳統優勢與信息技術高度融合。建設對黨絕對忠誠、聚焦打仗有力、作風形象良好的政治機

關和政治幹部隊伍。樹立大政工理念，形成全方位、寬領域、軍民融合的政治工作格局，充分發揮政治工作對強軍興軍的生命線作用。

（二）聽黨指揮、能打勝仗、作風優良

2013 年 3 月 11 日，中共中央總書記、中央軍委主席習近平在出席十二屆全國人大一次會議解放軍代表團全體會議時，提出了我軍軍隊建設的重大軍事思想。習近平總書記指出：「建設一支聽黨指揮、能打勝仗、作風優良的人民軍隊，是黨在新形勢下的強軍目標。聽黨指揮是靈魂，決定軍隊建設的政治方向；能打勝仗是核心，反映軍隊的根本職能和軍隊建設的根本指向；作風優良是保證，關係軍隊的性質、宗旨、本色。」習近平總書記還指出，落實改革強軍戰略，要深入學習貫徹軍委改革工作會議精神，乘勢而上、持續發力，把官兵思想行動統一到黨中央和中央軍委決策部署上來，站在政治和全域高度，深入理解改革、堅決擁護改革、積極投身改革，確保各項改革任務落地生根。習近平總書記強調，要深化對依法治軍重大意義的認識，構建完善中國特色軍事法治體系，為推進強軍事業提供重要保障。

1 . 做好能打仗、打勝仗的軍事準備

做好軍事鬥爭的準備是維護和平、遏制危機、打贏戰爭的重要保證。習近平總書記指出：「能戰方能止戰，準備打才可能不必打，越不能打越可能挨打，這就是戰爭與和平的辯證法。」軍事力量是維護國家安全的保底手段。必須堅持底線思維，強化隨時準備打仗思想，

更加堅定自覺地抓備戰謀打贏，確保一旦有事上得去、打得贏。

　　提高戰鬥力是唯一的根本的標準。就像工人要做工、農民要種田一樣，打仗和準備打仗是軍人的天職。要把提高戰鬥力作為軍隊各項建設的出發點和落腳點，用是否有利於提高戰鬥力來衡量和檢驗各項工作，健全完善黨委工作和領導幹部考核評價體系，形成有利於提高戰鬥力的輿論導向、工作導向、用人導向、政策導向。

　　軍事鬥爭準備是軍隊的基本實踐活動，要牢牢扭住，須臾不能鬆懈。堅持把日常戰備工作提到戰略高度，強化官兵當兵打仗、帶兵打仗、練兵打仗思想，保持部隊箭在弦上、引而待發的高度戒備態勢。抓備戰必須通盤考慮，統籌推進維護國家主權和安全、海上維權、邊境維權維穩等各方向各領域軍事鬥爭準備，不能顧此失彼。打仗在某種意義上講就是打保障，要圍繞實現全面建設現代後勤總體目標，努力建設保障打贏現代化戰爭的後勤、服務部隊現代化建設的後勤和向信息化轉型的後勤。武器裝備是軍隊現代化的重要標誌，必須堅持信息主導、體系建設，堅持自主創新、持續發展，堅持統籌兼顧、突出重點，加快構建適應信息化戰爭和履行使命要求的武器裝備體系。搞現代化建設、抓軍事鬥爭準備，最核心的問題是人才。要大力實施人才戰略工程，特別要把聯合作戰指揮人才、新型作戰力量人才培養作為重中之重，培養造就能夠擔當強軍重任的優秀軍事人才。

　　打仗就要硬碰硬，訓練必須實打實。軍事訓練水準上不去，部隊戰鬥力就很難提高，戰時必然吃大虧。堅持從實戰需要出發從難從嚴訓練部隊，做到仗怎麼打兵就怎麼練，打仗需要什麼就苦練什麼，部隊最缺什麼就專攻精練什麼。軍事訓練實際上是未來戰爭的預演，來不得半點飄浮和虛假。要從根本上端正訓練指導思想，大膽訓練、科

學訓練、安全訓練，堅決糾正練為看、演為看和以犧牲戰鬥力為代價消極保安全等不良現象，切實在實戰化訓練中增強實戰化能力。

必須把反恐軍事鬥爭準備擺到戰略位置。從當前和今後一個時期國家安全需求看，恐怖主義已成為影響我國安全和發展的重大現實威脅。要保持嚴打高壓態勢，凡「恐」必打、露頭就打，勇於當尖刀、擔重任，堅決把暴力恐怖分子囂張氣焰打下去。

2. 深入推進依法治軍、從嚴治軍

深入推進依法治軍、從嚴治軍，是全面推進依法治國總體佈局的重要組成部分，是實現強軍目標的必然要求。一個現代化國家必然是法治國家，一支現代化軍隊必然是法治軍隊。國家要依法治國，軍隊要依法治軍。必須創新發展依法治軍理論和實踐，著力構建系統完備、嚴密高效的軍事法規制度體系、軍事法治實施體系、軍事法治監督體系、軍事法治保障體系，提高國防和軍隊建設法治化水準，為推進強軍事業提供重要引領和保障。

依法從嚴治軍就要強化法治信仰和法治思維，把法治教育訓練納入部隊教育訓練體系，把培育法治精神作為強軍文化建設的重要內容，將法治內化為政治信念和道德修養，外化為行為準則和自覺行動。依法治軍關鍵是依法治官、依法治權。領導幹部要做依法治軍帶頭人，自覺培養法治思維，尊法學法守法用法，做到心有所畏、言有所戒、行有所止，按規則正確用權、謹慎用權、乾淨用權。依法從嚴治軍就要按照法治要求轉變治軍方式，努力實現從單純依靠行政命令的做法向依法行政的根本性轉變，從單純依靠習慣和經驗開展工作的方式向

依靠法規和制度開展工作的根本性轉變,從突擊式、運動式抓工作的方式向按條令條例辦事的根本性轉變,在全軍形成黨委依法決策、機關依法指導、部隊依法行動、官兵依法履職的良好局面。

　　依法從嚴治軍是軍隊現代化、信息化的必然要求。在信息網絡時代,戰爭過程日益科學化,軍隊建設、管理和作戰行動更加強調標準化、規範化、精細化。這就要對軍隊各方面進行嚴格規範,建立一整套符合現代軍事發展規律、體現我軍特色的科學的組織模式、制度安排和運作方式,推動軍隊正規化建設向更高水準發展。堅持以紀律建設為核心,嚴格按條令條例管理部隊,培養令行禁止、步調一致的嚴明紀律,始終保持部隊正規的戰備、訓練、工作和生活秩序。加強部隊科學管理,把關心關愛官兵和從嚴治軍統一起來,把嚴格管理和科學管理統一起來,向管理要效益、要戰鬥力。

3. 扎實推進軍隊規模結構和力量編成改革

　　黨的十八屆三中全會以來,按照以習近平同志為核心的黨中央要求,中央軍委對深化國防和軍隊改革進行了深入謀劃。2016 年 11 月中央軍委改革工作會議後,領導指揮體制改革先行展開,實現了軍隊組織架構歷史性變革。習近平總書記指出,軍隊規模結構和力量編成改革是深化國防和軍隊改革的重要組成部分,是推進我軍組織形態現代化、構建中國特色現代軍事力量體系的關鍵一步,是實現黨在新形勢下的強軍目標、建設世界一流軍隊必須邁過的一道關口。

　　縱觀世界軍事發展史,軍隊的規模結構和力量編成不能固定不變,必須隨著戰爭形態和作戰方式變化而變化,隨著國家戰略需求和

軍隊使命任務變化而變化。否則，曾經再強大的軍隊最後也要落伍，甚至不堪一擊。鴉片戰爭以後的大清國軍力並非最小、最弱，清軍也曾嘗試過改革，但都是在裝備上尋求改良，不求根本性變革。大清國屢戰屢敗的原因非常多，單從軍事上來說，很重要的就是作戰思想、作戰指揮、體制編制等方面的僵化和落後，被時代遠遠拋在了後面。習近平總書記強調，歷史和現實都告訴我們，一支軍隊，如果在規模結構和力量編成上落後於時代，落後於戰爭形態和作戰方式發展，就可能喪失戰略和戰爭主動權。當前，世界新軍事革命迅猛發展，戰爭形態加速向信息化戰爭演變，一體化聯合作戰成為基本作戰形式。與之相適應，軍隊的規模結構和力量編成發生新的變化，科技因素影響越來越大，精幹化、一體化、小型化、模組化、多能化等特徵越來越突出。這是新形勢下軍隊不可避免的重大變革，我們要認清推進軍隊規模結構和力量編成改革的重要性和必要性，抓住機遇、實現突破。

軍隊規模結構和力量編成改革的總體思路是：以黨在新形勢下的強軍目標為引領，貫徹新形勢下軍事戰略方針，堅持政治建軍、改革強軍、依法治軍，聚焦備戰打仗，著眼於維護國家主權、安全、發展利益，有效應對各戰略方向和重大安全領域現實威脅，按照調整優化結構、發展新型力量、理順重大比例關係、壓減數量規模的要求，推動我軍由數量規模型向品質效能型、由人力密集型向科技密集型轉變，部隊編成向充實、合成、多能、靈活方向發展，構建能夠打贏信息化戰爭、有效履行使命任務的中國特色現代軍事力量體系。

習近平總書記強調，要深刻認識和認真把握軍隊規模結構和力量編成改革的戰略舉措。堅持問題導向，注重構建新體制下聯合作戰力量體系，注重以結構功能優化牽引規模調整，注重通過重點突破帶動

整體推進。要堅持減少數量、提高品質，優化兵力規模構成，打造精幹高效的現代化常備軍。要堅持體系建設、一體運用，調整力量結構佈局，打造以精銳作戰力量為主體的聯合作戰力量體系。要堅持需求牽引、創新驅動，改革作戰部隊編成，打造具備多種能力和廣泛作戰適應性的部隊。

（三）實施軍民深度融合發展戰略

　　黨的十八大以來，習近平總書記多次提出進一步做好軍民融合深度發展的命題。2017 年 1 月 22 日召開的中共中央政治局會議決定，設立中央軍民融合發展委員會，由習近平總書記任主任。習近平總書記強調，軍民融合是國家戰略，關乎國家安全和發展全域，既是興國之舉，又是強軍之策。2017 年 6 月 20 日，習近平總書記在中央軍民融合發展委員會第一次全體會議上指出，把軍民融合發展上升為國家戰略，是我們長期探索經濟建設和國防建設協調發展規律的重大成果，是從國家發展和安全全域出發作出的重大決策，是應對複雜安全威脅、贏得國家戰略優勢的重大舉措。要加強集中統一領導，貫徹落實總體國家安全觀和新形勢下軍事戰略方針，突出問題導向，強化頂層設計，加強需求統合，統籌增量存量，同步推進體制和機制改革、體系和要素融合、制度和標準建設，加快形成全要素、多領域、高效益的軍民融合深度發展格局，逐步構建軍民一體化的國家戰略體系和能力。

1. 軍民深度融合發展具有重要戰略意義

推進軍民深度融合發展，是以習近平同志為核心的黨中央在戰爭形態信息化、經濟形態高度市場化、技術形態軍民通用化時代背景下，統籌國家安全和發展作出的科學決策，意義重大而深遠。長期探索經濟建設和國防建設協調發展規律的寶貴成果。在中國這樣一個國情複雜的發展中大國，如何形成軍民強大合力，推動社會主義建設事業順利發展，是一個重大歷史課題。以毛澤東同志為核心的黨的第一代中央領導集體，提出了軍民兩用思想，闡明瞭經濟建設和國防建設的辯證關係。以鄧小平同志為核心的黨的第二代中央領導集體，強調要在經濟建設發展的基礎上不斷提高國防和軍隊現代化建設水準，走軍民結合、平戰結合、軍品優先、以民養軍的道路。以江澤民同志為核心的黨的第三代中央領導集體，提出了軍民結合、寓軍於民和兩頭兼顧、協調發展的思想。以胡錦濤同志為總書記的黨中央強調，要走中國特色軍民融合式發展路子。這些重要思想和重大決策，對於實現經濟建設和國防建設協調發展起了重要指導作用。黨的十八大以來，以習近平同志為核心的黨中央依據經濟社會發展和國家安全的新情況、新問題、新挑戰，明確提出軍民融合發展戰略。軍委主席習近平指出，軍民融合是國家戰略，關乎國家安全和發展全域，既是興國之舉，又是強軍之策。這一科學論斷，是我們黨統籌國家安全與發展的最新理論成果，是探索實踐當代經濟建設和國防建設協調發展規律的又一次重大飛躍。

戰略謀劃需要統籌國家安全和發展全域。隨著我國綜合實力不斷上升，風險挑戰不斷增多，國防安全壓力不斷增大。建設鞏固國防

和強大軍隊，既是維護國家安全的保底手段，也是國家由大向強的基本戰略支撐。與此同時，發展仍是第一要務，我國發展經濟、改善民生的任務仍十分繁重。在這種背景下，習近平主席明確指出，軍民融合發展是實現發展和安全兼顧、富國和強軍統一的必由之路。推動軍民深度融合發展，既能以經濟社會發展的整體實力支撐國防和軍隊建設，又能最大限度地發揮國防和軍隊建設對經濟社會發展尤其是高新產業發展的帶動作用，依靠軍民融合產生的強大「效益合力」，加快構建依託國家整體實力的信息化戰爭體系，不斷提升綜合國力，成就民族復興大業。

　　軍民深度融合發展是贏得新軍事革命和科技革命競爭優勢的前瞻佈局。當前，世界新一輪軍事革命、科技革命和產業變革正在交叉互動、蓬勃興起。國家戰略競爭呈現出爭奪信息、智慧等重大顛覆性創新主導權的新態勢。在軍事領域，各個大國都在搶抓歷史機遇，大力發展顛覆性軍事技術，謀求爭奪未來科技競爭優勢和軍事鬥爭的戰略制高點。習近平主席深刻指出，這場世界新軍事革命是全方位、深層次的，覆蓋了戰爭和軍隊建設全部領域，直接影響著國家的軍事實力和綜合國力，關乎戰略主動權。我們只有推動軍民深度融合，實施軍民協同創新，及早從源頭上識別、捕捉和開發能夠改變作戰規則和科技發展方向的重大顛覆性技術，才能大規模獲取軍民融合戰略紅利，爭取主動、贏得未來。

2. 系統把握軍民深度融合發展的戰略思想體系

　　軍委主席習近平關於軍民深度融合發展的重要論述，與時俱進地

回答了我國軍民融合「為什麼融」「融什麼」和「怎麼融」等一系列根本問題，主要可從以下幾方面的論述加以把握。

關於軍民深度融合發展的科學定位。軍委主席習近平深刻把握歷史規律和我國加速崛起的階段性特徵，強調把軍民融合發展作為一項國家戰略，關乎國家安全和發展全域，既是興國之舉，又是強軍之策。在更廣範圍、更高層次、更深程度上推進軍民融合，有利於促進經濟發展方式轉變和經濟結構調整，有利於增強國家戰爭潛力和國防實力。

關於軍民深度融合發展的歷史方位。軍委主席習近平指出，我國軍民融合發展剛進入由初步融合向深度融合的過渡階段，還存在思想觀念跟不上、頂層統籌統管體制缺乏、政策法規和運行機制滯後、工作執行力度不夠等問題。這些重要論斷，準確判明了我國軍民融合發展所處的歷史方位，客觀分析了面臨的主要矛盾問題，確立了實施軍民融合發展戰略的基本立足點和客觀依據。

關於軍民深度融合發展的總體目標。軍委主席習近平強調，今後一個時期軍民融合發展，總的是要加快形成全要素、多領域、高效益的軍民融合深度發展格局。「全要素」，就是在融合資源形式上，要實現信息、技術、人才、資本、設施、服務等各要素的軍地雙向流動、滲透相容。「多領域」，就是在融合範圍領域上，要求國防和軍隊建設與經濟社會發展諸領域實現深度融合，做到應融則融、能融盡融。「高效益」，就是在融合效果上，要求軍地資源互通互補互用，實現經濟建設的國防效益最大化和國防建設的經濟效益最大化。

關於軍民深度融合發展的指導原則。軍委主席習近平多次強調，軍民融合事關國家安全和發展全域，必須加強黨的領導、強化國家主導，堅持國家主導、需求牽引、市場運作相統一。以習近平同志為核

心的黨中央制定的《關於經濟建設和國防建設融合發展的意見》，明確提出了推進經濟建設和國防建設融合發展必須堅持的五項基本原則，即堅持黨的領導、強化國家主導、注重融合共用、發揮市場作用、深化改革創新，為深入實施軍民融合發展戰略提供了基本遵循。

關於軍民深度融合發展的重點任務。軍委主席習近平立足國防建設與經濟建設大局，先後對武器裝備、人才培養、軍隊保障、國防動員、網絡信息、空天海洋、基礎設施等重點領域的軍民融合任務作出系統部署，明確了推進軍民深度融合發展的主要任務。在出席十二屆全國人大五次會議解放軍代表團全體會議時，軍委主席習近平特別強調，要開展軍民協同創新，推動軍民科技基礎要素融合，加快建立軍民融合創新體系，下更大氣力推動科技興軍，堅持向科技創新要戰鬥力，為我軍建設提供強大科技支撐。這一要求，突出了下一階段的重點任務。

關於軍民深度融合發展的戰略途徑。軍委主席習近平強調要從需求側、供給側同步發力，強化大局意識、強化改革創新、強化戰略規劃、強化法治保障，指明了推動軍民深度融合發展的基本途徑。強化大局意識，就是軍地雙方要樹立一盤棋思想，站在黨和國家事業發展全域的高度思考問題、推動工作。強化改革創新，就是要用改革的辦法、創新的思維，在國家層面建立軍民融合發展的統一領導、軍地協調、需求對接、資源分享機制。強化戰略規劃，就是要制定和實施軍民融合發展戰略規劃，不斷強化規劃剛性約束和執行力。強化法治保障，就是要善於運用法治思維和法治方式推動軍民融合發展，提高軍民融合發展的法治化水準。

關於軍民深度融合發展的制度保障。軍委主席習近平著眼有效解

決制約軍民融合的體制性障礙、結構性矛盾、政策性問題，指出要努力形成統一領導、軍地協調、順暢高效的組織管理體系，國家主導、需求牽引、市場運作相統一的工作運行體系，系統完備、銜接配套、有效激勵的政策制度體系。構建「三個體系」的重要論述，堅持標本兼治、綜合施策，打出了有效破解融合矛盾問題的體制、機制、政策「組合拳」，奠立了軍民深度融合發展制度建設的基礎工程。

　　關於軍民深度融合發展的政治優勢。軍委主席習近平多次強調，擁軍優屬、擁政愛民是我黨我軍特有的政治優勢；各級黨委和政府要積極支援國防建設和軍隊改革，人民解放軍和武警部隊要積極支援經濟社會建設。這一重要思想，深刻闡明了鞏固加強軍政軍民團結，對新形勢下充分調動軍地雙方優勢、整合軍地雙方資源具有重要作用。

3. 軍民深度融合發展的實踐要求

　　軍委主席習近平指出，推進軍民融合發展，關鍵是要抓好落實。深入貫徹軍委主席習近平關於軍民深度融合發展重要論述的實踐要求，迫切需要樹立新理念、構建新制度、開闢新路徑。

　　一是要著眼戰略全域，牢固樹立軍民融合新理念。軍委主席習近平多次強調，要強化大局意識，軍地雙方要站在黨和國家事業發展全域的高度思考問題，切實把思想和行動統一到黨中央決策部署上來，把軍民融合的理念和要求貫穿經濟建設和國防建設全過程。我們要牢固樹立經濟建設和國防建設協調發展、平衡發展、相容發展的新理念，堅持不懈地推進支撐軍民深度融合發展的思想文化工程建設，厚植軍民融合發展的思想文化土壤。尤其要深入探索現代教育宣傳的有

效方式，長期培育軍民融合理念、現代國防意識和法治文化氛圍，使軍民融合發展內化於心、外化於行，將軍民融合發展戰略構想真正轉化為全黨全國全軍的宏大實踐。

二是要深化改革創新，加快構建軍民融合新制度。2017 年 1 月，黨中央成立中央軍民融合發展委員會，軍委主席習近平親自擔任主任，建立中央層面軍民融合發展重大問題的決策和議事協調機構，解決了統一領導軍民融合組織體制缺位的問題。我們要加快形成統一領導、軍地協調、順暢高效的組織管理體系，增強統籌力、決策力、協調力，實現黨對軍民融合發展各領域、全過程實施統籌規劃、合理配置和統一領導。要加快形成國家主導、需求牽引、市場運作相統一的工作運行體系和系統完備、銜接配套、有效激勵的政策法規制度體系，確保軍民深度融合發展富有動力、充滿活力、形成合力。三是要加強探索實踐，努力開闢軍民融合新路徑。軍委主席習近平指出，軍民融合深度發展的問題要好好研究，要下大功夫，在細節上下功夫，在具體化上下功夫。這就要求我們把軍民融合國家戰略的總目標總要求，與各地區、各領域、各行業、各單位的實際融合需求密切結合起來，科學確立符合本地區、本部門、本單位實際的發展目標、融合重點、具體路徑和實現方式。軍委主席習近平對我軍在軍民融合發展中的重要作用寄予厚望，要求部隊拿出思路和辦法，以強烈的責任擔當推動軍民融合發展。我們要深入探索實踐以軍民融合促進現代戰鬥力生成的新路徑，自覺將國防和軍隊建設融入經濟社會發展體系，積極參加和支援國家經濟社會建設，加快建立軍民融合創新體系，為戰鬥力提升和生產力提高貢獻雙重力量。

四、促進全球治理，推動構建人類命運共同體
——堅持和平發展的中國特色大國外交

外交工作是黨和國家工作全域的重要組成部分，是建設社會主義政治文明的重要內容，是實現中國民族偉大復興的最基本的條件。黨的十八大以來，面對國際形勢的深刻變化和世界各國同舟共濟的客觀要求，以習近平同志為核心的黨中央，統籌國內國際兩個大局、統籌發展安全兩件大事，堅持獨立自主的和平外交方針，堅定不移走和平發展道路，堅定不移維護世界和平、促進共同發展，推動構建以合作共贏為核心的新型國際關係，打造人類命運共同體，大力推進外交理論和實踐創新，開啟了中國特色大國外交新征程。

（一）堅持和平外交，構建新型國際關係

探索中國特色大國外交理念，推動我國在國際舞臺上發揮更大作用。習近平總書記強調：「中國人是講愛國主義的，同時也是具有國際視野和國際胸懷的；中國將在力所能及範圍內積極承擔更多國際責任和義務，同世界各國一道維護人類良知和國際公理，在國際和地區事務中主持公道、伸張正義。他指出，中國必須有自己特色的大國外交，要在總結實踐經驗的基礎上，豐富和發展對外工作理念，使我國對外工作有鮮明的中國特色、中國風格、中國氣派。」

加強外交工作頂層設計和戰略謀劃，提出新形勢下對外戰略目

標。習近平總書記強調，中國外交要高舉和平、發展、合作、共贏的旗幟，統籌國內國際兩個大局，統籌發展安全兩件大事，牢牢把握堅持和平發展、促進民族復興這條主線，維護國家主權、安全、發展利益，為和平發展營造更加有利的國際環境，維護和延長我國發展的重要戰略機遇期，為實現「兩個一百年」奮鬥目標、實現中華民族偉大復興的中國夢提供有力保障。要將大國、周邊、發展中國家及多邊合作等各領域工作密切結合，通盤謀劃、統籌協調、整體推進。

1. 高舉和平、發展，合作、共贏的旗幟

當今的國際形勢正發生著深刻複雜的變化。世界多極化、經濟全球化深入發展，文化多樣化、社會信息化持續推進，國際格局和國際秩序加速調整演變。但是，和平與發展仍是時代主題，和平、發展、合作、共贏的時代潮流仍然強勁。一大批新興市場國家和發展中國家走上發展的快車道，十幾億、幾十億人口正在加速走向現代化，多個發展中心在世界各地區逐漸形成，國際力量對比繼續朝著有利於世界和平與發展的方向發展。保持國際形勢總體穩定、促進各國共同發展具備更多有利條件。

同時也要看到，人類依然面臨諸多難題和挑戰。國際金融危機影響深遠，世界經濟增長不穩定不確定因素增多，全球發展不平衡加劇。地緣政治因素更加突出，局部動盪此起彼伏，霸權主義、強權政治和新干涉主義有所上升，非傳統安全和全球性挑戰不斷增多，維護世界和平、促進共同發展依然任重道遠。習近平總書記指出：「要跟上時代前進步伐，就不能身體已進入 21 世紀，而腦袋還停留在過去，停留

在殖民擴張的舊時代裡，停留在冷戰思維、零和博弈老框框內。」面對世界多極化、經濟全球化深入發展和文化多樣化、社會信息化持續推進，今天的人類比以往任何時候都更有條件朝和平與發展的目標邁進，而合作共贏就是實現這一目標的現實途徑。

中國主張國家不分大小、強弱、貧富一律平等，尊重各國人民自主選擇發展道路的權利，反對干涉別國內政，維護國際公平正義。各國要共同維護世界和平，以和平促進發展，以發展鞏固和平。每個國家在謀求自身發展的同時，要積極促進其他各國共同發展。不能把世界長期發展建立在一批國家越來越富裕而另一批國家卻長期貧窮落後的基礎之上。各國要同心協力，妥善應對各種問題和挑戰，共同變壓力為動力、化危機為生機，謀求合作安全、集體安全、共同安全，以合作取代對抗，以共贏取代獨佔。

中國是維護世界和平、促進共同發展的重要力量，是國際社會可以信賴的夥伴和朋友。中國將高舉和平、發展、合作、共贏的旗幟，牢牢把握堅持和平發展、促進民族復興這條主線，維護國家主權、安全、發展利益，為和平發展營造良好的國際環境。中國將加強同各國人民友好往來，擴大同世界各國利益交匯點，為促進人類和平與發展的崇高事業作出積極貢獻。

2. 堅持和平發展

和平發展，是中國根據時代發展潮流和國家根本利益作出的戰略抉擇。「只有堅持走和平發展道路，只有同世界各國一道維護世界和平，中國才能實現自己的目標，才能為世界作出更大貢獻」。習近平

總書記指出，黨的十八大明確提出了「兩個一百年」的奮鬥目標，我們還明確提出了實現中華民族偉大復興的中國夢的奮鬥目標。實現我們的奮鬥目標，必須有和平國際環境。沒有和平，中國和世界都不可能順利發展；沒有發展，中國和世界也不可能有持久和平。

堅持和平發展，不是權宜之計，更不是外交辭令，而是從歷史、現實、未來的客觀判斷中得出的結論，是思想自信和實踐自覺的有機統一。中國走和平發展道路的自信和自覺，來源於中華文明的深厚淵源，來源於對實現中國發展目標條件的認知，來源於對世界發展大勢的把握。自古以來，中華民族就積極開展對外交往通商，而不是對外侵略擴張；執著於保家衛國的愛國主義，而不是開疆拓土的殖民主義。對和平、和睦、和諧的追求深深植根於中華民族的精神世界之中，深深溶化在中國人民的血脈之中。中華民族曾遭到列強長期侵略和欺凌，但中國人民從中學到的不是弱肉強食的強盜邏輯，而是更加堅定了維護和平的決心。中國人民抗日戰爭和世界反法西斯戰爭的勝利給我們留下的最寶貴的啟示，就是必須毫不動搖走和平發展道路。

堅持和平發展，是新中國成立以來特別是改革開放以來，經過艱辛探索和不斷實踐逐步形成的。改革開放 30 多年的歷史已經證明，和平發展是中國基於自身國情、社會制度、文化傳統作出的戰略抉擇，順應時代潮流，符合中國根本利益，符合周邊國家利益，符合世界各國利益，沒有理由去改變它。

走和平發展道路，對中國有利，對亞洲有利，對世界也有利。中國堅持走和平發展道路，既積極爭取和平的國際環境發展自己，又以自身發展促進世界和平；既讓中國更好利用世界的機遇，又讓世界更好分享中國的機遇，促進中國和世界各國良性互動、互利共贏。中國

將堅定不移走和平發展道路，並且希望世界各國共同走和平發展道路，讓和平的陽光永遠普照人類生活的星球。

3. 積極開展多邊外交

開展多邊外交，加強國際合作，堅持「大國是關鍵、周邊是首要、發展中國家是基礎、多邊是重要舞臺」的外交佈局，是中國積極倡導和踐行多邊主義外交，走向世界大國的必由之路。

大國關係是中國與世界主要大國之間的相互關係。大國關係的好壞直接影響著世界的和平穩定，因而是世界和平的決定性關係。隨著中國的和平崛起，中國的大國關係也出現了不少新情況。切實運籌好大國關係、構建健康穩定的大國關係框架至關重要。俄羅斯是我國周邊最大鄰國和世界大國，兩國擁有廣泛共同利益，是好鄰居、好夥伴、好朋友。兩國牢固建立起全面戰略協作夥伴關係，堅定支持對方發展復興，堅定支持對方維護核心利益，堅定支持對方自主選擇發展道路和社會政治制度，務實合作取得重大進展，國際戰略協調與合作提升到新高度，成為和平共處、合作共贏的典範。中美關係是當今世界最重要的雙邊關係之一，在中國外交佈局中佔有特殊重要位置。中美構建新型大國關係，實現雙方不衝突不對抗、相互尊重、合作共贏，這是兩國人民和國際社會的普遍願望，是符合時代潮流的正確選擇。太平洋足夠大，容得下中美兩國發展。中美要保持高層和各級別密切交往，拓展和深化各領域務實合作，密切人文交流，尊重彼此在歷史文化傳統、社會制度、發展道路、發展階段上的差異，繼續就亞太地區事務深化對話合作，共同應對各種地區和全球性挑戰。歐洲是

多極化世界的重要一極，是中國的全面戰略夥伴。要從戰略高度看待中歐關係，將中歐兩大力量、兩大市場、兩大文明結合起來，共同打造中歐和平、增長、改革、文明四大夥伴關係，提升中歐全面戰略夥伴關係的全球影響力，為世界發展繁榮作出更大貢獻。

　　周邊關係構成了中國的地緣格局，是我國安身立命之所、建設發展之基。我國周邊充滿生機活力，有明顯發展優勢和潛力，周邊環境總體上是穩定的，睦鄰友好、互利合作是周邊國家對華關係的主流。習近平總書記強調，要謀大勢、講戰略、重運籌，把周邊外交工作做得更好。我國周邊外交的基本方針，就是堅持與鄰為善、以鄰為伴，堅持睦鄰、安鄰、富鄰，突出體現親、誠、惠、容的理念。東北亞、東南亞、中亞是我國周邊外交的戰略重點，也是我國海外利益集中、交往密切、對外輻射影響力較強的地區。我們堅定致力於實現朝鮮半島無核化目標，堅定致力於維護半島和平穩定，堅定致力於通過對話協商解決問題。嚴格遵循中日四個政治文件精神和四點原則共識，確保兩國關係沿著正確方向發展。中國和東南亞山水相連，血脈相通。我們堅定發展同東盟的友好合作，堅定支援東盟發展壯大，堅定支援東盟共同體建設，堅定支援東盟在東亞區域合作中發揮主導作用。中國和南亞各國是重要的合作夥伴。我們願同南亞各國和睦相處，願為南亞發展添磚加瓦。中國高度重視發展同中亞各國的友好合作關係，將其視為外交優先方向。我們希望同中亞國家一道，不斷增進互信、鞏固友好、加強合作、促進共同繁榮。我們將深化同周邊國家的互利合作和互聯互通，共同打造周邊命運共同體。

　　廣大發展中國家是我國走和平發展道路的同路人。我國雖然取得巨大發展成就，但仍然是發展中國家。要堅持正確義利觀，做到義利

兼顧，以義為先，切實加強同發展中國家的團結合作，把我國發展與廣大發展中國家共同發展緊密聯繫起來。中非歷來是休戚與共的利益共同體和命運共同體，加強同非洲國家的團結合作是我國長期堅持的戰略選擇，對非合作要講「真、實、親、誠」。中非應該以全面戰略合作夥伴關係建設為引領，繼承真誠友好的光榮傳統，把互助合作精神發揚光大，堅持互利共贏的平等合作、開放包容的多方合作、能力導向的務實合作、綠色低碳的可持續發展、基礎優先的重點合作。「海內存知己，天涯若比鄰。」中國與拉美和加勒比國家雖然相距遙遠，但友好關係源遠流長，雙方將共同致力於構建政治上真誠互信、經貿上合作共贏、人文上互學互鑒、國際事務中密切協作、整體合作和雙邊關係相互促進的中拉關係五位一體新格局，打造中拉攜手共進的命運共同體。中國同阿拉伯國家彼此是相互尊重、相互認同、相互信賴的好朋友、好兄弟、好夥伴，雙方將弘揚絲綢之路精神，促進文明互鑒、尊重道路選擇、堅持合作共贏、倡導對話和平，不斷深化全面合作、共同發展的中阿戰略合作關係。

中國積極倡導和踐行多邊主義。積極參與多邊事務，高度重視聯合國的作用，支援二十國集團、上海合作組織、金磚國家等發揮積極作用。推動亞洲相互協作與信任措施會議為亞洲安全發揮更大作用，搭建地區安全和合作新架構。堅定維護世界和平事業，始終維護聯合國憲章宗旨和原則以及其他公認的國際關係基本準則。大力推動國際發展事業，積極推動實現聯合國千年發展目標，同各國一道為實現2015年後發展議程作出努力，積極應對氣候變化等全球性問題。隨著國力不斷增強，中國必將在力所能及範圍內承擔更多國際責任和義務，為人類和平與發展作出更大貢獻。

4. 決不能犧牲國家核心利益

堅決維護國家的核心利益是中國外交的神聖使命。習近平總書記指出：「我們要堅持走和平發展道路，但決不能放棄我們的正當權益，決不能犧牲國家核心利益。任何外國不要指望我們會拿自己的核心利益做交易，不要指望我們會吞下損害我國主權、安全、發展利益的苦果。」新中國成立 60 多年來，中國在維護國家獨立和主權、捍衛民族尊嚴上的立場是一貫的。如果說幾十年前，中國在一窮二白的時候敢於維護國家利益、反對世界強權，從未在外來壓力下彎過腰、低過頭，那麼現在中國發展強大了，更不會屈服於任何外來壓力。一些人把中國維護合理合法的國家權益說成是「咄咄逼人」「傲慢」「強硬」，鼓吹「中國威脅」等論調，都是站不住腳的。

要始終把堅決維護國家主權、安全、發展利益作為外交工作的基本出發點和落腳點。維護自身的領土主權和正當合理的海洋權益，是中國政府必須承擔的責任。既要堅持用和平方式、談判方式解決爭端，又要做好應對各種複雜局面的準備。堅決在國際上遏制「台獨」「藏獨」「東突」等分裂勢力的破壞活動，防範國際暴力恐怖活動向境內滲透，維護國家主權和安全。不回避矛盾和問題，妥善處理同有關國家的分歧和摩擦，同時推動各領域交流合作，通過合作擴大共同利益的匯合點，維護同周邊國家關係及地區和平穩定大局。

中國的和平發展不會一帆風順。我們不惹事，但也不怕事。在涉及我國核心利益的問題上，要敢於劃出紅線，亮明底線。隨著我國和平發展進程的不斷深入，維護國家利益的資源和手段將會越來越多，維護國家利益的地位也會越來越主動。

5. 中國開放的大門永遠不會關上

開放是國家繁榮發展的必由之路。開放帶來進步，封閉導致落後，這已為世界和我國發展實踐所證明。習近平總書記多次指出，發展依然是當代中國的第一要務，中國發展的根本出路在於改革，中國開放的大門永遠不會關上。

對外開放是我國的基本國策。以開放促改革、促發展，是我國發展不斷取得新成就的重要法寶。關起門來搞建設不可能成功。經過30多年的改革開放，我國經濟正在實行從引進來到引進來和走出去並重的重大轉變，只有堅持對外開放，深度融入世界經濟，才能實現可持續發展。準確把握經濟全球化新趨勢和我國對外開放新要求，妥善應對我國經濟社會發展中面臨的困難和挑戰，更加需要擴大對外開放。實現「兩個一百年」奮鬥目標、實現中華民族偉大復興的中國夢，也要推進更高水準的對外開放，以對外開放的主動贏得經濟發展的主動、贏得國際競爭的主動。

隨著中國與世界越來越緊密交流互動，機遇共用、命運與共的關係日益凸顯。中國將堅定不移提高開放型經濟水準，堅定不移引進外資和外來技術，堅定不移完善對外開放體制機制，為經濟發展注入新動力、增添新活力、拓展新空間。中國將實行更加積極主動的開放戰略，完善互利共贏、多元平衡、安全高效的開放型經濟體系，促進沿海內陸沿邊開放優勢互補，形成引領國際經濟合作和競爭的開放區域，培育帶動區域發展的開放高地。中國將以更加開放的胸襟、更加包容的心態、更加寬廣的視角，大力開展中外文化交流，在學習互鑒中，為推動人類文明進步作出應有貢獻。

（二）建設「共商、共建、共用」的全球治理新體系

　　2015 年 10 月 12 日，習近平總書記在主持中共中央政治局第二十七次集體學習時指出，隨著全球性挑戰增多，加強全球治理、推進全球治理體制變革已是大勢所趨。這不僅事關應對各種全球性挑戰，而且事關給國際秩序和國際體系定規則、定方向；不僅事關對發展制高點的爭奪，而且事關各國在國際秩序和國際體系長遠制度性安排中的地位和作用。因此，要推動全球治理體制更加公正更加合理為我國發展和世界和平創造有利條件。習近平總書記還在「合作共贏」的中國理念基礎上，明確提出了「共商、共建、共用」的全球治理重要理念。習近平總書記 2015 年關於全球治理的系列講話，清晰表述了我們黨對世界形勢發展變化的深刻洞悉，指明指出了在新的國際背景條件下，我國積極參與全球治理的方向原則，充分傳達了中國人民對改善全球治理體制的美好期待和願景。

　　習近平總書記指出：「我們參與全球治理的根本目的，就是服從服務於實現『兩個一百年』奮鬥目標、實現中華民族偉大復興的中國夢。要審時度勢，努力抓住機遇，妥善應對挑戰，統籌國內國際兩個大局，推動全球治理體制向著更加公正合理方向發展，為我國發展和世界和平創造更加有利的條件。」

1.「共商」就是共同促進全球治理體制更加公正合理

　　共商，就是世界上的事情由世界各國共同商量著辦。習近平總書記在 2016 年新年賀詞中說：「世界那麼大，問題那麼多，國際社會期

待聽到中國聲音、看到中國方案，中國不能缺席。」共商全球治理，應該是中國同國際社會對全球治理的基本原則、重點領域、組織機制、發展方向等的共同認識、辨析和判斷，以利於改進和優化被一些西方國家壟斷的全球治理體制，促進全球治理體制更加公正合理。2015 年 10 月 12 日，習近平總書記在中共中央政治局就全球治理格局和全球治理體制進行第二十七次集體學習時指出，戰後國際秩序在經歷了幾十年的冷戰後，越來越不適應當今世界的治理環境。經濟危機、恐怖主義、跨國犯罪、氣候變化，各個國家和地區的利益衝突複雜交織，傳統大國與新興大國在國際競爭和權力爭奪等全球性問題，使得全球治理形勢更加錯綜複雜。而隨著全球化進程的加快，各類國際組織在全球事務中的作用日益凸顯，各個國家和各個經濟體之間已經形成一榮俱榮、一損俱損的新型國際關係。習近平總書記指出，現在，世界上的事情越來越需要各國共同商量著辦，建立國際機制、遵守國際規則、追求國際正義成為多數國家的共識。「共商」是源於中國的發展中國家的國家定位。中國在全球治理體系中的國家定位，首先來自於自我認知與選擇，同時也需要國際社會的認同。習近平總書記提出，「不僅要看到我國發展對世界的要求，也要看到國際社會對我國的期待」，在這一前提下，「要堅持從我國國情出發，堅持發展中國家定位，把維護我國利益同維護廣大發展中國家共同利益結合起來，堅持權利和義務相平衡」。中國既要成為國際體系的積極參與者和受益者，也要成為國際體系建設的貢獻者。

2.「共建」就是共同建設全球治理的新世界

「共建」要求各盡所能，各施所長，在建設和創新全球治理體系中把優勢和潛能充分發揮出來，共同應對全球性挑戰。習近平總書記指出：經濟全球化深入發展，把世界各國利益和命運更加緊密地聯繫在一起，形成了你中有我、我中有你的利益共同體。很多問題不再局限於一國內部，很多挑戰也不再是一國之力所能應對，全球性挑戰需要各國通力合作來應對。推動國際社會「共建」全球治理的「中國方案」主要有以下幾個方面。

一是「共建」就是要變革落後於時代發展的全球治理的制度安排，推動實現各國平等發展。推動實現「共建」的全球治理，必須要關注全球經濟治理體制問題。習近平總書記指出：「要推動變革全球治理體制中不公正不合理的安排，推動國際貨幣基金組織、世界銀行等國際經濟金融組織切實反映國際格局的變化，特別是要增加新興市場國家和發展中國家的代表性和發言權，推動各國在國際經濟合作中權利平等、機會平等、規則平等。」闡明了推動全球治理體制變革的中心任務和基本要求。

二是「共建」就需要發掘中華優秀文化，創新推動全球治理的能力建設和人才培養。「共建」需要創新治理思路，在吸收、借鑒中外優秀思想理論基礎上，創造性昇華的全球治理新理念。習近平總書記指出，要推動全球治理理念創新發展，積極發掘中華文化中積極的處世之道和治理理念同當今時代的共鳴點，繼續豐富打造人類命運共同體等主張，弘揚共商共建共用的全球治理理念。

三是「共建」應該著力打造人類命運共同體。共建全球治理，離

不開人類命運共同體的構建。當今世界相互聯繫、相互依存，不僅面臨氣候變暖等自然威脅，也面臨經濟衰退、恐怖主義等全球性挑戰，僅靠某一國或某幾國無法解決這些難題，需要世界各國聯合起來，共同應對。這種國際合作的全球治理必須培養和打造人類命運共同體意識。2015 年，習近平主席在博鰲亞洲論壇、第 70 屆聯合國大會、巴黎氣候大會、中非合作論壇約翰尼斯堡峰會等多個國際場合發出建立命運共同體的呼籲。習近平主席關於「人類命運共同體」以及共商共建共用的全球治理理念，從人類社會整體發展的客觀現實出發，為構建公正合理的全球治理體系提供了價值基礎，是符合世界各國人民共同利益的嶄新理念。

3.「共用」就是讓世界各國共同分享全球治理的成果

「共用」，就是和衷共濟、有福同享。共用就是需要通過制度性重新安排使全球治理更加公正合理，就是讓全球治理體制成果更多更公平地惠及全球各個參與方，也就是習近平主席反復強調的要「確保各國在國際經濟合作中機會平等、規則平等、權利平等」。全球治理中的共用特別要強調各國無論大小一律平等，各國人民無論地域、種族、文化，共同享受人類社會發展進步成果。「共用」是個美好理想，需要體系、秩序、規則等方面的保障。中國和一些發展中大國在世界銀行和國際貨幣基金組織中股權和投票權的擴大，就是國際「共用」的重要一步。中國和所有國家都要以實力和智慧雙管齊下，在經濟中高端的發展權、政治安全的決策權、思想文化的話語權方面，增加代表性、提高公正性和推進民主化。中國在「共用」全球治理方面不僅

需要共用權，更擁有分享權。

「**共用**」**全球治理具有重要意義**。「共用」全球治理的機會、規則、權利和成果，是我國積極參與全球治理的重要考量和根本目的。共用全球治理至少有四個重要意義。

第一是強調國與國之間的交往應該建立在合作共贏的基礎上。第二是強調國與國之間的交往與合作，應該建立在互信、互惠、互利的基礎上。第三是中國將把國內和國外兩個大局有機聯繫起來，這是習近平新時代中國特色社會主義思想從內政到外交上的延續。第四是它具有一整套相互關聯的理念和機制。

「**共用**」**全球治理的中國理念**。共用不是挑戰誰、取代誰，而是在充實、完善既有架構基礎上，引入適當理念和機制，使全球治理更趨合理、公正與高效。「共用」全球治理需要有新的理念和寬廣眼界。其一是要有海納百川的胸襟氣度。其二是要有舍我其誰的責任擔當。其三是要有同舟共濟的協作精神。其四是要有一視同仁的公道正義。

「**共用**」**全球治理的中國目的和內容**。中國在社會主義現代化進程中，不僅提出了全面建成惠及十幾億人口的小康社會，而且還要全面建設共同富裕的社會主義社會。這一國內目標也決定了中國在世界發展中，提倡和踐行「合作共贏」外交戰略。外交是內政的延伸，也是內政反映在國際事務上的必然選擇。為此，中國領導人先後提出和諧社會、和諧中國，進而提出和諧亞洲、和諧世界。「共用」理念就是堅持和平發展，合作共贏。「共用」理念的核心目標和宗旨就是全世界各國人民一起共同打造和諧世界，即大同世界。

總之，習近平主席倡導建立「共商、共建、共用」的全球治理體制，不僅是中國走和平發展道路的必然選擇，而且也是世界各國人民

共同構建和諧世界的必然選擇。中國的行動告訴世界，中國將始終堅持「共商共建共用」的全球治理理念，始終高舉和平、發展、合作、共贏的旗幟，與世界各國人民一道建立利益共同體、責任共同體、命運共同體。

（三）推動構建人類命運共同體

「大時代需要大格局，大格局需要大智慧」。在當今世界正處在大發展大變革大調整的重要時期，提出和倡導人類命運共同體理念，順應了時代發展的現實要求和歷史發展的必然趨勢。人類命運共同體思想是以習近平同志為核心的黨中央對馬克思主義外交論和中國外交思想的重大理論創新。樹立人類命運共同體意識是順應當今世界時代發展潮流的必然選擇。隨著經濟全球化的深入發展，全球的整體相關性日益密切，各個國家和地區的利益和命運從來沒有像今天這樣緊密地聯繫在一起，形成了一個一榮俱榮、一損俱損的格局。國際上一系列重大問題的解決也不再僅僅依賴於雙邊的合作和交流，而是更多地依賴於多邊的協調和溝通。正如習近平總書記指出的：「這個世界，各國相互聯繫、相互依存的程度空前加深，人類生活在同一個地球村裡，生活在歷史和現實交匯的同一個時空裡，越來越成為你中有我、我中有你的命運共同體。」人類命運共同體理念的提出，順應了當今世界和平、發展、合作、共贏的時代潮流，契合了各國求和平、謀發展、促合作的共同願望。

1. 人類命運共同體思想的創立過程

十八大以來，以習近平同志為核心的黨中央繼續堅持和平與發展的外交方針，並創造性地提出合作共贏新理念，把推動建設以合作共贏為核心的新型國際關係與人類的共同命運緊密結合，開創性地提出了「人類命運共同體」新理念。習近平總書記創立人類命運共同體理念大致有兩個發展的過程。第一個階段是從 2012 年 11 月中共十八大召開到 2015 年 9 月。中共十八大報告中提到：「人類生活在同一個地球村，生活在歷史和現實交匯的同一個時空裡，越來越成為你中有我、我中有你的命運共同體。」2013 年 3 月下旬，剛剛當選中國國家主席的習近平首次出訪俄羅斯。他在莫斯科國際關係學院的演講中，第一次提到命運共同體的概念。從習近平主席的一系列外交實踐分析，人類命運共同體思想屬於他較早提出的思想之一。有報導指出，在這個階段，習近平主席在國際國內不同場合 62 次提到人類命運共同體的概念，並作了相應的闡述。

第二個階段是從 2015 年 9 月 28 日習近平主席在紐約聯合國總部舉行的紀念聯合國成立 70 周年大會上發表講話起至今。在這個階段，人類命運共同體的思想在國際上廣泛傳播，並受到國際社會的高度重視和普遍接受。2015 年 9 月 28 日，國家主席習近平訪問紐約聯合國總部時發表題為《攜手構建合作共贏新夥伴 同心打造人類命運共同體》的講話，首次在重大國際組織中提出人類命運共同體的概念並詳細闡釋核心思想。習近平主席指出：「當今世界，各國相互依存、休戚與共。我們要繼承和弘揚聯合國憲章的宗旨和原則，構建以合作共贏為核心的新型國際關係，打造人類命運共同體。」為實現打造人類命運共同

體這一偉大目標，習近平主席強調：「我們要建立平等相待、互商互諒的夥伴關係。要營造公道正義、共建共用的安全格局。要謀求開放創新、包容互惠的發展前景。要促進和而不同、兼收並蓄的文明交流。」此次講話馬上引起研究界的高度重視。2016 年 9 月上旬，在中國杭州舉行的 G20 集團首腦第十一次峰會上，習近平主席在致辭中表示：「我們要樹立人類命運共同體意識，推進各國經濟全方位互聯互通和良性互動，完善全球經濟金融治理，減少全球發展不平等、不平衡現象，使各國人民公平享有世界經濟增長帶來的利益。」2017 年 1 月，習近平主席在聯合國日內瓦總部發表題為《共同構建人類命運共同體》的重要講話。這一講話受到國際國內各方面廣泛關注，講話界定了「共同構建人類命運共同體」理念，並對人類命運共同體進行新的定位，將構建人類命運共同體確定為時代命題。提出了共同構建人類命運共同體的五大全球治理主張。將共同構建人類命運共同體的時代命題，同如何推進落實結合在一起。

2. 人類命運共同體理念是中國外交思想的重大創新

人類命運共同體思想是以習近平同志為核心的黨中央對馬克思主義和中國外交思想的重大理論創新。人類命運共同體思想屬於國際關係理論中的時代問題研究範疇，屬於國際社會整體觀和前景方向觀的問題，是重大理論研究問題。在歷史上，馬克思主義對國際社會整體觀和前景方向觀沒有提出過和人類命運共同體相類似的思想。

新中國成立以後，在冷戰格局制約下，以毛澤東為核心的第一代中央領導集體，在時代問題上主要還是以列寧「戰爭與革命」的論述

為主。但第一代領導集體運用馬克思主義基本原理和新中國外交實踐，提出了和平共處五項原則和「求同存異」等思想，這已超越了冷戰格局制約，具有劃時代的意義。

1978 年，中國進入改革開放新時代之後，以鄧小平為核心的第二代中央領導集體根據國際形勢變化和新中國外交實踐，提出「和平與發展是當代世界兩大主題」的論斷，對改革開放新時代的國際發展潮流給予了準確把握。

進入 21 世紀之後，國際形勢變化愈加錯綜複雜，非傳統安全因素急劇上升，世界仍不太平。在 21 世紀第一個十年，經濟高速增長的中國，對世界重大現實問題如何看待，受到高度關注。2005 年 9 月 14 日，胡錦濤同志在紐約出席聯合國成立 60 周年首腦會議的開幕式，提出構建一個持久和平、共同繁榮的「和諧世界」的主張，提出中國對改變舊的國際政治經濟秩序的明確措施，包括消除貧困、共同繁榮，大力推動和幫助發展中國家發展，使 21 世紀成為「人人享有發展的世紀」等主張，得到國際輿論的廣泛好評。

以習近平同志為核心的黨中央執政後，敢於擔當、勇於創新。首先提出實現中華民族偉大復興的中國夢，此後在治國理政方面提出一系列新理念新思想新戰略。在外交思想方面，在中國夢之後又提出「亞太夢」，加上人類命運共同體思想，形成對中國、亞太地區、全世界發展前景的完整清晰的認識判斷。這是以習近平同志為核心的黨中央根據馬克思主義基本原理在新形勢下作出的重大理論創新，具有極高的理論價值。

3. 人類命運共同體理念對當今世界具有重要的引領價值

　　人類命運共同體理念的提出，與世界的複雜混亂形勢密切相關。我們生活在一個矛盾的世界之中：一方面，物質財富不斷積累，科技進步日新月異，人類文明發展到歷史最高水準；另一方面，地區衝突頻繁發生，恐怖主義、難民潮等全球性挑戰此起彼伏，貧困、失業、收入差距拉大等問題愈加凸顯，世界面臨的不確定性上升。經濟全球化是一把「雙刃劍」，當世界經濟處於下行期的時候，增長和分配、資本和勞動、效率和公平的矛盾就會更加突出，發達國家和發展中國家都會感受到壓力和衝擊。反全球化的呼聲，反映了經濟全球化進程的不足。

　　2016 年是冷戰格局結束之後國際形勢最動盪的一年。這一年，全球化受挫、地區化逆轉、民粹主義抬頭，「黑天鵝」不斷飛出。在這種國際形勢下，中國的態度至關重要。2017 年 1 月 17 日，習近平主席出席達沃斯世界經濟論壇開幕式並發表主旨演講，其中的表態引人關注。關於當前世界經濟低迷的根源，習近平主席的分析是：「全球增長動能不足，難以支撐世界經濟持續穩定增長；全球經濟治理滯後，難以適應世界經濟新變化；全球發展失衡，難以滿足人們對美好生活的期待。把困擾世界的問題簡單歸咎於經濟全球化，既不符合事實，也無助於問題解決。」關於中國對全球化的態度，習近平主席強調：「我們要適應和引導好經濟全球化，消解經濟全球化的負面影響，讓它更好惠及每個國家、每個民族。」

4. 人類命運共同體理念對全球治理具有重要的指導價值

由於國際局勢複雜變化，全球化發展遭遇逆流，地區合作面臨倒退。某些經濟大國實行貿易保護主義政策，有些國家民粹主義抬頭，如何引導全球治理有效前行成為巨大挑戰。習近平主席的人類命運共同體思想和全球治理聯繫在一起，對現實世界的實踐有重大指導意義。

習近平主席 2013 年出席達沃斯世界經濟論壇開幕式時提出的關於全球治理的新主張引起世界輿論高度關注。習近平主席提出：「我們要堅持創新驅動，打造富有活力的增長模式；要堅持協同聯動，打造開放共贏的合作模式；要堅持與時俱進，打造公正合理的治理模式；要堅持公平包容，打造平衡普惠的發展模式。」這是世界重要經濟體的領導人中，由中國領導人首次提出的關於全球治理四大模式的系統理論，極具創新意義。

習近平主席代表中國提出的全球治理新主張，在推動全球治理創新上做出新貢獻。習近平主席多次強調：「中國的發展是世界的機遇，中國是經濟全球化的受益者，更是貢獻者。中國經濟快速增長，為全球經濟穩定和增長提供了持續強大的推動。中國同一大批國家的聯動發展，使全球經濟發展更加平衡。中國減貧事業的巨大成就，使全球經濟增長更加包容。」中國和許多國家共同推行的「一帶一路」合作戰略，就是中國倡導的全球治理新主張的最好實踐之一。

第六章

堅定文化自信，推動社會主義文化繁榮興盛

——以社會主義核心價值觀寫好中國故事

「五位一體」——實現偉大復興的戰略部署和戰略任務‧之三

　　文化是一個國家、一個民族的靈魂。文化興國運興，文化強民族強。沒有高度的文化自信，沒有文化的繁榮興盛，就沒有中華民族偉大復興。黨的十八屆六中全會明確提出：「堅持中國特色社會主義道路、中國特色社會主義理論體系、中國特色社會主義制度、中國特色社會主義文化」。將中國特色社會主義文化納入中國特色社會主義基本結構之中，拓展和深化了中國特色社會主義的基本內涵和中國特色社會主義文化強國的基本內容。習近平總書記指出：「中華民族創造了源遠流長的中華文化，也一定能夠創造出中華文化新的輝煌。」要堅持社會主義先進文化前進方向，堅定文化自信，增強文化自覺，加快文化改革發展，加強社會主義精神文明建設，培育和踐行社會主義核心價值觀，增強國家文化軟實力，建設社會主義文化強國。

一、堅持文化自信

——建設社會主義文化強國

　　黨的十八大以來，以習近平同志為核心的黨中央著力推進中國特色社會主義文化強國建設，以一系列新理念新思想新戰略回答了為什麼要建設社會主義文化強國和怎樣建設社會主義文化強國的問題，確立了社會主義文化強國建設的思想引領和理論支撐。文化的繁榮興盛是一個國家繁榮興盛的鮮明標誌和重要支撐。文化是民族的血脈、人民的精神家園，在最廣泛的意義上，文化是人類在原始自然界基礎上所創造的一切，物質文化、制度文化和精神文化是其主要的內容，建立在這個層次上的文化自信是最重要的自信。正是從這個意義上說，「文化自信，是更基礎、更廣泛、更深厚的自信。在 5000 多年文明發展中孕育的中華優秀傳統文化，在黨和人民偉大鬥爭中孕育的革命文化和社會主義先進文化，積澱著中華民族最深層的精神追求，代表著中華民族獨特的精神標識。我們要弘揚社會主義核心價值觀，弘揚以愛國主義為核心的民族精神和以改革創新為核心的時代精神，不斷增強全黨全國各族人民的精神力量。」

（一）文化自信，是更基礎、更廣泛、更深厚的自信

　　黨的十八大報告強調：「建設社會主義文化強國，關鍵是增強全民族文化創造活力。」這一重要論斷為我們堅持中國特色社會主義文

化發展道路，深入推進文化體制改革，建設社會主義文化強國指明了
方向。習近平總書記指出：「要堅持走中國特色社會主義文化發展道路，
弘揚社會主義先進文化，推動社會主義文化大發展大繁榮，不斷豐富
人民精神世界，增強人民精神力量，努力建設社會主義文化強國。」

1.社會主義文化是中國特色社會主義的重要內容

　　按照中國特色社會主義五位一體的總體佈局，中國特色社會主義
的基本內涵包括經濟、政治、文化、社會、生態文明五個方面，而中
國特色社會主義的基本結構是由道路、理論體系、制度、文化四位一
體構成。對中國特色社會主義文化的認識還將進一步發展和深化。

　　文化自信是中國特色社會主義文化不斷發展進步的總體上的、更
深層次的自信。鄧小平同志在中共十二大時指出，「走自己的道路，
建設有中國特色的社會主義」，這條道路就是以「一個中心、兩個基
本點」為內核的黨的基本路線。在開創中國特色社會主義道路的同時，
我們黨創立了中國特色社會主義理論體系，黨的十七大明確提出中國
特色社會主義理論體系這一範疇。中國特色社會主義是道路開拓、理
論創新與制度構建同步展開的過程，胡錦濤同志在慶祝建黨90周年大
會上的講話中提出了堅持中國特色社會主義制度。黨的十八大在總結
已有認識和實踐成果的基礎上，概括為道路、理論體系、制度三位一
體的基本框架，並提出了「三個自信」。黨的十八大以來，以習近平
同志為核心的黨中央繼續把堅持和發展中國特色社會主義這篇大文章
寫下去，鞏固道路、創新理論、完善制度，並且深入思考中國特色社
會主義文化的重大功能、源流傳承、精神內涵，充分發揮文化在實現

社會主義現代化和中華民族偉大復興中強基固本、引領激勵的作用，
達到了文化自覺的新境界。培育和踐行社會主義核心價值觀，傳承和
弘揚中華優秀傳統文化，做好意識形態工作等一系列文化建設重大實
踐，提出了增強中國特色社會主義文化自信的要求。2016 年 7 月，習
近平總書記在慶祝中國共產黨成立 95 周年大會上進一步指出：「全黨
要堅定道路自信、理論自信、制度自信、文化自信」，這就將「三個
自信」拓展為「四個自信」。

　　改革開放以後，我們黨對文化在中國特色社會主義事業中的地位
和作用的認識不斷提高和深化。鄧小平同志在領導改革開放的過程中，
非常重視社會主義精神文明建設，強調物質文明和精神文明「兩手抓，
兩手都要硬」。黨的十五大提出建設中國特色社會主義的經濟、政治、
文化。黨的十七大提出中國特色社會主義事業的經濟、政治、文化、
社會四位一體總體佈局。黨的十八大提出建設中國特色社會主義經
濟、政治、文化、社會、生態文明五位一體總佈局。黨的十八大以來，
以習近平同志為核心的黨中央統籌推進五位一體總體佈局，文化建設
在治國理政新理念新思想新戰略中佔有重要地位。

　　2016 年 10 月，習近平總書記在紀念紅軍長征勝利 80 周年大會上
的講話中，對中國特色社會主義道路、理論體系、制度、文化的重大
意義和深刻內涵作出了新的論述，特別是文化上的論述。他指出：「中
國特色社會主義文化積澱著中華民族最深層的精神追求，代表著中華
民族獨特的精神標識，是中國人民勝利前行的強大精神力量」。這就
在更為深層更為重要的層面上確定了中國特色社會主義文化的地位。
中國特色社會主義文化不僅與經濟、政治、社會、生態文明建設相並
列，作為五位一體總體佈局的構成，而且與道路、理論體系、制度相

並列，作為中國特色社會主義基本結構的構成。這一新認識新定位新判斷，拓展深化了科學社會主義理論，發展推進了馬克思主義文化理論，反映了國家文化軟實力愈益重要的歷史趨勢，抓住了中國特色社會主義興旺發達、長治久安的一個根本因素，是我們黨深入認識「什麼是社會主義，怎樣建設社會主義」的一個重大成果，是中國特色社會主義理論體系的一個重大創新。

黨的十八屆六中全會明確提出「四個堅持」重要論述。從「四個自信」的意識層面進入「四個堅持」的實體層面，表明了中國特色社會主義文化建設實現了歷史性提升。堅持中國特色社會主義道路、理論體系、制度、文化，構成中國特色社會主義的四根支柱，充分體現了中國特色社會主義文化的基礎功能。「四個堅持」的提出表明，我們黨對文化基礎作用的認識更加深刻，對建設中國特色社會主義文化更加自覺。

2. 社會主義文化是中華民族偉大復興的不竭精神動力

文化自信是一個國家、一個民族對自身擁有的生存方式和價值體系的充分肯定，是對自身文化生命力、創造力、影響力的堅定信念，關乎民族精神狀態和社會精神風貌，關乎國家發展進步的動力與活力。實現中華民族的偉大復興，需要充分激揚文化自信的強大精神力量。經歷了 5000 年文明孕育發展的中華優秀傳統文化，經歷黨和人民偉大鬥爭孕育發展的革命文化和社會主義先進文化，彙聚成的中國特色社會主義文化，是實現「兩個一百年」奮鬥目標、實現中華民族偉大復興中國夢的不竭精神動力。

　　文化自信是更基礎、更廣泛、更深厚的自信。一是道路自信根源於文化自信。我們黨和人民堅持這條道路，是以堅定理想信念為引領的，實現共產主義遠大理想的崇高價值追求，是堅持中國特色社會主義道路的精神動力。我們黨和人民堅持這條道路，是以愛國主義精神為底蘊的，實現中華民族偉大復興的中國夢激勵我們走出一條強國富民之路。我們黨和人民堅持這條道路，是以中華優秀傳統文化為本源的，自強不息、大同和諧、集體意識等，構成這條道路的文化基因。二是理論自信基於文化自信。理論自信內含著理論所秉承的價值觀，價值觀是文化的靈魂，理論自信需要價值觀自信的支援，價值觀自信就是文化自信的體現。理論自信需要相宜的文化土壤和文化氛圍，文化自信就是這樣的文化條件。有了文化自信，理論自信才能建立起來。三是制度自信的靈魂就是文化自信。制度自信，既是對制度效果的自信，也是對制度理念的自信。中國特色社會主義制度，體現了人民是歷史創造者和財富創造者，理應成為國家主人的制度理念。

　　中國特色社會主義文化有著豐富的內涵。中國特色社會主義文化，以中華優秀傳統文化為根基，以馬克思主義為指導，以社會主義核心價值觀為靈魂，以社會主義先進文化為主體內容和本質特徵，吸收人類文明的優秀成果，是中華民族團結奮進的強大精神動力。中國特色社會主義文化有其深厚的文化淵源，是在傳承有著5000多年文明悠久歷史的中華優秀傳統文化的基礎上生長起來的。中國共產黨領導的新民主主義革命，創造了以革命理想主義和革命英雄主義為核心的革命文化，創造了感召人民群眾、凝聚黨心軍心、激勵奮鬥不止的紅色文化。革命文化上承中華優秀傳統文化，下啟社會主義先進文化，是中華文化的寶貴財富。社會主義先進文化是黨領導人民在社會主義建

設和改革開放時期創造的新文化。這一文化形態，與時代潮流相一致，與人民群眾同心聲，是中國特色社會主義文化的顯著標誌和主要內容。

中國特色社會主義文化具有獨特性質和重大功能。一是中國特色社會主義文化積澱了中華民族最深層的精神追求。中國精神是中國特色社會主義文化的靈魂；中國精神是中華民族在長期的歷史發展中逐步形成和鞏固、發展和豐富的共同精神，是民族傳統、文化、心理、素質的集中體現。二是中國特色社會主義文化代表著中華民族獨特的精神標識。在 5000 多年的發展中，中華民族形成了以愛國主義為核心的偉大民族精神。中國精神是民族精神與時代精神相互融合的產物，在中國走向世界、走向現代化、走向未來的進程中，中國精神呈現時代精神。三是中國特色社會主義文化是中國人民勝利前行的強大精神力量。實現中華民族偉大復興，深層底蘊是國家文化軟實力。習近平總書記在十八屆中央紀委七次全會上的講話中指出，要依靠文化自信堅定理想信念。理想信念是在長期實踐中歷練出來的，也是在文化薰陶中昇華而成的。

3. 建設中國特色社會主義文化，是實現現代化和中國夢的軟實力

文化是一個民族的精神家園和價值體系，流通於民族和人民的血脈之中，構成一個國家軟實力的核心。習近平總書記對建設社會主義文化強國有著許多精闢論述，強調沒有文明的繼承和發展，沒有文化的弘揚和繁榮，就沒有中華民族偉大復興的中國夢的實現。新形勢下，要更加充分發揮中國特色社會主義文化的巨大能量，提供走好新的長

征路的強大精神力量。

實現社會主義現代化和中華民族偉大復興，必須增強綜合國力，既包括經濟、科技、軍事的硬實力，也包括制度治理、精神文化的軟實力。文化是建設富強民主文明和諧的社會主義現代化國家的重要軟實力，文化的力量蘊含於民族之中、民眾之中，無比深厚和堅強。堅持中國特色社會主義文化，就是要建設社會主義文化強國，用文化強國推動實現「兩個一百年」奮鬥目標，讓中華文化為中國夢固本強基、揚帆領航，以文化復興推動民族復興。

共產主義遠大理想和中國特色社會主義共同理想，是中國共產黨人的精神支柱和政治靈魂，也是道路自信、理論自信、制度自信、文化自信的理想信念根基。中國特色社會主義文化，是理想信念的底蘊和滋養。理想信念是志存高遠、追求崇高的體現，中華優秀傳統文化能涵養浩然正氣，是理想信念的深厚文化底蘊。黨的十八大以來，習近平總書記高揚共產主義遠大理想和中國特色社會主義共同理想的旗幟，大力弘揚中華優秀傳統文化，就是從中華優秀傳統文化自信中尋找堅定理想信念的精神源泉。理想信念是為人民幸福、國家富強、人類解放的奮鬥，革命文化如星空照耀，是理想信念的生長文化土壤。理想信念是當代中國共產黨人的旗幟，社會主義先進文化揚時代精神，是理想信念的不竭文化滋養。社會主義先進文化，包含著時代精神的精華，凝結著理論創新的成果，賦予理想信念豐富的時代內涵，保持理想之樹常綠、信念之果愈堅。依靠文化自信堅定理想信念，闡明了堅定理想信念的重要規律。

（二）構建中國特色的哲學社會科學

2016 年 5 月 17 日，習近平總書記在哲學社會科學工作座談會上指出，哲學社會科學是人們認識世界、改造世界的重要工具，是推動歷史發展和社會進步的重要力量，其發展水準反映了一個民族的思維能力、精神品格、文明素質，體現了一個國家的綜合國力和國際競爭力。一個國家的發展水準，既取決於自然科學發展水準，也取決於哲學社會科學發展水準。一個沒有發達的自然科學的國家不可能走在世界前列，一個沒有繁榮的哲學社會科學的國家也不可能走在世界前列。加快構建中國特色哲學社會科學具有多重重大意義。

一是有利於推動馬克思主義發展與創新。馬克思主義深刻揭示了自然、思維和人類社會發展的普遍規律，是科學的世界觀和方法論。在馬克思主義發展的 160 多年的歷程中，既取得了豐碩的成就，也亟待根據新的歷史條件進行發展和創新。在馬克思主義中國化的過程中，如何將馬克思主義更好地與中國的國情相結合、如何運用馬克思主義更好地解決中國的問題、如何在中國更好地運用和發展馬克思主義是中國特色哲學社會科學的重大命題。

二是有利於增強中國特色社會主義理論自信。在新形勢下繼續建設和發展中國特色社會主義需要樹立理論自信、制度自信和道路自信。如何築牢中國特色社會主義的理論基礎和思想基礎，增強認同感、堅定自信心是需要著重研究和重點回應的問題。中國特色哲學社會科學能夠利用學科優勢開展理論研究和方法研究，大力推進理論創新，壯大思想陣地、引導輿論潮流，增強話語權和主動權。由此可見，構建中國特色哲學社會科學是增強中國特色社會主義理論自信的推進器。

　　三是有利於鞏固馬克思主義在意識形態主導地位。伴隨經濟全球化、一體化進程不斷推進，世界各國特別是資本主義國家加快了思想和價值觀念輸出的步伐，各國思想、價值和文化在不斷交融和交鋒。加快構建中國特色哲學社會科學能夠利用學科理論和方法等優勢，深入分析、研究和剖析各種消極錯誤思想的本質和危害，消除負面影響，引導人們樹立正確的世界觀、人生和價值觀，鞏固馬克思主義在意識形態的主導地位和指導地位。

　　四是有利於繼承和弘揚中國優秀傳統文化。中國優秀傳統文化是中國人民偉大創造的結晶，是偉大智慧的結晶。在新形勢下繼承和發揚中國優秀傳統文化既需要不斷推動創新、深入挖掘文化寶藏，又需要推動其走向世界、進而影響世界；既需要保護優秀文明遺存，又需要賦予新的時代內涵。中國特色哲學社會科學在上述問題的研究方面有獨特的優勢，能夠推動中國優秀傳統文化創新發展、科學發展和綠色發展。以此考量，構建中國特色哲學社會科學是繼承和弘揚中國優秀傳統文化的拉力器。

　　五是有利於提升國家文化軟實力。文化軟實力是綜合國力競爭的重要組成部分。中國特色哲學社會科學能夠從學科本體出發深入開展先進文化研究，推動特色文化和優秀文化走出國門增強影響力和話語權，在世界上放大中國文化聲音、讓世界聽懂中國文化，可以有效地助力實現社會主義文化強國的戰略目標。

（三）人民需要藝術，藝術更需要人民

　　文藝是時代前進的號角，最能代表一個時代的風貌，最能引領一

個時代的風氣。2014 年 10 月 15 日，習近平總書記在文藝工作座談會上的講話中指出：「實現『兩個一百年』奮鬥目標、實現中華民族偉大復興的中國夢是長期而艱巨的偉大事業。偉大事業需要偉大精神。實現這個偉大事業，文藝的作用不可替代，文藝工作者大有可為。」推動文藝繁榮發展，要牢固樹立馬克思主義文藝觀，始終堅持以人民為中心的創作導向，生產出無愧於我們這個偉大民族、偉大時代的優秀作品。

1. 文藝事業是黨和人民的重要事業，文藝戰線是黨和人民的重要戰線

長期以來，廣大文藝工作者在各自領域辛勤耕耘、服務人民，取得了顯著成績，作出了重要貢獻。特別是改革開放以來，我國文藝創作迎來了新的春天，產生了大量膾炙人口的優秀作品，文藝園地百花競放、碩果累累，呈現出繁榮發展的生動景象。同時也不能否認，在文藝創作方面，也存在著有數量缺品質、有「高原」缺「高峰」的現象，存在著抄襲模仿、千篇一律的問題，存在著機械化生產、速食式消費的問題。凡此種種都警示我們，文藝不能在市場經濟大潮中迷失方向，不能在為什麼人的問題上發生偏差，否則文藝就沒有生命力。

2. 文藝的根本問題、原則問題是為什麼人的問題

習近平總書記指出：「社會主義文藝，從本質上講，就是人民的文藝。」文藝要反映好人民心聲，就要堅持為人民服務、為社會主義

服務這個根本方向。這是黨對文藝戰線提出的一項基本要求，也是決定我國文藝事業前途命運的關鍵。要把滿足人民精神文化需求作為文藝和文藝工作的出發點和落腳點，把人民作為文藝表現的主體，把人民作為文藝審美的鑒賞家和評判者，把為人民服務作為文藝工作者的天職。

3. 深刻認識和把握好文藝與人民的辯證關係，堅持以人民為中心的創作導向

一是人民需要文藝。人民對精神文化生活的需求時時刻刻都存在，隨著生活水準不斷提高，人民對文化產品的品質、品位、風格等的要求更高。文藝創作各領域都要跟上時代發展、把握人民需求，以充沛的激情、生動的筆觸、優美的旋律、感人的形象創作生產出人民喜聞樂見的優秀作品，讓人民精神文化生活不斷邁上新臺階。二是文藝需要人民。人民是文藝創作的源頭活水，一旦離開人民，文藝就會變成無根的浮萍、無病的呻吟、無魂的軀殼。要虛心向人民學習、向生活學習，從人民的偉大實踐和豐富多彩的生活中汲取營養，始終把人民的冷暖、人民的幸福放在心中，把人民的喜怒哀樂傾注在自己的筆端，謳歌奮鬥人生，刻畫最美人物，堅定人們對美好生活的憧憬和信心。三是文藝要熱愛人民。有沒有感情，對誰有感情，決定著文藝創作的命運。文藝工作者要想有成就，就必須對人民愛得真摯、愛得徹底、愛得持久，自覺與人民同呼吸、共命運、心連心，歡樂著人民的歡樂，憂患著人民的憂患，做人民的孺子牛。要紮根人民、紮根生活開展文藝創作，用現實主義精神和浪漫主義情懷觀照現實生活，用光

明驅散黑暗，用美善戰勝醜惡，讓人們看到美好、看到希望、看到夢想就在前方。

4. 文藝作品是衡量一個時代文藝成就的最終標準

優秀文藝作品反映著一個國家、一個民族的文化創造能力和水準。必須把創作生產優秀作品作為文藝工作的中心環節，把創新精神貫穿文藝創作生產全過程，努力創作生產更多傳播當代中國價值觀念、體現中華文化精神、反映中國人審美追求，思想性、藝術性、觀賞性有機統一的優秀作品，形成「龍文百斛鼎，筆力可獨扛」之勢。

5. 中國精神是社會主義文藝的靈魂

文藝是鑄造靈魂的工程，文藝工作者是靈魂的工程師。好的文藝作品就應該像藍天的陽光、春天的清風一樣，能夠溫潤心靈、啟迪思想、陶冶人生，能夠掃除頹廢萎靡之風。廣大文藝工作者要高揚社會主義核心價值觀的旗幟，充分認識肩上的責任，把社會主義核心價值觀生動活潑、活靈活現地體現在文藝創作之中，通過文藝作品傳遞真善美，傳遞向上向善的價值觀，書寫和記錄人民的偉大實踐、時代的進步要求，彰顯信仰之美、崇高之美，弘揚中國精神、凝聚中國力量，鼓舞全國各族人民朝氣蓬勃邁向未來。

6. 黨的領導是繁榮社會主義文藝發展的根本保證

加強和改進黨對文藝工作的領導，要緊緊依靠廣大文藝工作者，

選好配強文藝單位領導班子，誠心誠意同文藝工作者交朋友，尊重文藝工作者的創作個性和創造性勞動，政治上充分信任，創作上熱情支持，營造有利於文藝創作的良好環境。要尊重和遵循文藝規律，切實加強文藝評論工作，把好文藝批評的方向盤，運用歷史的、人民的、藝術的、美學的觀點評判和鑒賞作品，在藝術品質和水準上敢於實事求是，對各種不良文藝作品、現象、思潮敢於表明態度，在大是大非問題上敢於表明立場。要適應形勢發展，抓好網絡文藝創作生產，加強正面引導力度。

（四）實施網絡強國戰略

短短幾十年的時間，中國從一個後發國家邁入信息化時代，這一過程正蘊含在中國人對現代國家的追求之中。十八大以來，黨中央高度重視網信事業的發展進步，黨的十八屆五中全會提出了「實施網絡強國戰略」。互聯網在中國已經從小到大、從大漸強，日益滲透到經濟社會發展的方方面面。目前中國網民達到 7 億，超過世界網民總數的五分之一，成為名副其實的網絡大國。2014 年 2 月，隨著以習近平總書記為組長的中央網絡安全和信息化領導小組第一次會議召開，將中國從網絡大國發展為網絡強國上升為中國特色社會主義文化建設的國家戰略。

1.「網絡強國」已經上升為一種國家戰略

從 1994 年中國第一次全功能接入國際互聯網，23 年已經過去，

中國網民數量迅猛增長、網絡基礎設施建設成就斐然，中國成為名副其實的網絡大國。截至 2016 年 6 月，我國網民規模達 7.1 億，連續 9 年居全球首位；互聯網普及率達到 51.7%，超過全球平均水準 3.1 個百分點；固定寬帶接入數量達 4.7 億，覆蓋全國所有城市、鄉鎮以及 95% 的行政村。網絡深度融入我國經濟社會發展、融入人民群眾生活。同時，我們也看到，同世界先進水準相比，我們在互聯網創新能力、基礎設施建設、信息資源分享、產業實力等方面還存在不小差距，其中最大的差距在核心技術上。

2014 年 2 月 27 日，中央網絡安全和信息化領導小組宣告成立。這標誌著，將中國從「網絡大國」發展成「網絡強國」上升為一種國家戰略，中國網信事業深化改革的大幕由此拉開。

2. 頂層設計正規劃了網絡強國的宏偉藍圖

「沒有網絡安全就沒有國家安全，沒有信息化就沒有現代化。」黨的十八大以來，習近平總書記多次對我國網信事業發展作出重要指示，提出一系列新理念新思想新戰略，為新時期我國互聯網發展和治理提供了根本遵循。「建設網絡強國的戰略部署要與『兩個一百年』奮鬥目標同步推進」。

十八屆三中全會圍繞創新社會治理體制，提出「堅持積極利用、科學發展、依法管理、確保安全的方針，加大依法管理網絡力度，加快完善互聯網管理領導體制，確保國家網絡和信息安全。」十八屆四中全會提出，「加強互聯網領域立法，完善網絡信息服務、網絡安全保護、網絡社會管理等方面的法律法規，依法規範網絡行為。」將「依

法治網」納入全面推進依法治國的整體部署。十八屆五中全會「十三五」規劃綱要，對實施網絡強國戰略、「互聯網+」行動計畫、大數據戰略等做了周密部署，著力推動互聯網和實體經濟深度融合發展。

2016年4月19日，習近平總書記主持召開網絡安全和信息化工作座談會，深刻指出要正確處理「網絡安全和信息化」中「安全和發展」的關係；要爭取儘快在核心技術上取得突破，實現「彎道超車」；互聯網不是法外之地，要建設網絡良好生態；要讓人民在共用互聯網發展成果上有更多「獲得感」；要提高我們在全球配置人才資源的能力。

3.「依法治網」構建了良好網絡秩序

習近平總書記指出：「要抓緊制定立法規劃，完善互聯網信息內容管理、關鍵信息基礎設施保護等法律法規，依法治理網絡空間，維護公民合法權益。」十八大以來，根據我國面臨國內外網絡安全形勢的客觀實際和緊迫需要，相關法律法規密集出臺。

中央網絡安全和信息化領導小組成立以來，頒佈實施了47部互聯網相關法律法規，占「十二五」期間立法總量的62%。2014年3月1日，《中華人民共和國保守國家秘密法實施條例》正式施行。2015年相繼通過《中華人民共和國國家安全法》《中華人民共和國反恐怖主義法》。2015年11月1日，《刑法修正案（九）》生效實施。2016年11月7日，全國人大常委會表決通過《中華人民共和國網絡安全法》，這是網絡安全管理的基礎性「保障法」。這些法律法規共同組成了我國網絡安全管理的法律體系。新修訂的《消費者權益保護法》規定了經營者採用網絡方式銷售商品的行為。新修訂的《廣告法》規定，在互聯網頁

面以彈出等形式發佈的廣告，應當顯著標明關閉標誌，確保一鍵關閉。新修訂的《食品安全法》增設網絡食品交易管理制度。此外，中央網信辦出臺「微信十條」「帳號十條」「約談十條」，規範治理網絡空間存在的問題；商務部出臺《無店鋪零售業經營管理辦法》，規範「微商」經營，等等。

　　網絡空間不是「法外之地」。一部部法律法規、規章制度、管理條例出臺，從各自領域規範互聯網的發展，保護了我國公民合法安全上網的權利，標誌著我國網絡空間法制化進程的實質性展開。

4. 攜手共建網絡空間命運共同體

　　2015 年 12 月 16 日，習近平主席在第二屆世界互聯網大會上提出了全球互聯網發展治理的「五點主張」，倡導攜手構建網絡空間命運共同體。習近平主席指出，網絡空間是人類共同的活動空間，網絡空間前途命運應由世界各國共同掌握。各國應該加強溝通、擴大共識、深化合作，共同構建網絡空間命運共同體。

　　第一，加快全球網絡基礎設施建設，促進互聯互通。網絡的本質在於互聯，信息的價值在於互通。只有加強信息基礎設施建設，鋪就信息暢通之路，不斷縮小不同國家、地區、人群間的信息鴻溝，才能讓信息資源充分湧流。中國正在實施「寬帶中國」戰略，預計到 2020 年，中國寬帶網絡將基本覆蓋所有農村，打通網絡基礎設施「最後一公里」，讓更多人用上互聯網。中國願同各方一道，加大資金投入，加強技術支援，共同推動全球網絡基礎設施建設，讓更多發展中國家和人民共用互聯網帶來的發展機遇。

　　第二，打造文化共用平臺，促進網絡交流互鑒。文化因交流而多彩，網絡因聯通而出彩。互聯網是傳播人類優秀文化、弘揚正能量的重要載體。中國願通過互聯網架設國際交流橋樑，推動世界優秀文化交流互鑒，推動各國人民情感交流、心靈溝通。我們願同各國一道，發揮互聯網傳播平臺優勢，讓各國人民瞭解中華優秀文化，讓中國人民瞭解各國優秀文化，共同推動網絡文化繁榮發展，豐富人們精神世界，促進人類文明進步。

　　第三，創新發展網絡經濟，促進人類共同繁榮。當前，世界經濟復蘇艱難曲折，中國經濟也面臨著一定下行壓力。解決這些問題，關鍵在於堅持創新驅動發展，開拓發展新境界。中國正在實施「互聯網＋」行動計畫，推進「數字中國」建設，發展分享經濟，支援基於互聯網的各類創新，提高發展品質和效益。中國互聯網蓬勃發展，為各國企業和創業者提供了廣闊市場空間。中國開放的大門永遠不會關上，利用外資的政策不會變，對外商投資企業合法權益的保障不會變，為各國企業在華投資興業提供更好服務的方向不會變。只要遵守中國法律，我們熱情歡迎各國企業和創業者在華投資興業。我們願意同各國加強合作，通過發展跨境電子商務、建設信息經濟示範區等，促進世界範圍內投資和貿易發展，推動全球數字經濟發展。

　　第四，保障網絡安全，實現有序發展。安全和發展是一體之兩翼、驅動之雙輪。安全是發展的保障，發展是安全的目的。網絡安全是全球性挑戰，沒有哪個國家能夠置身事外、獨善其身，維護網絡安全是國際社會的共同責任。各國應該攜手努力，共同遏制信息技術濫用，反對網絡監聽和網絡攻擊，反對網絡空間軍備競賽。中國願同各國一道，加強對話交流，有效管控分歧，推動制定各方普遍接受的網

絡空間國際規則，制定網絡空間國際反恐公約，健全打擊網絡犯罪司法協助機制，共同維護網絡空間和平安全。

　　第五，構建互聯網治理體系，促進公平正義。國際網絡空間治理，應該堅持多邊參與，由大家商量著辦，發揮政府、國際組織、互聯網企業、技術社群、民間機構、公民個人等各個主體作用，不搞單邊主義，不搞一方主導或由幾方湊在一起說了算。各國應該加強溝通交流，完善網絡空間對話協商機制，研究制定全球互聯網治理規則，使全球互聯網治理體系更加公正合理，更加平衡地反映大多數國家意願和利，搭建全球互聯網共用共治的平臺，共同推動互聯網健康發展。

　　20 多年來，中國網絡信息化事業從無到有、從弱到強，取得了令人矚目的成就。中國正在積極推進網絡建設，讓互聯網發展成果惠及13 多億中國人民，更好地造福各國人民。堅持以人類共同福祉為根本，充分彰顯了中國在互聯網全球治理體系變革中的自信、格局與擔當。

（五）提高文化軟實力，講好中國故事

　　習近平總書記2013 年 8 月 19 日在全國宣傳思想工作會議上指出，對世界形勢發展變化，對世界上出現的新事物新情況，對各國出現的新思想新觀點新知識，我們要加強宣傳報導，以利於積極借鑒人類文明創造的有益成果。要精心做好對外宣傳工作，創新對外宣傳方式，著力打造融通中外的新概念新範疇新表述，講好中國故事，傳播好中國聲音。傳播中國好聲音，講好中國故事，向世界展示一個真實、立體、全面的中國。這正是互聯網時代的需要，互聯互通，我們必須自己主動展示自己，同時，這也是增強自尊、樹立自信、展示自強的需

求，這更是為世界文明共同進步奉獻中國智慧的需求。講好中國故事，昇華自己，精彩世界。

1.努力提高國家文化軟實力

文化軟實力集中體現了一個國家基於文化而具有的凝聚力和生命力，以及由此產生的吸引力和影響力。古往今來，任何一個大國的發展進程，既是經濟總量、軍事力量等硬實力提高的過程，也是價值觀念、思想文化等軟實力提高的進程。習近平總書記指出：「提高國家文化軟實力，關係我國在世界文化格局中的定位，關係我國國際地位和國際影響力，關係「兩個一百年」奮鬥目標和中華民族偉大復興的中國夢的實現。」

夯實國家文化軟實力的根基。提高國家文化軟實力要「形於中」而「發於外」，切實把我們自身的文化建設搞好，朝著建設社會主義文化強國的目標不斷前進。要深化文化體制改革，實施重大文化工程和文化名家工程，健全文化管理體制，構建現代公共文化服務體系，健全現代文化市場體系，提高文化開放水準，形成有利於創新創造的文化發展環境。大力繁榮發展文化事業，推進基本公共文化服務標準化、均等化發展，引導文化資源向城鄉基層傾斜，創新公共文化服務方式，保障人民基本文化權益。實施哲學社會科學創新工程，建設馬克思主義理論研究和建設工程、中國特色社會主義理論體系研究中心、馬克思主義學院、報刊網絡理論宣傳陣地「四大平臺」，建設中國特色新型智庫，構建中華優秀傳統文化傳承體系。要加快發展現代文化產業，推動文化產業結構優化升級，發展骨幹文化企業和創意文

化產業，培育新型文化業態，擴大和引導文化消費，推動文化產業成為國民經濟支柱性產業。要把握好意識形態屬性和產業屬性、社會效益和經濟效益的關係，始終把社會效益放在首位。

2. 積極傳播中華文化價值

當代中華文化的價值觀，最重要的就是中國特色社會主義價值觀念，代表著中國先進文化的前進方向。我國成功探索出了中國特色社會主義道路，實踐證明我們的道路、理論體系、制度是成功的。要加強提煉和闡釋，拓展對外傳播平臺和載體，把當代中國價值觀念貫穿於國際交流和傳播方方面面。要把中國夢的宣傳和闡釋與當代中國價值觀念緊密結合起來，從哲理、歷史、文化、社會、生活等方面深入闡釋中國夢，不要空喊口號，不能庸俗化。要注重從歷史層面、國家層面、個人層面、全球層面等方面說清楚、講明白，使中國夢成為傳播當代中國價值觀念的生動載體。

展示中華文化獨特魅力。中華優秀傳統文化是我們最深厚的文化軟實力。要把中華民族最基本的文化基因，以人們喜聞樂見、具有廣泛參與性的方式推廣開來，把跨越時空、超越國度、富有永恆魅力、具有當代價值的文化精神弘揚起來，把繼承優秀傳統文化又弘揚時代精神、立足本國又面向世界的當代中國文化創新成果傳播出去。要以理服人、以文服人、以德服人，完善人文交流機制，創新人文交流方式，綜合運用大眾傳播、群體傳播、人際傳播等多種方式展示中華文化魅力。

3. 講好中國故事，傳播中國聲音

隨著我國經濟社會發展和國際地位提高，國際社會對中國的關注度越來越高。「中國為什麼能」「中國共產黨為什麼能」，國外很多人對中國發生的奇跡有著濃厚興趣，希望破解中國成功的秘訣，希望深入認識我國的發展道路和發展模式。同時，國際社會對我們的誤解也不少，「中國威脅論」「中國崩潰論」等論調不絕於耳，一些西方媒體仍然在「唱衰」中國。在這樣複雜的形勢下，要集中講好中國故事，傳播好中國聲音，向世界展現一個真實的中國、立體的中國、全面的中國。

只有樹立強烈的文化自信，才能講好中國故事。習近平總書記強調：「我們有本事做好中國的事情，還沒有本事講好中國的故事？我們應該有這個信心！」我們業已形成的符合中國國情的道路不能走偏，我國 5000 多年沒有斷流的文化更不能丟掉。要堅守中華文化立場、傳承中華文化基因、展現中華審美風範，從中華民族的輝煌歷史和國家發展的偉大成就中汲取精神力量，增強文化自信，增強講好中國故事的底色和底氣。這對激勵廣大幹部群眾繼續沿著中國道路前進的信心和勇氣，加深國際社會對中國道路的認識至關重要。

只有講好中國故事，才能解決「挨罵」問題。落後就要挨打，貧窮就要挨餓，失語就要挨罵。現在國際輿論格局總體是西強我弱，一個重要原因是我們的話語體系還沒有建立起來，不少方面還沒有話語權，甚至處於「無語」或「失語」狀態，我國發展優勢和綜合實力還沒有轉化為話語優勢。要著力推進國際傳播能力建設，創新對外宣傳方式，精心構建對外話語體系，創新對外話語表達，打造融通中外的

新概念新範疇新表述，把我們想講的和國外受眾想聽的結合起來，努力爭取國際話語權，增強文化傳播親和力。要多用外國民眾聽得到、聽得懂、聽得進的途徑和方式，積極傳播中華文化，闡發中國精神，展現中國風貌，讓世界對中國多一分理解、多一分支持。

講好中國故事，必須積極主動、久久為功。要想國際社會瞭解和接受我們，就要主動把我們的想法說清楚，讓正確的聲音先入為主，蓋過種種負面輿論和奇談怪論。要講好中國特色社會主義的故事，講好中國夢的故事，講好中國人的故事，講好中華優秀文化的故事，講好中國和平發展的故事。要結合當代中國實際與時俱進，多講 21 世紀的馬克思主義、新時代的馬克思主義。講好中國故事是全黨的事，各個部門、各條戰線都要講。要加強統籌協調，整合各類資源，推動內宣外宣一體發展，奏響交響樂、唱響大合唱，把中國故事講得愈來愈精彩，讓中國聲音愈來愈洪亮。

二、民族的「根」和「魂」
——培育和踐行社會主義核心價值觀

習近平總書記 2014 年 10 月 15 日在文藝工作座談會上指出：每個時代都有每個時代的精神。我曾經講過，實現中國夢必須走中國道路、弘揚中國精神、凝聚中國力量。核心價值觀是一個民族賴以維繫的精神紐帶，是一個國家共同的思想道德基礎。如果沒有共同的核心價值觀，一個民族、一個國家就會魂無定所、行無依歸。為什麼中華民族能夠在幾千年的歷史長河中生生不息、薪火相傳、頑強發展呢？

很重要的一個原因就是中華民族有一脈相承的精神追求、精神特質、精神脈絡。習近平總書記在十九大報告中進一步指出：社會主義核心價值觀是當代中國精神的集中體現，凝結著全體人民共同的價值追求。要以培養擔當民族復興大任的時代新人為著眼點，強化教育引導、實踐養成、制度保障，發揮社會主義核心價值觀對國民教育、精神文明創建、精神文化產品創作生產傳播的引領作用，把社會主義核心價值觀融入社會發展各方面，轉化為人們的情感認同和行為習慣。堅持全民行動、幹部帶頭，從家庭做起，從娃娃抓起。深入挖掘中華優秀傳統文化蘊含的思想觀念、人文精神、道德規範，結合時代要求繼承創新，讓中華文化展現出永久魅力和時代風采。

（一）培育和踐行社會主義核心價值觀的總體要求

社會主義核心價值觀是社會主義核心價值體系的內核，是體現社會主義文化的根本性質和基本特徵。社會主義核心價值觀反映了社會主義核心價值體系的豐富內涵和實踐要求，是社會主義核心價值體系的高度凝練和集中表達。培育和踐行社會主義核心價值觀有利於引領各種社會思潮，激發全民族文化創造的活力，提高國家的文化軟實力，有利於把全國人民團結到實現中華民族偉大復興中國夢的光輝道路上。

1. 培育和踐行社會主義核心價值觀具有重要意義

培育和踐行社會主義核心價值觀，是推進中國特色社會主義偉

大事業、實現中華民族偉大復興中國夢的戰略任務。黨的十八大提出「富強、民主、文明、和諧，自由、平等、公正、法治，愛國、敬業、誠信、友善」的 24 字社會主義核心價值觀，與中國特色社會主義發展要求相契合，與中華優秀傳統文化和人類文明優秀成果相承接，是我們黨凝聚全黨全社會價值共識作出的重要論斷。面對世界範圍思想文化交流交融交鋒形勢下價值觀較量的新態勢，面對改革開放和發展社會主義市場經濟條件下思想意識多元多樣多變的新特點，積極培育和踐行社會主義核心價值觀，對於鞏固馬克思主義在意識形態領域的指導地位、鞏固全黨全國人民團結奮鬥的共同思想基礎，對於促進人的全面發展、引領社會全面進步，對於集聚全面建成小康社會、實現中華民族偉大復興中國夢的強大正能量，具有重要現實意義和深遠歷史意義。

2. 培育和踐行社會主義核心價值觀的指導思想

培育和踐行社會主義核心價值觀，必須高舉中國特色社會主義偉大旗幟，以鄧小平理論、「三個代表」重要思想、科學發展觀、習近平新時代中國特色社會主義思想為指導，緊緊圍繞堅持和發展中國特色社會主義這一主題，緊緊圍繞實現中華民族偉大復興中國夢這一目標，緊緊圍繞「三個倡導」這一基本內容，注重宣傳教育、示範引領、實踐養成相統一，注重政策保障、制度規範、法律約束相銜接，使社會主義核心價值觀融入人們生產生活和精神世界，激勵全體人民為奪取中國特色社會主義新勝利而不懈奮鬥。

3. 培育和踐行社會主義核心價值觀的基本原則

培育和踐行社會主義核心價值觀要堅持以下原則：堅持以人為本，尊重群眾主體地位，關注人們利益訴求和價值願望，促進人的全面發展；堅持以理想信念為核心，抓住世界觀、人生觀、價值觀這個總開關，在全社會牢固樹立中國特色社會主義共同理想，著力鑄牢人們的精神支柱；堅持聯繫實際，區分層次和對象，加強分類指導，找准與人們思想的共鳴點、與群眾利益的交匯點，做到貼近性、對象化、接地氣；堅持改進創新，善於運用群眾喜聞樂見的方式，搭建群眾便於參與的平臺，開闢群眾樂於參與的渠道，積極推進理念創新、手段創新和基層工作創新，增強工作的吸引力感染力。

（二）社會主義核心價值觀的基本內涵

在當代中國，我們的民族、我們的國家應該堅守的社會主義核心價值觀，就是黨的十八大提出要倡導的富強、民主、文明、和諧，自由、平等、公正、法治，愛國、敬業、誠信、友善。社會主義核心價值觀把涉及國家、社會、公民三個層面的價值要求融為一體，深入回答了我們要建設什麼樣的國家、建設什麼樣的社會、培育什麼樣的公民的重大問題。習近平總書記指出，要「用社會主義核心價值觀凝魂聚力，更好構築中國精神、中國價值、中國力量，為中國特色社會主義事業提供源源不斷的精神動力和道德滋養」。必須通過教育引導、輿論宣傳、文化薰陶、行為實踐、制度保障等，使社會主義核心價值觀內化於心、外化於行。

　　1.「富強、民主、文明、和諧」，是我國社會主義現代化國家的建設目標，也是從價值目標層面對社會主義核心價值觀基本理念的凝練，在社會主義核心價值觀中居於最高層次，對其他層次的價值理念具有統領作用。富強即國富民強，是社會主義現代化國家經濟建設的應然狀態，是中華民族夢寐以求的美好夙願，也是國家繁榮昌盛、人民幸福安康的物質基礎。民主是人類社會的美好訴求。我們追求的民主是人民民主，其實質和核心是人民當家作主。它是社會主義的生命，也是創造人民美好幸福生活的政治保障。文明是社會進步的重要標誌，也是社會主義現代化國家的重要特徵。它是社會主義現代化國家文化建設的應有狀態，是對面向現代化、面向世界、面向未來的，民族的科學的大眾的社會主義文化的概括，是實現中華民族偉大復興的重要支撐。和諧是中國傳統文化的基本理念，集中體現了學有所教、勞有所得、病有所醫、老有所養、住有所居的生動局面。它是社會主義現代化國家在社會建設領域的價值訴求，是經濟社會和諧穩定、持續健康發展的重要保證。

　　2.「自由、平等、公正、法治」，是對美好社會的生動表述，也是從社會層面對社會主義核心價值觀基本理念的凝練。它反映了中國特色社會主義的基本屬性，是我們黨矢志不渝、長期實踐的核心價值理念。自由是指人的意志自由、存在和發展的自由，是人類社會的美好嚮往，也是馬克思主義追求的社會價值目標。平等指的是公民在法律面前的一律平等，其價值取向是不斷實現實質平等。它要求尊重和保障人權，人人依法享有平等參與、平等發展的權利。公正即社會公平和正義，它以人的解放、人的自由平等權利的獲得為前提，是國家、社會應然的根本價值理念。法治是治國理政的基本方式，依法治

國是社會主義民主政治的基本要求。它通過法制建設來維護和保障公民的根本利益，是實現自由平等、公平正義的制度保證。

3.「愛國、敬業、誠信、友善」，是公民基本道德規範，是從個人行為層面對社會主義核心價值觀基本理念的凝練。它覆蓋社會道德生活的各個領域，是公民必須恪守的基本道德準則，也是評價公民道德行為選擇的基本價值標準。愛國是基於個人對自己祖國依賴關係的深厚情感，也是調節個人與祖國關係的行為準則。它同社會主義緊密結合在一起，要求人們以振興中華為己任，促進民族團結、維護祖國統一、自覺報效祖國。敬業是對公民職業行為準則的價值評價，要求公民忠於職守，克己奉公，服務人民，服務社會，充分體現了社會主義職業精神。誠信即誠實守信，是人類社會千百年傳承下來的道德傳統，也是社會主義道德建設的重點內容，它強調誠實勞動、信守承諾、誠懇待人。友善強調公民之間應互相尊重、互相關心、互相幫助，和睦友好，努力形成社會主義的新型人際關係。

（三）大力培育和踐行社會主義核心價值觀

大力培育和踐行社會主義核心價值觀要把教育引導作為基礎性工作，區分層次、突出重點。要發揮好榜樣的力量，要求廣大黨員幹部要帶頭學習和弘揚社會主義核心價值觀，用自己的模範行為和高尚人格感召群眾、帶動群眾；要注重從娃娃抓起，從學校抓起。少年兒童要從小學習做人，扣好人生第一粒扣子，爭當學習和實踐社會主義核心價值觀的小模範。廣大青年要勤學、修德、明辨、篤實，身體力行社會主義核心價值觀。廣大教師要把社會主義核心價值觀的基本內容和

要求滲透到學校教育教學之中，用自己的學識、閱歷、經驗點燃學生對真善美的嚮往，使社會主義核心價值觀的種子在祖國下一代心中生根發芽、真正培育起來。要做到春風化雨，潤物無聲。運用各類文化形式，生動具體地表現社會主義核心價值觀，用栩栩如生的作品形象告訴人們什麼是應該肯定和讚揚的，什麼是必須反對和否定的。

1. 把培育和踐行社會主義核心價值觀融入國民教育全過程

人類文明薪火相傳的基本途徑是教育，教育不僅通過傳授知識和技能維系人的生存，而且通過傳播價值觀培育人的心性。第一，培育和踐行社會主義核心價值觀要從小抓起、從學校抓起。人的價值觀是在成長過程中逐步形成的，青少年時期是價值觀形成的關鍵階段，教育發揮著決定性作用。第二，不斷拓展廣大青少年培育和踐行社會主義核心價值觀的有效途徑。除了課堂教學外，還要建立課堂教學、社會實踐、校園文化多位一體的育人平臺。第三，建設一支師德高尚、業務精湛的高素質教師隊伍。教師是價值觀教育的主導者，教師隊伍的思想道德水準直接影響著學生的成長，「學為人師、行為世範」是所有教育工作者應堅守的道德理想和職業倫理。

2. 把培育和踐行社會主義核心價值觀落實到經濟發展實踐和社會治理中

價值觀是一種社會意識，它的產生、傳播和變化與該時代社會的結構及其變遷緊密相關。社會主義核心價值觀的培育和踐行也需要

立足現時代中國社會主義建設的實際，貫穿於經濟發展和社會治理的實踐中，形成建設社會主義新生活的生動局面。第一，制定經濟社會發展的規劃與政策，要遵循社會主義核心價值觀的要求。第二，法律法規是推廣社會主流價值的重要保證。堅持遵循社會主義核心價值觀的要求，培育社會主義市場經濟的道德基礎。第三，堅持把踐行社會主義核心價值觀作為社會治理的重要內容，融入制度建設和治理工作中，形成科學有效的訴求表達機制、利益協調機制、矛盾調處機制、權益保障機制，最大限度增進社會和諧。

3. 加強社會主義核心價值觀宣傳教育

習近平總書記 2014 年 2 月在中共中央政治局第十三次集體學習時指出：「要利用各種時機和場合，形成有利於培育和弘揚社會主義核心價值觀的生活情景和社會氛圍，使核心價值觀的影響像空氣一樣無所不在、無時不有。」貫徹落實習近平總書記系列講話要求，必須要加強對社會主義核心價值觀的宣傳教育，使社會主義核心價值觀家喻戶曉，人人皆知。第一，用社會主義核心價值觀引領好社會思潮、凝聚起社會共識。深入開展中國特色社會主義和中國夢宣傳教育，不斷增強人們的道路自信、理論自信、制度自信，堅定全社會全面深化改革的意志和決心。第二，充分發揮好新聞媒體傳播社會主流價值的主渠道作用。堅持以團結穩定鼓勁、正面宣傳為主，牢牢把握正確輿論導向，把社會主義核心價值觀貫穿到日常形勢宣傳、成就宣傳、主題宣傳、典型宣傳、熱點引導和輿論監督中，弘揚主旋律，傳播正能量，不斷鞏固壯大積極健康向上的主流思想輿論。第三，加快建設社

會主義核心價值觀的網上傳播陣地。要適應互聯網快速發展形勢，運用好網絡傳播規律，把社會主義核心價值觀體現到網絡宣傳、網絡文化、網絡服務中，用正面聲音和先進文化佔領網絡陣地。第四，進一步發揮好精神文化產品育人化人的重要功能。一切文化產品、文化服務和文化活動，都要弘揚社會主義核心價值觀，傳遞積極人生追求、高尚思想境界和健康生活情趣。

4. 開展涵養社會主義核心價值觀的實踐活動

開展形式多樣、豐富多彩的群眾性的教育活動，是培育社會主義核心價值觀的有效途徑。在新的形勢下，要創新活動方式，豐富活動內容，增強活動實效，讓社會主義核心價值觀在人們的日常生活中廣為傳播，涵養社會，指導實踐。第一，廣泛開展道德實踐活動。道德自律首先是內在的要求而非外在的強制，人的道德自覺是社會善治的基礎所在。以誠信建設為重點，加強社會公德、職業道德、家庭美德、個人品德教育，形成修身律己、崇德向善、禮讓寬容的道德風尚。大力宣傳先進典型，評選表彰道德模範，形成學習先進、爭當先進的濃厚風氣。第二，深化學雷鋒志願服務活動。雷鋒精神是社會主義核心價值觀的具體體現，既包含了中國傳統美德，也包含了社會主義集體主義的新思想。第三，深化群眾性精神文明創建活動。隨著經濟社會的發展，精神文明創建活動也要進一步拓展內容，尤其是在突出社會主義核心價值觀的思想內涵上求得實效。第四，發揮優秀傳統文化怡情養志、涵育文明的重要作用。在經過了一個多世紀的跌宕起伏的政治革命和文化變遷之後，人們開始重新認識中國傳統文化的重要價值

和積極作用。第五，發揮重要節慶日傳播社會主流價值的獨特優勢。中國五千年悠久的歷史文化傳統形成了眾多民族傳統節日，同時也積澱許多革命傳統文化節日，這些節日有豐富的文化內涵和深厚的歷史背景，是中華民族優秀傳統文化的重要載體。第六，有效運用公益廣告傳播社會主流價值、引領文明風尚。圍繞社會主義核心價值觀，加強公益廣告的選題規劃和內容創意，形成公益廣告傳播先進文化、傳揚新風正氣的強大聲勢。

三、最深厚的軟實力

——弘揚中華優秀傳統文化

黨的十八大以來，以習近平同志為核心的黨中央高度重視中華優秀傳統文化的歷史傳承和創新發展，始終從中華民族最深沉、最深厚精神追求的深度看待優秀傳統文化、從國家戰略資源的高度繼承優秀傳統文化、從推動中華民族現代化進程的角度創新發展優秀傳統文化，一方面通過「四個講清楚」的持續努力和「三個獨特」的科學把握，充分發揮優秀傳統文化的「精神家園」「黏合劑」功能，使之成為實現「兩個一百年」奮鬥目標和中華民族偉大復興中國夢的根本性力量。

「四個講清楚」分別是：一要講清楚每個國家和民族的歷史傳統、文化積澱、基本國情不同，其發展道路必然有著自己的特色；二要講清楚中華民族在5000多年的文明發展進程中創造了博大精深的中華文化，中華文化積澱著中華民族最深沉的精神追求，包含著中華民族最根本的精神基因，代表著中華民族獨特的精神標識，是中華民族生

生不息、發展壯大的豐厚滋養；三要講清楚中華優秀傳統文化是中華民族的突出優勢，是中華民族自強不息、團結奮進的重要精神支撐，是我們最深厚的文化軟實力；四要講清楚中國特色社會主義植根於中華文化沃土、反映中國人民意願、適應中國和時代發展進步要求，有著深厚歷史淵源和廣泛現實基礎，中華民族創造了源遠流長的中華文化，中華民族也一定能夠創造出中華文化新的輝煌。「三個獨特」就是獨特的文化傳統，獨特的歷史命運，獨特的基本國情，註定了我們必然要走適合自己特點的發展道路」。

另一方面按照時代要求，推進中華優秀傳統文化的創造性轉化、創新性發展，賦予優秀傳統文化新的時代內涵，形成基於傳統、跨越時空、融通中外、貼近當代、富有魅力的中國特色社會主義文化。這一系列關於文化建設的新觀點新論斷新要求及其新境界新成果，可以從三個方面來把握。

（一）堅定中華優秀傳統文化自信，鍛造了中華民族的精神紐帶

文化是民族的血脈，是人民的精神家園。文化自信是更基本、更深層、更持久的力量。中華優秀傳統文化獨一無二的理念、智慧、氣度、神韻，增添了中國人民和中華民族內心深處的自信和自豪，為建設社會主義文化強國，增強國家文化軟實力，實現中華民族偉大復興的中國夢，創造了巨大的精神動力。習近平總書記強調，中華文化積澱著中華民族最深沉的精神追求，包含著中華民族最根本的精神基因，代表著中華民族獨特的精神標識，是中華民族生生不息、發展壯

大的豐厚滋養。這段話言簡意賅，凸顯了優秀傳統文化作為中華民族精神「根」與「魂」的定位，展現了其文化共識和精神紐帶的功能。

中華優秀傳統文化是中華民族的精神命脈。從歷史角度看，它是中華民族和中國人民在修齊治平、尊時守位、知常達變、開物成務、建功立業過程中逐漸形成的有別於其他民族的獨特標識，對於形成和維護中國團結統一的政治局面，對於形成和鞏固中國多民族和合一體的大家庭，對於形成和豐富中華民族精神，對於激勵中華兒女維護民族獨立、反抗外來侵略，對於推動中國社會發展進步、促進中國社會利益和社會關係平衡，都曾發揮過至關重要的作用。歷史不斷昭示我們，中華優秀傳統文化是中華民族精神大廈的深厚根基，是中國當代文化建設不可或缺的寶貴財富，是推進中華民族偉大復興的不竭動力。

中華優秀傳統文化是中華民族的獨特標識和突出優勢。從世界角度看，特別是對於 21 世紀人類發展的共同困境與難題，中華文化和東方智慧在破解現代化困局、推動生態保護、完善社會治理、健全行政倫理、促進民族交往、強化道德建設等方面都提供了重要啟示和解決路徑。彰顯出中華文化造福人類的巨大潛力，彰顯出中華文明在構建人類命運共同體中的重要意義。

黨的十八大以來，以習近平同志為核心的黨中央正是在上述兩個維度上充分體現了對中華文化的高度自信與高度自覺，形成了繼承、復興中華民族文化的系統理論，提供了推動世界文明進步的「中國方案」，帶領全國人民在延續民族文化血脈中開拓前行，引領著中華民族復興征程、一步步走向世界舞臺的中央。

（二）弘揚中華優秀傳統文化，開闢治國理政新境界

習近平總書記在主持十八屆中央政治局第十三次集體學習時指出，弘揚中華優秀傳統文化，「要處理好繼承和創造性發展的關係，重點做好創造性轉化和創新性發展。」這明確指出了新形勢下我們黨對待中華優秀傳統文化的基本態度和「兩創」的基本方針。

「創造性轉化和創新性發展」是新時期我國文化建設的基本方針，不僅體現了馬克思主義執政黨與時俱進的精神品質，而且反映了民族傳統文化發展演變的內在規律。黨的十八大以來，在「兩創」這一基本方針的指引下，中華優秀傳統文化作為一種國家文化資源，已經潤物無聲地進入了治國理政新實踐的各個領域、各個層面。創造性轉化就是要按照時代要求，系統梳理中華傳統文化資源，認真挖掘其中的精華，對那些至今仍有借鑒價值的內容加以改造，使之與社會主義市場經濟、民主政治、先進文化、和諧社會等相適應、相協調；創新性發展就是要按照時代的新進步新要求，對中華優秀傳統文化的內涵加以補充、拓展、完善，促進優秀傳統文化與時代精神相結合，賦予優秀傳統文化新的時代內涵。

在國家治理方面，道法自然、天人合一的哲學融入創新、協調、綠色、開放、共用的發展理念；苟日新日日新又日新、革故鼎新、與時俱進的精神，滋養著全面建成小康社會、全面深化改革、全面依法治國、全面從嚴治黨的理論與實踐；求同存異、和而不同、和諧相處的智慧，則彰顯出「和諧、和睦、和平」的中國風範，助推著人類命運共同體的形成與構建。

在社會引導方面，修齊治平、尊時守位、知常達變、開物成務等

文化傳統，強化了中國社會的公序良俗；講仁愛、重民本、守誠信、崇正義、尚和合、求大同等理念，彙聚起全國各族人民同心同德、團結奮進的強大力量。優秀傳統文化已成為涵養社會主義核心價值觀的源泉，發揮了凝聚共識、成風化人的重要作用。

在黨的建設方面，為政以德、清廉從政、儉約自守、力戒奢華的思想，豐富了全面從嚴治黨的內涵；廉政文化、修身智慧、敬畏精神、慎獨意識、民本思想，促進了黨風廉政建設實踐和積極健康政治生態的形成；誠心正意、手握戒尺、心存敬畏、行有所止，提高了黨員幹部的修身自覺。這不僅豐富了全面從嚴治黨的新實踐新經驗，也構成了以黨風政風帶動民風社風的新探索新成效，充分表明以習近平同志為核心的黨中央已經形成了繼承、闡揚、創造性運用優秀傳統文化這一戰略資源的科學方法論，已經形成了中國特色、中國風格、中國氣派的治國理政思想體系、話語體系。

（三）以中華優秀傳統文化為根基，創造民族復興的精神力量

黨的十八大以來，習近平總書記通過對中華優秀傳統文化發展歷程的深入觀察、對中國現代化起點與方向的深刻思考，凝練了文化建設的基本要求——「不忘本來、吸收外來、面向未來」。

「不忘本來」是指要始終堅持馬克思主義和中華優秀傳統文化這兩個「根本」。一方面，中國革命的勝利，社會主義建設和改革開放的輝煌成就，中國社會發生的翻天覆地巨變，均是在馬克思主義指導下取得的，是馬克思主義中國化的理論成果在實踐中所取得的勝利。

因此，中國共產黨始終把堅持馬克思主義作為立黨立國之本。正如習近平總書記指出的：「馬克思列寧主義、毛澤東思想一定不能丟，丟了就喪失根本。」另一方面，民族文化是一個民族區別於其他民族的獨特精神標識，是一個國家和民族的集體記憶。對於當代中國的文化建設來說，優秀傳統文化是底座、是地基，是其不可分割的有機組成部分。離開了優秀傳統文化這一地基，文化建設就會像希臘神話中的大力士安泰離開大地一樣，從根本上失去力量。正是在這個意義上，黨的十八大以來，習近平總書記反復闡述著這樣一個道理：博大精深的中華優秀傳統文化是我們在世界文化激蕩中站穩腳跟的根基。拋棄傳統、丟掉根本，就等於割斷了自己的精神命脈。

「吸收外來」是指要始終堅持在文明交流中相容並蓄、在文化互鑒中海納百川。中華文明是在中國大地上產生的文明，也是同其他文明不斷交流互鑒而形成的文明。在漫長歷史進程中不斷吸納外來文化的精華，是成就我們民族特色和文化精神的重要原因、重要路徑。習近平總書記強調「中國要永遠做一個學習大國」，意即在世界文明交流融合的歷史大勢下，從本國、本民族的實際出發，以批判的精神兼收並蓄、取長補短、擇善而從，以此來豐富和發展中華文化，不斷增加中華文化的廣度和厚度。

「面向未來」是指始終堅持為實現中華民族偉大復興和人類更美好的未來提供精神指引。文化應該也必須具有指向未來、更新創造、不斷實現自我超越的能力，如此才能持久推動民族發展、深刻觀照人類命運。黨的十八大以來，我國文化建設越來越展現出世界胸懷和視野，一方面在多種文化互鑒中博採眾長，不斷把文化上的對外開放提升到新水準；另一方面深深根植於本民族文化，深刻把握中國文化演

進的指向，在與世界文明的深度互動中形成人類命運共同體理念，表達中華文化「天人合一」的宇宙情懷、「天下一家」的人類情懷、「中和之道」的協調智慧，不但彙聚了推進中華民族偉大復興的精神力量，也為中華優秀傳統文化造福人類開闢了廣闊前景。

有根可尋、有本可立，一個民族才能屹立於世界民族之林。黨的十八大以來，習近平總書記正是因為帶領中國人民確立了中華民族的「根」與「本」，才能在文化建設上、在學術發展上、在對優秀傳統文化的闡揚上確立自己的基本話語、構建自己的命題學說、形成自己的思維方式、凸顯自己的價值導向、傳承自己的文化精神、展現自己的審美風範，由此溯民族精神之源流、辟與時俱進之路徑，開闢了中華文化發展的新境界。

四、意識形態工作
——事關國家的長治久安和人心向背

意識形態工作是黨的一項極端重要的工作，事關能否鞏固好馬克思主義指導地位問題。2013 年 8 月 19 日，習近平總書記在全國宣傳思想工作會議上指出：「能否做好意識形態工作，事關黨的前途命運，事關國家長治久安，事關民族凝聚力和向心力。」在集中精力進行經濟建設的同時，必須一刻也不放鬆和削弱意識形態工作。要把意識形態工作領導權和話語權牢牢掌握在手中，不斷鞏固馬克思主義在意識形態領域的指導地位，鞏固全黨全國人民團結奮鬥的共同思想基礎。

（一）掌握意識形態工作的領導權和主動權

意識形態工作是黨的一項極其重要的工作，關乎旗幟、關乎道路、關乎國家政治安全，在黨和國家事業發展中具有根本性、戰略性、全域性的地位和意義。黨的十八大以來，以習近平同志為核心的黨中央，從黨的前途命運、國家的長治久安和民族凝聚力向心力的高度，對意識形態工作高度重視，提出許多發人警省的觀點論斷，作出許多具有深遠影響的決策部署。我們要認真學習習近平總書記的重要講話精神，以高度的政治使命感、責任感，把黨的意識形態工作做好，牢牢掌握意識形態工作的領導權主動權。

1.掌握意識形態工作的領導權和主動權是一個思想認識問題

當前的一些領導幹部對意識形態工作的意義認識不足，不想抓、不會抓、不敢抓。一些地方和部門的實際工作中，意識形態工作往往成了看不見摸不著的軟任務，成了宣傳部門一家的事情。因此，必須強化領導幹部的責任意識、認真盡責負責、嚴格追責問責。必須明確各級黨委首先應當真正負起責來，黨委書記是第一責任人，黨委分管領導是直接責任人，每個領導班子成員也都要「一崗雙責」。只有每個領導幹部都把責任扛在肩上、使命刻在心頭，各負其責、共同履責，黨的意識形態工作才能煥發出引領中國發展進步的強大精神能量。

2. 掌握意識形態工作的領導權和主動權需要有效管理宣傳文化陣地

方向和導向問題事關意識形態工作的根本，牢牢掌握意識形態工作的領導權主動權就要落實黨管意識形態原則，切實履行好各級黨委對本地區本部門本單位意識形態工作的主體責任。履行好主體責任，把牢正確方向導向，就要高舉中國特色社會主義旗幟不含糊，堅定中國特色社會主義道路不動搖；就要保持政治清醒和政治定力，嚴明政治紀律和政治規矩，自覺在思想上政治上行動上同以習近平同志為核心的黨中央保持高度一致，有令必行、有禁必止，不偏向、不走調。領導幹部敢於擔當是把握正確方向導向的關鍵。擔當是試金石。在大是大非和政治原則面前，必須立場堅定、旗幟鮮明；面對敵對勢力的攻擊和抹黑，要敢於亮劍、敢於發聲。

3. 掌握意識形態工作的領導權和主動權還是一個領導責任問題

主流思想文化的狀況決定著國家意識形態的基本面貌，掌握意識形態工作的領導權主動權，就要履行好鞏固壯大主流思想文化的責任。馬克思主義是社會主義意識形態的旗幟和靈魂。鞏固馬克思主義在意識形態領域的指導地位、鞏固全黨全國人民團結奮鬥的共同思想基礎，是做好意識形態工作的根本，也是鞏固壯大主流思想文化的根本。信仰的堅定來自理論的堅實。老祖宗決不能丟、大道理要經常講。要把深入學習貫徹習近平總書記系列重要講話精神作為重中之重，著眼於「四個全面」戰略佈局，唱響時代主旋律，用發展著的馬克思主

義指導新的實踐。核心價值觀是主流意識形態的本質體現，要以立為本、立破並舉，讓社會主義核心價值觀內化於心、外化於行，成為全體人民的共同價值追求。

4. 掌握意識形態工作的領導權和主動權還要善於順應互聯網的發展變化

互聯網是思想文化傳播的新空間，牢牢掌握意識形態工作的領導權主動權就要履行好加強網上輿論工作的責任。必須堅持正能量的總要求、管得住的硬道理，增強主動性、掌握主動權、打好主動仗。要運用網絡傳播規律，創新改進網上宣傳，做大做強網上正面思想輿論，推進傳統媒體和新興媒體融合發展，推動優秀精神文化產品上網，讓網上的正能量如春潮澎湃，讓網上的好聲音似黃鐘大呂，讓主流思想文化的陽光灑滿網絡。要加強網絡社會管理，推進網絡依法有序規範運行，堅持依法管網治網，嚴格執行相關法律法規，加強對各種有害信息和網絡謠言的管控，把握好網上輿論引導的時、度、效，用法治的力量使網絡空間清朗起來。

5. 掌握意識形態工作的領導權和主動權還必須強化「陣地意識」

陣地是意識形態工作的基本依託和基本根據，牢牢掌握意識形態工作的領導權主動權就要履行好強化意識形態陣地管理的責任。黨管意識形態，責無旁貸地要管好意識形態陣地。要堅持一手抓繁榮、一手抓管理，誰主管誰負責、誰主辦誰負責，堅持政治家辦報、辦刊、

辦臺、辦新聞網站，確保各類意識形態陣地可管可控，各級各類傳播渠道都貫穿黨的領導的原則。要樹立現代治理理念，綜合運用行政、法律、經濟、技術等手段，科學管理、依法管理、有效管理。要切實加強高校黨的建設和思想政治工作，確保高校成為維護主流意識形態的堅強陣地。

6. 掌握意識形態工作的領導權和主動權還應該特別重視隊伍建設

意識形態工作的隊伍建設在意識形態工作中佔有重要位置，牢牢掌握意識形態工作的領導權主動權，就要履行好管理意識形態工作隊伍的責任。意識形態工作要做好做強，隊伍首先要好起來、強起來。要按照「三嚴三實」要求，深入推進意識形態工作隊伍的思想政治建設，提升思想政治素質和業務工作能力，努力造就一支政治強、業務精、作風正、紀律嚴的工作隊伍。要加強領導班子建設和管理，樹立正確用人導向，確保意識形態工作的領導權掌握在忠於黨、忠於人民、忠於馬克思主義的人手裡。要深入把握新形勢下知識分子隊伍的新情況、新特點，最大限度地團結廣大知識份子。要嚴格黨員幹部紀律約束，加強對黨員幹部政治紀律、組織紀律的執紀監督，決不允許公開發表違背中央精神的言論，決不允許參與各種非法組織和非法活動，把黨的紀律和規矩牢牢地立起來、嚴起來。

（二）黨性和人民性從來都是一致的、統一的

黨性和人民性的關係，是意識形態領域關乎輿論導向的重大問題，只有處理好二者的關係，思想宣傳和理論研究工作者才能明確方向、站穩立場。我們黨是全心全意為人民服務、代表中國最廣大人民根本利益、來自人民為了人民的馬克思主義政黨。習近平總書記指出：「黨性和人民性從來都是一致的、統一的」，「從本質上說，堅持黨性就是堅持人民性，堅持人民性就是堅持黨性，黨性寓於人民性之中，沒有脫離人民性的黨性，也沒有脫離黨性的人民性。」黨性和人民性的一致性、統一性，根源於黨和人民的內在統一關係。我們黨來自於人民，植根於人民，服務於人民，始終堅持把群眾路線作為黨的生命線和根本工作路線，與人民群眾同呼吸、共命運、心連心，形成休戚與共的命運共同體、血肉共同體和精神共同體。堅持黨性，核心就是堅持正確政治方向，站穩政治立場，堅定宣傳黨的理論和路線方針政策，堅定宣傳中央重大工作部署，堅定宣傳中央關於形勢的重大分析判斷，堅決同黨中央保持一致，堅決維護中央權威。這是大原則，決不能動搖。堅持人民性，就是要把實現好、維護好、發展好最廣大人民根本利益作為出發點和落腳點，堅持以民為本、以人為本，解決好「為了誰、依靠誰、我是誰」這個根本問題，堅持以人民為中心的工作導向，把黨的理論和路線方針政策變成人民群眾的自覺行動，及時把人民群眾創造的經驗和面臨的實際情況反映出來，豐富人民精神世界，增強人民精神力量。

（三）新聞輿論工作要弘揚主旋律、傳播正能量

　　黨的新聞輿論工作處在意識形態鬥爭最前沿，是黨的一項重要工作，是治國理政、定國安邦的大事。做好新聞輿論工作，必須弘揚主旋律、傳播正能量。2016 年 2 月 19 日，習近平總書記在黨的新聞輿論工作座談會上指出，「在新的時代條件下，黨的新聞輿論工作的職責和使命是：高舉旗幟、引領導向，圍繞中心、服務大局，團結人民、鼓舞士氣，成風化人、凝心聚力，澄清謬誤、明辨是非，連接中外、溝通世界。」承擔起這個職責和使命，必須把正確政治方向擺在第一位。黨的新聞輿論工作堅持黨性原則，最根本的是堅持黨的領導。黨和政府主辦的媒體是黨和政府的宣傳陣地，必須姓黨，必須抓在黨的手裡，必須成為黨和人民的喉舌。黨的新聞輿論媒體的所有工作，都要體現黨的意志、反映黨的主張，維護黨中央權威、維護黨的團結，做到愛黨、護黨、為黨。要牢牢堅持馬克思主義新聞觀，引導廣大新聞輿論工作者認清西方所謂「新聞自由」的本質，自覺抵制西方新聞觀等錯誤觀點影響，做黨的政策主張的傳播者、時代風雲的記錄者、社會進步的推動者、公平正義的守望者。要牢牢堅持正確輿論導向，做到所有工作都有利於堅持中國共產黨領導和我國社會主義制度，有利於推動改革發展，有利於增進全國各族人民團結，有利於維護社會和諧穩定。要牢牢堅持團結穩定鼓勁、正面宣傳為主的基本方針，注重提高品質和水準，增強吸引力和感染力。要堅持改進創新，提高黨的新聞輿論工作能力和水準，遵循新聞傳播規律，創新理念、內容、體裁、形式、方法、手段、業態、體制、機制，加快構建輿論引導新格局，把握好輿論引導的時度效。要加快培養造就一支政治堅定、業務

精湛、作風優良、黨和人民放心的新聞輿論工作隊伍。廣大新聞輿論工作者要增強政治家辦報意識，牢記社會責任，提高業務能力，轉作風改文風，努力推出有思想、有溫度、有品質的作品。

（四）宣傳思想部門肩負著十分重要的使命

習近平總書記指出：「宣傳思想陣地，我們不去佔領，人家就會去佔領。」當前，思想輿論領域大致有紅色、黑色、灰色「三個地帶」。紅色地帶是我們的主陣地，一定要守住；黑色地帶主要是負面的東西，要敢抓敢管、敢於亮劍，大大壓縮其地盤；灰色地帶要大張旗鼓爭取，使其轉化為紅色地帶。要增強陣地意識，加強陣地管理，選好配強宣傳思想部門領導班子，確保宣傳思想工作領導權牢牢掌握在忠於黨和人民的人手裡。各級宣傳思想部門領導幹部要加強學習、加強實踐，真正成為在理論上、筆頭上、口才上或其他專長上有「幾把刷子」、讓人信服的行家裡手。高度重視做好知識份子工作，加強團結和引導，加強政治引領和政治吸納，最大限度把他們凝聚在黨的周圍。

做好意識形態工作，比以往任何時候都更加需要創新。隨著國內外形勢的深刻變化和現代信息技術的迅猛發展，有些做法過去有效，現在未必有效；有些過去不合時宜，現在卻勢在必行；有些過去不可逾越，現在則需要突破。重點要抓好理念創新、手段創新、基層工作創新。要保持思想的敏銳性和開放度，努力以思想認識新飛躍打開工作新局面。積極探索有利於破解工作難題的新舉措新辦法，充分運用新技術新應用創新媒體傳播方式，佔領信息傳播制高點。把創新的重心放在基層一線，充實隊伍力量，改善工作條件，紮實做好抓基層、打基礎的工作。

第七章

讓老百姓過上好日子

——提高保障和改善民生水準，加強和創新社會治理

「五位一體」——實現偉大復興的戰略部署和戰略任務・之四

　　黨的十八大以來，以習近平同志為核心的黨中央更加重視加快以改善民生為重點的社會建設，並形成了一系列文件政策和會議決議，特別強調，必須在經濟發展的基礎上，更加注重社會建設，著力保障和改善民生，推進社會體制改革，擴大公共服務，完善社會管理，促進社會公平正義。這是我們黨著眼於發展中國特色社會主義，實現全面建成小康社會奮鬥目標和實現中華民族偉大復興作出的重大決策和部署。習近平總書記在十九大報告中強調指出：全黨必須牢記，為什麼人的問題，是檢驗一個政黨、一個政權性質的試金石。帶領人民創造美好生活，是我們黨始終不渝的奮鬥目標。必須始終把人民利益擺在至高無上的地位，讓改革發展成果更多更公平惠及全體人民，朝

著實現全體人民共同富裕不斷邁進。保障和改善民生要抓住人民最關心最直接最現實的利益問題，既盡力而為，又量力而行，一件事情接著一件事情辦，一年接著一年幹。堅持人人盡責、人人享有，堅守底線、突出重點、完善制度、引導預期，完善公共服務體系，保障群眾基本生活，不斷滿足人民日益增長的美好生活需要，不斷促進社會公平正義，形成有效的社會治理、良好的社會秩序，使人民獲得感、幸福感、安全感更加充實、更有保障、更可持續。

一、高度重視民生
——促進社會公平正義

2013 年 7 月 23 日，習近平總書記在武漢主持召開部分省市負責人座談會上指出：「要在全體人民共同奮鬥、經濟社會不斷發展的基礎上，通過制度安排，依法保障人民權益，讓全體人民依法平等享有權利和履行義務。」2013 年 3 月 17 日，習近平總書記在第十二屆全國人民代表大會第一次會議上指出：「我們要隨時隨刻傾聽人民呼聲、回應人民期待，保證人民平等參與、平等發展權利，維護社會公平正義，在學有所教、老有所得、病有所醫、老有所養、住有所居上持續取得新進展，不斷實現好、維護好、發展好最廣大人民根本利益，使發展成果更多更公平惠及全體人民，在經濟社會不斷發展的基礎上，朝著共同富裕方向穩步前進。」

（一）實現經濟發展和民生改善良性循環

　　保障和改善民生是發展的第一目標。把保障和改善民生作為第一目標，是一切工作的出發點和落腳點。民生是人民幸福之基、社會和諧之本。增進民生福祉是我們黨堅持立黨為公、執政為民的本質要求。我們黨幹革命、搞建設、抓改革，都是為了讓人民過上幸福生活。習近平總書記指出：「讓老百姓過上好日子是我們一切工作的出發點和落腳點。」檢驗一切工作的成效，最終都要看人民是否真正得到了實惠，人民生活是否真正得到了改善，人民權益是否真正得到了保障。

　　保障和改善民生是發展的第一目標。我們的發展是以人民為中心的發展，全面建成小康社會、進行改革開放和社會主義現代化建設，就是要通過發展社會生產力，滿足人民日益增長的美好生活需要，促進人的全面發展。如果發展不能回應人民的期待，不能讓群眾得到實際利益，這樣的發展就失去意義，也不可能持續。要在推動經濟持續健康發展的基礎上，通過各種制度安排保障人民群眾各方面權益，保障勞動者參與發展、分享發展成果，促進社會公平正義。

　　抓民生也是抓發展。要樹立「抓民生就是抓發展」的發展觀和政績觀，把改善民生作為發展的重要目的來抓。經濟發展是前提，離開經濟發展談改善民生是無源之水、無本之木。同時，民生是做好經濟社會發展工作的「指南針」，持續不斷改善民生，能有效解決群眾後顧之憂，調動人們發展生產的積極性，又能釋放居民消費潛力、拉動內需，催生新的經濟增長點，為經濟發展、轉型升級提供強大內生動力。既要通過發展經濟，為持續改善民生奠定堅實物質基礎，又要通過持續不斷改善民生，為經濟發展創造更多有效需求，實現兩者良性

循環。

　　改善民生既要盡力而為，也要量力而行。改革愈是深化，愈要重視平衡社會利益；發展愈是向前，愈要體現到人民生活改善上。習近平總書記指出，民生工作直接同老百姓見面、對賬，承諾了的就一定要兌現，要做到件件有著落、事事有回音，讓群眾看到變化、得到實惠。同時還要意識到，群眾對生活的期待是不斷提升的，需求是多樣化、多層次的，而我國仍處於並將長期處於社會主義初級階段，改善民生不能脫離這個最大的實際提出過高目標，只能根據經濟發展和財力狀況逐步提高人民生活水準，做那些現實條件下可以做到的事情。決不能開空頭支票，也要防止把胃口吊得過高，否則，結果只會適得其反，就有可能落入「中等收入陷阱」。一些國家的教訓表明，民粹主義是造成「中等收入陷阱」的根源。由於過度福利化，用過度承諾討好民眾，結果導致效率低下、增長停滯、通貨膨脹，收入分配最終反而惡化。要堅持從實際出發，將收入提高建立在勞動生產率提高的基礎上，將福利水平提高建立在經濟和財力可持續增長的基礎上。

（二）抓住人民最關心最直接最現實的利益問題

　　保障和改善民生是一項長期工作，沒有終點站，只有連續不斷的新起點。要牢固樹立以人民為中心的發展思想，堅決守住民生底線，充分發揮社會保障的「兜底」作用，讓群眾擁有更多獲得感和滿意度。習近平總書記指出：「抓民生要抓住人民最關心最直接最現實的利益問題，抓住最需要關心的人群，一件事情接著一件事情辦、一年接著一年幹，鍥而不捨向前走。」要抓住人民最關心最直接最現實的利益

問題，必須做好以下幾方面的工作。

堅持做好社會政策要托底。要按照人人參與、人人盡力、人人享有的要求，堅守底線、突出重點、完善制度、引導預期，注重機會公平，著力保障基本民生。堅守底線，就是要織牢民生安全網的「網底」，保障群眾基本生活；突出重點，就是要有所側重，對重點群體和重點地區進行傾斜；完善制度，就是要形成系統全面的制度保障，使制度更加公平、普惠和可持續；引導預期，就是要促進形成良好輿論氛圍和社會預期，使改善民生既是黨和政府工作的方向，又成為廣大人民群眾自身奮鬥的目標。要多謀民生之利，多解民生之憂，在學有所教、勞有所得、病有所醫、老有所養、住有所居上持續取得新進展。

努力改進和辦好人民滿意的教育。教育是民族振興和社會進步的基石，事關國家前途和未來。習近平總書記指出：「中國這麼多人，教育上去了，將來人才就會像井噴一樣湧現出來。這是最有競爭力的。」要落實立德樹人根本任務，培養德智體美全面發展的社會主義建設者和接班人，為經濟社會發展提供強大人才保障和智力支援。大力發展鄉村教育，支持鄉村教師隊伍建設，把貧困地區義務教育搞好，防止貧困現象代際傳遞。建設中國特色職業教育體系，培養高素質勞動者和技術技能人才。推動一批高水準大學和學科進入世界一流行列或前列，培養一流人才，產出一流成果。落實並深化考試招生制度改革和教育教學改革，提高人才選拔水準和教育品質，促進教育公平。構建網絡化、數字化、個性化、終身化的教育體系，建設「人人皆學、處處能學、時時可學」的學習型社會。廣大教師要時刻銘記教書育人使命，甘當人梯，甘當鋪路石，做有理想信念、道德情操、扎實學識、仁愛之心的好老師。

抓好就業工作也需要精準。就業是民生之本。要堅持就業優先戰略，實施更加積極的就業政策，創造更多就業崗位，著力解決結構性就業矛盾，鼓勵以創業帶就業，實現比較充分和高品質就業。統籌人力資源市場，打破城鄉、地區、行業分割和身份、性別歧視，維護勞動者平等就業權利。加強對靈活就業、新就業形態的扶持，促進勞動者自主就業。落實高校畢業生就業促進和創業引領計畫，帶動青年就業創業。加強就業援助，幫助就業困難者就業。推行終身職業技能培訓制度，培養宏大的高素質勞動者大軍。構建和發展和諧勞動關係，努力讓勞動者實現體面勞動、全面發展。

促進建立更加合理、更加有序的收入分配體制。收入分配是民生之源，是改善民生、實現發展成果由人民共用最重要最直接的方式。要深化收入分配製度改革，不斷增加勞動者特別是一線勞動者勞動報酬，努力實現勞動報酬增長和勞動生產率提高同步。完善市場評價要素貢獻並按貢獻分配的機制，完善以稅收、社會保障、轉移支付為主要手段的再分配調節機制。保護合法收入，規範隱性收入，遏制以權力、行政壟斷等非市場因素獲取收入，取締非法收入，明顯增加低收入勞動者收入，擴大中等收入者比重，努力縮小城鄉、區域、行業收入分配差距，逐步形成橄欖型分配格局。

建立健全更加公平和可持續的社會保障體系。社會保障發揮著社會穩定器作用。要實施全民參保計畫，強化政策銜接，完善城鎮職工基本養老、城鄉居民基本養老、城鎮基本醫療、失業、工傷、生育等保險制度，健全社會救助體系，提高社會福利水準。加快推進住房保障和供應體系建設，構建以政府為主提供基本保障、以市場為主滿足多層次需求的住房供應體系。對住房困難群眾，政府必須「補好位」，

提供基本住房保障。

積極提高人民健康水準，努力建設健康中國。 沒有全民健康，就沒有全面小康。要把維護人民健康權益放在重要位置，推進健康中國建設。按照保基本、強基層、建機制的要求，堅持公立醫院公益性的基本定位，進一步深化醫療保障、醫療服務、公共衛生、藥品供應、監管體制綜合改革，探索醫改這一世界性難題的中國式解決辦法，著力解決人民群眾看病難、看病貴、基本醫療衛生資源均衡配置等問題，實現到 2020 年人人享有基本醫療衛生服務的目標。廣泛開展全民健身運動，促進群眾體育和競技體育全面發展。

實現人口的均衡發展。 堅持計劃生育基本國策，全面實施一對夫婦可生育兩個孩子政策，改革完善計劃生育服務管理，進一步釋放生育潛力。合理調節各類城市人口規模，提高中小城市對人口的吸引能力。及時、科學、綜合應對人口老齡化，減緩人口老齡化壓力，增加勞動力供給，保證人口安全。

民生連民心，枝葉總關情。在保障和改善民生過程中，要格外關注困難群眾，時刻把他們的安危冷暖放在心上，關心他們的疾苦，千方百計幫助他們排憂解難。要多做一些雪中送炭、急人之困的工作，少做一些錦上添花、花上壘花的虛功。要引導廣大群眾樹立勤勞致富理念，倡導辛勤勞動、誠實勞動、創造性勞動，通過勞動創造更加美好的生活，讓每個人通過努力都有成功的機會。

（三）維護社會穩定，構建和諧社會

社會和諧是中國特色社會主義的本質屬性，是我們黨不懈追求的

社會理想。社會穩定是改革發展的前提，沒有和諧穩定的社會環境，一切改革發展都無從談起，再好的規劃和方案都難以實現，已經取得的成果也會失去。必須保持清醒頭腦，始終牢記和諧穩定是根本大局的道理，著力提升維護社會和諧穩定的能力和水準，為經濟社會持續健康發展創造良好環境。

創新維穩理念，維護社會和諧穩定。要正確理解和處理好維穩和維權的關係。維權是維穩的基礎，維穩的實質是維權。對涉及維權的維穩問題，首先要把群眾合理合法的利益訴求解決好。單純維穩，不解決利益問題，是本末倒置，最後也難以穩定下來。要完善對維護群眾切身利益具有重大作用的制度，使群眾由衷感到權益受到了公平對待、利益得到了有效維護。要正確理解和處理好活力和秩序的關係，既不能管得太死、一潭死水，也不能管得太鬆、波濤洶湧。要重視疏導化解、柔性維穩，充分調動一切積極因素，使社會既生機勃勃又井然有序。

妥善處理社會矛盾，維護社會和諧穩定。要增強發展的全面性、協調性、可持續性，積極推動解決人民群眾的基本民生問題，不斷打牢和鞏固社會和諧穩定的物質基礎，從源頭上預防和減少社會矛盾的產生。要準確認識和對待改革發展過程中利益關係和利益格局的調整，正確處理個人利益和集體利益、局部利益和全域利益、眼前利益和長遠利益的關係，自覺維護社會和諧穩定。要科學區分和處理兩類不同性質的矛盾，最大限度增加和諧因素、最大限度減少不和諧因素。對人民內部矛盾，要善於運用法治、民主、協商的辦法進行處理。對敵我矛盾，既要旗幟鮮明、敢於鬥爭，又要講究謀略、巧於鬥爭。

推進平安中國建設，維護社會和諧穩定。習近平總書記指出：「平

安是老百姓解決溫飽後的第一需求，是極重要的民生，也是最基本的發展環境。」建設平安中國，要緊緊抓住人民群眾反映強烈、影響社會和諧穩定、制約平安建設深入開展的突出問題和薄弱環節，把專項打擊與整體防控更好地結合起來，始終保持對嚴重犯罪活動的嚴打高壓態勢，保障人民生命財產安全，確保人民群眾安全感穩步提升。要把人民群眾的事當作自己的事，把人民群眾的小事當作自己的大事，從讓人民群眾滿意的事情做起，從人民群眾不滿意的問題改起，做到對群眾深惡痛絕的事零容忍、對群眾急需急盼的事零懈怠，決不允許對群眾的報警求助置之不理，決不允許讓普通群眾打不起官司，決不允許濫用權力侵犯群眾合法權益，決不允許執法犯法造成冤假錯案。要主動適應新形勢，堅持多方參與、合作共用、風險共擔，實現維護治安人人有責、人人盡責，努力建設領域更廣、人民群眾更滿意、實效性更強的平安中國。

二、脫貧攻堅
——全面建成小康的關鍵之戰

消除貧困、改善民生、逐步實現共同富裕，是社會主義的本質要求，是我們黨的重要使命。小康不小康，關鍵看老鄉，關鍵看貧困老鄉能不能脫貧。黨的十九大報告指出，讓貧困人口和貧困地區同全國一道進入全面小康社會是我們黨的莊嚴承諾。

當前我國脫貧攻堅形勢依然嚴峻。截至 2014 年年底，全國仍有 7000 多萬農村貧困人口，不少群眾貧困程度還很深，幫助這些群眾擺

脫貧困絕非易事。新時期脫貧攻堅的目標，集中到一點，就是到 2020 年現行標準下確保農村貧困人口實現脫貧，確保貧困縣全部脫貧摘帽。脫貧攻堅已經到了啃硬骨頭、攻堅拔寨的衝刺階段。「脫貧攻堅戰的衝鋒號已經吹響。我們要立下愚公移山志，咬定目標、苦幹實幹，堅決打贏脫貧攻堅戰。」必須以更大的決心、更明確的思路、更精準的舉措，加大力度、加快速度、加緊進度，眾志成城實現脫貧攻堅目標，決不能落下一個貧困地區、一個貧困群眾。

脫貧攻堅貴在精準，重在精準，成敗之舉在於精準。習近平總書記指出：「必須在精準施策上出實招、在精準推進上下實功、在精準落地上見實效。」要解決好「扶持誰」的問題，確保把真正的貧困人口弄清楚，把貧困程度、致貧原因等搞清楚，找對「窮根」，明確靶向，做到扶真貧、真扶貧，做到因戶施策、因人施策。要解決好「誰來扶」的問題，進一步完善中央統籌、省（自治區、直轄市）負總責、市（地）縣抓落實的扶貧開發工作機制，健全東西部協作和黨政機關、部隊、人民團體、國有企業定點扶貧機制，做到分工明確、責任清晰、任務到人、考核到位。要解決好「怎麼扶」的問題，按照貧困地區和貧困人口的具體情況，實施「五個一批」工程，即發展生產脫貧一批，易地搬遷脫貧一批，生態補償脫貧一批，發展教育脫貧一批，社會保障兜底一批。要解決好「如何退」的問題，加快建立反映客觀實際的貧困縣、貧困戶退出機制，努力做到精準脫貧。把革命老區、民族地區、邊疆地區、集中連片貧困地區作為脫貧攻堅重點，支援貧困地區加快發展。

（一）脫貧攻堅總體要求

全面貫徹落實黨中央的戰略部署，充分發揮政治優勢和制度優勢，把精準扶貧、精準脫貧作為基本方略，堅持扶貧開發與經濟社會發展相互促進，堅持精準幫扶與集中連片特殊困難地區開發緊密結合，堅持扶貧開發與生態保護並重，堅持扶貧開發與社會保障有效銜接，咬定青山不放鬆，採取超常規舉措，拿出過硬辦法，舉全黨全社會之力，堅決打贏脫貧攻堅戰。

1.脫貧攻堅總體目標

到2020年，穩定實現農村貧困人口不愁吃、不愁穿，義務教育、基本醫療和住房安全有保障。實現貧困地區農民人均可支配收入增長幅度高於全國平均水準，基本公共服務主要領域指標接近全國平均水準。確保我國現行標準下農村貧困人口實現脫貧，貧困縣全部摘帽，解決區域性整體貧困。

2.脫貧攻堅的基本原則

堅持黨的領導，夯實組織基礎。充分發揮各級黨委總攬全域、協調各方的領導核心作用，嚴格執行脫貧攻堅一把手負責制，省市縣鄉村五級書記一起抓。切實加強貧困地區農村基層黨組織建設，使其成為帶領群眾脫貧致富的堅強戰鬥堡壘。

堅持政府主導，增強社會合力。強化政府責任，引領市場、社會

協同發力，鼓勵先富幫後富，構建專項扶貧、行業扶貧、社會扶貧互為補充的大扶貧格局。

堅持精準扶貧，提高扶貧成效。扶貧開發貴在精準，重在精準，必須解決好扶持誰、誰來扶、怎麼扶的問題，做到扶真貧、真扶貧、真脫貧，切實提高扶貧成果可持續性，讓貧困人口有更多的獲得感。

堅持保護生態，實現綠色發展。牢固樹立綠水青山就是金山銀山的理念，把生態保護放在優先位置，扶貧開發不能以犧牲生態為代價，探索生態脫貧新路子，讓貧困人口從生態建設與修復中得到更多實惠。

堅持群眾主體，激發內生動力。繼續推進開發式扶貧，處理好國家、社會幫扶和自身努力的關係，發揚自力更生、艱苦奮鬥、勤勞致富精神，充分調動貧困地區幹部群眾積極性和創造性，注重扶貧先扶智，增強貧困人口自我發展能力。

堅持因地制宜，創新體制機制。突出問題導向，創新扶貧開發路徑，由「大水漫灌」向「精準滴灌」轉變；創新扶貧資源使用方式，由多頭分散向統籌集中轉變；創新扶貧開發模式，由偏重「輸血」向注重「造血」轉變；創新扶貧考評體系，由側重考核地區生產總值向主要考核脫貧成效轉變。

（二）加快實施貧困人口精準脫貧

脫貧攻堅貴在精準，重在精準，成敗之舉在於精準。習近平總書記指出：「必須在精準施策上出實招、在精準推進上下實功、在精準落地上見實效。」脫貧攻堅必須做到健全工作機制，確保精準扶貧。

抓好精準識別、建檔立卡這個關鍵環節，為打贏脫貧攻堅戰打好基礎，為推進城鄉發展一體化、逐步實現基本公共服務均等化創造條件。按照扶持對象精準、專案安排精準、資金使用精準、措施到戶精準、因村派人精準、脫貧成效精準的要求，使建檔立卡貧困人口中有5000萬人左右通過產業扶持、轉移就業、易地搬遷、教育支持、醫療救助等措施實現脫貧，其餘完全或部分喪失勞動能力的貧困人口實行社保政策兜底脫貧。對建檔立卡貧困村、貧困戶和貧困人口定期進行全面核查，建立精準扶貧臺賬，實行有進有出的動態管理。根據致貧原因和脫貧需求，對貧困人口實行分類扶持。建立貧困戶脫貧認定機制，對已經脫貧的農戶，在一定時期內讓其繼續享受扶貧相關政策，避免出現邊脫貧、邊返貧現象，切實做到應進則進、應扶則扶。抓緊制定嚴格、規範、透明的國家扶貧開發工作重點縣退出標準、程序、核查辦法。重點縣退出，由縣提出申請，市（地）初審，省級審定，報國務院扶貧開發領導小組備案。重點縣退出後，在攻堅期內國家原有扶貧政策保持不變，抓緊制定攻堅期後國家幫扶政策。加強對扶貧工作績效的社會監督，開展貧困地區群眾扶貧滿意度調查，建立對扶貧政策落實情況和扶貧成效的協力廠商評估機制。評價精準扶貧成效，既要看減貧數量，更要看脫貧品質，不提不切實際的指標，對弄虛作假搞「數字脫貧」的，要嚴肅追究責任。

精準扶貧措施主要有：（1）發展特色產業脫貧。主要是制定貧困地區特色產業發展規劃，出臺專項政策，統籌使用涉農資金，重點支持貧困村、貧困戶因地制宜發展種養業和傳統手工業等。（2）引導勞務輸出脫貧。加大勞務輸出培訓投入，統籌使用各類培訓資源，以就業為導向，提高培訓的針對性和有效性。（3）實施易地搬遷脫貧。對

居住在生存條件惡劣、生態環境脆弱、自然災害頻發等地區的農村貧困人口，加快實施易地扶貧搬遷工程。（4）結合生態保護脫貧。國家實施的退耕還林還草、天然林保護、防護林建設、石漠化治理、防沙治沙、濕地保護與恢復、坡耕地綜合整治、退牧還草、水生態治理等重大生態工程，在專案和資金安排上進一步向貧困地區傾斜，提高貧困人口參與度和受益水準。（5）著力加強教育脫貧。加快實施教育扶貧工程，讓貧困家庭子女都能接受公平有品質的教育，阻斷貧困代際傳遞。（6）開展醫療保險和醫療救助脫貧。實施健康扶貧工程，保障貧困人口享有基本醫療衛生服務，努力防止因病致貧、因病返貧。（7）實行農村最低生活保障制度兜底脫貧。完善農村最低生活保障制度，對無法依靠產業扶持和就業幫助脫貧的家庭實行政策性保障兜底。（8）探索資產收益扶貧。在不改變用途的情況下，財政專項扶貧資金和其他涉農資金投入設施農業、養殖、光伏、水電、鄉村旅遊等項目形成的資產，具備條件的可折股量化給貧困村和貧困戶，尤其是喪失勞動能力的貧困戶。（9）健全留守兒童、留守婦女、留守老人和殘疾人關愛服務體系。對農村「三留守」人員和殘疾人進行全面摸底排查，建立詳實完備、動態更新的信息管理系統。

（三）全面動員，合力攻堅

習近平總書記 2014 年 10 月在首個「扶貧日」之際作出指示，全面建成小康社會，最艱巨最繁重的任務在貧困地區。全黨全社會要繼續共同努力，形成扶貧開發工作強大合力。各級黨委、政府和領導幹部對貧困地區和貧困群眾要格外關注、格外關愛，履行領導職責，創

新思路方法，加大扶持力度，善於因地制宜，注重精準發力，充分發揮貧困地區廣大幹部群眾能動作用，扎扎實實做好新形勢下扶貧開發工作，推動貧困地區和貧困群眾加快脫貧致富奔小康的步伐。

1.全國上下，合力攻堅

一是要健全東西部扶貧協作機制。加大東西部扶貧協作力度，建立精準對接機制，使幫扶資金主要用於貧困村、貧困戶。東部地區要根據財力增長情況，逐步增加對口幫扶財政投入，並列入年度預算。二是要健全定點扶貧機制。進一步加強和改進定點扶貧工作，建立考核評價機制，確保各單位落實扶貧責任。深入推進中央企業定點幫扶貧困革命老區縣「百縣萬村」活動。三是要健全社會力量參與機制。鼓勵支援民營企業、社會組織、個人參與扶貧開發，實現社會幫扶資源和精準扶貧有效對接。

2.加強貧困地區基礎設施建設

一是要加快交通、水利、電力建設。推動國家鐵路網、國家高速公路網連接貧困地區的重大交通專案建設，提高國道省道技術標準，構建貧困地區外通內聯的交通運輸通道。二是要加大「互聯網＋」扶貧力度。完善電信普遍服務補償機制，加快推進寬帶網絡覆蓋貧困村。三是要加快農村危房改造和人居環境整治。加快推進貧困地區農村危房改造，統籌開展農房抗震改造，把建檔立卡貧困戶放在優先位置，提高補助標準，探索採用貸款貼息、建設集體公租房等多種方式，切

實保障貧困戶基本住房安全。四是要重點支援革命老區、民族地區、邊疆地區、連片特困地區脫貧攻堅。出臺加大脫貧攻堅力度支援革命老區開發建設指導意見，加快實施重點貧困革命老區振興發展規劃，擴大革命老區財政轉移支付規模。

3. 健全脫貧攻政策保障體系

一是要加大財政扶貧投入力度。發揮政府投入在扶貧開發中的主體和主導作用，積極開闢扶貧開發新的資金渠道，確保政府扶貧投入力度與脫貧攻堅任務相適應。二是要加大金融扶貧力度。鼓勵和引導商業性、政策性、開發性、合作性等各類金融機構加大對扶貧開發的金融支持。運用多種貨幣政策工具，向金融機構提供長期、低成本的資金，用於支援扶貧開發。三是要完善扶貧開發用地政策。支援貧困地區根據第二次全國土地調查及最新年度變更調查成果，調整完善土地利用總體規劃。新增建設用地計畫指標優先保障扶貧開發用地需要，專項安排國家扶貧開發工作重點縣年度新增建設用地計畫指標。四是要發揮科技、人才支撐作用。加大科技扶貧力度，解決貧困地區特色產業發展和生態建設中的關鍵技術問題。加大技術創新引導專項（基金）對科技扶貧的支持，加快先進適用技術成果在貧困地區的轉化。深入推行科技特派員制度，支持科技特派員開展創業式扶貧服務。

4. 營造脫貧攻堅良好氛圍

一是要創新中國特色扶貧開發理論。深刻領會習近平總書記關於

新時期扶貧開發的重要戰略思想，系統總結我們黨和政府領導億萬人民擺脫貧困的歷史經驗，提煉昇華精準扶貧的實踐成果，不斷豐富完善中國特色扶貧開發理論，為脫貧攻堅注入強大思想動力。二是要加強貧困地區鄉風文明建設。培育和踐行社會主義核心價值觀，大力弘揚中華民族自強不息、扶貧濟困傳統美德，振奮貧困地區廣大幹部群眾精神，堅定改變貧困落後面貌的信心和決心，凝聚全黨全社會扶貧開發強大合力。三是要扎實做好脫貧攻堅宣傳工作。堅持正確輿論導向，全面宣傳我國扶貧事業取得的重大成就，準確解讀黨和政府扶貧開發的決策部署、政策舉措，生動報導各地區各部門精準扶貧、精準脫貧豐富實踐和先進典型。四是要加強國際減貧領域交流合作。通過對外援助、專案合作、技術擴散、智庫交流等多種形式，加強與發展中國家和國際機構在減貧領域的交流合作。

5. 加強黨的領導，提供政治保障

一是要強化脫貧攻堅領導責任制。實行中央統籌、省（自治區、直轄市）負總責、市（地）縣抓落實的工作機制，堅持片區為重點、精準到村到戶。二是要發揮基層黨組織戰鬥堡壘作用。加強貧困鄉鎮領導班子建設，有針對性地選配政治素質高、工作能力強、熟悉「三農」工作的幹部擔任貧困鄉鎮黨政主要領導。三是要嚴格扶貧考核督查問責。抓緊出臺中央對省（自治區、直轄市）黨委和政府扶貧開發工作成效考核辦法。建立年度扶貧開發工作逐級督查制度，選擇重點部門、重點地區進行聯合督查，對落實不力的部門和地區，國務院扶貧開發領導小組要向黨中央、國務院報告並提出責任追究建議，對未

完成年度減貧任務的省份要對黨政主要領導進行約談。四是要加強扶貧開發隊伍建設。穩定和強化各級扶貧開發領導小組和工作機構。扶貧開發任務重的省（自治區、直轄市）、市（地）、縣（市）扶貧開發領導小組組長由黨政主要負責同志擔任，強化各級扶貧開發領導小組決策部署、統籌協調、督促落實、檢查考核的職能。五是要推進扶貧開發法治建設。各級黨委和政府要切實履行責任，善於運用法治思維和法治方式推進扶貧開發工作，在規劃編制、專案安排、資金使用、監督管理等方面，提高規範化、制度化、法治化水準。

（四）做好深度貧困地區的脫貧攻堅

習近平總書記 2017 年 6 月 24 日在深度貧困地區脫貧攻堅座談會上指出：「黨的十八大以來，黨中央把貧困人口脫貧作為全面建成小康社會的底線任務和標誌性指標，在全國範圍全面打響了脫貧攻堅戰。脫貧攻堅力度之大、規模之廣、影響之深，前所未有。」「脫貧攻堅工作進入目前階段，要重點研究解決深度貧困問題。各級黨委務必深刻認識深度貧困地區如期完成脫貧攻堅任務的艱巨性、重要性、緊迫性，以解決突出制約問題為重點，強化支撐體系，加大政策傾斜，聚焦精準發力，攻克堅中之堅，確保深度貧困地區和貧困群眾同全國人民一道進入全面小康社會。」

1.脫貧攻堅任務仍然十分艱巨

「我國脫貧攻堅任務仍然十分艱巨。現有貧困大多集中在深度貧

困地區。這些地區多是革命老區、民族地區、邊疆地區，基礎設施和社會事業發展滯後，社會文明程度較低，生態環境脆弱，自然災害頻發，貧困人口占比和貧困發生率高，人均可支配收入低，集體經濟薄弱，脫貧任務重，越往後脫貧成本越高、難度越大。脫貧攻堅本來就是一場硬仗，深度貧困地區脫貧攻堅更是這場硬仗中的硬仗，必須給予更加集中的支持，採取更加有效的舉措，開展更加有力的工作。」

2. 深度貧困地區脫貧攻堅的八條要求

深度貧困地區的脫貧攻堅必須強化支撐體系、加大政策傾斜，特別是要聚焦精準發力，攻克「堅中之堅」。

第一，合理確定脫貧目標。黨中央對 2020 年脫貧攻堅的目標已有明確規定，即到 2020 年，穩定實現農村貧困人口不愁吃、不愁穿，義務教育、基本醫療和住房安全有保障；實現貧困地區農民人均可支配收入增長幅度高於全國平均水準，基本公共服務主要領域指標接近全國平均水準；確保我國現行標準下農村貧困人口實現脫貧，貧困縣全部摘帽，解決區域性整體貧困。深度貧困地區也要實現這個目標，同時要堅持實事求是，不好高騖遠，不吊高各方面胃口。

第二，加大投入支持力度。要發揮政府投入的主體和主導作用，發揮金融資金的引導和協同作用。新增脫貧攻堅資金主要用於深度貧困地區，新增脫貧攻堅項目主要佈局於深度貧困地區，新增脫貧攻堅舉措主要集中於深度貧困地區。各部門安排的惠民專案要向深度貧困地區傾斜，深度貧困地區新增涉農資金要集中整合用於脫貧攻堅項目。各級財政要加大對深度貧困地區的轉移支付規模。要通過各種舉措，

形成支援深度貧困地區脫貧攻堅的強大投入合力。

第三，**集中優勢兵力打攻堅戰**。要發揮集中力量辦大事的制度優勢，重點解決深度貧困地區公共服務、基礎設施以及基本醫療有保障的問題。對居住在自然條件特別惡劣地區的群眾加大易地扶貧搬遷力度，對生態環境脆弱的禁止開發區和限制開發區群眾增加護林員等公益崗位，對因病致貧群眾加大醫療救助、臨時救助、慈善救助等幫扶力度，對無法依靠產業扶持和就業幫助脫貧的家庭實行政策性保障兜底。

第四，**區域發展必須圍繞精準扶貧發力**。深度貧困地區的區域發展是精準扶貧的基礎，也是精準扶貧的重要組成部分，必須圍繞減貧來進行。要重點發展貧困人口能夠受益的產業，交通建設專案要儘量向進村入戶傾斜，水利工程項目要向貧困村和小型農業生產傾斜，生態保護項目要提高貧困人口參與度和受益水準。

第五，**加大各方幫扶力度**。對東西部扶貧協作和對口支援、中央單位定點幫扶的對象在深度貧困地區的，要在資金、專案、人員方面增加力度。東部經濟發達縣結對幫扶西部貧困縣「攜手奔小康行動」和民營企業「萬企幫萬村行動」，都要向深度貧困地區傾斜。要通過多種形式，積極引導社會力量廣泛參與深度貧困地區脫貧攻堅。

第六，**加大內生動力培育力度**。要堅持扶貧同扶智、扶志相結合，注重激發貧困地區和貧困群眾脫貧致富的內在活力，注重提高貧困地區和貧困群眾的自我發展能力。要改進工作方式方法，多採用生產獎補、勞務補助、以工代賑等機制，教育和引導貧困群眾通過自己的辛勤勞動脫貧致富。

第七，**加大組織領導力度**。深度貧困地區黨委和政府要堅持把脫

貧攻堅作為「十三五」期間頭等大事和第一民生工程來抓，做到人員到位、責任到位、工作到位、效果到位。縣委書記要統攬脫貧攻堅，統籌做好進度安排、專案落地、資金使用、人力調配、推進實施等工作。脫貧攻堅期內貧困縣縣級黨政正職要保持穩定。要夯實農村基層黨組織，選好書記，配強領導班子，發揮好村黨組織在脫貧攻堅中的戰鬥堡壘作用。要把深度貧困地區作為鍛煉幹部、選拔幹部的重要平臺。

第八，加強檢查督查。要堅持年度脫貧攻堅報告和督查制度，實施最嚴格的考核評估，對不嚴不實、弄虛作假的嚴肅問責，對挪用、貪污扶貧款項的嚴肅處理。扶貧工作必須務實，脫貧過程必須扎實，脫貧結果必須真實，脫貧計畫不能脫離實際隨意提前，扶貧標準不能隨意降低，決不能搞數字脫貧、虛假脫貧。

3. 堅決打好深度貧困地區的脫貧攻堅

習近平總書記指出，加快推進深度貧困地區脫貧攻堅，要按照黨中央統一部署，堅持精準扶貧精準脫貧基本方略，堅持中央統籌、省負總責、市縣抓落實的管理體制，堅持黨政一把手負總責的工作責任制，堅持專項扶貧、行業扶貧、社會扶貧等多方力量、多種舉措有機結合和互為支撐的「三位一體」大扶貧格局，以解決突出制約問題為重點，以重大扶貧工程和到村到戶幫扶措施為抓手，以補短板為突破口。

近年來我們在解決深度貧困問題上有很多成功經驗和典型，實踐證明，只要高度重視、思路對頭、措施得力、工作扎實，深度貧困是完全可以戰勝的。

三、全民共建共治共用

——創新社會治理新格局

加強和創新社會治理，是我國社會主義社會發展規律的客觀要求，是人民安居樂業、社會安定有序、國家長治久安的重要保障。《中共中央關於制定國民經濟和社會發展第十三個五年規劃的建議》針對社會治理領域存在的突出問題，就加強和創新社會治理作了全面部署，對推進國家治理體系和治理能力現代化具有重要意義。當前，我國發展仍處於可以大有作為的重要戰略機遇期，同時也面臨諸多矛盾疊加、風險隱患增多的嚴峻挑戰。我們要適應新形勢，增強風險意識，深化對社會治理規律的認識，以理念思路、體制機制、方法手段創新為動力，以現代科學技術為引領，以基層基礎建設為支撐，提高社會治理現代化水準。習近平總書記 2016 年 10 月 12 日就加強和創新社會治理作出指示，強調要繼續加強和創新社會治理，完善中國特色社會主義社會治理體系，努力建設更高水準的平安中國，進一步增強人民群眾安全感。

（一）構建全民共建共治共用的社會治理格局

構建全民共建共治共用的社會治理格局是社會建設的重大任務，是國家治理的重要內容。改革開放以來，黨和政府高度重視社會管理，取得了重大成績，積累了寶貴經驗。同時也要看到，當前改革處於攻

堅期深水區，社會管理面臨新情況新問題，迫切需要通過深化改革，實現從傳統社會管理向現代社會治理轉變。習近平總書記指出：「治理和管理一字之差，體現的是系統治理、依法治理、源頭治理、綜合施策。」要以最廣大人民利益為根本座標，創新社會治理體制，改進社會治理方式，構建全民共建共用的社會治理格局。

1.要創新社會治理體制

完善黨委領導、政府主導、社會協同、公眾參與、法治保障的社會治理體制。加強和創新社會治理的過程是實現社會善治的過程，政府和社會要各歸其位、各擔其責。一是推進社會治理社會化。在充滿不確定性的現代社會，只有政府和社會攜起手來，才能建設好安全家園。要在發揮好黨委領導、政府主導作用的同時，引導社會成員增強主人翁精神，激發社會自治、自主、能動力量，讓大眾的問題由大眾來解決。二是推進社會治理法治化。法治作為社會治理創新的最優模式，應該回應社會發展過程中面臨的種種問題。要善於運用法治思維構建社會行為有預期、管理過程公開、責任界定明晰的社會治理制度體系，善於運用法治方式把社會治理難題轉化為執法司法問題加以解決。三是推進社會治理精細化。我國傳統文化中推崇直覺、感性思維，習慣於對事物進行模糊的歸納，嚴謹、理性、體系化的實證研究不夠。這種思維方式容易導致粗枝大葉、大而化之。提升社會治理現代化水準，就要培育以尊重事實、推崇理性、強調精確、注重細節為主要特徵的「數据文化」，把精細化、標準化、常態化理念貫穿於社會治理全過程。

2. 堅持依法治理，健全利益表達、利益協調、利益保護機制

目前，社會矛盾大多屬於利益訴求。預防化解社會矛盾，關鍵是要堅持維權和維穩相統一，健全維護群眾利益的機制。只有這樣，才能贏得廣大群眾發自內心的認同和擁護，為維護社會和諧穩定奠定堅實基礎。一是健全利益表達機制。暢通群眾利益表達渠道，是密切黨委和政府同群眾聯繫、舒緩社會緊張關係的重要舉措。要完善行政覆議、仲裁、訴訟等法定訴求表達渠道，發揮人大、政協、人民團體、行業協會等利益表達功能。全面推行陽光信訪，儘快實現國家信訪信息系統全面聯通，把網上信訪打造成群眾信訪主渠道。積極推進網絡參政議政，搭建黨委和政府同群眾溝通交流新平臺。二是健全利益協調機制。謀發展、搞建設，都要統籌好群眾的現實利益和長遠利益，兼顧好群眾的個體利益和集體利益。要圍繞涉及群眾利益的事項，按照協商於民、協商為民原則，積極推動有關部門、單位多同群眾商量，確保各項工作更好地順乎民意。把社會穩定風險評估作為重大決策前置程序，努力使評估過程成為傾聽民意、化解民憂、贏得群眾理解支持的過程，預防和減少因決策不當引發的社會矛盾。三是健全利益保護機制。當前，影響社會和諧穩定的突出問題，大多是由損害群眾利益問題引發的。要樹立把改革發展成果更多惠及百姓的理念，圍繞教育、就業、醫療、養老、住房等民生問題，辦大事、辦實事，讓群眾得到實惠、看到希望。發揮好司法救濟功能，依法嚴厲打擊農村土地徵用、城鎮房屋拆遷、企業改制等過程中損害群眾利益的違法犯罪行為，確保群眾權益受到公平對待、利益得到有效維護。

3.實現政府治理和社會調節、居民自治良性互動

現代社會，善不善於發揮社會主體積極性，推動形成政府治理和社會調節、居民自治良性互動局面，是衡量黨委和政府社會治理能力高低的重要標誌。我們要創新多方參與機制，更好地組織動員企事業單位、社會組織、人民群眾參與社會治理，努力實現社會事務社會治理。一是發揮好企事業單位作用。企事業單位不僅承擔著防控安全生產風險的重要責任，而且是維護社會公共安全的重要力量。要充分發揮企事業單位在資源、技術、人才等方面的優勢，調動他們參與社會治理的積極性，為維護公共安全發揮更大作用。二是發揮好社會組織作用。社會組織是現代社會治理不可或缺的重要載體。要推動社會組織明確權責、依法自治，確保其成為黨委和政府的有力助手。完善政府購買服務機制，發揮好社會組織在引導社會成員參與風險評估、矛盾調解、社區矯正、青少年教育管理等方面的積極作用。三是發揮好基層自治作用。基層自治是社會主義民主的重要形式，是基層群眾實現自己的事情自己管、自己辦的重要方式。要完善基層民主決策、民主治理機制，構築起全社會共同治理公共安全的網絡聯繫和信任關係，做到知風化險、規避風險。

（二）加強社會治理基礎制度建設

社會治理現代化中，制度建設具有全域性、根本性作用。科學的社會治理理念和實踐經驗只有轉化為普遍適用的制度，才能成為加強和創新社會治理的巨大力量。習近平總書記 2013 年 4 月 10 日在海南

考察工作時指出：「要加快推進民生領域體制機制創新，促進公共資源向基層延伸、向農村覆蓋、向弱勢群體傾斜。」

1. 建立國家人口基礎信息庫

社會治理的核心是對人的服務管理。目前，我國公民身份號碼的準確性、唯一性目標基本實現。要加快國家人口信息管理系統升級改造，深入推進居民身份證換發、異地辦理和指紋信息登記工作，建立戶口和身份證信息聯網查詢比對制度，逐步實現跨部門、跨地區信息整合和共用，確保基礎信息全面、準確。

2. 完善社會信用體系

人無信不立，業無信不興，國無信不強。推進守法誠信，既要加強教育，更要強化制度約束，形成守法誠信長效機制。要加快建立基於公民身份號碼的信任根制度，以保障實名制的落實。建立統一社會信用代碼制度和相關實名登記制度，抓緊推行手機號碼、銀行卡、網絡實名制，消除網上網下各領域虛假身份。建立違法犯罪記錄與信用、職業准入等掛鉤制度，強化對守信者的鼓勵和對失信者的懲戒。堅持推行實名制和保護公民個人信息安全並重，健全使用者信息保護制度，加強對用戶個人隱私、商業秘密的保護。

3. 健全社會心理服務體系和疏導機制、危機干預機制

社會心態體現社會文明程度，影響社會和諧程度。現代社會，隨

著工作、生活節奏加快、競爭激烈，一些人的不良情緒潛滋暗長，容易引發社會問題。要開展社會關愛行動，發展社會專業服務機構，加強社會工作專業人才隊伍和社會志願者隊伍建設，關心幫助困難家庭和個人。建立健全心理衛生服務體系，積極開展心理調節疏導工作，建立心理危機干預預警機制，防範和降低社會風險。對生活失意、心態失衡、行為失常的，按照「一把鑰匙開一把鎖」的要求，加強人文關懷和心理輔導、援助，引導其依法理性處理問題，防止發生極端事件。

（三）完善社會治安綜合治理體制機制

對社會治安進行綜合治理，是我國的特色，也是我國的優勢。面對社會治安新形勢，我們要以提升人民群眾安全感和滿意度為目標，以突出治安問題為導向，完善社會治安綜合治理體制機制，提高動態化、信息化條件下駕馭社會治安局勢的能力水準。

1. 以信息化為支撐加快建設社會治安立體防控體系

創新社會治安立體防控體系，是維護公共安全的骨幹工程、建設平安中國的基礎工程。要結合制定「十三五」規劃，在更高起點上統籌設計好社會治安立體防控體系。社會信息化快速發展，不僅更新了我們認識世界的思維方法，也為加快建設社會治安立體防控體系提供了新手段。特別是利用物理世界之外的「腦力＋信息」發展起來的智能產業，極大地擴展了人類智力水平，也為打造社會治安防控體系升

級版提供了新平臺。要堅持信息化牽引，積極推進打防管控一體化、網上網下一體化，確保社會治安防控形成體系、充滿活力。圍繞整合資源力量，完善信息化標準體系、統一接口和共用模式，推動各類基礎設施互聯互通，推進各類數據集成應用，發揮最大效益。把政府引導和市場力量更好地結合起來，統籌建設大數據、雲計算中心和物聯網等基礎設施，為提升社會治安防控體系的整體效能提供信息化支撐。

2. 完善社會矛盾糾紛排查預警和調處化解綜合機制

如何預防化解易發多發的社會矛盾，是對國家治理體系和治理能力的考驗。要善於把運用法治的功能與發揮黨的領導的政治優勢和社會主義制度優勢更好地結合起來，完善社會矛盾排查預警和調處化解綜合機制，提升預防化解社會矛盾的實效。堅持和發展「楓橋經驗」，依託基層組織，發展信息員，完善社會矛盾滾動排查、及時預警機制，努力做到發現在早、防範在先、處置在小。構建調解、仲裁、行政裁決、行政覆議、訴訟等有機銜接、相互協調的多元化糾紛解決體系，引導群眾更多地選擇非訴訟渠道和方式解決糾紛。拓寬人大代表、政協委員、律師、法律工作者等協力廠商參與糾紛化解的制度化渠道，吸收專家參與技術性、專業性領域糾紛解決工作，提高糾紛化解權威性、公信力。借鑒一些互聯網企業開展在線調解、在線仲裁、在線協商談判等做法，善於運用新技術提高糾紛化解水準。

3.建設基礎綜合服務管理平臺

社會治安防控體系建設中，基層基礎建設既是根本性任務，也是緊迫性工作。要以基層綜治中心為依託，建設基礎綜合服務管理平臺，並通過現代信息技術，將服務管理資源向網格延伸，提高服務群眾、化解矛盾、維護穩定的水準。隨著信息化建設水準的提高，領導機關擁有的信息資源更加集中，服務基層一線更有優勢。領導機關要健全服務基層的情報綜合研判和信息推送機制，及時把高品質的預警情報和急需信息即時推送到基層一線。要牢固樹立寓管理於服務的理念，通過全面、周到的公共服務，有效覆蓋專業工作難以觸及的領域，有效採集日常管理難以採集的信息，更好地服務社會治安防控體系建設。

（四）健全公共安全體系

當前，我國公共安全形勢總體是好的。在我們這樣一個有著13億多人口、地域遼闊、發展不均衡的國家，能保持社會和諧穩定大局是很不容易的事情。同時，隨著經濟全球化的深入推進和社會信息化的快速發展，由於國際各種複雜因素的影響，當今世界已進入風險社會，我國國內風險因素也日益突出。我們要牢記公共安全是最基本的民生的道理，加快編織全方位、立體化的公共安全網。

1.增強風險意識

面對嚴峻的公共安全形勢，全社會只有牢記隱患險於明火、防範

勝於救災、責任重於泰山，才能有效防範化解管控好公共安全風險。一是加強全民安全意識教育。全社會成員要樹立生命至上、安全第一觀念，提高共同防控風險的自覺性。要把安全文化教育納入國民教育和精神文明建設體系，採取以案說法等方式，讓安全文化入腦入心。二是建立健全風險預警機制。在各類風險高度集聚的今天，預警是維護公共安全的首要環節。要根據風險形成規律，建立研判、預警、防範風險苗頭、隱患先兆的機制，防止其累積擴散、突破臨界狀態。探索「人力＋科技」「傳統＋現代」的風險預警模式，提高對風險動態監測、即時預警能力，及時切斷風險鏈。三是創新協調聯動機制。維護公共安全，涉及各方面各環節，只有緊密配合、有效互動，才能形成合力。要在健全區域聯動、部門協作機制的同時，建立與社會力量合作聯動機制，善於運用現代信息技術，把各種資源、力量、手段統籌起來，建設好維護公共安全的天羅地網。

2. 落實安全生產責任和管理制度

安全生產一頭連著千家萬戶，一頭連著經濟社會發展，是人民安居樂業的重要保障。我們要深刻認識安全生產工作的艱巨性、複雜性、緊迫性，全面抓好安全生產責任制和管理、防範、監督、檢查、獎懲措施的落實。按照黨政同責、一崗雙責、失職追責的要求，細化落實各級黨委和政府的領導責任、相關部門的監管責任、企業的主體責任 針對高速鐵路、城市軌道、油氣管網、城市燃氣、高層建築防火、城中村等重點領域和煤礦、礦山、化工、煙花爆竹等重點企業，在深入開展安全隱患排查整治的同時，善於查找前端治理中帶有普遍性、

趨勢性的問題，有針對性地健全法律制度、強化監督管理。堅持以信息流引導技術流、物質流，運用物聯網等新技術，構建生產、運輸、存儲、銷售、使用等全過程、無縫隙監管體系，把先進的理念、制度轉化為程序上的硬約束，實現對各類安全生產風險自動識別、預警，預防和減少安全生產事故的發生。

3.加強防災減災能力建設

提高防災減災和應急能力，是對我們黨執政能力的重要考驗。要堅持以防為主、防抗救相結合的方針，堅持常態減災和非常態救災相統一，全面提高全社會抵禦自然災害的綜合防範能力。完善自然災害救助制度，健全救災應急社會動員機制，落實統一指揮、綜合協調、分類管理、分級負責、屬地管理為主的自然災害應急管理體制，加強全民減災防災宣傳，形成有效應對自然災害的強大合力。

（五）貫徹總體國家安全觀

高度重視維護國家安全，是我們黨治國理政一條重要經驗，是關係中國特色社會主義事業發展全域和中華民族偉大復興的大事。習近平總書記在十九大報告中指出：國家安全是安邦定國的重要基石，維護國家安全是全國各族人民根本利益所在。要完善國家安全戰略和國家安全政策，堅決維護國家政治安全，統籌推進各項安全工作。健全國家安全體系，加強國家安全法治保障，提高防範和抵禦安全風險能力。嚴密防範和堅決打擊各種滲透顛覆破壞活動、暴力恐怖活動、民

族分裂活動、宗教極端活動。加強國家安全教育，增強全黨全國人民國家安全意識，推動全社會形成維護國家安全的強大合力。

1 . 實施國家安全戰略

制定、實施國家安全戰略，是有效維護國家安全的迫切需要。要以總體國家安全觀為指導，進一步明確國家安全戰略指導方針、中長期目標和重點領域國家安全政策。堅持集中統一、高效權威的國家安全工作領導體制，發揮好國家安全委員會作為黨中央領導下國家安全事務決策、協調「神經中樞」功能，研究制定、指導實施國家安全戰略和有關重大方針政策，統籌協調國家安全重大事項和重要工作，增強國家安全事務決策和實施主動性、及時性、協調性。

2. 構建國家安全法律制度體系

《國家安全法》確立了總體國家安全觀指導地位和國家安全工作領導體制，確立了維護國家安全各項制度。要根據維護國家安全的實際需要，推動出臺反恐怖主義法、境外非政府組織管理法、網絡安全法等法律法規，加快國家安全法治建設，將法治貫穿於維護國家安全全過程，為維護國家安全提供有力法治保障。

3. 完善國家安全審查制度

按照《國家安全法》規定，對影響或者可能影響國家安全的投資、特定物項和關鍵技術、網絡信息技術產品和服務、涉及國家安全事項

的建設項目，以及其他重大事項和活動，要完善國家安全審查，有效預防和化解國家安全風險。今後，要把國家安全審查制度延伸到經濟以外其他領域，完善國家安全審查內容和程序，明確違反國家安全審查規定應承擔的法律責任，努力構築維護國家安全的「防火牆」。

4. 依法嚴密防範和嚴厲打擊敵對勢力滲透顛覆破壞活動、暴力恐怖活動、民族分裂活動、極端宗教活動

政治安全是國家安全的根本，事關國家治亂興衰。要把確保政治安全放在首位，依法嚴密防範、嚴厲打擊敵對勢力滲透顛覆破壞活動，堅決捍衛中國共產黨領導和中國特色社會主義制度。深入開展反分裂鬥爭，堅決維護民族團結和國家統一。始終保持對暴力恐怖活動的高壓態勢，組織動員人民群眾進行群防群治，深入推進「去極端化」工作，深化反恐怖國際合作，全方位構築反恐怖安全屏障。

第八章

綠水青山就是金山銀山

——加快生態文明體制改革，建設美麗中國

「五位一體」——實現偉大復興的戰略部署和戰略任務·之五

　　黨的十八大以來，以習近平同志為核心的黨中央在建設中國特色社會主義和實現中國民族偉大復興中國夢戰略思想的指引下，統籌推進「五位一體」總體佈局和協調推進「四個全面」戰略佈局，特別強調必須貫徹落實五大發展理念的重要思想，深刻回答了新形勢下黨和國家事業發展的一系列重大理論和現實問題。其中，習近平總書記關於生態文明建設和環境資源保護等重要講話、論述、批示已有數百次之多，涵蓋了重大理念、方針原則、目標任務、重點舉措、制度保障等方面，特別是習近平總書記提出堅持「兩山論」和綠色發展理念，從根本上轉變了舊有的自然理念以及關於自然資源無價的傳統認識，打破了簡單把發展與保護對立起來的思維束縛，指明了實現發展和生

態保護的內在統一、相互促進和協調共生的方法論。這是中國共產黨人積極探索經濟規律與社會規律，處理人與自然關係的認識的重要昇華，並帶來的是發展理念和發展方式的深刻轉變，為不斷深化生態文明體制改革提供了理論指導和根本遵循。

習近平總書記在黨的十九大報告中強調指出：人與自然是生命共同體，人類必須尊重自然、順應自然、保護自然。人類只有遵循自然規律才能有效防止在開發利用自然上走彎路，人類對大自然的傷害最終會傷及人類自身，這是無法抗拒的規律。我們要建設的現代化是人與自然和諧共生的現代化，既要創造更多物質財富和精神財富以滿足人民日益增長的美好生活需要，也要提供更多優質生態產品以滿足人民日益增長的優美生態環境需要。必須堅持節約優先、保護優先、自然恢復為主的方針，形成節約資源和保護環境的空間格局、產業結構、生產方式、生活方式，還自然以寧靜、和諧、美麗。

一、創新生態文明理念
——實現生態文明建設的頂層設計

建設生態文明是關係人民福祉、關乎民族未來的大計，是實現中華民族偉大復興的中國夢的重要內容。十八大以來，特別是黨的十八屆五中全會審議通過《中共中央關於制定國民經濟和社會發展第十三個五年規劃的建議》，堅持五大發展理念，對生態環保領域改革作出重大部署。在五中全會召開前，黨中央、國務院發佈了《關於加快推進生態文明建設的意見》《生態文明體制改革總體方案》。這一系列

文件彼此呼應、相互銜接，共同形成了中央關於深化生態文明體制改革的戰略部署和制度構架。

（一）提出生態文明建設的系列指導思想

習近平總書記關於生態文明建設的一系列重大理念，深刻揭示了生態文明體制改革的重要指導思想。特別是從嶄新的角度，深刻揭示人類發展與自然世界的和諧統一關係；人與自然的關係是人類社會最基本的關係；自然界是人類社會產生、存在和發展的基礎和前提；人類通過社會實踐活動有目的地利用自然、改造自然，人類歸根到底是自然的一部分，在開發自然、利用自然中，人類不能凌駕於自然之上，人類的行為方式必須符合自然規律；保護自然環境就是保護人類，建設生態文明就是造福人類；人與自然是相互依存、相互聯繫的整體，對自然界不能只講索取不講投入、只講利用不講建設，等等，為生態文明建設的創新發展指明了方向。

1.明確提出了生態文明建設的指導思想

中共十八大和十八屆三中全會、四中全會、五中全會等重要會議先後提出了生態文明建設的重要指導思想，如堅持節約資源和保護環境基本國策，堅持節約優先、保護優先、自然恢復為主方針，立足我國社會主義初級階段的基本國情和新的階段性特徵，以建設美麗中國為目標，以正確處理人與自然關係為核心，以解決生態環境領域突出問題為導向，保障國家生態安全，改善環境品質，提高資源利用效

率，推動形成人與自然和諧發展的現代化建設新格局。

2. 發展了馬克思主義生態文明理念

習近平總書記關於「尊重自然、順應自然、保護自然」的生態文明理念，將改革開放的實踐經驗與馬克思主義理論結合，提出：「牢固樹立保護生態環境就是保護生產力、改善生態環境就是發展生產力的理念。」把自然生態環境納入到生產力範疇，揭示了生態環境作為生產力內在屬性的重要地位。這在馬克思主義生態理論史上還是第一次。

3. 深刻揭示了人類生態文明發展規律

習近平總書記指出：「生態興則文明興，生態衰則文明衰。」生態文明是工業文明發展到一定階段的產物，是實現人與自然和諧發展的新要求。這說明，生態文明符合人類文明演進的客觀規律。習近平總書記對生態與文明關係以及人類發展階段的闡釋，彰顯了中國共產黨人對人類文明發展規律的深刻認識。

4. 深化了我們黨的執政理念和執政方式

以習近平同志為核心的黨中央把生態文明建設納入黨的行動綱領，使它與經濟建設、政治建設、文化建設和社會建設一道形成「五位一體」總佈局，體現了本屆黨中央領導人執政方式的鮮明特色。「五位一體」總佈局，使生態文明建設在社會主義建設事業中的地位發生

了根本性和歷史性的變化。這表明中國共產黨的執政理念和執政方式已經進入一個新境界。

5. 提出了生態文明建設中人民主體性思想

「良好生態環境是最公平的公共產品，是最普惠的民生福祉。」習近平總書記對生態文明建設始終飽含深厚的民生情懷和強烈的責任擔當。他關於「生態環境問題是利國利民利子孫後代的一項重要工作」「為子孫後代留下天藍、地綠、水清的生產生活環境」等論述，把黨的根本宗旨與人民群眾對生態環境的現實期待結合在一起，是人民主體性思想在生態文明建設領域的生動詮釋。

6. 體現了生態文明建設的辯證思維

「我們既要綠水青山，也要金山銀山。甯要綠水青山，不要金山銀山，而且綠水青山就是金山銀山。」習近平關於生態文明建設的許多論述飽含著辯證思維的鮮明特點。他主張在保護中發展，在發展中保護。他用鮮活的語言指出，脫離環境保護搞經濟發展，是「竭澤而漁」；離開經濟發展抓環境保護，是「緣木求魚」。

7. 體現了生態文明建設的系統思維──「山水林田湖是一個生命共同體」

習近平總書記從方法論的角度深刻闡明了生態文明建設的系統性和複雜性。生態文明是人類為保護和建設美好生態環境而取得的物質

成果、精神成果和制度成果的總和,是貫穿經濟建設、政治建設、文化建設、社會建設全過程和各方面的系統工程,單獨從某一個或幾個方面推進,難以從根本上解決問題。

8. 體現了生態文明建設的底線思維

「要牢固樹立生態紅線的觀念」,「在生態環境保護問題上,就是要不能越雷池一步,否則就應該受到懲罰」。生態紅線是不能超出的界限、不能逾越的底線。生態文明建設要以底線思維為指導,設定並嚴守資源消耗上限、環境品質底線、生態保護紅線,將各類開發活動限制在資源環境承載能力之內。

(二)提出生態文明體制改革的重要原則

2015 年 9 月,中共中央、國務院印發了《生態文明體制改革總體方案》。方案強調,推進生態文明體制改革要堅持正確方向,堅持自然資源資產的公有性質,堅持城鄉環境治理體系統一,堅持激勵和約束並舉,堅持主動作為和國際合作相結合,堅持鼓勵試點先行和整體協調推進相結合。這個方案是我國生態文明領域改革的頂層設計和重大部署,搭建好基礎性制度框架,全面提高了我國生態文明的建設水準,並提出了生態文明體制改革的重要原則:

堅持正確改革方向,健全市場機制,更好發揮政府的主導和監管作用,發揮企業的積極性和自我約束作用,發揮社會組織和公眾的參與和監督作用。堅持自然資源資產的公有性質,創新產權制度,落實

所有權，區分自然資源資產所有者權利和管理者權力，合理劃分中央地方事權和監管職責，保障全體人民分享全民所有自然資源資產收益。堅持城鄉環境治理體系統一，繼續加強城市環境保護和工業污染防治，加大生態環境保護工作對農村地區的覆蓋，建立健全農村環境治理體制機制，加大對農村污染防治設施建設和資金投入力度。

堅持激勵和約束並舉，既要形成支持綠色發展、循環發展、低碳發展的利益導向機制，又要堅持源頭嚴防、過程嚴管、損害嚴懲、責任追究，形成對各類市場主體的有效約束，逐步實現市場化、法治化、制度化。

堅持主動作為和國際合作相結合，加強生態環境保護是我們的自覺行為，同時要深化國際交流和務實合作，充分借鑒國際上的先進技術和體制機制建設有益經驗，積極參與全球環境治理，承擔並履行好同發展中大國相適應的國際責任。

堅持鼓勵試點先行和整體協調推進相結合，在黨中央、國務院統一部署下，先易後難、分步推進，成熟一項推出一項。支援各地區根據本方案確定的基本方向，因地制宜，大膽探索、大膽試驗。

（三）明確了生態文明體制的改革目標

到 2020 年，構建起由自然資源資產產權制度、國土空間開發保護制度、空間規劃體系、資源總量管理和全面節約制度、資源有償使用和生態補償制度、環境治理體系、環境治理和生態保護市場體系、生態文明績效評價考核和責任追究制度等八項制度構成的產權清晰、多元參與、激勵約束並重、系統完整的生態文明制度體系，推進生態文

明領域國家治理體系和治理能力現代化，努力走向社會主義生態文明新時代。

構建歸屬清晰、權責明確、監管有效的自然資源資產產權制度，著力解決自然資源所有者不到位、所有權邊界模糊等問題。

構建以空間規劃為基礎、以用途管制為主要手段的國土空間開發保護制度，著力解決因無序開發、過度開發、分散開發導致的優質耕地和生態空間佔用過多、生態破壞、環境污染等問題。

構建以空間治理和空間結構優化為主要內容，全國統一、相互銜接、分級管理的空間規劃體系，著力解決空間性規劃重疊衝突、部門職責交叉重複、地方規劃朝令夕改等問題。

構建覆蓋全面、科學規範、管理嚴格的資源總量管理和全面節約制度，著力解決資源使用浪費嚴重、利用效率不高等問題。

構建反映市場供求和資源稀缺程度、體現自然價值和代際補償的資源有償使用和生態補償制度，著力解決自然資源及其產品價格偏低、生產開發成本低於社會成本、保護生態得不到合理回報等問題。

構建以改善環境品質為導向，監管統一、執法嚴明、多方參與的環境治理體系，著力解決污染防治能力弱、監管職能交叉、權責不一致、違法成本過低等問題。

構建更多運用經濟杠杆進行環境治理和生態保護的市場體系，著力解決市場主體和市場體系發育滯後、社會參與度不高等問題。

構建充分反映資源消耗、環境損害和生態效益的生態文明績效評價考核和責任追究制度，著力解決發展績效評價不全面、責任落實不到位、損害責任追究缺失等問題。

二、生態文明改革方案

——夯實我國生態文明建設的「四樑八柱」

2015 年 7 月，習近平總書記主持召開中央全面深化改革領導小組第十四次會議，審議通過生態文明體制「1+6」改革方案，構建了生態文明體制改革的「四樑八柱」。「1」就是《生態文明體制改革總體方案》。方案提出，到 2020 年，要構建起由八項制度構成的產權清晰、多元參與、激勵約束並重、系統完整的生態文明制度體系，推進生態文明領域國家治理體系和治理能力現代化。習近平總書記強調，實施重要生態系統保護和修復重大工程，優化生態安全屏障體系，構建生態廊道和生物多樣性保護網絡，提升生態系統質量和穩定性。完成生態保護紅線、永久基本農田、城鎮開發邊界三條控制線劃定工作。開展國土綠化行動，推進荒漠化、石漠化、水土流失綜合治理，強化濕地保護和恢復，加強地質災害防治。完善天然林保護制度，擴大退耕還林還草。嚴格保護耕地，擴大輪作休耕試點，健全耕地草原森林河流湖泊休養生息制度，建立市場化、多元化生態補償機制。

（一）健全自然資源資產產權制度

健全自然資源資產產權制度，特別是建立對水流、森林、山嶺、草原、荒地、灘塗等自然生態空間進行統一確權登記，形成歸屬清晰、權責明確、監管有效的自然資源資產產權制度，具有重要現實意義。

1. 建立統一的確權登記系統

堅持資源公有、物權法定，清晰界定全部國土空間各類自然資源資產的產權主體。對水流、森林、山嶺、草原、荒地、灘塗等所有自然生態空間統一進行確權登記，逐步劃清全民所有和集體所有之間的邊界，劃清全民所有、不同層級政府行使所有權的邊界，劃清不同集體所有者的邊界。推進確權登記法治化。

2. 建立權責明確的自然資源產權體系

制定權利清單，明確各類自然資源產權主體權利。處理好所有權與使用權的關係，創新自然資源全民所有權和集體所有權的實現形式，除生態功能重要的外，可推動所有權和使用權相分離，明確佔有、使用、收益、處分等權利歸屬關係和權責，適度擴大使用權的出讓、轉讓、出租、抵押、擔保、入股等權能。明確國有農場、林場和牧場土地所有者與使用者權能。全面建立覆蓋各類全民所有自然資源資產的有償出讓制度，嚴禁無償或低價出讓。統籌規劃，加強自然資源資產交易平臺建設。

3. 健全國家自然資源資產管理體制

按照所有者和監管者分開和一件事情由一個部門負責的原則，整合分散的全民所有自然資源資產所有者職責，組建對全民所有的礦藏、水流、森林、山嶺、草原、荒地、海域、灘塗等各類自然資源統一行使所有權的機構，負責全民所有自然資源的出讓等。

4.探索建立分級行使所有權的體制

對全民所有的自然資源資產，按照不同資源種類和在生態、經濟、國防等方面的重要程度，研究實行中央和地方政府分級代理行使所有權職責的體制，實現效率和公平相統一。分清全民所有中央政府直接行使所有權、全民所有地方政府行使所有權的資源清單和空間範圍。中央政府主要對石油天然氣、貴重稀有礦產資源、重點國有林區、大江大河大湖和跨境河流、生態功能重要的濕地草原、海域灘塗、珍稀野生動植物種和部分國家公園等直接行使所有權。

5.開展水流和濕地產權確權試點

探索建立水權制度，開展水域、岸線等水生態空間確權試點，遵循水生態系統性、整體性原則，分清水資源所有權、使用權及使用量。在甘肅、寧夏等地開展濕地產權確權試點。

（二）建立國土空間開發保護制度

樹立空間均衡理念，把握人口、經濟、資源環境的平衡點推動發展，人口規模、產業結構、增長速度不能超出當地水土資源承載能力和環境容量，建立國土空間開發保護制度、建立空間規劃體系。

1.完善主體功能區制度

統籌國家和省級主體功能區規劃，健全基於主體功能區的區域政

策，根據城市化地區、農產品主產區、重點生態功能區的不同定位，加快調整完善財政、產業、投資、人口流動、建設用地、資源開發、環境保護等政策。

2. 健全國土空間用途管制制度

簡化自上而下的用地指標控制體系，調整按行政區和用地基數分配指標的做法。將開發強度指標分解到各縣級行政區，作為約束性指標，控制建設用地總量。將用途管制擴大到所有自然生態空間，劃定並嚴守生態紅線，嚴禁任意改變用途，防止不合理開發建設活動對生態紅線的破壞。完善覆蓋全部國土空間的監測系統，動態監測國土空間變化。

3. 建立國家公園體制

加強對重要生態系統的保護和永續利用，改革各部門分頭設置自然保護區、風景名勝區、文化自然遺產、地質公園、森林公園等的體制，對上述保護地進行功能重組，合理界定國家公園範圍。國家公園實行更嚴格保護，除不損害生態系統的原住民生活生產設施改造和自然觀光科研教育旅遊外，禁止其他開發建設，保護自然生態和自然文化遺產原真性、完整性。加強對國家公園試點的指導，在試點基礎上研究制定建立國家公園體制總體方案。構建保護珍稀野生動植物的長效機制。

4. 完善自然資源監管體制

將分散在各部門的有關用途管制職責，逐步統一到一個部門，統一行使所有國土空間的用途管制職責。

3. 建立空間規劃體系

空間規劃體系是以空間資源的合理保護和有效利用為核心，從空間資源（土地、海洋、生態等）保護、空間要素統籌、空間結構優化、空間效率提升、空間權利公平等方面為突破，探索「多規融合」模式下的規劃編制、實施、管理與監督機制。我國的國家空間規劃體系包括全國、省、市縣三個層面。

1. 編制空間規劃

整合目前各部門分頭編制的各類空間性規劃，編制統一的空間規劃，實現規劃全覆蓋。空間規劃是國家空間發展的指南、可持續發展的空間藍圖，是各類開發建設活動的基本依據。空間規劃分為國家、省、市縣（設區的市空間規劃範圍為市轄區）三級。研究建立統一規範的空間規劃編制機制。鼓勵開展省級空間規劃試點。編制京津冀空間規劃。

2. 推進市縣「多規合一」

支持市縣推進「多規合一」，統一編制市縣空間規劃，逐步形成

一個市縣一個規劃、一張藍圖。市縣空間規劃要統一土地分類標準，根據主體功能定位和省級空間規劃要求，劃定生產空間、生活空間、生態空間，明確城鎮建設區、工業區、農村居民點等的開發邊界，以及耕地、林地、草原、河流、湖泊、濕地等的保護邊界，加強對城市地下空間的統籌規劃。加強對市縣「多規合一」試點的指導，研究制定市縣空間規劃編制指引和技術規範，形成可複製、能推廣的經驗。

3. 創新市縣空間規劃編制方法

探索規範化的市縣空間規劃編制程序，擴大社會參與，增強規劃的科學性和透明度。鼓勵試點地區進行規劃編制部門整合，由一個部門負責市縣空間規劃的編制，可成立由專業人員和有關方面代表組成的規劃評議委員會。規劃編制前應當進行資源環境承載能力評價，以評價結果作為規劃的基本依據。規劃編制過程中應當廣泛徵求各方面意見，全文公佈規劃草案，充分聽取當地居民意見。規劃經評議委員會論證通過後，由當地人民代表大會審議通過，並報上級政府部門備案。規劃成果應當包括規劃文本和較高精度的規劃圖，並在網絡和其他本地媒體公佈。鼓勵當地居民對規劃執行進行監督，對違反規劃的開發建設行為進行舉報。當地人民代表大會及其常務委員會定期聽取空間規劃執行情況報告，對當地政府違反規劃行為進行問責。

（四）完善資源總量管理和全面節約制度

我國資源總量大、人均少、品質不高，主要資源人均佔有量與世

界平均水準相比普遍偏低。2014 年，我國重要能源資源對外依存度進一步攀升，石油為 59%，鐵、銅為 70%，鋁為 50%。不少地方新增建設用地接近或超過承載能力上限。水資源空間匹配性差，600 多個城市中有 400 多個缺水。我國的基本國情、資源稟賦和發展的階段性特徵，都決定了必須全面節約和高效利用資源，完善資源總量管理。

1. 完善最嚴格的耕地保護制度和土地節約集約利用制度

完善基本農田保護制度，劃定永久基本農田紅線，按照面積不減少、品質不下降、用途不改變的要求，將基本農田落地到戶、上圖入庫，實行嚴格保護，除法律規定的國家重點建設項目選址確實無法避讓外，其他任何建設不得佔用。加強耕地品質等級評定與監測，強化耕地品質保護與提升建設。完善耕地占補平衡制度，對新增建設用地佔用耕地規模實行總量控制，嚴格實行耕地占一補一、先補後占、占優補優。實施建設用地總量控制和減量化管理，建立節約集約用地激勵和約束機制，調整結構，盤活存量，合理安排土地利用年度計畫。

2. 完善最嚴格的水資源管理制度

按照節水優先、空間均衡、系統治理、兩手發力的方針，健全用水總量控制制度，保障水安全。加快制定主要江河流域水量分配方案，加強省級統籌，完善省市縣三級取用水總量控制指標體系。建立健全節約集約用水機制，促進水資源使用結構調整和優化配置。完善規劃和建設專案水資源論證制度。主要運用價格和稅收手段，逐步建立農

業灌溉用水量控制和定額管理、高耗水工業企業計畫用水和定額管理制度。在嚴重缺水地區建立用水定額准入門檻，嚴格控制高耗水項目建設。加強水產品產地保護和環境修復，控制水產養殖，構建水生動植物保護機制。完善水功能區監督管理，建立促進非常規水源利用制度。

3. 建立能源消費總量管理和節約制度

堅持節約優先，強化能耗強度控制，健全節能目標責任制和獎勵制。進一步完善能源統計制度。健全重點用能單位節能管理制度，探索實行節能自願承諾機制。完善節能標準體系，及時更新用能產品能效、高耗能行業能耗限額、建築物能效等標準。合理確定全國能源消費總量目標，並分解落實到省級行政區和重點用能單位。健全節能低碳產品和技術裝備推廣機制，定期發佈技術目錄。強化節能評估審查和節能監察。加強對可再生能源發展的扶持，逐步取消對化石能源的普遍性補貼。逐步建立全國碳排放總量控制制度和分解落實機制，建立增加森林、草原、濕地、海洋碳匯的有效機制，加強應對氣候變化國際合作。

4. 建立天然林保護制度

將所有天然林納入保護範圍。建立國家用材林儲備制度。逐步推進國有林區政企分開，完善以購買服務為主的國有林場公益林管護機制。完善集體林權制度，穩定承包權，拓展經營權能，健全林權抵押

貸款和流轉制度。

5. 建立草原保護制度

穩定和完善草原承包經營制度，實現草原承包地塊、面積、合同、證書「四到戶」，規範草原經營權流轉。實行基本草原保護制度，確保基本草原面積不減少、品質不下降、用途不改變。健全草原生態保護補獎機制，實施禁牧休牧、劃區輪牧和草畜平衡等制度。加強對草原徵用使用審核審批的監管，嚴格控制草原非牧使用。

6. 建立濕地保護制度

將所有濕地納入保護範圍，禁止擅自徵用佔用國際重要濕地、國家重要濕地和濕地自然保護區。確定各類濕地功能，規範保護利用行為，建立濕地生態修復機制。

7. 建立沙化土地封禁保護制度

將暫不具備治理條件的連片沙化土地劃為沙化土地封禁保護區。建立嚴格保護制度，加強封禁和管護基礎設施建設，加強沙化土地治理，增加植被，合理發展沙產業，完善以購買服務為主的管護機制，探索開發與治理結合新機制。

8. 健全海洋資源開發保護制度

實施海洋主體功能區制度,確定近海海域海島主體功能,引導、控制和規範各類用海用島行為。實行圍填海總量控制制度,對圍填海面積實行約束性指標管理。建立自然岸線保有率控制制度。完善海洋漁業資源總量管理制度,嚴格執行休漁禁漁制度,推行近海捕撈限額管理,控制近海和灘塗養殖規模。健全海洋督察制度。

9. 健全礦產資源開發利用管理制度

建立礦產資源開發利用水準調查評估制度,加強礦產資源查明登記和有償計時佔用登記管理。建立礦產資源集約開發機制,提高礦區企業集中度,鼓勵規模化開發。完善重要礦產資源開採回採率、選礦回收率、綜合利用率等國家標準。健全鼓勵提高礦產資源利用水準的經濟政策。建立礦山企業高效和綜合利用信息公示制度,建立礦業權人「黑名單」制度。完善重要礦產資源回收利用的產業化扶持機制。完善礦山地質環境保護和土地複墾制度。

10. 完善資源循環利用制度

建立健全資源產出率統計體系。實行生產者責任延伸制度,推動生產者落實廢棄產品回收處理等責任。建立種養業廢棄物資源化利用制度,實現種養業有機結合、循環發展。加快建立垃圾強制分類制度。制定再生資源回收目錄,對複合包裝物、電池、農膜等低值廢棄物實行強制回收。加快制定資源分類回收利用標準。建立資源再生產品和

原料推廣使用制度，相關原材料消耗企業要使用一定比例的資源再生產品。完善限制一次性用品使用制度。落實並完善資源綜合利用和促進循環經濟發展的稅收政策。制定循環經濟技術目錄，實行政府優先採購、貸款貼息等政策。

（五）健全資源有償使用和生態補償制度

2015 年 10 月 15 日發佈的《中共中央國務院關於推進價格機制改革的若幹意見》明確，到 2017 年，競爭性領域和環節價格基本放開，政府定價範圍主要限定在重要公用事業、公益性服務、網絡型自然壟斷環節。到 2020 年，市場決定價格機制基本完善，科學、規範、透明的價格監管制度和反壟斷執法體系基本建立，價格調控機制基本健全。

1.加快自然資源及其產品價格改革

按照成本、收益相統一的原則，充分考慮社會可承受能力，建立自然資源開發使用成本評估機制，將資源所有者權益和生態環境損害等納入自然資源及其產品價格形成機制。加強對自然壟斷環節的價格監管，建立定價成本監審制度和價格調整機制，完善價格決策程序和信息公開制度。推進農業水價綜合改革，全面實行非居民用水超計畫、超定額累進加價制度，全面推行城鎮居民用水階梯價格制度。

2.完善土地有償使用制度

擴大國有土地有償使用範圍，擴大招拍掛出讓比例，減少非公益

性用地劃撥，國有土地出讓收支納入預算管理。改革完善工業用地供應方式，探索實行彈性出讓年限以及長期租賃、先租後讓、租讓結合供應。完善地價形成機制和評估制度，健全土地等級價體系，理順與土地相關的出讓金、租金和稅費關係。建立有效調節工業用地和居住用地合理比價機制，提高工業用地出讓地價水準，降低工業用地比例。探索通過土地承包經營、出租等方式，健全國有農用地有償使用制度。

3. 完善礦產資源有償使用制度

完善礦業權出讓制度，建立符合市場經濟要求和礦業規律的探礦權採礦權出讓方式，原則上實行市場化出讓，國有礦產資源出讓收支納入預算管理。理清有償取得、佔用和開採中所有者、投資者、使用者的產權關係，研究建立礦產資源國家權益金制度。調整探礦權採礦權使用費標準、礦產資源最低勘查投入標準。推進實現全國統一的礦業權交易平臺建設，加大礦業權出讓轉讓信息公開力度。

4. 完善海域海島有償使用制度

建立海域、無居民海島使用金徵收標准調整機制。建立健全海域、無居民海島使用權招拍掛出讓制度。

5. 加快資源環境稅費改革

理順自然資源及其產品稅費關係，明確各自功能，合理確定稅收調控範圍。加快推進資源稅從價計征改革，逐步將資源稅擴展到佔用

各種自然生態空間，在華北部分地區開展地下水徵收資源稅改革試點。加快推進環境保護稅立法。

6. 完善生態補償機制

探索建立多元化補償機制，逐步增加對重點生態功能區轉移支付，完善生態保護成效與資金分配掛鉤的激勵約束機制。制定橫向生態補償機制辦法，以地方補償為主，中央財政給予支持。鼓勵各地區開展生態補償試點，繼續推進新安江水環境補償試點，推動在京津冀水源涵養區、廣西廣東九洲江、福建廣東汀江－韓江等開展跨地區生態補償試點，在長江流域水環境敏感地區探索開展流域生態補償試點。

7. 完善生態保護修復資金使用機制

按照山水林田湖系統治理的要求，完善相關資金使用管理辦法，整合現有政策和渠道，在深入推進國土江河綜合整治的同時，更多用於青藏高原生態屏障、黃土高原－川滇生態屏障、東北森林帶、北方防沙帶、南方丘陵山地帶等國家生態安全屏障的保護修復。

8. 建立耕地草原河湖休養生息制度

編制耕地、草原、河湖休養生息規劃，調整嚴重污染和地下水嚴重超採地區的耕地用途，逐步將 25°以上不適宜耕種且有損生態的陡坡地退出基本農田。建立鞏固退耕還林還草、退牧還草成果長效機制。開展退田還湖還濕試點，推進長株潭地區土壤重金屬汙染修復試點、

華北地區地下水超采綜合治理試點。

三、畫出生命紅線

——落實最嚴格最系統的環保措施

　　建設生態文明，是一場涉及生產方式、生活方式、思維方式和價值觀念的革命性變革。實現這樣的變革，必須依靠制度和法治。習近平總書記指出：「只有實行最嚴格的制度、最嚴密的法治，才能為生態文明建設提供可靠保障。」2015 年 4 月，中共中央、國務院《關於加快推進生態文明建設的意見》出臺。2015 年 9 月，中共中央、國務院印發了《生態文明體制改革總體方案》，其中明確「樹立綠水青山就是金山銀山的理念」。2016 年 11 月，國務院印發《「十三五」生態環境保護規劃》，明確提出「到 2020 年，生態環境品質總體改善」的主要目標，並提出一系列主要指標。所有這些政策措施，都顯示「系統」而又「嚴格」的特點和特性。當前，我國生態環境保護中存在的突出問題，大都與體制不完善、機制不健全、法治不完備有關。深化生態文明體制改革，必須構建產權清晰、多元參與、激勵約束並重、系統完整的生態文明制度體系，把生態文明建設納入法治化、制度化軌道。

　　完善經濟社會發展考核評價體系。科學的考核評價體系猶如「指揮棒」，在生態文明制度建設中是最重要的。要把資源消耗、環境損害、生態效益等體現生態文明建設狀況的指標，納入經濟社會發展評價體系，建立體現生態文明要求的目標體系、考核辦法、獎懲機制，使之成為推進生態文明建設的重要導向和約束。要把生態環境放在經

濟社會發展評價體系的突出位置，如果生態環境指標很差，一個地方一個部門的表面成績再好看也不行。

建立責任追究制度。資源環境是公共產品，對其造成損害和破壞必須追究責任。要建立環保督察工作機制，嚴格落實環境保護主體責任，完善領導幹部目標責任考核制度。堅持依法依規、客觀公正、科學認定、權責一致、終身追究的原則，針對決策、執行、監管中的責任，明確各級領導幹部責任追究情形。強化環境保護「黨政同責」和「一崗雙責」要求，對問題突出的地方追究有關單位和個人責任。對領導幹部實行自然資源資產離任審計，建立健全生態環境損害評估和賠償制度，落實損害責任終身追究制度。對造成生態環境損害負有責任的領導幹部，必須嚴肅追責。

建立健全資源生態環境管理制度。推動生態文明體制改革要搭好基礎性框架，建立歸屬清晰、權責明確、監管有效的自然資源資產產權制度；以空間規劃為基礎、以用途管制為主要手段的國土空間開發保護制度；以空間治理和空間結構優化為主要內容，全國統一、相互銜接、分級管理的空間規劃體系；覆蓋全面、科學規範、管理嚴格的資源總量管理和全面節約制度；反映市場供求和資源稀缺程度，體現自然價值和代際補償的資源有償使用和生態補償制度；以改善環境品質為導向，監管統一、執法嚴明、多方參與的環境治理體系；更多運用經濟槓桿進行環境治理和生態保護的市場體系；探索實行耕地輪作休耕制度；實行省以下環保機構監測監察執法垂直管理制度。要完善生態環境監測網絡，通過全面設點、全國聯網、自動預警、依法追責，形成政府主導、部門協同、社會參與、公眾監督的新格局，為環境保護提供科學依據。要加強生態文明宣傳教育，增強全民節約意

識、環保意識、生態意識，營造愛護生態環境的良好風氣。

（一）建立健全環境治理體系

生態環境治理體系與生態環境品質有著緊密的關聯，良好的生態環境治理體系是實現生態環境保護、提升生態環境品質的體制基礎。因此，建立健全生態環境治理體系，是我們應對當前嚴峻的生態環境挑戰、走向生態文明的必然選擇。

1. 完善污染物排放許可制

儘快在全國範圍建立統一公平、覆蓋所有固定污染源的企業排放許可制，依法核發排汙許可證，排汙者必須持證排汙，禁止無證排汙或不按許可證規定排汙。

2. 建立污染防治區域聯動機制

完善京津冀、長三角、珠三角等重點區域大氣污染防治聯防聯控協作機制，其他地方要結合地理特徵、污染程度、城市空間分佈以及污染物輸送規律，建立區域協作機制。在部分地區開展環境保護管理體制創新試點，統一規劃、統一標準、統一環評、統一監測、統一執法。開展按流域設置環境監管和行政執法機構試點，構建各流域內相關省級涉水部門參加、多形式的流域水環境保護協作機制和風險預警防控體系。建立陸海統籌的污染防治機制和重點海域污染物排海總量

控制制度。完善突發環境事件應急機制，提高與環境風險程度、污染物種類等相匹配的突發環境事件應急處置能力。

3. 建立農村環境治理體制機制

建立以綠色生態為導向的農業補貼制度，加快制定和完善相關技術標準和規範，加快推進化肥、農藥、農膜減量化以及畜禽養殖廢棄物資源化和無害化，鼓勵生產使用可降解農膜。完善農作物秸稈綜合利用制度。健全化肥農藥包裝物、農膜回收貯運加工網絡。采取財政和村集體補貼、住戶付費、社會資本參與的投入運營機制，加強農村污水和垃圾處理等環保設施建設。採取政府購買服務等多種扶持措施，培育發展各種形式的農業面源污染治理、農村污水垃圾處理市場主體。強化縣鄉兩級政府的環境保護職責，加強環境監管能力建設。財政支農資金的使用要統籌考慮增強農業綜合生產能力和防治農村污染。

4. 健全環境信息公開制度

全面推進大氣和水等環境信息公開、排汙單位環境信息公開、監管部門環境信息公開，健全建設專案環境影響評價信息公開機制。健全環境新聞發言人制度。引導人民群眾樹立環保意識，完善公眾參與制度，保障人民群眾依法有序行使環境監督權。建立環境保護網絡舉報平臺和舉報制度，健全舉報、聽證、輿論監督等制度。

5. 嚴格實行生態環境損害賠償制度

強化生產者環境保護法律責任，大幅度提高違法成本。健全環境損害賠償方面的法律制度、評估方法和實施機制，對違反環保法律法規的，依法嚴懲重罰；對造成生態環境損害的，以損害程度等因素依法確定賠償額度；對造成嚴重後果的，依法追究刑事責任。

6. 完善環境保護管理制度

建立和完善嚴格監管所有污染物排放的環境保護管理制度，將分散在各部門的環境保護職責調整到一個部門，逐步實行城鄉環境保護工作由一個部門進行統一監管和行政執法的體制。有序整合不同領域、不同部門、不同層次的監管力量，建立權威統一的環境執法體制，充實執法隊伍，賦予環境執法強制執行的必要條件和手段。完善行政執法和環境司法的銜接機制。

（二）健全環境治理和生態保護市場體系

貫徹落實新發展理念，以改善生態環境品質為核心，以壯大綠色環保產業為目標，以激發市場主體活力為重點，以培育規範市場為手段，推動健全環境治理和生態保護市場體系，塑造政府、企業、社會三元共治新格局，為推進生態文明建設打下堅實基礎。

1. 培育環境治理和生態保護市場主體

採取鼓勵發展節能環保產業的體制機制和政策措施。廢止妨礙形成全國統一市場和公平競爭的規定和做法，鼓勵各類投資進入環保市場。能由政府和社會資本合作開展的環境治理和生態保護事務，都可以吸引社會資本參與建設和運營。通過政府購買服務等方式，加大對環境污染協力廠商治理的支持力度。加快推進污水垃圾處理設施運營管理單位向獨立核算、自主經營的企業轉變。組建或改組設立國有資本投資運營公司，推動國有資本加大對環境治理和生態保護等方面的投入。支援生態環境保護領域國有企業實行混合所有制改革。

2. 推行用能權和碳排放權交易制度

結合重點用能單位節能行動和新建專案能評審查，開展專案節能量交易，並逐步改為基於能源消費總量管理下的用能權交易。建立用能權交易系統、測量與核准體系。推廣合同能源管理。深化碳排放權交易試點，逐步建立全國碳排放權交易市場，研究制定全國碳排放權交易總量設定與配額分配方案。完善碳交易註冊登記系統，建立碳排放權交易市場監管體系。

3. 推行排汙權交易制度

在企業排汙總量控制制度基礎上，儘快完善初始排汙權核定，擴大涵蓋的污染物覆蓋面。在現行以行政區為單元層層分解機制基礎上，根據行業先進排污水平，逐步強化以企業為單元進行總量控制、通過

排汙權交易獲得減排收益的機制。在重點流域和大氣污染重點區域，合理推進跨行政區排汙權交易。擴大排汙權有償使用和交易試點，將更多條件成熟地區納入試點。加強排汙權交易平臺建設。制定排汙權核定、使用費收取使用和交易價格等規定。

4. 推行水權交易制度

結合水生態補償機制的建立健全，合理界定和分配水權，探索地區間、流域間、流域上下游、行業間、用水戶間等水權交易方式。研究制定水權交易管理辦法，明確可交易水權的範圍和類型、交易主體和期限、交易價格形成機制、交易平臺運作規則等。開展水權交易平臺建設。

5. 建立綠色金融體系

推廣綠色信貸，研究採取財政貼息等方式加大扶持力度，鼓勵各類金融機構加大綠色信貸的發放力度，明確貸款人的盡職免責要求和環境保護法律責任。加強資本市場相關制度建設，研究設立綠色股票指數和發展相關投資產品，研究銀行和企業發行綠色債券，鼓勵對綠色信貸資產實行證券化。支持設立各類綠色發展基金，實行市場化運作。建立上市公司環保信息強制性披露機制。完善對節能低碳、生態環保項目的各類擔保機制，加大風險補償力度。在環境高風險領域建立環境污染強制責任保險制度。建立綠色評級體系以及公益性的環境成本核算和影響評估體系。積極推動綠色金融領域各類國際合作。

6.建立統一的綠色產品體系

將目前分頭設立的環保、節能、節水、循環、低碳、再生、有機等產品統一整合為綠色產品，建立統一的綠色產品標準、認證、標識等體系。完善對綠色產品研發生產、運輸配送、購買使用的財稅金融支持和政府採購等政策。

（三）完善生態文明績效評價考核和責任追究制度

要把資源消耗、環境損害、生態效益納入經濟社會發展評價體系，建立體現生態文明要求的目標體系、考核辦法、獎懲機制，建立生態環境損害責任終身追究制。

1.建立生態文明目標體系

研究制定可操作、視覺化的綠色發展指標體系。制定生態文明建設目標評價考核辦法，把資源消耗、環境損害、生態效益納入經濟社會發展評價體系。根據不同區域主體功能定位，實行差異化績效評價考核。

2.建立資源環境承載能力監測預警機制

研究制定資源環境承載能力監測預警指標體系和技術方法，建立資源環境監測預警數據庫和信息技術平臺，定期編制資源環境承載能力監測預警報告，對資源消耗和環境容量超過或接近承載能力的地

區，實行預警提醒和限制性措施。

3. 探索編制自然資源資產負債表

制定自然資源資產負債表編制指南，構建水資源、土地資源、森林資源等的資產和負債核算方法，建立實物量核算帳戶，明確分類標準和統計規範，定期評估自然資源資產變化狀況。在市縣層面開展自然資源資產負債表編制試點，核算主要自然資源實物量帳戶並公佈核算結果。

4. 對領導幹部實行自然資源資產離任審計

在編制自然資源資產負債表和合理考慮客觀自然因素基礎上，積極探索領導幹部自然資源資產離任審計的目標、內容、方法和評價指標體系。以領導幹部任期內轄區自然資源資產變化狀況為基礎，通過審計，客觀評價領導幹部履行自然資源資產管理責任情況，依法界定領導幹部應當承擔的責任，加強審計結果運用。在內蒙古呼倫貝爾市、浙江湖州市、湖南婁底市、貴州赤水市、陝西延安市開展自然資源資產負債表編制試點和領導幹部自然資源資產離任審計試點。

5. 建立生態環境損害責任終身追究制

實行地方黨委和政府領導成員生態文明建設一崗雙責制。以自然資源資產離任審計結果和生態環境損害情況為依據，明確對地方黨委和政府領導班子主要負責人、有關領導人員、部門負責人的追責情形

和認定程序。區分情節輕重，對造成生態環境損害的，予以誡勉、責令公開道歉、組織處理或黨紀政紀處分，對構成犯罪的依法追究刑事責任。對領導幹部離任後出現重大生態環境損害並認定其需要承擔責任的，實行終身追責。建立國家環境保護督察制度。

　　總的看，十八大以來，以習近平同志為核心的黨中央先後研究審議了多項生態文明建設的政策措施和計畫方案，形成了一系列的生態文明建設發展框架和完整的運作體系，構成了生態文明體制改革的「四樑八柱」。特別是其中的《環境保護督察方案（試行）》《生態環境監測網絡建設方案》《生態環境損害賠償制度改革試點方案》《黨政領導幹部生態環境損害責任追究辦法（試行）》《編制自然資源資產負債表試點方案》《開展領導幹部自然資源資產離任審計試點方案》，推動生態環境保護「黨政同責」「一崗雙責」等制度落到實處，進一步把生態文明體制改革的決策部署轉化落實為生態環境保護的設計圖和路線圖。

砥礪奮進的五年

五年，對於五千年文明的中華民族來說，只能算是短暫的「一瞬」。但是，黨的十八大以來的五年，以習近平同志為核心的黨中央不忘初心、砥礪奮進，帶領全黨全國各族人民在中國特色社會主義偉大理論的指引下，統籌推進「五位一體」總體佈局，協調推進「四個全面」戰略佈局，取得了中國特色社會主義事業和中華民族偉大復興的一個又一個偉大勝利。五年的發展成就，極大地提升了中華民族的發展品質，極大地提高了中國特色社會主義國家的綜合國力，極大地促進了國家富強、民族振興、人民幸福中國夢的實現歷程。習近平總書記今年7‧26講話指出，黨的十八大以來的五年，是黨和國家發展進程中很不平凡的五年。五年來，黨中央科學把握當今世界和當代中國的發展大勢，順應實踐要求和人民願望，推出一系列重大戰略舉措，出臺

一系列重大方針政策，推進一系列重大工作，解決了許多長期想解決而沒有解決的難題，辦成了許多過去想辦而沒有辦成的大事。

一、中華民族偉大復興的中國夢正在加快實現

中華民族偉大復興的中國夢是黨中央治國理政的戰略目標和戰略願景。中國夢的提出立足國情實際，把握時代潮流，順應人民期待，展現了國家強盛、民族振興、人民幸福的宏偉藍圖，極大地激發了中華民族實現偉大復興的內心渴望和高漲熱情，成為當今中國發展進步的高昂旋律和精神旗幟。「中國夢」強化了中華民族的共同理想。「中國夢」標明了兩個百年的奮鬥目標，為全體中華兒女指明了清晰的奮鬥方向；「中國夢」最大限度地包容了各族人民的根本利益，因而凝聚了中華民族的整體力量；「中國夢」彙聚了中華民族團結奮鬥的勇氣和力量，激發出全國人民為美好夢想腳踏實地、實幹興邦的奮鬥精神。與此同時，「中國夢」超越冷戰思維、超越零和思維、超越霸權思維，給世界的和平發展，合作共贏提供了新理念。

二、中國特色社會主義進入了新時代

中國特色社會主義進入新時代，意味著我國社會生產力水準總體上顯著提高，社會生產能力在很多方面進入世界前列；意味著近代以來久經磨難的中華民族迎來了從站起來、富起來到強起來的偉大飛躍，迎來了實現中華民族偉大復興的光明前景；意味著科學社會主義在二十一世紀的中國煥發出強大生機活力，在世界上高高舉起了中

國特色社會主義偉大旗幟；意味著中國特色社會主義道路、理論、制度、文化不斷發展，拓展了發展中國家走向現代化的途徑，給世界上那些既希望加快發展又希望保持自身獨立性的國家和民族提供了全新選擇，為解決人類問題貢獻了中國智慧和中國方案。

三、「四個全面」戰略佈局實現了協調推進

「四個全面」指明了當前和今後一個時期黨中央治國理政的各項工作關鍵環節、重點領域和主攻方向，是偉大復興的戰略佈局和戰略方針。全面建成小康社會奠定了實現「兩個一百年」奮鬥目標和偉大復興中國夢的扎實基礎，成為邁向新時代社會主義現代化關鍵一步。全面深化改革確定了「完善和發展中國特色社會主義制度、推進國家治理體系和治理能力現代化」的總目標，為實現「兩個一百年」奮鬥目標和民族復興中國夢的基本動力。全面推進依法治國，推進科學立法、嚴格執法、公正司法、全民守法，努力讓人民群眾在每一個司法案件中感受到公平正義，成為國家長治久安和偉大復興的基本保障。全面從嚴治黨，使中國共產黨更加團結、更加親民，更加純潔、國家強大，進而成為實現社會主義現代化和中華民族偉大復興的堅強領導核心。

四、社會主義經濟建設取得重大成就

我們堅定不移貫徹新發展理念，堅決端正發展觀念、轉變發展方式，發展品質和效益不斷提升。五年來，我國的經濟保持中高速增

長，在世界主要國家中名列前茅，國內生產總值從五十四萬億元增長到八十萬億元，穩居世界第二，對世界經濟增長貢獻率超過百分之三十。供給側結構性改革深入推進，經濟結構不斷優化，數字經濟等新興產業蓬勃發展，高鐵、公路、橋樑、港口、機場等基礎設施建設快速推進。農業現代化穩步推進，糧食生產能力達到一萬二千億斤。城鎮化率年均提高一點二個百分點，八千多萬農業轉移人口成為城鎮居民。區域發展協調性增強，「一帶一路」倡議、京津冀協同發展、長江經濟帶發展成效顯著。創新驅動發展戰略大力實施，創新型國家建設成果豐碩，天宮、蛟龍、天眼、悟空、墨子、大飛機等重大科技成果相繼問世。南海島礁建設積極推進。開放型經濟新體制逐步健全，對外貿易、對外投資、外匯儲備穩居世界前列。

五、社會主義民主法治建設邁出重大步伐

我們積極發展社會主義民主政治，推進全面依法治國，黨的領導、人民當家作主、依法治國有機統一的制度建設全面加強，黨的領導體制機制不斷完善，社會主義民主不斷發展，黨內民主更加廣泛，社會主義協商民主全面展開，愛國統一戰線鞏固發展，民族宗教工作創新推進。科學立法、嚴格執法、公正司法、全民守法深入推進，法治國家、法治政府、法治社會建設相互促進，中國特色社會主義法治體系日益完善，全社會法治觀念明顯增強。國家監察體制改革試點取得實效，行政體制改革、司法體制改革、權力運行制約和監督體系建設有效實施。

六、社會主義思想文化建設取得了重大進展

我們黨高度重視對意識形態工作的領導，黨的理論創新全面推進，馬克思主義在意識形態領域的指導地位更加鮮明，中國特色社會主義和中國夢深入人心，社會主義核心價值觀和中華優秀傳統文化廣泛弘揚，群眾性精神文明創建活動扎實開展。與此同時，我國的公共文化服務水準不斷提高，文藝創作持續繁榮，文化事業和文化產業蓬勃發展，互聯網建設管理運用不斷完善，全民健身和競技體育全面發展。我們的主旋律更加響亮，正能量更加強勁，文化自信得到彰顯，國家文化軟實力和中華文化影響力大幅提升，全黨全社會思想上的團結統一更加鞏固。

七、人民生活不斷改善，社會建設穩步推進

我們深入貫徹以人民為中心的發展思想，一大批惠民舉措落地實施，人民獲得感顯著增強。脫貧攻堅戰取得決定性進展，六千多萬貧困人口穩定脫貧，貧困發生率從百分之十點二下降到百分之四以下。教育事業全面發展，中西部和農村教育明顯加強。就業狀況持續改善，城鎮新增就業年均一千三百萬人以上。城鄉居民收入增速超過經濟增速，中等收入群體持續擴大。覆蓋城鄉居民的社會保障體系基本建立，人民健康和醫療衛生水準大幅提高，保障性住房建設穩步推進。社會治理體系更加完善，社會大局保持穩定，國家安全全面加強。

八、生態文明建設成效顯著

我們大力度推進生態文明建設，全黨全國貫徹綠色發展理念的自覺性和主動性顯著增強，忽視生態環境保護的狀況明顯改變。生態文明制度體系加快形成，主體功能區制度逐步健全，國家公園體制試點積極推進。全面節約資源有效推進，能源資源消耗強度大幅下降。重大生態保護和修復工程進展順利，森林覆蓋率持續提高。生態環境治理明顯加強，環境狀況得到改善。引導應對氣候變化國際合作，成為全球生態文明建設的重要參與者、貢獻者、引領者。

九、強軍興軍開創新局面

我們著眼於實現中國夢強軍夢，制定新形勢下軍事戰略方針，全力推進了國防和軍隊現代化。召開古田全軍政治工作會議，恢復和發揚我黨我軍光榮傳統和優良作風，人民軍隊政治生態得到有效治理。國防和軍隊改革取得歷史性突破，形成軍委管總、戰區主戰、軍種主建新格局，人民軍隊組織架構和力量體系實現革命性重塑。加強練兵備戰，有效遂行海上維權、反恐維穩、搶險救災、國際維和、亞丁灣護航、人道主義救援等重大任務，武器裝備加快發展，軍事鬥爭準備取得重大進展。人民軍隊在中國特色強軍之路上邁出堅定步伐。

十、港澳臺工作取得新進展

我們全面準確貫徹「一國兩制」方針，牢牢掌握憲法和基本法賦

予的中央對香港、澳門全面管治權，深化內地和港澳地區交流合作，保持了香港、澳門繁榮穩定。我們堅持一個中國原則和「九二共識」，推動兩岸關係和平發展，加強兩岸經濟文化交流合作，實現兩岸領導人歷史性會晤。我們還妥善應對臺灣局勢變化，堅決反對和遏制「台獨」分裂勢力，有力維護了台海和平穩定。

十一、全方位外交佈局深入展開

我們全面推進中國特色大國外交，形成全方位、多層次、立體化的外交佈局，為我國發展營造了良好外部條件。實施共建「一帶一路」倡議，發起創辦亞洲基礎設施投資銀行，設立絲路基金，舉辦首屆「一帶一路」國際合作高峰論壇、亞太經合組織領導人非正式會議、二十國集團領導人杭州峰會、金磚國家領導人廈門會晤、亞信峰會。倡導構建人類命運共同體，促進全球治理體系變革。我國國際影響力、感召力、塑造力進一步提高，為世界和平與發展作出新的重大貢獻。

十二、全面從嚴治黨成效卓著

我們全面加強黨的領導和黨的建設，堅決改變了管黨治黨寬鬆軟的狀況。推動全黨尊崇黨章，增強政治意識、大局意識、核心意識、看齊意識，堅決維護黨中央權威和集中統一領導，嚴明黨的政治紀律和政治規矩，層層落實管黨治黨政治責任。堅持照鏡子、正衣冠、洗洗澡、治治病的要求，開展黨的群眾路線教育實踐活動和「三嚴三實」專題教育，推進「兩學一做」學習教育常態化制度化，全黨理想信念

更加堅定、黨性更加堅強。貫徹新時期好幹部標準，選人用人狀況和風氣明顯好轉。黨的建設制度改革深入推進，黨內法規制度體系不斷完善。把紀律挺在前面，著力解決人民群眾反映最強烈、對黨的執政基礎威脅最大的突出問題。出臺中央八項規定，嚴厲整治形式主義、官僚主義、享樂主義和奢靡之風，堅決反對特權。巡視利劍作用彰顯，實現中央和省級黨委巡視全覆蓋。堅持反腐敗無禁區、全覆蓋、零容忍，堅定不移「打虎」、「拍蠅」、「獵狐」，不敢腐的目標初步實現，不能腐的籠子越紮越牢，不想腐的堤壩正在構築，反腐敗鬥爭壓倒性態勢已經形成並鞏固發展。

砥礪奮進的五年，我們的成就是全方位的、開創性的，我們的變革是深層次的、根本性的。五年來的偉大成就，對黨和國家事業發展具有重大而深遠的影響。今天，我們比歷史上任何時期都更接近、更有信心和能力實現中華民族偉大復興的目標。

後 記

　　本書是在中國社科院馬克思主義研究院重大研究課題 —— 中國特色社會主義發展史研究前期理論成果的基礎上擴展而成的。書稿在寫作過程中得到了中國社科院首席研究員，本課題組負責人桁林研究員的重要指點，同時受益於廣大專家學者的重要理論成果。本書的出版、發行、推廣工作得到了人民日報出版社和出版界各級領導的鼎力支持，責任編輯孫祺老師對本書選題的確定和整個出版過程的順利進行作出了重要貢獻，各相關部門的行家裡手也對本書的誕生作出了重要的貢獻，特此一併感謝！我還想借此機會感謝所有幫助過我的人「我的世界不能沒有你」！最後祝願國家昌明、民族繁榮、百姓幸福的中國夢早日實現！

陳冬東

2017 年 10 月 30 日

參考書目

1. 《決勝全面建成小康社會奪取新時代中國特色社會主義偉大勝利——在中國共產黨第十九次全國代表大會上的報告》，人民出版社 2017 年版

2. 《習近平談治國理政》，外文出版社 2014 年版

3. 《習近平談治國理政》（第二卷），外文出版社 2017 年版

4. 《習近平關於實現中華民族偉大復興的中國夢論述摘編》，中央文獻出版社 2013 年版

5. 《習近平關於全面建成小康社會論述摘編》，中央文獻出版社，2016 年版

6. 《習近平關於全面深化改革論述摘編》，中央文獻出版社 2014 年版

7. 《習近平關於全面依法治國論述摘編》，中央文獻出版社 2015 年版

8. 《習近平關於黨風廉政建設和反腐敗鬥爭論述摘編》，中央文獻出版社、中國方正出版社 2015 年版

9. 《習近平關於協調推進「四個全面」戰略佈局論述摘編》，中央文獻出版社 2015 年版

10.《習近平關於社會主義經濟建設論述摘編》，中央文獻出版社2017年版

11.《習近平關於社會主義政治建設論述摘編》，中央文獻出版社2017年版

12.《習近平關於社會主義文化建設論述摘編》，中央文獻出版社2017年版

13.《習近平關於社會主義社會建設論述摘編》，中央文獻出版社2017年版

14.《習近平關於社會主義生態文明建設論述摘編》，中央文獻出版社2017年版

15.《十八大以來重要文獻選編》（上），中央文獻出版社2014年版

16.《十八大以來重要文獻選編》（中），中央文獻出版社2016年版

17. 中共中央宣傳部：《習近平總書記系列重要講話讀本》，學習出版社、人民出版社2016年版

18. 人民日報社理論部：《深入學習習近平同志重要論述》，人民出版社2013年版

19. 人民日報社理論部：《深入領會習近平總書記重要講話精神》，人民出版社2014年版

20. 何毅亭：《學習習近平總書記重要講話》，人民出版社2013年版

21. 王偉光：《馬克思主義中國化的最新成果──習近平治國理政思想研究》，中國社會科學出版社2016年版

22. 鄧純東：《中國夢與中國特色社會主義研究叢書》，紅旗出版社 2014 年版

23. 劉明福、王忠遠：《中華民族復興大戰略》，北京人民出版社 2017 年版

24. 公方彬：《大戰略：以新設計走出中國崛起的新路徑》，廣東人民出版社 2016 年版

25. 李維：《習近平重要論述學習筆記》，人民出版社 2014 年版

主要參考文章：

1. 安菲：〈習近平文化治理思想探析〉《現代農村科技》，2017-06-20

2. 包心鑒：〈人民民主：治國理政的核心政治價值指向〉，《政治學研究》，2016-10-18

3. 常君麗、高君：〈習近平「三農」戰略思想形成與發展的內在邏輯〉，《中共山西省委黨校學報》，2016-02-01

4. 陳晨：〈從習近平總書記重要講話看城鎮化要把握的四條原則〉，《生產力研究》，2016-03-15

5. 陳建波：〈習近平文藝思想研究〉，《中共杭州市委黨校學報》，2015-09-28

6. 陳理：〈十八大以來習近平關於民生建設的新思想新舉措〉，《黨的文獻》，2015-06-15

7. 陳林：〈習近平「三農」思想的形成〉，《湖北日報》，2016-09-25

8. 陳亞聯：〈堅定中國特色社會主義自信〉，《光明日報》，2016-10-06

9. 陳志剛：〈用馬克思主義哲學武裝全黨〉，《人民論壇》，2017-08-25

10. 諶玉梅：〈論習近平的調查研究思想〉，《思想政治工作研究》，2015-05-01

11. 程恩富：〈馬克思主義政治經濟學理論體系多樣化創新的原則和思路〉，《中國社會科學》，2016-11-10

12. 程恩富、劉志明：〈「四個全面」：治國理政的重要遵循〉，《人民日報》，2015-05-28

13. 代山慶：〈論習近平社會治理思想〉，《學術探索》，2015-03-15

14. 戴立興：〈管黨治黨要真嚴敢嚴長嚴〉，《人民論壇》，2017-08-15

15. 鄧純東：〈把黨建設得更加堅強有力〉，《人民論壇》，2017-08-15

16. 鄧宏兵：〈強力推進長江經濟帶綠色發展〉，《決策與信息》

17. 典賽賽、殷煥舉：〈習近平生態文明思想探析〉，《中共南昌市委黨校學報》，2017-02-28

18. 樊繼達：〈更好發揮政府作用的理論思考——學習習近平總書記關於「政府與市場關係」的重要論述〉，《經濟研究參考》，2014-04-26

19. 樊憲雷：〈習近平的戰略思維觀〉《中國井岡山幹部學院學報》，2017-01-25

20. 范偉：〈試析習近平關於黨的執政形象思想〉，《中共珠海市委黨校珠海市行政學院學報》，2017-10-18

21. 馮紀元：〈論習近平傳統文化觀〉，《湖北社會科學》，2016-03-03

22. 馮顏利：〈習近平黨風廉政建設的三大創新〉，《人民論壇》，2017-10-15

23. 高軍、劉衛國：〈當代中國氣派的馬克思主義方法論——學習把握習近平同志一系列重要論述中的思想紅線〉，《理論探討》，2014-11-15

24. 高萍美：〈習近平協商民主政治思想的五維解析〉，《觀察與思考》，2016-04-15

25. 仝中燕：〈「京津冀一體化」意味著什麼？〉，《城市開發》，2014-05-01

26. 公丕宏、公丕明：〈習近平脫貧攻堅戰略思想研究〉，《寧夏黨校學報》，2017-05-10

27. 龔雲：〈牢牢把握社會主義初級階段最大國情〉，《思想教育研究》，2017-08-25

28. 顧海良：〈習近平經濟思想全新內涵〉，《理論導報》，2015-04-20

29. 郭傑忠：〈馬克思主義的科學世界觀和方法論——學習習近平同志系列重要講話的戰略思維〉，《江西科技師範大學學報》，2014-02-15

30. 韓長賦：〈新形勢下推動「三農」發展的理論指南——深入學習領會習近平總書記「三農」思想〉，《農村工作通訊》，2017-

03-03

　　31. 韓喜平、孫賀：〈習近平民生思想研究〉，《中國特色社會主義研究》，2015-04-11

　　32. 韓振峰：〈習近平關於提升國家文化軟實力的十個基本思路〉，《文化軟實力》，2016-06-24

　　33. 桁林:〈中國特色社會主義發展史若干問題探究〉《學習論壇》，2016-08-15

　　34. 桁林：〈中國要有什麼樣的發展理念〉，《黨政視野》，2017-01-15

　　35. 何懷遠：〈當代中國戰爭與和平的辯證法 —— 習近平國防和軍隊建設重要論述學習體會〉，《馬克思主義研究》，2016-02-15

　　36. 賀新元：〈「四個全面」戰略佈局：實現中國夢之「四維」〉，《人民論壇》，2015-05-01

　　37. 洪名勇、洪霓論：〈習近平的精準扶貧思想〉，《河北經貿大學學報》，2016-10-10

　　38. 侯為民:〈五大發展理念的歷史邏輯與實踐價值〉《桂海論叢》，2016-05-20

　　39. 胡鞍鋼、楊竺松：〈習近平經濟思想：當代馬克思主義政治經濟學的重大創新〉，《人民論壇》，2016-01-01

　　40. 胡承槐：〈馬克思主義總體方法論與習近平系列講話精神研究〉，《浙江社會科學》，2014-07-15

　　41. 胡建蘭：〈習近平民生建設思想探析〉，《唯實》，2016-05-15

　　42. 胡聯合、胡鞍鋼：〈中國夢：中國每一個人的公平發展夢〉，

《探索》，2013-06-15

43. 黃浩濤：〈生態興則文明興生態衰則文明衰 —— 學習習近平總書記關於生態文明建設的重要論述〉，《今日浙江》，2015-06-25

44. 姜輝：〈21 世紀中國特色社會主義的世界意義〉，《世界社會主義研究》，2017-07-01

45. 金民卿：〈「中國夢」理論建構中的「融通」思維〉，《探索》，2017-10-31

46. 黃文川：〈怎樣理解使市場在資源配置中起決定性作用和更好發揮政府作用 —— 訪國務院研究室副主任韓文秀〉，《求是》，2013-12-16

47. 賈康：〈「三去一降一補」與「雙創」的政策突破口〉，《區域經濟評論》，2017-07-06

48. 姜淑萍：〈「以人民為中心的發展思想」的深刻內涵和重大意義〉，《黨的文獻》，2016-12-15

49. 蒯正明：〈習近平關於全面從嚴治黨思想研究〉，《中國特色社會主義研究》，2015-04-11

50. 李春華：〈論中國特色社會主義舉國體制的優勢〉，《瀋陽師範大學學報》（社會科學版），2017-05-30

51. 李德栓：〈論習近平的綠色發展理念〉，《山西高等學校社會科學學報》，2017-02-25

52. 李君如：〈中國夢的意義、內涵及辯證邏輯〉，《毛澤東鄧小平理論研究》，2013-07-31

53. 李克強：〈2017 年政府工作報告〉，新華網，2017 年 03 月 05 日

54. 李林:〈論習近平全面依法治國的新思想新戰略〉,《法學雜誌》,2016-05-15

55. 李敏:〈文化自信與習近平關於中華優秀傳統文化的新論述〉,《黑龍江史志》,2015-06-08

56. 李強:〈關鍵是人的城市化 —— 學習貫徹習近平總書記在中央經濟工作會議上的重要講話精神〉,《求是》,2015-02-01

57. 李全喜:〈習近平生態文明建設思想的內涵體系、理論創新與現實踐履〉,《河海大學學報》(哲學社會科學版),2015-06-25

58. 李抒望:〈當代經濟發展的大邏輯 —— 學習習近平關於經濟發展新常態的重要論述〉,《黨政論壇》,2015-02-15

59. 李樹明:〈論習近平「治貧」思想及其現實意義〉,《克拉瑪依學刊》,2017-03-25

60. 李雪松、孫博文、吳萍:〈習近平生態文明建設思想研究〉,《湖南社會科學》,2016-05-28

61. 李豔豔:〈習近平文化軟實力戰略思想探微〉,《思想理論教育導刊》,2016-03-20

62. 李玉貴:〈論習近平中國特色大國外交思想〉,《理論研究》,2016-12-25

63. 梁孝:〈中國道路、思潮論爭和單線式歷史思維的超越〉,《雲南社會科學》,2015-07-20

64. 廖其成:〈習近平供給側結構性改革的理論要義與價值研究〉,《領導之友》,2017-07-01

65. 林映梅:〈習近平「文化自信」的重要價值及實踐路徑〉,《中共雲南省委黨校學報》,2017-02-15

66. 劉紅霞：〈正確認識新常態，深刻理解中國經濟新常態的科學內涵——學習習近平總書記關於中國經濟新常態的重要論述〉，《現代經濟信息》，2015-07-23

67. 劉家元：〈習近平社會治理思想研究〉，《管理觀察》，2016-11-25

68. 劉建平、唐海瀟：〈習近平政治生態建設思想的內容體系及其要素〉，《實事求是》，2016-03-10

69. 劉浚、趙淑妮：〈論習近平的生態觀〉，《淮海工學院學報》（人文社會科學版），2015-07-31

70. 劉開法：〈習近平的人民觀研究〉，《前沿》，2015-08-05

71. 劉偉：〈習近平全面從嚴治黨思想的戰略深意與實踐要求〉，《社會主義研究》，2017-02-10

72. 劉武根：〈習近平「一帶一路」戰略思想初探〉，《高校馬克思主義理論研究》，2016-03-20

73. 劉新聖：〈習近平協商民主思想的特點〉，《天津市社會主義學院學報》，2017-06-20

74. 劉須寬：〈研究闡釋「四個全面」戰略佈局開闢黨的治國理政新境界——全國第二屆中國特色社會主義發展論壇綜述〉，《馬克思主義研究》，2015-08-15

75. 劉衍永、姚曉東：〈論習近平的反腐敗思想〉，《南華大學學報》（社會科學版），2016-12-28

76. 劉志昌：〈習近平國家治理現代化思想研究〉《社會主義研究》，2016-10-10

77. 劉志明：〈牢牢把握國家治理的根本方向〉《中國社會科學報》，

2017-04-06

78. 呂薇洲：〈思想建黨是我們黨不忘初心、繼續前進的重要法寶〉，《紅旗文稿》，2016-07-10

79. 欒文蓮：〈習近平全球治理思想架構：新動力、新理念、新貢獻〉，《黨政研究》，2016-07-08

80. 馬忠、周洲：〈習近平關於社會主義核心價值觀的重要論述研究〉，《蘭州文理學院學報》（社會科學版），2015-01-10

81. 梅榮政：〈創新科學理論和偉大實踐的光輝指南──學習習近平總書記在哲學社會科學工作座談會上講話〉，《馬克思主義研究》，2016-09-15

82. 孟軻：〈論習近平黨內政治生態淨化觀〉，《中共浙江省委黨校學報》，2017-01-15

83. 苗圩：〈改革開放是走新型工業化道路的強大動力〉，《中國中小企業》，2014-04-01

84. 繆莉：〈論習近平同志對中國特色社會主義民主政治理論的豐富與發展毛澤東思想研究〉，2016-07-25

85. 秦書生、張海波：〈習近平生態文明建設思想的辯證法闡釋〉，《學術論壇》，2017-03-02

86. 秦宣：〈「四個全面」：形成發展、科學內涵和戰略意義〉，《思想理論教育導刊》，2015-06-20

87. 任潔：〈歷史唯物主義術語溯源和內涵演變〉，《理論視野》，2017-08-25

88. 任麗梅：〈「文化」與「文明」內涵的馬克思主義解讀與時代要求〉，《學術論壇》，2016-08-10

89. 潘金娥：〈讓中國特色社會主義「走出去」〉，《光明日報》，2015-05-26

90. 司繼勝：〈深刻理解以人民為中心的發展思想〉，《山東理工大學學報》（社會科學版），2016-07-15

91. 蘇瑞瑩：〈中國特色社會主義治理體系的構建 —— 習近平治國理政思想的總體特色〉，《湖南省社會主義學院學報》，2016-08-15

92. 孫應帥：〈努力發展 21 世紀中國的馬克思主義〉，《前線》，2016-07-05

93. 談鎮：〈習近平區域經濟發展思想及其實踐展開〉，《南京社會科學》，2015-04-15

94. 湯建軍：〈奔向長江對接一帶一路〉，《新湘評論》，2016-11-01

95. 唐愛軍：〈習近平意識形態話語權建設思想〉，《貴州省黨校學報》，2016-06-27

96. 陶惠敏：〈破解「迷局」與凝聚「共識」—— 習近平國企改革觀研究〉，《理論與改革》，2016-09-14

97. 王常青：〈習近平創新驅動發展思想述要〉，《嶺南學刊》，2017-07-06

98. 王高賀：〈習近平調查研究思想初探〉，《求實》，2015-08-10

99. 王均偉：〈以改革創新推動國防和軍隊建設的新跨越 —— 學習習近平關於國防和軍隊建設創新的重要論述〉，《黨的文獻》，2017-02-15

100. 王立勝：〈習近平經濟思想的創新思維〉，《當代世界與社會主義》，2016-10-20

101. 王青、李先倫：〈習近平以人民為中心的發展思想論析〉，《理論學刊》，2017-01-30

102. 王雙立：〈習近平供給側結構性改革思想初探〉，《哈爾濱市委黨校學報》，2017-01-25

103. 王文慧、秦書生：〈習近平的意識形態戰略思想探析〉，《理論與改革》，2016-01-1315：04

104. 王小廣：〈深化國企改革是當前供給側結構性改革的重頭戲〉，《區域經濟評論》，2017-07-06

105. 吳波：〈習近平關於反腐敗鬥爭的戰略研究〉，《貴州省黨校學報》，2016-11-02

106. 吳桂韓：〈習近平文化自信思想的深刻意蘊〉，《山西社會主義學院學報》，2016-12-28

107. 吳學凡：〈習近平加強反腐敗鬥爭的新理念及其新實踐〉，《鄧小平研究》，2016-09-01

108. 奚潔人：〈習近平「全面從嚴治黨」思想的戰略思維──「打鐵還需自身硬」的理論內涵與戰略特徵〉，《中國浦東幹部學院學報》，2015-09-30

109. 夏睦群：〈論習近平關於維護意識形態安全的新思路〉，《齊齊哈爾大學學報》（哲學社會科學版），2017-04-15

110. 肖偲偲：〈習近平的「一帶一路」戰略思想〉，《決策與信息》，2016-05-01

111. 肖喚元、秦龍：〈論習近平傳統文化觀及其當代價值〉，《思

想政治教育研究》，2016-02-20

112. 謝春濤：〈實現中國夢與堅持中國道路〉，《山東社會科學》，2013-06-05

113. 辛向陽：〈「四個全面」深化了對「三大規律」的認識〉，《理論導報》，2015-03-20

114. 徐雪野：〈論習近平民生建設思想的三個維度〉，《知與行》，2017-04-20

115. 許利平、王曉玲：〈「一帶一路」與習近平的外交戰略思想〉，《北京工業大學學報》（社會科學版），2016-08-10

116. 許耀桐：〈習近平的國家治理現代化思想論析〉，《上海行政學院學報》，2014-07-10

117. 嚴書翰：〈中國共產黨發展理念的演進與創新 ── 兼論習近平發展思想的科學內涵〉，《人民論壇》，2016-02-01

118. 顏曉峰：〈「四個全面」戰略佈局是實現中國夢的理論指導和實踐指南〉，《中國高校社會科學》，2015-07-10

119. 楊春貴：〈習近平治國理政的戰略思維〉，《哲學研究》，2016-06-25

120. 楊璐：〈習近平外交戰略新思維解讀〉，《管理觀察》，2016-10-25

121. 楊衛敏：〈習近平總書記統一戰線重要思想論綱〉，《重慶社會主義學院學報》，2016-06-27

122. 楊小冬：〈習近平對社會主義民主政治理論的新發展〉，《中共福建省委黨校學報》，2016-09-26

123. 楊豔：〈淺析習近平外交思想發展〉，2017-01-15

124. 楊在峰：〈馬克思主義的世界觀和方法論——學習習近平系列講話的體會〉，《法制與社會》，2014-11-15

125. 楊振聞：〈習近平關於社會主義核心價值觀的三個核心命題〉，《毛澤東研究》，2017-01-28

126. 易棉陽：〈論習近平的精準扶貧戰略思想〉，《貴州社會科學》，2016-05-01

127. 餘斌：〈論中國特色社會主義政治經濟學的學術研究〉，《中國經濟問題》，2017-07-20

128. 餘衛國：〈習近平傳統文化觀研究中的熱點問題〉，《南通大學學報》（社會科學版），2016-01-15

129. 袁北星：〈馬克思主義科學方法論的豐富和發展——論習近平總書記系列重要講話的方法論意義〉，《政策》，2014-12-05

130. 苑秀麗：〈政治制度建設不能搬來一座「飛來峰」——學習習近平關於民主的重要論述〉，《江淮論壇》，2016-03-25

131. 曾憲奎：〈經濟發展新常態下的供給側結構性改革〉，《紅旗文稿》，2017-04-25

132. 張建國：〈好幹部要「敢於擔當」〉，《實踐》（黨的教育版），2014-10-01

133. 張強：〈習近平總書記統一戰線重要思想的宗教篇〉，《重慶社會主義學院學報》，2016-09-20

134. 張濤、萬高隆：〈習近平全面依法治國思想的理路〉，《中共雲南省委黨校學報》，2015-06-15

135. 張希中：〈習近平全面從嚴治黨思想的科學體系〉，《寧夏黨校學報》，2017-01-10

136. 張瀟爽：〈京津冀一體化：習近平的總動員令 —— 訪中國城市規劃學會副會長、中國社會科學院研究員牛鳳瑞〉，《人民論壇》，2014-05-01

137. 張霄宇：〈習近平總書記關於國防和軍隊建設重要論述研究〉，《延邊黨校學報》，2016-10-20

138. 張小平：〈加強中國特色社會主義新聞傳播理論研究的思考〉，《新聞戰線》，2017-10-08

139. 張曉山：〈習近平「城鄉一體化」思想探討〉，《國家治理》，2015-11-07

140. 張豔斌：〈習近平意識形態觀及其時代價值〉，《學術論壇》，2015-07-10

141. 張占斌：〈習近平經濟思想與當代中國特色社會主義政治經濟學的發展〉，《政治經濟學評論》，2016-07-09

142. 張忠華：〈習近平全面從嚴治黨思想的科學內涵與實踐要求〉，《理論導刊》，2017-03-10

143. 張忠軍、張立偉：〈習近平全面依法治國思想論綱〉，《中共中央黨校學報》，2015-12-01

144. 趙開開、鄭曙村：〈習近平對馬克思主義民主觀的新發展〉，《山東行政學院學報》，2016-04-15

145. 趙琳、孟寶宏：〈試論習近平信息化建設重要論述的時代特色〉，《國防》，2015-06-15

146. 趙宇：〈供給側結構性改革的科學內涵和實踐要求〉，《黨的文獻》，2017-02-15

147. 鄭一明：〈建構當代中國哲學社會科學體系的幾個重要問題〉，

《貴州省黨校學報》，2016-11-02

　　148. 鐘君：〈推進中國特色哲學社會科學的理論創新〉，《中國高等教育》，2016-06-03

　　149. 周豔萍、韓廷波、孫彤：〈習近平統一戰線思想研究〉，《天津市社會主義學院學報》，2017-06-20

　　150. 朱成全：〈論習近平治國理政新戰略思想的整體性〉，《財經問題研究》，2016-09-05

　　151. 朱銳勳：〈試析習近平網絡安全和信息化戰略觀〉，《行政與法》，2016-02-20

　　152. 朱永剛：〈習近平意識形態思想建構探析〉，《武陵學刊》，2017-01-10

　　153. 祝小茗、王敬澤：〈習近平依法治國理念探究〉，《中共南昌市委黨校學報》，2015-02-28

　　154. 宗波：〈文藝繁榮的四個關鍵〉，《光明日報》，2015-9-28

新社會主義研究叢刊　AA201024

偉大的復興——新時代中國特色社會主義總任務

編　　寫	中國社會科學院馬克思主義研究院	
	中國特色社會主義發展史課題組	
版權策劃	李換芹	

發 行 人　林慶彰

總 經 理　梁錦興

總 編 輯　張晏瑞

編 輯 所　萬卷樓圖書（股）公司

排　　版　小漁

封面設計　小漁

印　　刷　百通科技（股）公司

出　　版　昌明文化有限公司
　　　　　桃園市龜山區中原街 32 號

電　　話　(02)23216565

發　　行　萬卷樓圖書（股）公司
　　　　　臺北市羅斯福路二段 41 號 6 樓之 3

電　　話　(02)23216565

傳　　真　(02)23218698

電　　郵　SERVICE@WANJUAN.COM.TW

大陸經銷

廈門外圖臺灣書店有限公司

電郵 JKB188@188.COM

ISBN 978-986-496-561-8（平裝）

2020 年 3 月初版一刷

定價：新臺幣 620 元

如何購買本書：

1. 劃撥購書，請透過以下帳號
   帳號：15624015
   戶名：萬卷樓圖書股份有限公司

2. 轉帳購書，請透過以下帳戶
   合作金庫銀行古亭分行
   戶名：萬卷樓圖書股份有限公司
   帳號：0877717092596

3. 網路購書，請透過萬卷樓網站
   網址 WWW.WANJUAN.COM.TW
   大量購書，請直接聯繫，將有專人
   為您服務。(02)23216565 分機 610

如有缺頁、破損或裝訂錯誤，請寄回
更換

國家圖書館出版品預行編目資料

偉大的復興——新時代中國特色社會主
義總任務/中國社會科學院馬克思主義
研究院，中國特色社會主義發展史課題
組編寫 . ─初版 . ─桃園市：昌明文化
出版；臺北市：萬卷樓發行,2020.03
面；　公分
ISBN 978-986-496-561-8 （平裝）
1. 社會主義　2. 中國大陸研究

549.22　　　　　　　　　　109003283